上海交通大学校史研究口述系列·第六辑
上海交通大学党史研究口述系列·第二辑

思源·空天

杨振斌　主　编

孙　萍　游本凤　副主编

上海交通大学出版社
SHANGHAI JIAO TONG UNIVERSITY PRESS

内容提要

本书为上海交通大学校史研究口述系列第六辑及党史工程口述系列第二辑,共收录我国航空航天领域交大知名校友的口述记忆采编文章 27 篇。交通大学作为我国航空高等教育的起源地之一,航空工程学科的建立有着非常特殊的时代背景和历史意义,其后虽历经学科调整、院系复建等关键发展阶段,但学校始终积极服务国家重大战略需求,为助力航空航天前沿探索培养输送了大批专业人才。这些受访校友讲述的交大故事和空天故事,从不同的侧面勾勒出中国空天事业发展的历史轨迹,再现了交大为国育才、助力行业发展的光辉历程和卓越贡献,更是传递着无数交大人逐梦的力量、奋斗的热忱以及对空天事业矢志不渝的追求。

图书在版编目(CIP)数据

思源·空天 / 杨振斌主编. -- 上海 : 上海交通大学出版社,2025.6. -- ISBN 978-7-313-32405-4

Ⅰ. G649.285.1

中国国家版本馆 CIP 数据核字第 2025FA1293 号

思源·空天
SIYUAN·KONGTIAN

主　　编:杨振斌			
出版发行:上海交通大学出版社		地　　址:上海市番禺路 951 号
邮政编码:200030		电　　话:021 - 64071208
印　　制:苏州市越洋印刷有限公司		经　　销:全国新华书店
开　　本:787 mm×1092 mm　1/16		印　　张:28.25
字　　数:389 千字		
版　　次:2025 年 6 月第 1 版		印　　次:2025 年 6 月第 1 次印刷
书　　号:ISBN 978 - 7 - 313 - 32405 - 4		
定　　价:98.00 元		

序

教育是国之大计、党之大计，是民族振兴、国家强盛、社会进步的重要基石。高校作为人才培养的重要阵地，最根本的任务就是为党和国家培育德才兼备的高素质人才。

上海交通大学作为一所历经双甲子栉风沐雨、跨越三世纪弦歌不辍、具有深厚文化底蕴和悠久办学传统的百年名校，始终以兴学强国为己任，以培养"第一等人才"为目标，秉持"起点高、基础厚、要求严、重实践、求创新"的教学传统，涵养"求真务实、努力拼搏、敢为人先、与日俱进"的精神品格，与国家同向同行，走出了一条"因图强而生、因改革而兴、因人才而盛"的发展奋进之路，涌现出一大批治国英才、科学大师、文化精英和实业巨子，如江泽民、钱学森等，可谓桃李满天下！

多年来，学校始终高度重视名师校友资料的挖掘、整理与编研出版，档案文博管理中心（原档案馆、党史校史研究室）迄今已访谈400多位名师校友人物，从2012年起推出"上海交通大学校史研究口述系列"丛书，2021年启动"百年党史编撰和档案文献整理研究工程"并汇编"党史工程口述系列"丛书，至今已出版《思源·往事》《思源·起航》《思源·北美》《思源·激流》《思源·初心》等多部富有鲜明特色的口述专辑，成为传承百年交大文化、体现交大人精神风貌最为生动的活教材。呈现在读者面前的《思源·空天》一书，作为校史研究口述系列第六辑及党史工程口述系列第二辑，是对我国航空航天领域交大杰出校友进行口述访谈的成果。

交通大学航空专业应国难而生，学校于1935年在机械工程学院内首设航空工程门，1942年独立升格为航空工程系，是我国航空高等教育的起源地之一，为国家培养了航天空气动力学专家庄逢甘院士、歼7总设计师屠基达院士、歼8总设计师顾诵芬院士等众多航空航天英才,有力地推动了我国航空国防事业的发展。1952年院系调整中,航空工程系调出交大,先迁至南京,合组为华东航空学院,后迁至西安,发展为西北工业大学。但学校与空天科技事业同向同行的步伐始终未曾停歇,机械、动力、电机、材料等学科源源不断地为航空航天领域输送专业人才。值得一提的是,20世纪50年代党中央提出"向科学进军"口号后,1958年探空火箭研制项目在上海起步,以王希季为首的一批交大师生调入新成立的上海机电设计院,成为新中国航天事业的首代探路者。与此同时,学校还创设工程力学系、工程物理系、无线电系,设置工程力学、火箭技术、核动力工程、自动控制等新专业,为中国航天培育输送了航天工程管理专家王礼恒院士等大量技术人才。进入21世纪,学校对接国家战略,恢复建立航空航天学院,以蓬勃之姿奋楫扬帆,再启与祖国空天事业同频共振的新征程。

纵观中国航空航天近百年发展历史,在中华民族捍卫祖国蓝天、逐梦浩瀚宇宙的伟大征程中,处处活跃着交大人的身影。从参与国家空天战略顶层设计,到主持重大工程项目;从领衔飞行器、航天器的设计研发,到攻克发动机、测控、材料等技术难关;从默默耕耘航空航天工程三尺讲台,到长期奉献相关基础科研领域,无数的交大人以智慧、勇气和担当,镌刻下了属于自己的熠熠印记。这些受访校友讲述的交大故事和空天故事,从不同的侧面勾勒出中国空天事业发展的历史轨迹,再现了交大为国育才、助力行业发展的光辉历程和卓越贡献,更是传递着无数交大人逐梦的力量、奋斗的热忱以及对空天事业矢志不渝的追求。相信本书的出版,能成为激励当代青年学子传承交大精神文化、弘扬新时代科学家精神的优秀读本。

习近平总书记在2024年9月召开的全国教育大会上强调,要紧紧围绕立德树人根本任务,朝着建成教育强国战略目标扎实迈进。名师校友口述采集,是最为生动鲜活、最具感染力的思政课堂。我们要站在新时代新征程的高度,扩大口述采集的覆盖面,讲好交大故事,传播中国精神,弘扬民族文化,激励广大师生立大志、明大德、成大才、担大任,为实施新时代立德树人工程,奋力走好中国特色、世界一流大学建设之路,源源不断地贡献交大力量、展现交大作为。

　　是为序。

2025 年 3 月

目录

王子仁

王子仁（1912—2012），浙江海宁人。我国液体火箭发动机地面试验技术专家，中国首个液体火箭发动机及全弹试验站创建人之一。1932年考入交通大学机械工程学院，1937年毕业于第二届航空门。同年进入航空委员会航空机械学校第二期高级班，次年毕业。后历任成都空军轰炸总队机务长、机务科代理科长，南昌第二飞机制造厂厂务科修配股股长，成都航空机械学校发动机组教官，航空委员会机械处制造科代理科长等职，主管飞机和发动机的维修、战备、试验及机场地勤服务。1945—1947年，受航空委员会指派，带队赴英国罗斯劳思发动机制造厂学习航空发动机技术。回国后，1948年起历任贵州大定发动机制造厂机工课课长、贵州大学机械系主任、成都第411航空修理厂工程师、北京航空机械学校第六专科主任。1957年调入国防部第五研究院，历任发动机研究室（九室）工程师、一分院发动机研究室（四室）副主任、一分院液体火箭发动机试验站副站长，为开创并提高我国液体火箭发动机地面试验技术做出了突出贡献。1979年当选中国宇航学会首届理事，1991年享受国务院政府特殊津贴，同年被航空航天工业部批准为有突出贡献的老专家。

在访谈中，王子仁深切回顾了20世纪30年代在交大发奋读书的求学经历和诸多恩师的谆谆教诲，讲述了他与交大同窗黄志千烈士相识相交的深厚友谊。他感慨地说，是母校的航空门奠定了他搞发动机的基础，把他的人生与航空发动机、火箭发动机紧紧地联系在一起，为祖国的航空航天事业而奋斗，始终不渝，无怨无悔。

感恩母校　怀念志千

口述：王子仁

采访：毛杏云、朱积川、孙萍

时间：2003 年 7 月 19 日

地点：北京市王子仁寓所

记录：孙萍

整理：游本凤、孙萍

交大读书岁月

我于 1932 年考入交大，因病在家休养了一年，于 1933 年才正式入校读书。还记得 1932 年入学时进行口试，考官是陈石英先生，他问我为什么考交大，我毫不犹豫地回答："中华民族受到了压迫，我决心学好本领，用科学来救国！"当时，我们国家和民族受到了日本帝国主义的压迫和蹂躏，日本人在上海耀武扬威、欺压国人，这对我们来说是莫大的国耻。陈石英先生赞赏我的回答，认为我很有志气，口试一举通过。

那时日本侵略者的势力很大，而国民政府畏敌如虎、忍气吞声。如当时交大在报纸上刊登招生广告时，不敢称"航空门"，而是称"自动机门乙组"；"自动机门甲组"则是指"汽车门"。这是为了对日本人保密，否则一说航空，日本人就会向国民政府发难。

我在交大读了四年。当时交大有五个学院：管理学院、电机工程学院、机械工程学院、土木工程学院、科学学院。一年级时，机械工程学院与电机工程学院学生合在一起上课；二年级时，两个学院又分开了。到了三年级下半年，分为航空门等专业。当时入航空门学习的共有 10 人，其中 5 人毕业后进了航空机械学校高级班，分别是黄志千、梁颂鎏、周广诚、徐云黻和我；还有 5 人是管义怀、褚应鎏、董大勋、吴麟祥、朱承基。那时大家都怀着"航空救国"的理想。进入航空门，不仅学生的微积分、数学等成绩要达到一定的分数线，而且必须征得家长的同意。我父亲曾来信跟我说："我给学校的答复是'为国牺牲，不胜荣幸'，你若同意，就将这一答复交上去。"从这件事情上足以看出家长和学生都是十分认真的。

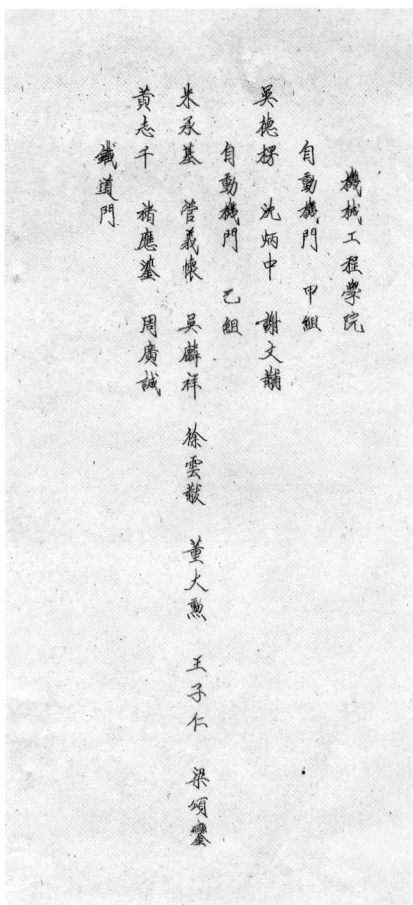

1937 年交通大学机械工程学院自动机门甲组、乙组毕业学生名单

　　刚进学校时，功课非常紧张。以物理课为例，那时裘维裕先生已不开课，由讲师贾存鉴先生代上，每周 6 节课，一课不落。小考每学期 6 次，都放在晚上。临考前，老师准时发考卷，并按下秒表，1 小时到了即过来收卷。头两次，学生们都不适应，考试不及格的较多。当时同学们有种感觉，莫非老师认为不及格的学生愈多，做老师的就愈神气愈光彩？其实这不过是"下马威"，老师自有补救办法，那就是最后一次小考时，采用一个自定公式，即

$$\sqrt{考试实际考分} \times 10 = 应有考分。$$

也就是说，最后一次考试即使得 36 分也算及格。又如化学课，由徐名材教授讲授，大家不免要死记硬背。每个星期

六下午(课外)是小考时间,又是大题套小题,题目一连串。学生们拿到考卷后,个个目不暇接,脑不遐思,手不停笔,一个半小时交卷,其紧张程度可想而知。

徐名材教授　　　　　陈石英教授

在学校读书期间,幸遇几位恩师,其中有胡敦复先生、杜光祖先生、陈石英先生、钟兆琳先生、姜长英先生等。陈石英先生,清末被派往英国学造船。他教授热力学,课本薄薄的,其后半部为机械部分。陈石英先生讲得非常细致,一个学年才讲了半本。陈石英先生的教学水平是有口皆碑的,对此学长钱学森也深有感触,他曾回忆说:"在专业基础课中,印象最深的就是陈石英先生,他讲的工程热力学严肃认真而又结合实际,对我们这些未来的工程师来说,有着很大的帮助。"为此,钱学森曾多次回母校拜访陈石英先生。

杜光祖教授

当时交大老师讲课都用英文,唯独陈石英和杜光祖两位先生以国语为主,颇受学生们的欢迎。杜光祖先生讲授的工程力学和机械设计全国闻名,他讲课非常精彩,妙趣横生,学生们笑声不断。因而我对杜光祖先生的授课印象特别深刻。

那时交大学期考试的考场设在体育馆,监考极其严格,学生中间要去厕所,监考老师会派人紧随其后。唯独杜光祖先生坚决倡导实行开卷考试,允许学生带书籍和参考资料进考场。当时能做到这一点，是非常难能可贵的。三年级时，他讲授机械设计课，并辅导"三级活塞泵"项目的具体设计。设计画图时，他总是亲自到场，并不厌其烦地对学生一个个进行具体指导和讲解，使学生们获益匪浅。设计课结束后，他又带领全班同学到南京参观学习火车渡轮的巨型机构（蜗轮、蜗杆等），并参观建设中的南京永利硫酸铔厂，因为该厂的主要负责人是交大的校友。

那时有个说法：北有清华，南有交大。但以航空门来说，交大比不上清华。清华的师生在南昌设计了一个风洞，专门用作航空产品的试验，当时在全国很出名。交大航空门只有两位老师：马翼周和姜长英。而我们要学航空结构，得请土木系讲结构的教师来上课。钟兆琳教授是教电机工程的，讲课很风趣。教物理课的贾存鉴、教电磁学的赵富鑫，两人都是讲师。贾存鉴的课上得很好，赵富鑫上得一般。据说，他们写报告给院长，申请升为副教授，但没有被批准，为此贾存鉴便离开交大到铁路部门去了。

1936 年暑假，我们一批同学到杭州笕桥航校修理厂去实习，该厂厂长为李柏龄。我们主要以弗利特双翼教练机及其肯纳发动机作为实习样本，一

交通大学 1937 届全体毕业生（第二行左七为王子仁）

起拆装一台已报废的肯纳发动机,看了发动机的地面试车和飞机起飞前的试车等。第一次接触飞机和发动机,我们对什么都感到新鲜。此后,我们又到南京中央大学,在一位华侨伍教授的指导下,做了几个月的小型风洞试验,并上了一些风洞的理论课。通过这一阶段的实习,我对航空发动机有了直接的感性认识,这对我以后从事发动机科研工作产生了很大影响,推动了我的发动机研发人生。

我与黄志千学友

我与黄志千学友 1937 年同时毕业于交大机械工程学院航空门,并一同进了航空委员会航空机械学校高级班,抗战胜利后又同时在英国学习。我们两人的关系一直很好,所以我比较了解他。

我和黄志千在交大同学四年,印象中他比较内向、沉默寡言。因他长着络腮胡子,面目虎虎然,故同学们亲昵地称他为"黄老虎"。他入学后,直到航空门毕业,成绩始终在班级名列前茅。九一八事变后,青年学子无不热血沸腾,要为抗战出力,不少人投身航空救国之途,我和黄志千便是其中一员。

1937 年 7 月从交大毕业后,我同黄志千、梁颂銮、徐云黻坐同一辆车,走直赣线赶赴南昌,进入航空委员会航空机械学校高级班学习。航空机械学校创建于南昌老营房,校长为钱昌祚。高级班定向招收以清华、交大为主的毕业生,每年招收一期。第一期高级班招的是 1936 届的,有许锡缵、徐昌裕、朱越生、华文广等。我们 1937 届进入第二期高级班(简称"二高班")。二高班招收交大、清华、浙大等 5 所大学的毕业生共 15 人。

1937 年 8 月 13 日,淞沪战役爆发,日军轰炸上海,从此军事教官就领我们"跑警报"。两天后,有 6 架日机先后轰炸南昌。面对日益紧张的局势,9月底学校包了条轮船,一船的教员及学生,经宜昌到重庆,再换乘小轮船沿长江到达乐山,然后徒步 360 华里,走到位于成都南门外上桑里的新校址。当时我们都穿着军装,算是真正意义上的行军。1937 年冬天开始上课。我们占了个便宜，不再进行军训，党义和三民主义等课也不用上了。

高级班的学习分理论和实习两项。当时的教员有交大1934届学长曹鹤荪、季文美等。季文美于抗战胜利后出任交大航空系主任，后又任西北工业大学校长。曹鹤荪为我们讲授流体力学和空气动力学，授课时间虽不长，但留给我们的印象很深。美国归来、被清华大学聘为教授的林同骅讲授结构力学。此外，学校还专门请了一位机械士（地勤技术人员）教我们学俄语。

实习训练门类更多，教官的文化水平虽然不高，但都是空军老机械士出身，经验丰富，手艺高超，而且教材也准备得很充分，使我们学到了不少货真价实的知识。教练机用木头做成，实习的主要内容有机翼上缝蒙布、上涂布油、焊接铝制容器、熟悉飞机和发动机仪表，还有张丕兹教官的拿手好戏——磁电机原理讲解和内部结构分析。他通常设置一些故障来考我们，看我们是否真正掌握了这些知识。他的这一招很能锻炼学员们的实际操作能力，让我们的动手能力得到了强化。最后是发动机和螺旋桨的拆装，这也是锻炼和考核我们动手能力的一个实操项目。总体来说，这些实习训练与杭州笕桥航校修理厂的实习相比，内容要丰富，收获也更大。

自进入航空机械学校高级班之后，黄志千几次显露出敢于反抗的精神。如航空机械学校迁成都开课后，管理实施军事化，有位黄埔军校的教官训练方法并不得当，许多学员敢怒不敢言，唯独黄志千生性耿直，有一次在队列中直接向教官质问和理论。虽然遭到那名教官的训斥，但他正义在胸、毫无惧色，为学员们所敬佩。

我们二高班毕业，教官带我们到汉口，作为一次毕业旅行，时间为1938年4月。4月底，日本飞机轰炸武汉，一共出动了50多架飞机。当时报纸报道，我空军英雄陈怀民，虽然驾驶的飞机不如日军的先进，但他英勇无畏，果敢地冲入敌方机群，一举击落2架敌机。由于日军空中力量十分强大，陈怀民的飞机不幸被敌人击中，他为国壮烈献身。与此同时，苏联支援我国的空军也起飞迎战，使得那场空战十分激烈。令人惊讶的是，当时武汉市民都不怕危险，纷纷走上街头观看空战场面，见到敌机被击落时都欣欣鼓舞，拍手称快。那次空战我方共击落敌机21架，取得抗战以来最辉煌的空战胜利，极大地鼓舞了抗战中的广大军民。在汉口，我还遇到了杜光祖先生。我们谈起了"八一三"时日军攻打上海，我说，你们在上海一定受到惊吓了。杜先生却轻松地说："有炮声就好，说明双方正在激烈对抗；如果听不到炮声，说明我们的军队被打败了，我们心里就会很难受。"

高级班毕业分配工作后，大家各奔前程。我分配到成都空军轰炸总队，主管飞机和发动机的维修、战备、试验等工作，带领地勤组为我方飞机轰炸日军占领的山西运城机场提供了大量的地勤支援。黄志千则被派往成都空军第十一修理厂任修造课课员，此后又辗转云南垒允、缅甸八莫、四川新津等地参与飞机制造工作。

我与黄志千再次相逢是1946年在英国实习期间。1943年，航空委员会派遣大批修理人员和制造人员分赴美国和英国实习。黄志千与交大同届学友徐云璈、顾以任等一起到美国的康维尔飞机制造厂实习，后又入美国密歇根大学航空系攻读力学专业硕士学位。抗战胜利后，国民政府与英国签订了喷气式飞机和发动机的制造合同。1945年秋，我们发动机组一行四人抵达英国达佩的罗斯劳思发动机制造厂，学习发动机技术。大约在1946年初，国民政府又把留美实习的二三十人一起调往英国的格洛斯特飞机制造公司，学习飞机设计制造技术，黄志千是飞机组主力之一。

青年黄志千

此后我和黄志千在英国相处将近两年，过从甚密。尽管我俩分属发动机和飞机两组，且在两个地方，但两组曾在一起开过会，研讨一些航空方面的技术问题。我们发动机组还曾组织到格洛斯特公司联欢，并参观工厂。那时英国喷气式飞机试飞成功不久，我们在工厂门口观看了飞机表演。平时有空的时候，我跑过去看他，他也跑过来看我。记得有一年过圣诞节，房东回家去了，我请他过来吃顿饭，我们两人就自己动手做着吃,一边吃,一边聊天,相谈甚欢。那时,国民党政府已到了天怒人怨的境地,但即使在至交好友面前,黄志千也从不轻易表态,可见其为人之谨慎。

到了1947年冬,我先期回国。黄志千则在英国多待了两年,后来我才知道,他留英的后几年,致力于学习俄文,阅读有关社会主义的书籍,还自费学习教练机飞行。1949年,黄志千离英归国,经组织安排,赴上海参加华东军区航空处航空工程研究室飞机组工作。

新中国成立初期,我在贵州大学教了一年多书,黄志千还在经济方面帮助过我。那时货币流通领域有一个"直直单位",即一尺布多少钱、一斤米多少钱,加起来一共多少,称作一个"直直单位"。贵州比较落后,老百姓都很穷,过日子经常捉襟见肘。黄志千得知情况后,寄了50个"直直单位"支援我,让我心生感激。

1953年秋,我突然被调到北京航空机械学校任教。在北京,我又遇见了黄志千,当时他在第二机械工业部航空工业局教育处工作。后来,根据组织上的安排,黄志千调往沈阳飞机设计室工作。1961年沈阳飞机设计研究所成立,黄志千被任命为总设计师,主持歼8型飞机研制工作。闻知他在飞机设计方面颇有贡献,深得领导信任,我为他在事业上取得的进步而感到高兴。而我仍在北京工作,1957年我调入国防部第五研究院。好几年后的一天,当年航空机械学校高级班同学、清华大学毕业生梁守槃打电话告诉我,黄志千恐怕因飞机失事牺牲了,我大吃一惊。后来才知道,1965年,为研制新机建立试飞基地所需,组织上派黄志千带队赴西欧采购一套空测设备,为保密起见,还让他化名为黄刚。不料,这次出国竟成为他生命的终点,他乘坐的那架飞机在开罗上空失事坠毁。黄志千是一位非常优秀的飞机设计师,他的不幸罹难,是我国航空界的巨大损失。黄志千因公牺牲后,被中国人民解放军总政治部追认为革命烈士。

黄志千任沈阳飞机设计研究所总设计师时的留影

对母校说几句心里话

　　希望母校在教育上要重质量。教育工作必须遵循规律、循序渐进，不能搞"大跃进"。因为人才培养也是一项系统工程，只有在确保质量的前提下，才能追求数量。教育如果推行没有质量的扩大化，好大喜功，是对国家的不负责任，也亵渎了教书育人、培养人才的本原。教育工作也要讲究量体裁衣，有多少博士生导师，才可招收多少博士生。我们的教育不能为了诺贝尔奖而去教育，也就是说教育不能太功利。教育工作毕竟不是经济工作，不能以经济效益作为衡量标准。若有一流的教师和学生，就不怕没有诺贝尔奖，这只不过是个时间问题，风物长宜放眼量。

1991年9月15日，1937届校友回母校聚会时留影（第三排左六为王子仁）

　　钱学森回国后，曾在《科学通报》上发表文章说，美国的工科学校一、二年级训练的是科学家，三、四年级训练的是工程师。他还说，为保持好成绩，考到90分以上，必须用功。我认为当年的交大也是如此。我们在一、二年级时最为辛苦，为了取得好一点的成绩而努力读书。到了三、四年级，基础比较扎实了,专业知识不上课自己也看得懂,于是就有时间去图书馆看书、查资料,独立思考能力也不断得到加强。因此,我对航空门的专业课印象不太深,倒是一、二年级的基础课及紧张的考试,给我留下的印象非常深刻。

我们这一届学生中唯一一位院士是吴祖垲。他是交大电机工程学院1937届毕业生,后当选为中国工程院院士,是我国著名的真空电子技术专家、日光灯技术研制的先驱者和电子束管产业的奠基人。

王子仁与母校采访人员合影(左起:朱积川、孙萍、王子仁、毛杏云)

陈士橹

陈士橹(1920—2016)，浙江东阳人，我国飞行力学专家，中国工程院院士。1941年考入西南联大航空工程系，以全班成绩第一毕业。其后在西南联大、清华大学航空系任助教。1948年转至交大航空系任助教，后升为讲师。1952年调入新组建的华东航空学院飞机系空气动力学教研室任教。1956年被派往苏联莫斯科航空学院进修，师从航空界著名专家奥斯托斯拉夫斯基教授，获副博士学位。1959年主持创建西北工业大学宇航工程系。1981年被批准为中国首批博士生导师。1991年获国家教委科技进步奖一等奖。1992年主持的飞行力学学科点在国务院学位办学科评估中获全国总分第一。1994年被聘为俄罗斯宇航科学院外籍院士，入选《世界科技名人录》。1997年当选为中国工程院院士。

在访谈中，陈士橹简要回顾了在西南联大、清华大学求学与任教经历，重点讲述了1948—1952年在交大航空工程系担任助教、讲师的四年难忘经历，对曹鹤荪、王宏基等航空系教授的教学风格及前辈老师给予的帮助和栽培一直铭记在心；同时忆及新中国成立前后交大的办学情形、师生生活与思想状况，以及院系调整过程中交大航空系调出组建华东航空学院的细节。

我在交大航空系的四年任教经历

口述：陈士橹

采访：欧七斤、朱恺、孙琦

时间：2011 年 10 月 21 日

地点：陕西省西安市西北工业大学陈士橹寓所

记录：朱恺

整理：游本凤、欧七斤

从清华转任交大助教

我是 1945 年毕业于西南联大的。为何叫西南联大呢？因为全面抗战后，战火纷飞，日本侵略者占领了华北地区，北大、清华、南开三校合并起来迁往昆明，故叫"西南联大"。

在西南联大，我读的是航空工程专业。那时北大没有工学院，南开只有化工系，西南联大的土木、电机、机械、航空 4 个系都是清华办的。1945 年我毕业后留校，在航空系当助教。当时抗战已经胜利了，学校正要搬回北京，所以我第二年即 1946 年就回到了北京，在清华大学任助教。两年后的 1948 年，我来到上海的交通大学。

我是浙江东阳人，每年寒暑假我会回老家探亲。那时交通不便，每次回家都要在上海转车，我总要去看望交大的老教授王宏基。他在西南联大的

陈士橹在西安寓所接受采访(左起：欧七斤、陈士橹)

时候教过我的课，抗战胜利后我回到清华，他去了上海的交大，1947—1948年担任交大航空系主任。

正是去探望王宏基老师，我从他那儿知道了交大航空系缺助教。他说，交大的助教流动性很大，都是准备干几年后就出国留学的。他的助教当时就考取了去美国留学的名额，离开了交大。他问我是否愿意来交大做助教。这对我来说是求之不得的，于是一口答应。因为我是南方人，还是喜欢上海的气候条件和人文环境。在交大档案馆里，还存着一份当时王宏基主任亲自写的介绍我来交大担任教职的材料，另外还有我晋升讲师时的有关材料。

我在交大待了4年，即1948年到1952年，先在航空系做助教，后来

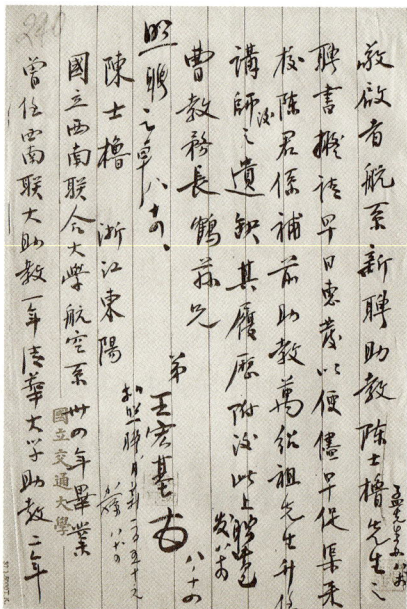

1948年8月，王宏基为航空系新聘陈士橹为助教致函教务长曹鹤荪，并开列陈士橹简历

晋升为讲师。那时我住在交大的容闳堂,容闳堂一楼是办公室,三楼是助教、讲师住的,也有个别教授也住在三楼。我结婚后,搬到了体育馆边上的一个房子,大概是校医院的楼,规模比容闳堂还要小,楼下是医院,楼上是住宿的。我夫人平时上课在复旦大学,周末回来住。

上海交大容闳堂,现为总办公厅,陈士櫓初来交大任教时住宿于此楼 302 室

交大航空系主任原先是曹鹤荪教授,后来他当了教务长,但还在航空系兼课,系主任就由王宏基来做。我那时给曹鹤荪先生做两门课的助教,一门是空气动力学,一门是高等数学。做他的助教时,我一直跟班听课。说到曹鹤荪先生,我和同学们对他的印象都非常好。他学问大,待人诚恳,不仅讲课条理清楚,板书也写得漂亮。他的板书都写英文,因为专业名词都是英语。

当年的课本都是用英文编写,绝大多数教材都是用美国的,基本上没有中国人编写的教材。我在清华上过一门课,是刘仙洲老先生教的,他是机械系的,当时自己编中文教材,写板书也用中文名词,不写英文名词。只有刘仙洲一位老师是这样,其他老师在黑板上都写英文,讲课也是用英文。

当时上海有一个龙门书局，专门翻印美国的教科书，我在交大四年，印象中似乎还没有哪一个老先生讲课全部用英文。教材是用英文的，大多数老师讲课解释还是用中文，只是专业术语用英文。

一般来说，1949年新中国成立前，我们的大学都是学英美教育体系的，特别是美国，所以教学用的是英美的教材，直到1951、1952年我也没有编过教材。1952年下半年，我们调整到南京的华东航空学院开始学习俄文。那一年暑假，教授、讲师们一起学俄文。后来再把俄文教材翻成中文，给学生也用中文讲解。尽管学了俄文，笔译可以，口头交流还是不行的，我到莫斯科以后才能用俄文讲话。

当时季文美先生是交大总务长，他上的是应用力学，属于基础课，所以不在航空系。和我一起住在容闳堂302室的是另一位助教，叫卢邦直，1948届交大航空系毕业，个子高高的。老交大航空系的老师还是蛮多的，如许玉赞、姜长英、杨彭基、崔振源、欧阳楩等，他们后来大多去了华东航空学院。

那时教授只管讲课，助教主要是帮助改习题、讲作业。我从清华转到交大，作为新人，既要虚心，还要勤奋。一般情况下，曹鹤荪先生布置的题目，我自己先要做一遍，做完后再给他看一下，得到他的认可，才能到教室里给学生讲。他时常表扬我，说有的题目他自己还不知道怎么做，我的解题方法又巧又好。

当时我不过是个地位不高的小助教，但曹鹤荪先生不但没有看轻我，还对我的数学解题方法大加赞赏，说我的数学功底好、解题能力强。我在清华航空系是以第一名的成绩毕业，基础扎实，功课也好。我非常感谢曹鹤荪先生，虽然只是件很小的事情，但说明他待人真诚坦率。

除了空气动力学和高等数学两门课外，我还有一门机械系的机械原理课程做许玉赞老师的助教。机械原理的习题有时还要画图，我都是自己先做一遍，学生们来问我，我则一步步地讲解给他们听，讲得头头是道，帮助学生理清了思路。

交通大学航空系 1948 届毕业生留影(前排右一为航空系主任王宏基,右二起为姜长英、季文美、曹鹤荪、王之卓等)

在蔡元培家做过家教

我在交大的时候,是 3 门课的助教。晋升讲师后,我上的课叫作飞机稳定性与操作,相当于飞行力学。那时顾诵芬还没毕业,应该上过我的课。曹鹤荪先生事务太多,高等数学课由我来顶替。当时有规定,晋升讲师一定要上过课,而我 1950 年后已经开过飞行力学、高等数学等课程了,所以晋升讲师对我来说不成问题。

上海解放前一两年,物价涨得非常厉害,中午吃饭跟晚上吃饭价钱不一样。那时用的是国民党政府的法币,老百姓害怕涨价,一拿到钞票后就立即上街去兑换银圆,因为银圆可以保值。那时我一个月的工资大概能兑换 7 到 8 块银圆。改金圆券后,金圆券贬值更快,原来 1 块金圆券可兑换 1 块银圆,后来要好几块甚至是十几块才能兑换 1 块银圆。

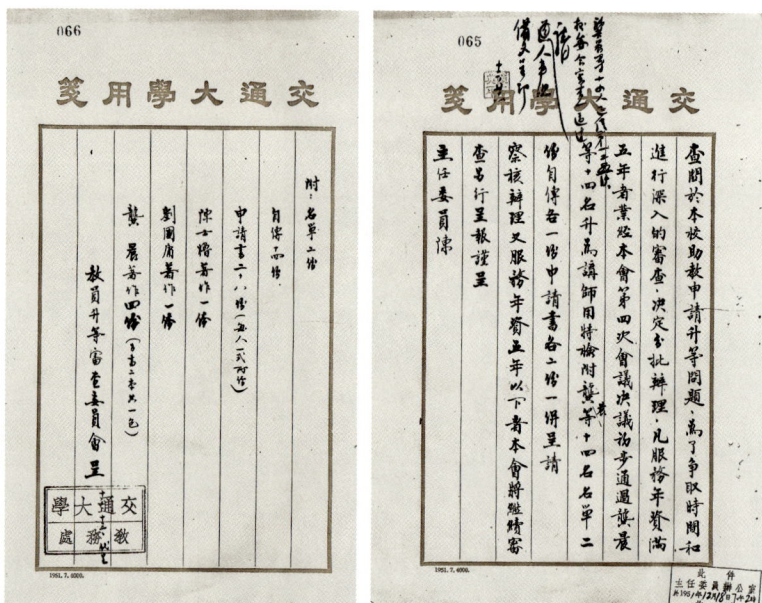

1951 年 12 月,陈士橹等助教 14 人升为讲师的批准报告

上海解放后,国家仍然处于困难时期。那时一般工人一个月的工资可买 100 到 150 斤米。我在交大做助教、讲师时,一个月的工资都不足买 200 斤米,堂堂大教授的月工资也就只能买 500 到 600 斤米。一般三四百斤米,可以够一家人吃一个月,100 多斤米,则捉襟见肘、苦熬日月了。所以不管是解放前还是解放初,老师的生活还是非常清贫艰辛的。

那时我已结婚成家,1948、1949 年接连生了一男一女两个孩子。夫人那时还在复旦上学,没有收入。我做助教,工资很低,家庭压力自然很大。后来我到了南京的华东航空学院工作,每个月的工资相当于四五百斤米,已经提高了很多,但也只能说勉强过日子。

作为一个大男人,有责任挑起家庭的大梁,于是我就想办法到外面找一些兼职以贴补家庭生活。如在上海时,我做过家庭教师。在南京时,曾在一个中学兼任教员。在上海还是在一个很有名气的家庭——大名鼎鼎的蔡元培家做家庭教师。那时蔡元培已经过世,他夫人周峻住在静安寺华山路,家中有 3 个孩子。王宏基教授知道我家庭负担很重,就把我介绍过去做家庭教师。我大约在蔡元培家做了两三个月的家教。

位于上海华山路 303 弄的蔡元培故居陈列馆

蔡元培先生有一个女儿叫蔡睟盎,她读的是交大化学系;两个儿子分别叫蔡怀新、蔡英多。我印象中蔡怀新读的是交大物理系,交大物理系在院系调整的时候到了复旦大学,蔡怀新就随着到了复旦大学,从复旦大学毕业的。蔡英多读的是交大航空系,随着航空系调整到华东航空学院,从华东航空学院毕业后去了沈阳飞机设计研究所。

我做家庭教师时,还有过一次特殊的经历,好像也是王宏基先生介绍的。有一个管理学院的老教授,他的英文水平不怎么样,希望请一个家庭教师帮他提高一下。我在清华读书时英文就比较好,王宏基先生就介绍我去。我年纪比那个老教授小好多,却去当他的英语教师。如此"忘年交",实在有点尴尬又好笑。

在校园内迎接解放

1949 年,全国形势已经很明显了,经过平津战役、淮海战役,北京、天津都解放了,我们都知道共产党一定能在全国范围取得胜利。

正因为大家对国民党政府早已失去了信心,希望共产党和人民军队快点解放上海,改变社会制度和社会面貌,带领老百姓摆脱困境,过上好日子。

所以,很少有大学教授跟随国民党去台湾的,交大的那些老教授、讲师、助教,基本上都留了下来,满怀喜悦地迎接解放。就拿我来说,当时我的脑子里根本就没有去台湾这个概念,连想都没想过。

我们是在交大校园内迎接上海解放的。刚解放的时候,街上都是解放军,大家都跑到街上去看。晚上,他们不住进老百姓的房子,就睡在屋檐下或者马路边上,这是我亲眼所见,可见解放军的纪律是很严格的。那时离交大不远有条霞飞路(现在叫淮海路),我跟航空系的吴文昌助教(同乡、1947届交大航空系毕业生)一起跑到霞飞路,看到一队队的解放军战士不住到房子里,都睡在马路边上,可谓纪律严明、秋毫无犯。解放军战士的艰苦朴素和吃苦耐劳是国民党军队无法比拟的,所以老百姓都很拥护共产党,真诚地欢迎上海解放,这也是事实。

上海刚解放时,市长是陈毅将军。我还有幸亲耳聆听过陈毅市长到交大做的报告,报告是在交大新文治堂里举行的,时间是1949年6月1日。记得那天陈毅市长穿着很普通的军服,没有直接进礼堂,而是站在大门口,大家都一下子拥了上去。陈毅市长一点也没有大领导的架子,多次庄重地行军礼向众人致敬,还与大家亲切合影。

诸多大师打响交大品牌

那时候国内的工科学校,北方是清华大学最有名气,是北方高校的代表;南方则是交通大学数一数二,是南方高校的代表,这是学界公认的。

交大之所以名气很大,是因为培养出很多大师,为交大打品牌,如像钱学森这样的大师,为"两弹一星"所做的巨大贡献,可以说没有第二人能与他比肩。钱学森确实是交大的骄傲。

钱学森于1929年考进交大,和王宏基是同一级的,后因病休学一年,1934年与曹鹤荪、季文美等同届毕业。但钱学森开始并不是航空系的,他刚进校时是机械工程学院铁道门,学造火车头的。但他看到日本侵略者的航空业发达,就萌发了航空救国的思想,于是改学航空。后来他前往美国留学,在美国20年,不仅获得博士学位,而且被评为终身教授。钱学森1955年回国后,党中央、毛主席对他高度信任,让他负责开创中国导弹事业。他功勋卓著,被誉为"导弹之父",23位"两弹一星"功勋者之一。中国航天事业当之无愧的奠基人,名副其实的技术统帅,这是大家公认的。

交大1934届毕业生钱学森、王宏基、季文美

　　1956年我被华东航空学院派到莫斯科进修,1958年获得副博士学位。回来时华东航空学院已经迁到西安,改名西安航空学院,不久与西北工学院合并组建西北工业大学。所以1958年我回来报到的学校是西北工业大学。

　　那时候还没有航空学会,也没有航空学、宇航学之类,只有一个隶属于中国科学院的力学所,因此学科教育也由力学所承担。而力学学会理事长就是钱学森。那时我也参加一些力学方面的学术活动。记得1959年召开的力学学术会议,钱学森在会上作报告。当时我坐在礼堂的后面,会议主持人看到我,就把我叫到前排去,并向钱学森介绍了我的身份,说我是莫斯科留学回来的,获得了副博士学位等。所以通过这次会议,我与钱学森也逐渐熟悉了。1964年航空学会成立,学会第一次会议是在浙江莫干山召开的。当时理事长是北航的校长沈元,钱学森也参会,大家就请他担任名誉理事长。荣幸的是,我在那次会上也当选为理事。

亲历交大航空系的调出

　　根据国家院系调整的总体需要，华东教育部要组建一所华东航空学院，先让交通大学、浙江大学、南京大学的航空系自行商议新校地点和合组办法。我记得是1951年底的寒假期间，浙大航空系的范绪箕先生，还有南京大学航空系的两位教授，加上交大航空系负责人一起在上海碰头。交大请他们吃饭并商议，当时我是新任讲师，也参加了。三个学校经过讨论，航空系合并后新校址定在上海五角场。大家都愿意学校放在上海，浙大、南大的人从杭州、南京到上海他们很愿意，交大的老师们更不愿意离开上海。

1951年6月，交通大学航空工程系教职员合影（后排右二为陈士橹）

　　真正组建华航是在1952年暑假以后。华东教育部直接下文，宣布将华东航空学院定在南京，交大航空系整体包括老师、学生和设备调整到了南京，与浙江大学航空系、南京大学航空系合并组建华东航空学院。讲实话，大家都一愣，不过总得服从国家需要，最后大家都服从分配到南京去了。

　　调整指令宣布后两个月，我们航空系师生就全部从上海搬到了南京。刚到南京的时候,校舍、宿舍都还没建好,就先把南京工学院的几个教室和宿舍暂时划给华东航空学院上课和生活。原本我夫人在复旦大学法律系做助教,但南京几所大学没有法律系,华东教育部就把她调到南京师范学院中文系当助教。

来之不易的副博士

1956年,教育部派大学教师留学苏联,给了华东航空学院12个名额,我也入选了。临行前,学校给我们开了一个欢送会,很多老教师都参加了。当时高校已经开始实行学位制了,老先生们便建议我们出国后,尽可能读个苏联的副博士回来。按当时苏联的规定,苏联人自己读副博士学位,至少要3到4年,中国人则需要5到6年。但当时我们出国进修的时间一般是2年,学习时间达不到副博士的学位要求,所以我们去苏联只是去听课,了解苏联的学科和实验室的近况,国家也没有规定一定要拼个副博士学位回来。但会上有好几个老师说,像陈士橹这样优秀的人才,副博士是稳拿的。

这无疑给了年轻气盛的我很大激励。但副博士毕竟不是好拿的。我曾问一个和我同龄的苏联人列别捷夫,那时他已经是副博士,并很快升到了教

莫斯科航空学院校景

授,后来他到北京航空学院当了专家。我问他,你们的副博士论文要多长时间才能弄出来?他回答我,一般要 2 年或 3 年,但最快 1 年也可以。于是我一下子就兴奋起来,我感到大有希望啊!

所以到了莫斯科航空学院后,我第一年就想弄论文。当时一般进修教师除了听教授的课,也做点科研课题。我的导师很有名气,叫奥斯托斯拉夫斯基,他在莫斯科航空学院算是第一把手,俄文人称"великий человек",相当于英文"great man",即"大人物"的意思。我搞飞机的飞行力学,奥斯托斯拉夫斯基给我的论文题目叫《空间飞机的机动飞行》。他讲,这篇论文写得好的话,可以达到副博士水平。我听了他的话,信心更足了。所以我去的第一年把主要精力放在论文上,到了第二年暑假,我就把论文给弄出来了。

我把论文稿子交给了奥斯托斯拉夫斯基教授,过了一个礼拜,他对我说,你的这篇论文作为副博士论文已经足够了。但是当时苏联规定,要拿学位,还必须考 4 门课,并通过答辩后才能拿到学位。4 门课中,两门是专业课——飞行力学和空气动力学,这两门课正是我在华东航空学院做讲师时主讲过的,并且用的就是俄文教材。所以考这两门课对我来说根本没问题。第三门课是俄文,因为对我而言,第一外语是俄文,不是英文。俄文我也一直在学,问题也不大。

倒是第四门课哲学(phylosophy,即马列主义哲学)把我搞苦了。如果是中文的话,考马列主义也行,但他们要用俄文考马列主义,我一个外国人用俄文考马列主义,肯定很困难。但为了拿学位,我第二年就去上他们的马列主义哲学课。经过一番刻苦努力,最后我通过了哲学考试,口试也通过,就是用俄文讲马列主义。这对我来说是一个很大的挑战。但为了拿学位,我豁出去了,第二年把大量时间都花在学哲学上。最终,我成为第一个到莫斯科航空学院拿到技术科学副博士学位的中国人。

其实苏联人也明白,为了拿学位,叫中国人花很长时间、很大精力搞哲学,没有那个必要。后来他们就规定,中国人可以提交国内学过哲学并通过考试的证明,哲学课就可以免了。而我作为第一个"吃螃蟹"的人,虽然吃了不少苦头，但为后人开辟了道路，还是值得的。我的这一典型事例，后来成为莫斯科航空学院一个经常被人提起的话题。

想帮老教授评选院士

1997 年，我当选为工程院院士，而那些老先生倒没有当选。曹鹤荪先生先去了华东航空学院，后来去了哈尔滨军事工程学院，在那里仍做教务长；后来再到长沙国防科技大学当副校长。王德荣教授也是交大毕业的，清华大学请他去航空系，教结构力学，后来做了航空系的主任。我对王德荣先生的印象也很好，他确实很优秀，水平很高。再有一位就是范绪箕先生，他是浙大的航空系主任，1952 年交大、浙大、南大三校航空系合并为华东航空学院后，他担任教务长。改革开放后他做了上海交大校长。范绪箕也是水平很高的教授。曹鹤荪、王德荣、范绪箕 3 位先生为人师表，年高德劭，我都很佩服的，是我心目中仰望的大师。

曹鹤荪教授　　　　　　王德荣教授　　　　　　范绪箕教授

在交大校友里，顾诵芬、屠基达是院士，他们都是 1951 届航空系毕业生。他们在航空领域名气很大。顾诵芬、屠基达分别是 1994 年、1995 年当选为工程院院士，比我早一点。我曾经对顾诵芬说过，我们能不能把曹鹤荪和范绪箕推荐为院士。而王德荣先生那时已去世。当时规定，两个院士就可以推荐院士候选人。顾诵芬表示同意。但后来国家又有新规定，说是申报院士者不能超过 80 岁,而他们两位早就到了 80 岁。所以实际上我们没有推荐成,只是有这个心愿吧。

由于年龄限制,这两位有真才实学的老先生最后都没能当选院士,我们感到非常遗憾。后来我极力推荐范绪箕为何梁何利奖候选人。这个奖也是很有名的,在国内科技界具有很高的权威性和影响力。2001 年,范绪箕终于获得何梁何利基金科学与技术进步奖,我也算了却了一个心愿。

我们国家院士评选制度确实有一些限制。像曹鹤荪、王德荣、范绪箕这些国内知名的大牌教授,名气虽然很响,但新中国成立前多以教书育人为主,很难拿出过硬的科研成果。再到后来,老先生们年事已高,文章和专著也写得少了,而评选院士主要看科研和学术成果。这样,老先生们无疑吃亏了。所以一般来讲,那时科研单位的院士较多,院校的院士相对少一点。

顾诵芬是我的学生,1947 年考入交大,1951 年毕业的,毕业后先到北京的航空工业局工作,后来再去沈阳,是飞机设计大师、空气动力学家。

交大航空系 1951 届学生合影(前排左三为顾诵芬)

　　那时我和航空系的教授们带了一批 1951 届的学生上专业班,大概十来人,像现在的博士班,规模很小,专业课在一起上,上的是曹鹤荪先生的空气动力学。当时是学分制,有的课可选,有的课可以不选,大家不一定学同一套课程。记得那十来人选了空气动力学专业课程,当中就有顾诵芬、屠基达,两人后来都成为院士,其他人在各自的领域里也做出了优异成绩,说明那个专业班办得很成功。专业班中还有一个叫张渺的女同学,当时女同学学理工的很少,而读航空的就更少了,但后来失去了联系。

　　屠基达院士在成都飞机设计研究所做一个飞机型号的总设计师。他曾与我一同在上海交大航空航天系做兼职教授。那是 2000 年前后,上海交大要恢复航空航天工程专业,先在机械与动力工程学院下成立了航空航天系。上海交大专门举行了一个聘任仪式,由谢绳武校长给我们发聘书。航空航天系经过整合,现在已经独立发展为航空航天学院了。

陈士橹与母校采访人员合影(左起:欧七斤、陈士橹、孙琦、朱恺)

王希季

王希季，1921年7月生于昆明，云南大理人，白族。中国卫星与返回技术专家，中国空间事业的重要奠基人和开拓者之一，中国科学院院士，国际宇航科学院院士。中国第一枚探空火箭技术负责人，中国第一枚运载火箭长征一号总体方案设计者，中国第一颗返回式卫星总设计师，中国载人飞船计划的重要主导者与设计者。1942年毕业于西南联大，1949年获美国弗吉尼亚理工学院硕士学位。1950年学成回国，在大连工学院（今大连理工大学）任动力工程教研室主任、副教授。1955年调入交通大学，先后担任造船系蒸汽发动机教研室主任、船舶动力系涡轮机教研组主任、工程力学系副主任，副教授、教授。1958年底借调至上海机电设计院，1960年6月正式调往上海机电设计院，担任探空火箭技术负责人、上海机电设计院总工程师。后历任七机部八院总工程师，中国空间技术研究院副院长、科技委主任，航天工业部总工程师。1984年荣立航天工业部一等功，1995年获何梁何利基金科学与技术进步奖，1999年获国家"两弹一星"功勋奖章，2011年获上海交通大学杰出校友终身成就奖。

在访谈中，王希季深切回忆了当年研制探空火箭的艰难历程，认为探空火箭是在国外的技术封锁下，一无资料，二无实物，完全依靠中国航天人独立自主精神取得的成果，为中国航天事业发展起到了非常重要的铺垫和支撑作用，在中国航天发展史上具有里程碑意义。

把一切献给航天事业

口述：王希季

采访：戚南强、游本凤

时间：2010 年 9 月 21 日

地点：北京市中国空间技术研究院王希季院士办公室

记录：游本凤

整理：游本凤、欧七斤

加盟航天

加入航天队伍，从事航天事业，是我从未想到过的。因为一是我所学的专业与航天没有太大的关联；二是航天那时极其保密，之前我也根本不知道我国航天方面的一些情况。所以，组织上将我安排到航天部门，似乎有点阴差阳错。但航天却成就了我，让我取得了一定成绩，使得航天成为我一辈子割舍不断的情缘。

探空火箭是我进入航天领域所从事的第一个型号。可以说，探空火箭是我们在国外严密的技术封锁下，一无资料，二无实物，完全依靠中国航天人独立自主精神取得的航天科研早期成果。

那时候我们为什么要搞探空火箭？一句话，主要就是为发展运载火箭和发射卫星打基础，最终把中国人自己研制的人造卫星送入太空。因此，是探空火箭铺设了我国早期航天事业的成功之路。而上海航天就是从探空火箭起步的。从原来的一片空白,通过探空火箭的研制打下扎实基础,经过多年发展和历练,形成了一个完整的产业链,造就了一支专业人才队伍,型号产品从初期的一两个发展到今天"星箭弹船器"系列化和产业化,上海航天局(上海航天技术研究院)成为中国航天科技集团公司三大总体院之一。可以说,我们这批最早的航天人,对上海航天事业起到了开创作用。

1950 年,王希季留学回国途中在"克利夫兰总统号"邮轮上

1957 年,苏联第一颗人造卫星发射成功,从此揭开了人类进军太空的序幕,在全世界引起极大轰动。1958 年,毛泽东同志在党的八届二次会议上发出了"我们也要搞人造卫星"的伟大号召,中国科学院积极响应,决定将卫星和运载火箭任务作为该院的头号任务,代号为"581",并专门成立了以钱学森为组长,赵九章、卫一清为副组长的领导小组。1958 年 8 月 21 日,我国成立了负责卫星和运载火箭总体研制的中国科学院第一设计院(代号为"1001设计院"),院长为郭永怀,副院长为杨南生。1001 设计院的成立,标志着中国的卫星和运载火箭研制工作的正式起步。

众所周知,发射卫星,运载火箭是关键。所以,1001 设计院的重点任务是先把运载火箭搞出来,然后把卫星送上天。正因为有了这一国家下达的重要任务,我个人的命运便与航天事业紧密地联系起来,从此没有回头路,无怨无悔地干了一辈子航天。

发射卫星谈何容易!因为这是一项庞大而复杂的系统工程,除了卫星本体以外,还需要具备运载火箭、地面跟踪测控网、信号处理和发射场等几大系统,然而这些综合装备与技术,必须与一个国家的科技水平、经济实力和工业基础相匹配。在当时的国情下,我们根本就不具备,工业基础十分薄弱,科技工业几乎是空白,人才队伍更是匮乏,所有搞航天的,从未见到过导弹、火箭、卫星是什么模样。

1001设计院成立后,考虑到上海作为我国老工业基地,工业基础相对比较扎实,人才队伍实力也较强,中国科学院与上海市委协商,希望得到上海市的技术力量和生产加工能力的支持,提出把设计院从北京迁到上海的想法。上海市委第一书记柯庆施表示欢迎1001设计院来到上海,并愿意提供一切方便。就这样,由杨南生副院长带队,于1958年末将1001设计院整体搬迁到上海。鉴于保密原因,1001设计院对外名称叫上海机电设计院,办公

1957年,王希季(前排左一)在交通大学时与同事们的合影

地点在淮海中路 1162 号的淮中大楼。与此同时，上海市委组织部派人找我谈话，希望我到机电设计院负责那里的技术工作。那时我还在交通大学做老师，手头还承担着不少教学工作和实验课题，因此交大不同意放人，所以我当时到机电设计院属于借调。

就这样，1958 年 11 月，我到淮中大楼机电设计院报到，任该院技术负责人（后任总工程师），从此正式加盟航天队伍。那年我 37 周岁，算是年纪比较大的，而更多的年轻人只有 20 岁出头，有的大学刚毕业就来到机电设计院；还有不少大学生未毕业就根据组织安排，服从事业需要来到了机电设计院。

我到机电设计院报到时，是杨南生接待我的。老朋友相见，格外亲切。杨南生与我是西南联大的同学，我们虽然不是同一年级的，却是系足球队的主力队员，他是守门员，我是右前锋。没想到我们"哥俩好"多年后会再次相逢，并战斗在同一条战线上，真乃命运神奇的安排。

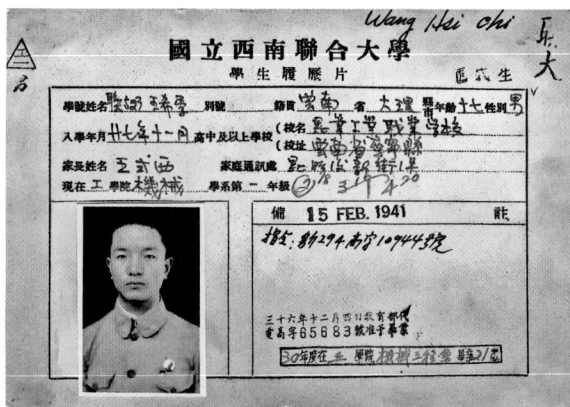

王希季在西南联大的学生履历卡

1946 年，杨南生在西南联大任助教期间的留影

艰难历程

我到机电设计院后，主要负责运载火箭的研制。而那时我国这方面的技术几乎是一片空白，既没有相关的技术资料，又没有任何外援，国外还实施技术封锁。这就意味着，开创火箭事业，一切都必须从头开始，白手起家，自力更

生。就我本人来说,当年在西南联大学的是机械专业,留学时学的是动力和燃料专业,与火箭并没有直接关系,甚至不知道火箭是个什么模样。因此,对于运载火箭,我也是一个门外汉,必须从头学起,边学边干,在实践中获得真知。

当时我们凭着满腔热情,已经将火箭雏形画在了纸上。有位大学生说得好,"今天画在纸上,明天飞到天上"。但我知道,口号叫得再响,只能是一片高涨情绪的表达,要将纸面上的火箭变为真正能够飞起来的火箭,绝不是一件轻而易举的事情。面对一穷二白的重重困难,我们决定分两步走,第一步是先将火箭飞起来,然后再考虑研制和发射卫星。而凭当时国内薄弱的工业基础和经济条件,搞大型运载火箭根本不可能,于是我们在钱学森的顶层策划下,决定一切从实际出发,量力而行,先搞 T-7 探空火箭,它的模型火箭即 T-7M,先将火箭飞起来再说。整个大系统由杨南生副院长指挥抓总。我作为技术负责人,主管火箭的总体研制,中国科学院地球物理研究所技术负责人钱骥负责箭头上的仪器。T-7M 总长 5.35 米、直径 0.25 米、自重 190 公斤,可携带 15 公斤有效载荷,主火箭以硝酸和苯胺、糖醇混合液作为推进剂,推力为 226 公斤,加上固体助推器后,发射高度可达 8～10 千米。另外,火箭头、体分离后,可用降落伞对回收舱进行回收。

T-7M 火箭模型

即使是小型探空火箭，也是一项技术和加工均很复杂的系统工程，绝不是一两个单位能搞出来的。对机电设计院来说，主要负责总体设计和技术抓总，但机电设计院不是一个生产单位，几乎没有任何机器设备和加工能力。因此，必须依靠地方的企业、研究所、高校等，开展大协作。那时上海市委非常支持探空火箭工程，只要机电设计院提出要什么，就给什么，一点也不打折扣。如机电设计院一到上海，市里就主动将淮中大楼给了设计院，首先解决了设计院几百号人的办公场地问题。队伍缺人，就从各行各业抽调了大批人员（包括大学生）支援设计院。还有许多生活保障方面的困难，只要设计院提出，他们就尽力帮助协调解决，比如开始时机电设计院几百号人的吃饭问题。由于淮中大楼是公寓楼，没有食堂和餐厅，于是由市里出面，与马路对面的上海音乐学院协商，分批组织人员到该院餐厅去就餐。音乐学院的领导顾全大局，一口答应，总算帮助解决了设计院一个难题。那时机电设计院的人听说到对面音乐学院食堂就餐都很开心，大家一边听着校园里飘荡的各种乐器演奏的声音，一边吃饭，心情愉悦，食欲大增。后来我们在大楼底层办起了食堂。

因为设计院毕竟是一个以科研和设计为主的单位，而工程试验装置和产品研制还需要到地方有关工厂进行加工和装配。于是通过上海市的协调安排，落实了龙华空军13修理厂、上海柴油机厂、上海机床厂、上海电机厂、上海四方锅炉厂等具备相当实力的协作配套单位。空军13修理厂属军方管理，是一家为龙华飞机场配套的飞机日常维护和修理厂，该厂主要帮助解决T-5、T-7探空火箭的总装总调和整体检测试验等问题；上海柴油机厂主要以研制液体发动机为主及T-7M总装；上海机床厂帮助解决液压部件等问题；上海电机厂帮助解决振动台等问题；上海四方锅炉厂帮助解决火箭推进剂贮箱和高压气瓶等问题。

为加快推进探空火箭研制步伐，上海市委曾专门召集上海市上百家厂所和科研院校的主要党政领导开会，会议还特地邀请了钱学森作报告。会议号召各单位要积极响应党中央、毛主席的伟大号召，向高科技领域进军，尽全力支持机电设计院工作，为尽快把火箭卫星送上天，赶超世界先进水平，作出上海应有的贡献。

现在想想，那时的条件确实很艰苦，设计和加工手段非常落后。如计算飞行弹道，我带领一批设计人员用手摇计算机，二三十人白天黑夜连轴转，花了两个多月时间才计算完。又如，我们对于容器贮箱的设计也是通过一次次试验来验证，让其承受的压力一直到爆炸为止。再如，发动机热试车，则利用上海江湾机场内一个抗战时期留下的废旧碉堡，经过我们科技人员简单改造后进行的。1960 年 4 月 18 日，主管我国国防科技的聂荣臻元帅和张劲夫、钱学森 3 位领导冒雨专程来到阴暗潮湿的旧碉堡现场，观看探空火箭发动机的热试车。由于旧碉堡内缺乏保护措施，使得发动机点火试验具有一定的危险性，我们因此很担心他们的人身安全。而聂荣臻和张劲夫、钱学森却全然不顾，坚持在碉堡内观看了发动机点火试车全过程。试车成功后，聂帅热情地称赞说："你们年纪这么轻，就已经掌握了火箭发动机专业知识，为祖国的尖端科学事业作出了贡献。"他还鼓励大家要努力学习，做到又红又专。聂帅的讲话，让在场的所有人深受鼓舞。

那时机电设计院参与研制探空火箭的人员绝大多数都是刚迈出校门不久的年轻人，平均年龄只有 24 岁，他们除了书本知识，没有任何实际工作经验。虽然他们年轻，但热情高涨，满怀为国争光的雄心壮志。他们发扬自力更生和艰苦奋斗的精神，因陋就简，攻坚克难。例如，用以启动发动机的爆破阀用的关键元件——爆破薄膜，技术要求很高，薄膜铣削公差在 0.005 毫米内。这一关键项目就是由两个刚出校门的女青年经过一个半月 700 多次试验才研制成功的；控制火箭头体分离的定时钟表机构是研制人员从市场上以 7 元钱买来的一只小台钟，然后经过改装而成的；火箭的点火装置则是将普通小电珠的玻璃敲碎，取出灯丝再裹上硝化棉，成为最初的引火头；火箭进行液体燃料加注，是用一般家庭用的自行车打气筒来增加其压力的。在机电设计院，类似的技术攻关和小改小革，以及土办法比比皆是，举不胜举。我们用"即使没有条件，创造条件也要上"的拼搏精神，不畏艰难，迎难而上，创造了一个个奇迹。

工作人员用打气筒为 T-7M 探空火箭加注推进剂

简陋的火箭发射控制间

那时大家干劲十足,人人都是工作狂。在研制过程中,我们一次次地试,究竟试了多少次,最后也记不清了。因为我们知道,探空火箭的各个环节都要通过充分的地面试验,来验证其设计的正确性以及系统的可靠性和安全性。记得那时我们的科技人员都非常忘我地工作在科研生产第一线,每天晚上12点钟之前大家都不回家,因此院办主任每晚都来催促我们赶快回去睡觉,以保证第二天上班有充沛的精力。

就这样,我们完全依靠自己的力量搞探空火箭。在上海有关企业的大力协助下,经过机电设计院上下的共同努力,我们仅用短短两年时间就搞出了探空火箭,并发射成功,速度之快、干劲之足,这在今天看来也是很了不起的。

开拓创新

经过大家的共同努力,1960年2月19日,我国首枚T-7M探空火箭在南汇老港海边滩涂发射成功,这在中国航天发展史上具有非凡的意义。从工程意义上来说,这毕竟是第一次,因而被载入中国航天史册。而T-7M成功发射后的5月28日,毛主席亲自到上海来视察火箭实体,说明党中央最高领导人对航天产品十分看重。在参观现场,毛主席称赞年轻的航天人是初生牛犊不怕虎,敢想敢做,终于干出了成绩。毛主席同时勉励我们要"8公里、20公里、200公里地搞上去"。刘少奇、邓小平、陈毅、贺龙、聂荣臻、李富春等中央领导同志也先后来上海看过探空火箭,或到研制生产现场视察指导,对我们的研制成绩给予了充分肯定。

现在看来,T-7M其实是个很小的火箭。但麻雀虽小,五脏齐全,它是一个完整的系统,也算是我们对系统工程一次有益的尝试和实践。在T-7M发射成功之后,比T-7M体积更大、飞得更高的T-7探空火箭于同年9月13日在安徽广德603试验场发射成功。T-7整个研制过程不到一年,距离毛主席视察不过4个月时间,但T-7将火箭的飞行高度从8千米

1960 年 2 月 19 日，王希季等参与研制的中国第一枚探空火箭在上海南汇老港准备发射

一下子提高到了 60 千米，随后发射的 T-7A 更是进一步将飞行高度提高到 115～130 千米。T-7A 是 T-7 的改进型号，不仅发射高度有了大幅度提高，而且有效载荷的质量也增加到 40 公斤。当时针对 T-7 的不足，我提出并组织设计人员做了多项重大技术改进：一是为提高火箭的运载能力，采用先进的铝蜂窝结构尾翼和薄壁贮箱，减轻主火箭结构质量；二是为提高火箭飞行高度，加大助推器的总冲和推力，提高主火箭点火时的飞行速度，并增加推进剂贮量以延长发动机工作时间；三是加大发动机比冲，主发动机采用高空喷管，改进燃烧室头部及喷嘴设计。

为了实现 T-7A 设计采用的新技术、新方案，我们研制人员进行了顽强的技术攻关。以试制铝蜂窝夹层尾翼为例，我们土法上马，先是用简易滚筒将切割好的铝箔条压成半六角形组成的蜂窝条，再用数百个发卡将涂刷了胶黏剂的蜂窝条叠合在一起放进烘箱内固化成型，然后在蜂窝芯中灌注可在常温下固化的樟脑液,待固定后再用铣削加工出厚度符合要求的蜂窝芯,从而研制出我国火箭上首次使用的复合材料夹层结构。

经过一系列改进后推出的 T-7A 已经达到当时的国际先进水平,顺利升空后箭头、箭体在弹道顶点附近分离,成功地用降落伞装置分别进行回收,这标志着我国的探空火箭已经从试验阶段步入应用阶段。

接着,在 T-7 和 T-7A 的基础上,机电设计院乘胜前进,研制发射成功了多个品种的探空火箭,其中有气象火箭、电离层火箭、生物火箭等,以及各类返回回收装置。

值得一提的是,在苏联航天员加加林首次成功飞天后,我们利用已经掌握的探空火箭返回技术,大胆地提出了开展小动物发射和回收试验。这一设想很快得到了中国科学院领导的大力支持。于是我们和中国科学院生物物理研究所一起,在 T-7A 火箭的基础上对火箭进行了必要的技术改进,用于高空生物试验。该火箭头部是回收舱,包

1998 年 2 月 19 日,王希季在上海南汇老港我国第一枚试验探空火箭发射成功纪念碑落成仪式上的留影

括密封生物舱、供气系统、摄影系统、心电遥测系统和回收系统。试验的目的主要是研究飞行因素和高空环境对生物的影响,考验密封生物舱、供气系统、摄影系统、心电遥测系统的设计合理性和工作可靠性。进行生物试验的动物有小白鼠,以及装入试管内的果蝇、菌类及酶等其他生物制品,发射高度为 70~80 千米。发射活动共进行了 3 次,并用高速摄像机拍摄下了那些小动物在高空从超重到失重状态下的图片。

接着,我们又开展了对小狗的飞行试验。中国科学院生物物理研究所

对上天的小狗进行了严格遴选,除了身体健康、反应灵敏、性格温和、善解人意外,小狗体重要求在 6 公斤左右。根据这样的要求,当时从 30 多只小狗中选出了小公狗"小豹"和小母狗"珊珊"。接下来对它们进行各种各样的训练,如将它们放到冰箱里进行低温训练,放到振动器上进行振动训练,装进铁桶内用高速离心机旋转进行离心训练,等等。经过一系列的强化训练,小狗的心理素质和身体素质得到明显增强。小狗上天之前,还要在它们的体内植入记录血压和心电的有关器件,用于记录和测试小狗飞行时经过主动段、失重段和返回段三个阶段时的心率、血压、心电和呼吸这四大生理指标,因为这些数据对未来载人航天有着重要的参考价值。

1966 年 7 月 15 日,"小豹"首先飞天,探空火箭发射和回收成功,当搜索队员迅速将"小豹"从舱内抱出来时,天外归来的它依然活蹦乱跳。试验队员将它高高地举起,欢呼中国历史上首次狗类动物飞天试验的成功。同年 7 月 28 日,小狗"珊珊"进行飞天试验也获得了圆满成功。

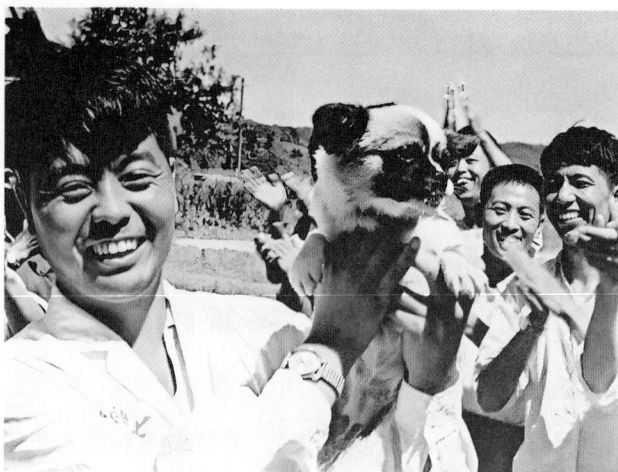

工作人员欢迎太空历险归来的"小豹"

这两只天外归来的小狗一下子成了"动物明星",被专程护送到北京,在著名生物学家贝时璋的陪同下,受到时任中国科学院院长郭沫若和党组书记张劲夫的亲切接见。后来,它们还繁育了健康的后代。

上述一系列高空生物和动物的回收试验，为我国研究高空生物学和生命保障工程积累了宝贵的资料和经验。

重要意义

回过头来想一想，我们这支队伍是在外国实施严密的技术封锁，没有他人提供现成资料的情况下，硬是依靠自己的力量，在实践中大胆探索、大胆创新，直到逐步掌握了整个探空火箭的研制、发射全过程，锻炼和培养了一支早期的航天工程研制队伍，尤其从掌握一定系统工程经验方面来说，通过探空火箭的研制，使我们有了系统的观点、系统的策划、系统的考虑、系统的抓总能力，这是非常难能可贵的。

T-7和T-7A最初是作为气象火箭研制的，后来发展成为高空技术试验火箭，先后共发射了23次，最高达到100多千米，处于亚太空的高度。它曾被用来探测电离层，使我国首次直接获取电子浓度等相关数据。我们还用它来测量宇宙射线和磁场强度，用它来试验卫星仪器、设备的高空性能。当时关键技术如弹道设计、发动机液流控制等，还有高空照相技术、

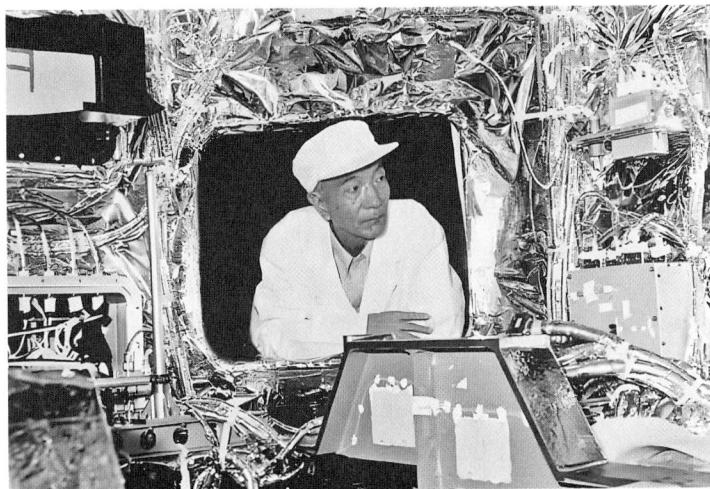

王希季在卫星研制现场

红外地平仪、发动机高空点火飞行试验等,这些技术亮点,在当时的中国都是独一无二的,都对后来航天事业的发展起到了支持和借鉴作用。后来,我们又利用探空火箭技术,搞出了和平系列探空火箭及第二代探空火箭挺进一号系列,为我国罗布泊地区核爆炸试验取样作出了重要贡献。

而1970年我国的长征一号火箭成功发射东方红一号卫星,在相当程度上是通过探空火箭的研制实践,为之打下了良好的技术基础和工程基础。记得我那时花了好几天时间,关起门来专心查阅和研究了东风四号导弹一、二级的资料,并与探空火箭技术结合起来,为第八设计院搞了一个火箭总体方案,一直到初样阶段结束,取得初步成果后,才移交给北京一院,由一院副院长任新民(后荣获"两弹一星"功勋奖章)组织实施,最终长征一号火箭完成了研制和发射东方红一号卫星的任务。可以说,探空火箭打下的基础,为1970年我国第一颗东方红一号卫星的发射做出了重要贡献!

1999年9月18日,在北京人民大会堂召开"两弹一星"功勋奖章授勋大会,王希季(右三)被授予"两弹一星"功勋奖章。图为王希季在人民大会堂授勋大会主席台上

另外，探空火箭还为航天器的研制做了很多有价值的高空实验、生物火箭回收实验，对于我国返回式卫星的研制以及后来神舟飞船的成功返回，都起到了非常重要的铺垫作用。

2011年3月23日，王希季获上海交大杰出校友终身成就奖

探空火箭是我国在高新技术中较早达到国际先进水平的一个领域，也是我国发展航天技术的起步项目之一，是业内公认的开拓创新型号。因此，综合上述客观事实，如果说探空火箭的研制成功具有里程碑意义，一点也不为过。

王希季与采访人员合影（左起：戚南强、王希季、游本凤）

庄逢甘

庄逢甘(1925—2010)，江苏常州人。我国航天空气动力学的开拓者之一，中国科学院院士，国际宇航科学院院士。1946 年毕业于交通大学航空工程系，后留校任助教。1947 年赴美留学，1950 年获美国加州理工学院航空和数学博士学位。同年回国后，历任交通大学数学系副教授、中国科学院数学研究所副研究员、哈尔滨军事工程学院教授。1956 年后，历任国防部第五研究院空气动力研究室技术负责人、北京空气动力研究所所长、中国火箭技术研究院副院长、中国空气动力研究与发展中心副主任、航天工业部总工程师、中国航天科技集团公司科技委主任及高级技术顾问。曾荣获国家科技进步奖特等奖、航天奖、何梁何利基金科学与技术进步奖、光华工程科技奖、载人航天突出贡献奖，以及曾宪梓载人航天基金奖。

庄逢甘关心母校事业发展，常回学校。上海交大原党委书记王宗光与他有过多次交往，留下了许多难忘的记忆。2010 年庄逢甘逝世后，王宗光怀着深切的缅怀之情写下《学长之风　山高水长——怀念著名空气动力学家、1946 届学长庄逢甘院士》一文。在此基础上，她接受校史研究人员采访，讲述了庄学长在交通大学的求学经历与母校情怀、科研成就及一生空天报国的感人事迹。她说，庄学长在中国航天界是一位德高望重、功勋卓著的领军人物，也是我最为敬重的校友之一，他的道德品行和业绩功勋永远值得我们学习和景仰。

潜心空气动力　致力航天强国

口述：王宗光

采访：欧七斤、孙萍、胡端、何菲

时间：2024 年 3 月 18 日

地点：上海交通大学徐汇校区总办公厅

记录：游本凤

整理：游本凤、孙萍

报考交大，航空救国

1925 年，庄逢甘出生于江苏常州。因为他是家中的长子，父母对他寄予了厚望。抗日战争期间，庄逢甘考入原是交大附中的上海南洋模范中学。经过数学老师、交大 1928 届电机系毕业生赵宪初先生的指导，他提高了学习的兴趣与自觉性，曾多次在数学比赛中获奖。高中时期，他阅读了《富兰克林自传》后，深受启发，决心以富兰克林为榜样，希望自己能够成为为科技发展作出贡献的大科学家。

1942 年，庄逢甘中学毕业，但这时太平洋战争已经爆发，日军进占上海租界，上海全部沦陷。眼见日本侵略者在中国土地上作威作福，他深切感受到，中国国力不强，落后就要挨打，于是便立下了发奋读书、学成救国的心愿。那时上海已处在日军的占领下，这样的环境不利于读书。当他得知迁

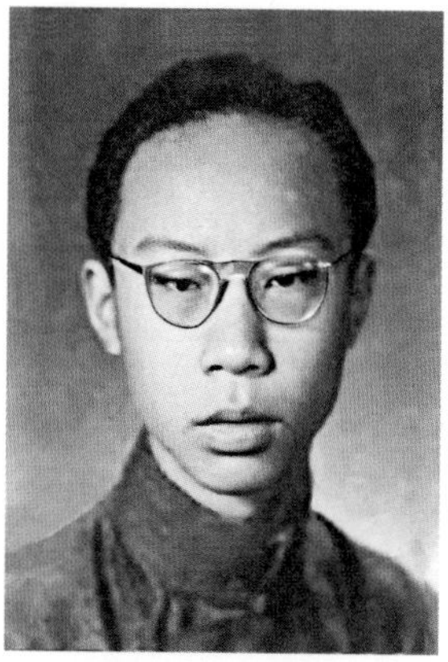

交大求学时期的庄逢甘

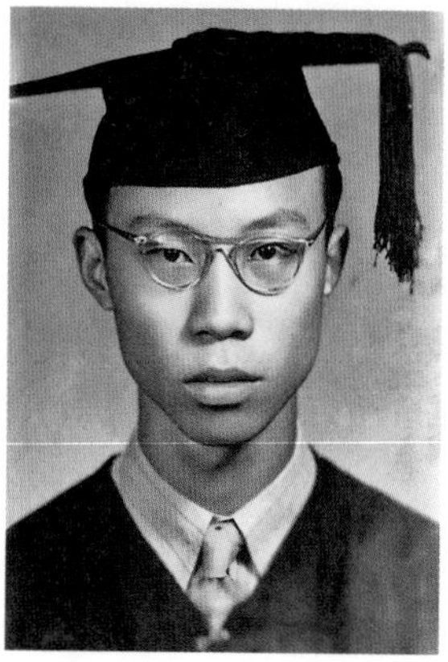

1946 年庄逢甘交大毕业留影

于重庆九龙坡的交通大学新成立航空工程系时，毅然报考了交大航空系。被录取后，他不远千里奔赴暂迁重庆办学的交大就读，从此走上了航空报国之路。

交大航空工程系师资力量雄厚，集结了当时国内航空界的顶尖人才，如曹鹤荪、季文美、王宏基、许玉赞、姜长英等，他们都有航空工程硕士或博士学位，后来都成为新中国航空科技与教育事业的奠基人。

在交大学习期间，庄逢甘勤奋用功，刻苦钻研，经常与老师、同学一起讨论专业问题，成绩一直名列前茅。1944 年，由于报国心切，庄逢甘毅然投笔从戎，报考了海军远征队。不过很快抗战就取得了胜利，他从军的愿望未能实现，于是便继续攻读学业。1946 年 7 月，他以第一名的优异成绩毕业于交通大学航空工程系。毕业后留校任航空系助教，月薪 120 元，在当时的收入不算

國立交通大學從軍學生名單

系科別	級別	從軍學生姓名
機械系	四	趙以佳 陳訢甫 龍洙 張益瀚 張攸民 張希仲 潘君極 龔異 陳同圻 章宏甲 鄧慰曾 胡棟 吳中英
	三	賀鶴鳴 劉迺正 林方繁 林邦鎬 沈定壽 成恆德 程美生
	一	徐仁清 何遠崇 張致祥
運輸管理系	四	張明照 管銘清
	三	張鴻文 劉望德 張瑞普 李品誠 林修銳 李麟生 張昭經 金立成 楊燊傳 曾鑛良 岳景宗 李承恩 劉毓基
	二	張詠
電機系	四	鄧承熹 黃宗照 戴宏德 吳杏生 熊 嚴德榮 方 朱正 汪永年 王 呂發昌 通
電機系	三	張良起 李世樑 左宗模 李德陽 熊雨蒼
航海科	三	劉克謙 王雲珂
	二	江岳 刘逸舟 胥靈臣 唐占晉 張照嶸 梁夫生 伍時鑾 王致中 郭豫信 沈毅
	一	胡克明 王錦林 張伯強
航空系	四	黃名生 陳成者 倪榮富 潘乾 史纪光 蘇民 高恩溥
	三	李海林 莊逢甘
土木系	四	薛傳道 鄭元方 劉克
	三	陳遴 周世政
	二	宋瀚
	一	吳國凱
造船系	四	顧鐸 裘純堅 嚴敦貴 郜仲漁
	三	趙家珍 孫嘉良
	二	朱瑞甫 陳伯詢 葛荊门

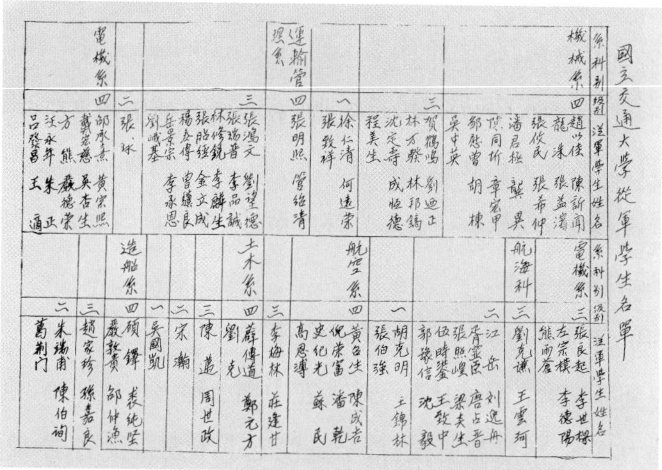

交通大学从军学生名单，航空工程系三年级学生庄逢甘名列其中

低。但他勤俭朴素，对于生活没有过高的要求，粗茶淡饭、填饱肚子即可。通过节衣缩食，他将省下来的大部分薪资用于购买国内外最新的专业书刊，并刻苦钻研。

远涉重洋，加州深造

1947年，庄逢甘远涉重洋来到美国加州理工学院学习航空工程，成为著名流体力学家、钱学森的同门师兄 H. W. 李普曼教授的学生，继续致力于航空工程和数学的研究。1948年6月，他获得硕士学位，并继续攻读博士学位。庄逢甘在攻读博士学位期间，实际上也是时任加州理工学院古根海姆喷气推进中心主任钱学森的学生，他不仅常听钱学森的课，而且经常与钱学森一起讨论学术问题，并共同探讨归国发展中国航空事业的设想。

庄逢甘在加州理工学院投入力学领域最为困难的湍流课题研究，他凭借着正确的物理模型和擅长的数学分析方法，揭示了复杂现象的本质，准确估计了物理量之间的数值关系。取得成果后，他发表了湍流统计理论的论文，利用海森伯谱传输项的假设，首次得到了准确的湍流谱解，给出了伯格方程初值问题的准确解。在对有随机边界条件的纳维·斯托克斯方程的研究中，庄逢甘引入双尺度湍流概念，也引起了学术界的重视。1950年6月，庄逢甘用独到见解，以论文《湍流统计理论》获得加州理工学院航空和数学博士学位。在获得博士学位前，他就已收到学院让他留校当研究员的聘书，不久又受聘担任学院的研究学者（research fellow）。

1949年，新中国成立，国家百废待兴，急需航空事业人才。当时，在美国的中国籍科技工作者成立了"留美中国科学工作者协会"，创办了《美中科协通讯》《留美科协通讯》等刊物，积极宣传新中国成立后的新气象。以钱学森为代表的一批爱国科学家积极响应祖国号召，立意回国参加建设工作，庄逢甘也是其中之一。他毅然放弃加州理工学院研究学者的身份和已经获得的荣誉、地位以及优裕的工作、生活条件，克服重重阻碍，于1950年秋回到了祖国的怀抱。

1950年9月,庄逢甘乘坐"威尔逊总统号"自美国旧金山返回中国,图为留美学者及家属在"威尔逊总统号"上合影

回国后,庄逢甘先在母校交通大学数学系任教,担任数学系副教授,讲授统计、物理数学和专题讨论三门课程。他的讲课形式活泼、材料新颖,很有启发性,深受学生们的喜爱。遗憾的是,庄逢甘在交大的教学经历不到一年。1951年7月,经著名科学家周培源、钱伟长推荐,他被抽调到中国科学院数学研究所,任副研究员兼北京大学物理系副教授。1953年,哈尔滨军事工程学院成立,他又被调到哈军工任空军工程系教授,主讲空气动力学。是年,庄逢甘年仅28岁,可谓年轻有为、宏图初展。

钱老点将,接受使命

1956年10月,中国第一个导弹火箭研制机构国防部第五研究院成立。研究院下设10个研究室,第七室即空气动力学研究室,是最早建成的研究室。经钱学森院长点将,庄逢甘从哈军工调任该研究室主任,承担起发展我国航天空气动力学的历史使命。在学界泰斗钱学森的直接指导下,他开始了开创我国空气动力学的事业。20世纪50年代末至60年代中期,他主持

钱学森(左)与庄逢甘亲切交谈

了北京航天空气动力学试验基地的规划和建设,基地建成后在中国航空、航天以及导弹武器的气动试验和研究设计中发挥了重要作用。

20世纪60年中期以后,庄逢甘与钱学森、郭永怀等组织领导了四川绵阳风洞基地的论证、决策、规划和建设工作。北京、绵阳这两个风洞试验基地的建成,奠定了我国航空航天空气动力学发展的基础,对中国的飞机、导弹、运载火箭、卫星、飞船等各种飞行器的气动试验和研究设计起到了十分重要的作用,是我国空气动力学事业的重大成就。其中,庄逢甘开展了大量的开创性工作,做出了特殊贡献。在试验基地建设期间,庄逢甘曾提出,基地建设与实验技术、测试技术必须同时启动,设备的自动化与计算机控制应及时配备。我国试验基地建设的历程不同于西方国家,他们从低速风洞建设开始,经历了几十年漫长的过程才建成试验基地。而庄逢甘结合中国国情,提出许多新的方案。例如,为了满足自行研制喷气发动机的需要,将原有的冲压发动机试车台改建为喷气发动机与冲压发动机共用的试车台,直接服务于运载飞行器和飞机发动机性能研究。

在航天技术研究中,庄逢甘全面贯彻钱学森关于理论研究要为工程技术发展开辟新途径的原则,以及气动研究要为型号服务的思想。20世纪60年代中期以后,远程火箭和返回式卫星成为航天工程新的发展目标,而再入气动研究成为关键技术之一。作为航天型号气动研究的主要技术负责人，庄逢甘领导了解决返回式卫星和各类导弹再入飞行器的气动、防热等大量气动问题，对这些飞行器的研制成功起到了重要的保障作用。

1969年、1971年我国接连进行了两次洲际导弹飞行试验，但均因弹头再入时被烧穿，致使试验失败。试验人员从捡到的端头帽上发现导弹头部有一条7～8毫米深的沟槽，这触发了中国洲际导弹研制史上一场规模空前、被钱学森称为"淮海战役"的弹头再入气动、防热研究战役。钱学森提出和指导了攻关工作，而整个工程的组织和实施一直是在庄逢甘的领导下进行的。1975年，他被国防科委和七机部委以"淮海战役"前线指挥长的重任，承担"弹头烧蚀防热研究"攻关任务。他用系统工程的办法来管理战略导弹弹头气动力学、气动热力学和气动物理研究的协作攻关工程的实施。通过理论分析、地面模拟和飞行试验三大手段相结合，经过长达15年的联合攻关，终于攻克了战略导弹弹头的气动、防热和再入物理多项重大关键技术，为我国第一代战略导弹弹头的研制成功做出了重要贡献。

庄逢甘还对第二代导弹弹头和机动弹头的气动力、气动热力和气动物理进行了大量深入、系统的研究，取得了多项预研成果。他还提高了我国高超声气动力学、气动热力学和气动物理的理论水平和试验技术，培养和锻炼

庄逢甘在查阅资料

了一支理论与实践相结合的科技攻关队伍,积累了用系统工程方法组织协同攻关的管理经验。其中,庄逢甘在许多关键技术的突破上发挥了重要作用。如在确定热防护方案过程中,他提出了关键性指导意见,经过多次飞行试验的验证,被证明是正确的,从而开创了我国烧蚀防热气动理论、烧蚀实验和测试技术的先河。

另外,庄逢甘还在国内最早认识到非定常气动问题在运载火箭研制中的重要性,并在20世纪60年代就建立了专业队伍,开展非定常气动特性及非定常载荷的研究。通过一代人的艰苦努力,形成了具有中国特色的气动研究和发展模式。

呕心沥血,肩负重任

20世纪80年代中后期,根据中国航天的发展需要,庄逢甘全力投入中国空间计划发展蓝图的制定中,积极推进和参与载人航天工程的立项和论证,并提出载人航天所涉及的空气动力十大关键课题,为国家高层的正确决策提供了科学依据。1992年,党中央正式批准了载人航天工程计划。于是,庄逢甘又一次率领全国气动设计和研究人员投入了载人飞船关键气动技术攻关,为我国成为世界上第三个掌握载人航天技术的国家做出了不可磨灭的贡献,并推动了我国空气动力学的进一步发展。

解决了载人飞船关键气动技术后,庄逢甘也进入了晚年。随着年事增高,他不再从事一线的科研工作,而是密切关注世界航空航天技术的突飞猛进,高度重视空气动力学前沿问题的研究,注重新观点、新概念、新方法和新理论的探索。庄逢甘经常强调:"空气动力学研究没有创新,也就不会有新的发展。"即使健康情况每况愈下,他始终没有放松对前沿科学的探索,投入很大的精力关注我国空天技术的未来发展和国家空天安全等重大问题。

在推动我国空气动力学学科发展过程中,庄逢甘还十分重视学术研究和学术交流,多年来积极倡导发展计算空气动力学。早在20世纪60年代,他就十分关注国际上的发展趋势与计算方法研究,当时国内计算机水平十分低下，但他坚持必须尽快开展计算流体力学方面的研究，以迎头赶上国际先进水平。1982 年，他主持召开全国第一届计算流体力学会议，在会上做了《计算空气动力学问题回顾与展望》的报告，全面论述了计算空气动力学的最新进展；在中国第一届流体力学数值方法讨论会上做了《再入空气动力学问题与计算空气动力学》的报告；在全国计算物理会议上做了《高速粘流数值计算》的报告。这些报告明确指出了计算空气动力学的重要性和发展趋势，特别是在航空航天等高新技术中的应用前景。

庄逢甘在办公室

庄逢甘还积极推动国际学术交流。1972 年，中美恢复外交往来，双方的合作和交往开始增多。1975 年，他作为中国科学技术协会第一个代表团的成员访问美国，并在普林斯顿大学、麻省理工学院和斯坦福大学等校做了学术报告。此后，又多次出访英、法、德、意、比、日、俄等国家，并上百次地接待外国专家来访。他是美国航空和宇航学会的高级会员，并担任美国《飞机杂志》的国际编委。1985 年，他被选为第十届国际计算流体力学会议主席和国际宇航科学院院士。1989 年 11 月至 1990 年 9 月，他接受加州理工学院的荣誉特邀，以希尔曼·费尔柴尔德卓越学者身份赴美进行学术访问并讲学。

在 60 多年的科研生涯中，庄逢甘不负重托，以一个科学家的责任和担当,始终思考着航空航天技术的需求,从宏观上牢牢把握学科发展的方向,运筹和组织我国航天空气动力学研究事业的创建、发展和壮大。他治学严谨、工作认真、为人正直、谦虚谨慎,善于与同行合作,注意培养新生力量和发掘青年人才,让他们经风雨、见世面、挑大梁、负重任,承担起发展航天、建设航天强国的重要使命。

相濡以沫的庄逢甘夫妇

饮水思源,情系母校

　　是交大培育了庄逢甘,为他打下成才的基础,因此庄逢甘对母校有着深厚的感情。虽然离开交大多年,但他时刻关心和支持交大的建设和发展,为学校的每一次进步而欢欣鼓舞。1986年,庄逢甘应邀到母校参加建校90周年校庆活动。在他和诸多校友的关心支持下,2002年交大恢复建立了航空航天工程系。2005年1月,庄逢甘回母校参加了空天科学技术研究院成立仪式,并欣然受聘为上海交大空天科学技术战略专家委员会委员,为母校航空航天学科的未来发展把握航向，指导该学科高起点发展，追赶国际一流水平。2006 年 4 月，他又回母校参加校庆，饶有兴趣地参观了闵行校区的 110周年校史文化展览，在一幅幅照片前驻足欣赏，回忆往昔峥嵘岁月。2007年，在大飞机专家论证会议上，庄逢甘给母校发展航空教育提出富有深远意

2005 年 1 月 15 日，庄逢甘出席上海交大空天科学技术研究院成立大会，与谢绳武校长（右）亲切握手

2005 年，上海交大原党委书记王宗光（左二）、副校长林忠钦（左一）祝贺庄逢甘院士（右二）80 寿辰

义的建议："上海交通大学发展航空航天事业,必须在主要学科如空气动力学、发动机、结构上下大力气。"2010年2月,在交大空天科学技术战略专家委员会的会议上,他又提出建议："经过我们这一代人的奋斗,中国已经是风洞大国了,但还不是风洞强国。上海交通大学应考虑花大力气,去建造一个中国没有的、世界上最先进的高雷诺数的大风洞。"

庄逢甘对母校情真意切,对母校的请求也有求必应。他经常参加交大北京校友会的活动,与师友叙旧情、思未来。庄逢甘还与许多交大校友保持着密切的学术与社会交往,钱学森既是他在航天领域的领导,又是他十分敬重的前辈。2009年10月31日,钱学森不幸逝世。那时庄逢甘虽然身体很虚弱,但他怀着对钱学森无比崇敬的心情,撑着病体前往八宝山革命公墓,为敬爱的钱学森学长送上最后一程。

仅仅过了一年,即2010年11月8日,庄逢甘学长也不幸离我们远去。庄逢甘的学术人生和道德文章,堪称践行校训"饮水思源,爱国荣校"的典范,为当代的新交大人树立了标杆。我们纪念老交大人庄逢甘学长,就是要

王宗光(前排中)与采访人员合影(后排左起:孙萍、胡端、欧七斤、何菲)

继承和发扬他的精神品质。一是学习庄学长始终不渝的爱国情怀,将自己对知识和成才的追求与国家和社会的需要紧密结合,为国家建设和社会发展贡献心智,实现人生最高价值。二是学习庄学长高尚的道德情操,勇挑重担,不畏艰难,树立全心全意为国家、为社会、为人民大众服务的高尚情操。三是学习庄学长善于创新的精神,在科学探索的道路上善于独立思考,对客观事物善于科学分析,在学术研究和工程研制中善于组织创新实践,并上升为科学理论,反复指导实践。四是学习庄学长浓厚的"思源致远"情怀,对母校、学友、同事、青年充满爱心。

"高山仰止,景行行止,虽不能至,心向往之。"庄逢甘学长为科学、为国家、为社会作出的杰出贡献将永远载入史册。他那高风亮节的道德情操、宁静致远的君子品质以及彪炳业界的卓著功勋,永远值得我们学习和景仰。

杨庆雄

杨庆雄(1925—2017)，四川资阳人。我国飞机设计和结构设计专家。1943年考入交大航空工程系，1947年毕业后留校任助教。1949年在上海加入南下随军服务团，1953年任教于哈尔滨军事工程学院，1970年后任教于西北工业大学，历任副教授、教授、博士生导师。曾任陕西省航空学会秘书长、中国航空学会结构设计及强度分会委员、国家教委科技委委员、国务院学位委员会学科评议组成员。专长飞机设计，提出的飞机结构疲劳寿命计算方法得到推广和应用。主持5项科学基金课题及一系列科研项目，获省部级科技成果奖二等奖；参加过4个型号飞机的设计，负责某歼击机改型的机翼结构方案设计及计算，并批量生产装备部队，荣获部颁二等功两次。被航空工业部评为有突出贡献专家，国家教委授予荣誉证书，并享受国务院政府特殊津贴。

在访谈中，杨庆雄对自己既在交大航空工程系当过学生，又做过助教，还参加过新中国的空军，此后一直在航空领域的教学科研中度过大半辈子人生，感到自豪与骄傲。作为掌握航空技术的一员，用专业技术知识教书育人，用自己的能力和智慧为国家的航空业发展做出贡献，他感到无比欣慰。

学生、助教与军旅生涯

口述：杨庆雄

采访：欧七斤、朱恺、孙琦

时间：2011 年 10 月 21 日

地点：陕西省西安市西北工业大学杨庆雄寓所

记录：孙琦

整理：游本凤、欧七斤

父亲叫我考交大

我的父亲叫杨芳毓（1887—1974），字吉辉，四川资阳人，是一个有理想、有信仰，既正直而又执着的人，在我心目中的形象很高大。他原来信奉革命救国，所以年轻时就投笔从戎，曾在刘湘的部队里当过参谋长。后来就读于北洋陆军大学堂第二期，跟李济深是同届同学，所以他们的关系很好。抗战时期，李济深在重庆时，就住在我们家里。1950 年，李济深介绍他加入中国国民党革命委员会，次年他应聘为中央人民政府重工业部技术顾问，后任北京市人民政府专员、参事室参事、文史研究馆专员和四川省政协第二届、第三届委员。

父亲曾有机会到德国考察过一次，德国先进的工业水平，尤其是军事工业，让他大开了眼界，认为必须工业救国。于是他雄心勃勃地建了一座兵工

杨庆雄在西安寓所接受访谈(左起: 孙琦、杨庆雄、欧七斤)

厂,叫兵工署第二十四兵工厂。兵工厂需要大量的钢材,但当时四川的炼钢厂很少,都是一些土法炼铁的作坊。他去考察了几家小钢厂后,认为不行,便自己搞一个炼钢厂。后来刘湘垮台了,也没有资金支撑兵工厂了,父亲就把兵工厂、炼钢厂移交给国民政府军工处。但他还是当厂长,因为这是他一手创办起来的,仍然寄托着他工业救国的理想。兵工厂生产了大量的炸弹,供给中国军队,为抗战期间打击日本侵略者出了一份力。那时父亲虽为一厂之长,但他中规中矩,清正廉洁,从不中饱私囊,也不花天酒地,一门心思扑在工作上,只想把厂子搞好。由于国民政府和四川军阀都很腐败,最后厂子实在搞不下去了,父亲只能走人。

父亲回到老家资阳,想实施教育救国,于是创办了一所伍隍中学,现在这个中学还在,其校训也就是他经

今四川资阳伍隍中学内的杨芳毓铜像

常所说的家训"立德立功、爱国爱乡"。他还在资阳建了一座祠堂,祠堂大门上写着"承前启后、继往开来"几个大字,祠堂和碑现在仍在。他说这是他的精神家产,以此教育子子孙孙,要堂堂正正做人、踏踏实实做事,用真才实学服务国家和人民,不辜负自己的人生。父亲经常向我们几个子女灌输这些做人的道理,希望我们有理想、有追求,不负韶华,效力国家。正是在父亲的教诲下,我们几个子女后来都正派做人,踏实做事。

抗战前我在重庆南渝中学读书,南渝中学当时是名校,在重庆诸多的中学里是最好的。我进校没多久,全面抗战就爆发了,学校更名为南开。当时人们都说,能够进南开读书,毕业后考交大不在话下。但为什么要考交大呢？因为那是我父亲替我做的决定。那个年代我国的航空工业刚刚起步,航空专业是新的工科。父亲说,凡是新兴的东西就充满了生命力,是有发展前途的,你就考航空专业,将来定会有出息。当时我父亲刚从德国考察回来,看到了许多西方的新鲜事物,接受了西方先进的科学思想和工业文明,所以他比较开明,知道航空是新兴工业,对国家未来发展是有好处的。

而在考交大前,我根本不知道什么是航空,航空是干什么的。那时候整个社会都很闭塞,不知道航空为何物也很正常。还有,我的三个哥哥都是当兵的,家里希望出一个大学生,为家族增添一些荣耀。

难忘溉澜溪校园生活

我是1943年考入交大航空系的,当时学校已经内迁到了重庆九龙坡。1943年5月,重庆商船专科学校(有造船、航海专业)并入交大。其溉澜溪校园就用作交大低年级学生的教学、生活地。航空系的庄逢甘比我高一届,是1942年入校的,他们就曾在那里读书。我们入校后也在溉澜溪上课,并住在那边。溉澜溪校园在重庆朝天门码头北边,如果在朝天门码头坐船,还要走十多里水路才能到达。

我们在溉澜溪校园待了一年,那里条件很差,既没有像模像样的校园,也没有宽敞明亮的宿舍。20多个人挤在一个不算太大的房间里，都是双人床，乱哄哄的，连个自习的地方也没有，更何谈个人隐私的空间。好在溅澜溪是一个镇，镇上有个茶馆，多数同学愿意掏3块铜板，到那里觅一个相对不错的自习的地方。晚上茶馆里没有电灯，同学们就点个电石灯。电石灯闪烁着小火苗，气味有点臭臭的。

为了省钱，我们好几个人共用一个电石灯。然后每人泡杯茶，但没有茶叶，俗称"玻璃"，其实就是白开水。回去吃饭的时候，就把茶杯盖翻过来盖着，表示人还在，下午或晚上还会再来，以便让3块铜板的价值得到充分利用。那时教室不够，老师也不够。一年级我们就跟工业管理系合在一起上课。教我们的老师都是交大的，还有不少是从国外回来的，讲课都用英文。一年级都是基础课。后来成为成都一个飞机公司副厂长的戴世然，1947届工管系毕业，就是我那时候的同学。

我们读的是工科，当时国民政府给学校一些补贴，所以学生不用交伙食费。但文科生就没有这一待遇了。吃饭是定量的，糙米饭，很难吃。菜也就是一般的白菜。就那么一点饭和菜，吃完就没有了，所以每到吃饭时，大家都挤着抢着。想想在战时，国家处于艰难时期，无论是读书的还是做工的，大家都很艰苦，都活得不容易。

在溅澜溪时，我们还闹了一次抗争，影响很大。事情是这样的，因溅澜溪在长江边上，我们

交大求学时期的杨庆雄

一帮学生吃了晚饭后，总要出去沿着江边走走。有一次因为部分学生不听警察的招呼，一言不合，双方就动手打了起来。于是他们就把几个学生抓到警察局里教训了一顿，但后来还是放出来了。被抓去的学生自然一肚子的委屈，回来一宣传鼓动，许多学生为此打抱不平，说是我们并没有做错什么事，凭什么把学生抓起来？于是一群富有正义感的学生说，找警察论理去，便浩浩荡荡地去讨说法。到了朝天门，碰到一帮警察，二话没说，双方就发

生了冲突。这次我们学生人多势众，很快就把警察局的一个所长带了出来，并命令船长赶快开船。船长吓得不敢开。于是学生就找来一把菜刀，把拴船的绳子砍断，接着就把船发动起来，朝着溉澜溪方向开了过去，学生们一片欢呼。一看学生抢了船，而且带走了一个警察所长，船长吓得不轻，怕船出事，就说："还是我来开吧。"

就这样，学生们把警察所长弄到学校后，关在一个小房间里，不管怎么责问他、训斥他，他也不吭声。没多久，一批警察坐了一只船开了过来，冲进校园，并鸣枪示威。最终他们把所长抢了回去。于是学生们就闹起来了，说警察怎么能朝着手无寸铁的学生开枪，还举行了记者招待会，大批记者赶来参加并写了新闻报道。经过媒体发酵，事情闹大了，整个社会群情激愤，都站在学生一边。尽管当局解释说，当时警察是朝天开的枪，是吓唬学生的，只要他们放人就没事了。但学生向记者控诉说，他们是端着枪平射的，并带着记者看墙上的弹孔。社会舆论沸腾了，而且都是有利于学生的。这下国民政府坐不住了，于是派了教育部部长陈立夫到溉澜溪来安抚学生，息事宁人。陈立夫将学生召集起来开会，并向学生们道歉，说此事一定要严肃处理，给学生们一个圆满的答复。没多久，上面就把那个警察所长开除了。后来我们还经常看到那个所长，低着头，不言不语，一副很倒霉的样子。其实在这过程中，警察所长只不过是个替死鬼罢了。

这次抗争事件，大长了学生的志气，大灭了警察的威风，一直让当地老百姓津津乐道。

惊心动魄的回沪之旅

二年级我们搬到了九龙坡的交大总部上学。九龙坡是一个镇，在黄桷坪一下车，右边是交大，左边是小镇。相比溉澜溪，这里的条件好了许多。我们宿舍虽然是一个大房间，但是新房子，干净明亮，气味清新，令人心情愉快，学校还给我们安装了电灯。校园里还有一个大礼堂，那个大礼堂2000年前还在的,在重庆的四川美术学院里面,包括我们当时住的老宿舍也在,其他都拆了。

抗战期间交通大学重庆九龙坡校园,今为四川美术学院校址

　　那时住宿、吃饭都不要钱,由教育部公费支出。但课本要自己出钱,我们买的是龙门书局的复印本,多半是盗版的。当时我念完了就把书卖给下一届的学生,可连续传好几届呢。

　　到了三年级,抗战胜利了,暑假的时候我们学生在部分老师的带领下复员上海。我们回沪时,坐船沿长江水路到上海。由于交大原属交通部管辖,便由交通部出面协调,让我们享受乘军舰回上海的特殊待遇。没想到那艘老掉牙的"法库号"军舰却发动不起来,让大家干着急。于是他们在当地找了一艘商船,将军舰绑在商船上,由商船拖着走。

　　那几天,我们就睡在军舰的甲板上。每人自己带着铺盖卷,在船舱外面铺上被子睡觉或休息。第一天途经万县,第二天途经三峡。三峡的自然风景很漂亮,真让我们这些从未出过远门的学生大开了眼界。过了三峡后,有一次商船的船老大跟我们说,你们运气真好啊,因为旁边绑了一个军舰,开船不大灵便，眼看就要撞上一块大礁石了，幸好那时水流很大，经水流一冲，船呼的一下转了过去。他说你们的命真大，否则撞上去的话，凶多吉少，大家的命都难保。船老大说，三峡是长江中最危险的一段水路，过去不知有多少船和人都葬身在这里。过了三峡后，航道逐步宽阔，行船基本平稳，一般不会出事的。在返回上海的学生中，就我们这批坐船的，其他人都坐火车。

经过数天航行，我们的船到了南京，船老大说到上海还要一两天。经过商议，我们干脆都下船，坐火车到上海。到了上海，先到上海的同学们来接我们，大家热烈握手，相互寒暄，非常亲切。

复员上海后，交大新建的航空工程实验室

当了回赴京请愿的摄影记者

上海毕竟是国际大都市，近代以来一直繁华昌盛。到了上海后，我们的生活就更加丰富了。原先重庆南开中学有个子燕摄影社，我们这帮人考进了交大后，继续将子燕摄影社的牌子保留了下来。我成为该社的骨干成员，积极参加学校组织的各项活动,拍了不少照片。

那时学校组织了很多次大游行,有抗议九龙暴行游行、反美扶日游行、反饥饿运动等。一有游行,总是我们交大的学生当头,他们扛着大旗走在街上,吸引了许多市民前来围观,场面很壮观。

记得在护校运动中,学生们曾开着火车去南京请愿,也算是一大奇观。当时我作为子燕社成员,忙前忙后地当起了摄影记者。我自己有一台相机,相机档次较高,是家里为我买的。那个年代,私人拥有照相机的并不多,不由让人十分羡慕。但拍照片既要买胶卷,又要买摄影用品等,很费钱,作为没有收入来源的学生,只能由家里贴补我了。

护校运动是由中共地下党组织的,他们在学校门口安排了很多汽车。当时上海市市长吴国桢闻讯后赶来做劝导工作,拦在校门口,张开双手挡住了汽车,说你们不要到南京去请愿,有意见好好说,我给你们向国民政府反映。你们若是不听,硬要去,那么就从我的身上压过去。吴国桢不让车队走,学生也没办法,就下来说:"吴市长,您这么大年纪了还来拦车,真是辛苦您了。"于是几个学生把他架到一边去,车队就浩浩荡荡地出发了。

1947 年 5 月 13 日,交大护校运动中,学生自驾火车晋京请愿

到了火车站，机械系四年级两名学生胆子很大，说火车没人开，就我们自己开，而且交大人本身是搞交通的，懂得火车原理，开火车没问题。而那时的火车头是烧煤的，往炉膛里添些煤炭，燃烧后产生蒸汽，发动机就动起来了。他们一添煤，便产生了蒸汽和动力，火车果然就开起来了。开了一段路，一看不妙，原来有人把前面的铁轨拆了。而乘在火车上的交大学生说那没关系，他们是土木系的，自己会动手。于是他们下车铺上了铁轨。但开了一段，又发现前面铁轨拆了被搬走了，没有铁轨了怎么办？学生们急中生智，就把后面的拆下来装到前面去。这样又勉强开了一段路。再后来发现拐弯的地方铁轨被拆掉了，这就没办法了，因为后面的铁轨都是直的，不能替代弯的。结果火车就停在那里，大家在火车上喊着口号，唱着歌，鼓舞士气。大量的围观者也跟着一起助威。这时吴国桢坐车赶来了，蒋经国和交通部部长也赶来了。交大人把事情搞大了，让国民政府的头头脑脑们都慌了手脚，只能答应了交大学生请愿的所有要求。

跟着周小燕学唱歌

我这个人业余爱好十分广泛，摄影是其中之一。除了摄影，我还参加了交大合唱团，与我一起参加合唱团的有赵玉声（音）和郭可评。

也许我天生有一副好嗓子，歌也唱得不错的，在当时交大学生中比较出名。那时我的课外活动就是唱歌，经常在校里校外参加表演。为了进一步提高自己，我们三人就找人学唱歌，先找的是杨家仁，他是上海音乐专科学校的教授。杨家仁后来给我们交大合唱团当指挥。我们一起学唱歌，练钢琴。后来他就介绍给我们一个唱男低音的外国教授，但水平并不是很高。我跟着外国教授学了差不多一年，他夫人倒是很欣赏我，说我高音唱得好，鼓励我去考音专。于是我就拿着交大的毕业证书去考音专。报考接待人员觉得很奇怪，说是你一个堂堂交大毕业生，考什么音专。我说我喜欢唱歌，

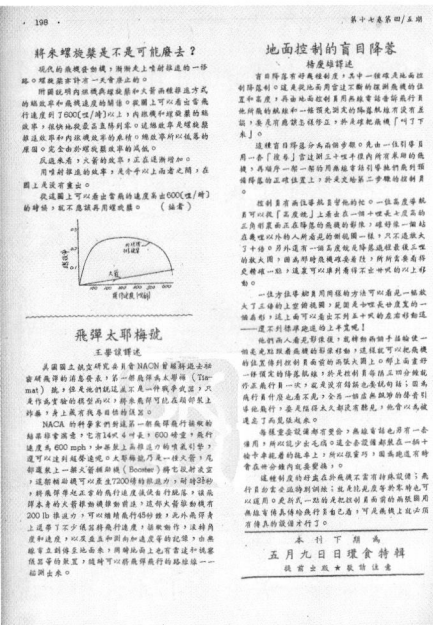

杨庆雄担任助教期间的译作《地面控制的盲目降落》，载《科学世界》1948 年第 17 卷第 45 期

要是考上了，我在音专学唱歌就不要钱了，而我现在唱歌是要花钱的，差不多要用掉我半个月的工资。可见我那时确实热爱唱歌，考音专的决心很大。

而真到了考的时候，我却考得不好，因为毕竟没有正式学过音乐，连一些乐理的基本知识都不懂，所以没被录取。但音专的主任听我一唱，觉得嗓音倒还可以，但技巧不行，没有考进有点可惜。我也跟周小燕老师学唱歌，每个月给她交学费。周小燕老师还是比较欣赏我的，在指导我唱歌期间，她的第二个妹妹还跟我谈过恋爱。因为我每个礼拜要去周小燕老师那里学唱歌，有时候她妹妹在那里弹琴，时间一长，两人就相识了。但最终没有缘分，只留下一段罗曼蒂克史。

南下福建，参加随军服务团

到了 1949 年 4 月下旬，解放军已经打过长江了，国民党警备司令部怕上海高校的学生呼应，就开了黑名单，然后实施抓捕。我当时是无党派人士，并没有被列入黑名单。记得那天晚上,我跟航空系助教郭可评住一间房间,清华来的一个同学也住在我们房间。第二天一早就听说他们抓了一晚上的学生,可是我们都不知道。

第二天早上我们到校门口去吃早点,走到工程馆后门,有把门的说不许过去,我说我们就到外面吃个早饭,为何不让出去?不一会儿,一帮穿着国民党警服的青年军来了,问我们是哪里的,要核对黑名单。黑名单上没有我们的名字。但他们不管三七二十一,把我们三个人拉上他们的车子,开到了一个铁路中学。只见那个中学已全部腾空,所有被抓的人都关到那里,由国民党的一个连守卫在那里。不过那些当兵的对我们还是挺客气的,管吃管住。后来一些特务来巡查,他们看到我们有说有笑地在相互交谈,说不像话。于是连长关照我们,不许相互说话,不许跑到窗口看望,并要求每个房间选一个室长,以便加强管理。当时关着的人中我们交大有50多人,大夏大学有10多人,大家知道我是助教,于是就一致推荐我当室长。

当时上海还没有完全解放,解放军刚打到西郊,国民党正准备撤退,管我们的那个连也被调走了,又派了一支"飞行堡垒"来管我们。"飞行堡垒"是国民党专门用来镇压共产党和进步人士的一个反动武装组织,又叫"镇暴队",成立于20世纪40年代初,归属上海警察局,队长叫颜凤楼。因该组织装备的红色警用镇暴车肆无忌惮,车快如飞,因而被人们称为"飞行堡垒"。"飞行堡垒"很反动,那些人对我们态度很凶。由于被关的人实在太多,而许多人并不是地下党,于是他们就清理了一次,凡是黑名单上没有名字的就交保释放。我家里的长兄跟他们交涉,"我弟弟被你们关进去了,年纪轻轻的,就是个读书的学生,怎么会是共产党呢?"后来我姐姐拿到了字条,终于将我保释出来了。

没过几天,解放军就进城了,市民们在大街小巷欢呼上海解放。我特地去苏州河边,看到解放军战士都睡在马路上,挺感动的,于是就拍了几张照片。后来,陈毅市长到交大新文治堂讲话,我也去听了他的报告。

不久,解放军宣传队就开进了学校,招收南下随军服务团,并说要解放福建、台湾,我毫不犹豫地报了名,参加了南下随军服务团。随军服务团先集中在沪江大学编队,我被编入四大队五中队,接下来在沪江大学接受训练。那时我们交大有好多人都参加了随军服务团。受训期间,吃饭不要钱,还发给每人 2 000 块旧币的津贴费。没多久国家对币制进行改革,结果2 000 块津贴费变成了 2 毛钱,2 毛钱的价值在当时相当于 2 两烟丝、半袋牙粉。

1949 年 6 月,交大校门口"南下! 解放全中国"条幅

当时,交大仍给我发了一个月的工资,有 20 块解放币。郭可评说,你怎么 20 块工资不要,却去拿 2 毛钱,真有点不可思议。确实,我那时为了参军,为了解放台湾,连西装、自行车、照相机等东西都不要了,无牵无挂,只身南下。

接着随军服务团行军南下,走了一个月。到了福州,就开始分配工作,先把我分到税务系统,到福建东边乡下去管税务。我觉得我学的专业是航空,做税务完全不对口。当时福州有个空军接管组,我就跟他们说,我是交大航空系的,跟你们空军有密切关系,你们这里需要人吗? 他们马上就到南下服务团去要人。于是就把我调到空军去了,我的身份变成中国人民解放军,正式参了军。

1949 年 6 月 24 日，上海《大公报》报道交大和圣约翰大学 300 余人参加南下随军服务团，杨庆雄等已随军出发

　　其间，我代表部队去漳州接收了一架国民党遗留下来的飞机，并发动一批人，费了九牛二虎之力，将飞机运到厦门。1953 年，组织上考虑到我专业对口，于是调我到哈尔滨军事工程学院去任教，那时哈军工仍属军队编制。1970 年，我任教于西北工业大学，直至退休。

杨庆雄夫妇晚年合影

　　回想我的一生，我爱党爱国，努力学习，辛勤工作，做人正直，真诚坦率，教书育人，从没有什么非分之想，也没有做过不利于党和国家的事。虽然人生不可能一帆风顺，总有波澜和曲折，总有起伏和跌宕。但随着年龄的增长，阅历的丰富，我越发明白，只有经受了历练和考验，才能使人更加成熟。这对一个人的成长来说，其实也是一件好事。

杨庆雄夫妇与母校采访人员合影（左起：孙琦、杨庆雄夫妇、欧七斤）

乔新

乔新，原名乔无期，1927年4月生，北京人。我国飞行器设计专家。1946年考入交通大学工学院航空工程系，是交大航空运动俱乐部（ASC）的积极分子。1950年毕业于航空工程系飞机结构组。当年参加中国人民解放军，分配到防空司令部工作，曾任华东军区空军工程部特种设备处参谋。1952年调入新成立的南京航空工业专科学校（今南京航空航天大学），历任教研室主任、教授、博士生导师。长期从事飞机设计的教学和科研工作，曾担任我国自行研制的强-5超音速强击机副主管设计师、海鸥601水上飞机总体组长，参与南航一号拖靶、长空一号无人靶机等多个重要机型的研制工作。多次获国家和航空工业部科技进步奖，其中参与研制的强-5超音速强击机获国家科技进步奖特等奖。2020年获工业和信息化部离退休干部先进个人称号，2021年获中国老科学技术工作者协会奖。

在访谈中，乔新坦言，这一辈子矢志不渝航空梦，念念不忘思源情。航空梦起源于交大，思源情流淌于血脉之中。正因为有了交大的培养，使自己成才，并以教书育人作为终身职业，为党育人，为国育才，为国家的航空事业做了努力和贡献。航空强国，任重道远，还需一代代人接续奋斗，为航空报国而踔厉奋发，砥砺前行。

矢志不渝航空梦　念念不忘思源情

口述：乔新

采访：葛阳、杲光伟、余音、孙义宸、柏景琪①

时间：2020 年 10 月 17 日

地点：江苏省南京市乔新寓所

记录：葛阳、杲光伟

整理：游本凤、葛阳

选择交大航空工程系

我是在烽火连天的抗战岁月中长大的。在日本侵略者对重庆的大轰炸中，我祖母的家就被炸成了一片废墟。还有一个防空洞被炸弹炸塌了，堵死了洞口，导致躲藏在里面的老百姓窒息而死，现场一片凄惨。我还目睹过泸州大轰炸，现场火光冲天，瓦砾遍地，死伤者不计其数。

我在重庆九龙坡读立人中学时，经常听到防空警报。日军的飞机一来，凄厉的警报声就拉响了，鬼哭狼嚎似的。大家都没命地往山洞里跑，把小孩子跑丢了，把鞋子跑没了，这样的事情不足为奇。那时我们国家实在太弱了，空军的飞机和武器装备根本不能与日本相提并论。日本人想

---

① 孙义宸、柏景琪，上海交通大学医学院 2020 级本科生。

炸就炸,耀武扬威,中国人根本就没有还手之力,只有挨打的份。凡是有一点民族正义感的人、有一颗爱国心的人,都会为我们国家遭此欺凌而感到悲哀。

正因为这些因素,在高中毕业时,我决心学理工科,想要通过航空报国,造出中国人自己设计的飞机,翱翔蓝天,保家卫国。那么我为什么考交大呢?因为我有个同学的哥哥叫卢孝棣,在交大做助教。我想,要是我考上交大,到了上海,就可以住在他哥哥的宿舍里,哪怕打个地铺也行。那时年轻,想法很简单,也很实际。

1946年,乔新的交通大学招生报名单(在校名字为乔无期)

1946年我高中毕业,开始报考大学。那时候大学都是各自招考。我分别考上了北京大学电机系、中央大学机械系和交通大学航空系。我觉得航空工程对我比较合适,又有同学哥哥在交大,最终怀着航空报国的心愿,我选择了交大航空系。我去交大报到的时候,还闹过一个笑话。由于我第一次到上海,面对繁华热闹的大上海,就像刘姥姥进了大观园,眼花缭乱,也不知道徐家汇怎么走。我乘火车抵达位于天目东路的北火车站,那时叫北站。走出北站,到公交车站候车时,见到开过来的电车上写着"徐家汇"三个字。因为我行李多,动作慢,还来不及拿行李,车子就开跑了。等一会儿又来了一辆,只看见中间有个"家"字,我以为是开往徐家汇的,没多想就上去了，结果车子开到了卢家湾。卢家湾和徐家汇相距不少路，没办法，我只得背着行李，从卢家湾一路打听着走到徐家汇，大概走了一个半小时。

过去在交大读书，公费生是免缴学费的。到了我们那一届入学时，国内通货膨胀厉害，且学校要盖一批房子（包括宿舍楼），导致学校的经费紧张，所以要向学生们收费。好在我父亲以前做过书画展览，有一点收入后买过一只戒指。于是父亲就把那只戒指卖掉了，变成了我的学费。新宿舍盖起来后，我们也曾在那里住过。

读大学的时候，我的名字叫乔无期。我上课喜欢记笔记，一本一本地记，后来我把那些笔记本订在一块，所以大多数笔记没有散失。当年交大有个服务社，我还去那里买过笔记本，本子上印有饮水思源碑的图案。读书时，我很熟悉学校周边马路和环境。闲暇时我们经常去散步，大家一边走，一边交流思想，也相互探讨课堂上的习题，有时还唱歌。我们经常唱的是当年交大的校歌："美哉吾校，真理之花，青年之楷模，邦国之荣华。校旗飘扬，与日俱长，为世界之光，为世界之光……"

乔新珍藏的大学笔记本和交大纪念章

我在班上的成绩并不是最好的，和大家一样，该上课时上课，该做作业时做作业，努力做一个守校纪、爱学习的好学生。在我的同学中，有在香港中学念过书的，因而他们的英文水平，无论是笔记还是口语，均超越班上同学，不得不服。还有读上海中学、扬州中学的，那些中学都是国立的，所以他们的基础都很好。而我读的是内地的私立学校，老师的教学水平与香港、上

交大求学时期的乔新

海等地的不好比。我能考进交大，进入这所著名的高校，那是我的幸运，但总感觉我的见识和水平不如他们。

比如，上海的电影院播放外国电影，重庆就没有，之前我连一部外国电影都没看过。所以一到大上海，第一个想法就是想去看看大光明电影院是什么样子的，想坐在里面欣赏一部外国电影，让我这个"乡下人"开开眼界。另外，还想听一听交响乐。而我们交大铜管乐队的实力也是很强的，在上海滩小有名气。记得上海刚刚解放的时候，学校请著名歌唱家周小燕来教学生们唱革命歌曲，大家的情绪都很高涨，唱得雄浑激昂、荡气回肠。嘹亮的革命歌声鼓舞着广大师生，去迎接新中国的解放，建设我们伟大的祖国。

永不磨灭的航模记忆

在交大读书的时候，由于热爱航模，我便加入了航空运动俱乐部。交大的航空运动俱乐部在全国教育系统里名气很大，每次比赛都载誉而归。航空运动俱乐部的英文全称是 Aero‑Sport Club，简称 ASC。办航空运动俱乐部的先决条件是什么呢？一是要有学校的支持，学校不支持也就办不起来了。二是要有会员。交大航空运动俱乐部的会员很多是广东的学生，广东靠近香港，他们就托人去香港买一些小型发动机和航模材料，这样做出来的航模性能好、飞行效果佳，再加上平时训练有素，所以我们能在很多航模比赛中拿到名次。这些在上海地方志里都有记载。

我曾代表交大参加过航模比赛。那时我臂力过人，用力把木质飞机模型抛向空中，一飞就是 90 秒，不仅拿下了比赛第一名，而且据说这一纪录至今都没有被打破过。我这一辈子与航模结下了深厚的缘分，因此，当南京航

乔新(前排中)在交大 ASC 时与同学合影,前为同学们一起制作的喷气航空发动机模型

空航天大学(简称"南航")邀请我做第一任航模教练时,我毫不犹豫地答应了。我一直告诫南航航模队的同学们,航模是手脑并用的项目,在航模队里没有书呆子,也不可以太"秀才",因为这是一项比技术、比智慧、比技能的运动,不仅要运用书本知识,还要通过体力劳动、技能劳动将航模做出来,你做的航模才能比别人的飞得高,飞得远。从一架航模的制作水平上就可以看出你的聪明才智和动手能力。

我喜欢做航模,除了教学,我一辈子做了各种各样的航模。为什么要做航模呢?因为我们搞飞机设计的,离不开航模,航模是飞机设计的基础。比如,你搞一个新机型,就必须围绕该机型做好几个航模,许多试验也必须利用航模进行。现在无人机发展很快,各行各业都用到了无人机。其实无人机的基础或雏形仍然是航模。所以现在搞空气动力研究或生产飞行产品的单位,都有一支很强大的航模队伍,有的航模要经过各种各样的试验,如振动、强度、高低温、风洞试验等。

我对交大航模队的两个人印象很深。当年交大航空运动俱乐部有一个人叫郑显基，他也是我们航空系的。后来他到了美国，当上了美国国家工程院院士。还有一人叫王学让，毕业后从广东到香港，从香港又到了英国定居。虽然他人在国外，但一直热心于帮助中国学生。只要有中国学生到他那里去，他都热情接待、帮忙。

我们大学快毕业的时候，由于我们国家还没有航空工业，学校无法组织我们到航空工厂去实习。但我们觉得，我们读的都是书本上的航空知识，根本没有一点实际经验，因此一定要深入工厂去实习，见识一下生产的真实场景。到哪里去找实习的机会呢？我们就在同学里面找，终于打听到有个同学的表哥是某汽车厂的工程师，于是我们利用暑假时间，跟着这个同学到他表哥那里去实习。说起来我们学的是航空，但实际上我们是在汽车厂实习的。那家汽车厂在江湾那边，造的是 10 个轮子的大卡车，是通用汽车公司的产品。我们在厂里一方面参加实习，一方面帮助工人们组织工会，开展各类文体活动，还教他们唱歌。"解放区的天是明朗的天，解放区的人民好喜

1950 年，交通大学航空工程系飞机结构组毕业生合影（前排左二为乔新）

欢",这是我们经常教唱的一支歌。实习的时间虽然不长,但给我留下了深刻印象。

我一直认为,学生在课堂里读书,书本知识固然很重要,但在实验室、在工厂参与实践也很重要。学生要懂一点工艺方面的知识,如材料、工艺、加工等。你设计水平再高,必须依托工艺基础,不能天马行空,任意发挥。这就需要设计人员懂得一定的制造程序,懂得如何选择适当的材料,使得设计与制造工艺相匹配。另外,学生还要培养自己的动手能力。因为有许多实践性的东西,是课堂上学不到的,许多东西只有亲自动手,知道了其中的过程,掌握了一定规律,就可以反过来改进和优化设计。尤其是我们搞航空设计的,科技含量比较高,即使上再多的课,依然是从课本到课本,不能解决实际问题。因此,学生不能完全脱离了社会,要将所学的知识与实际相结合,就必须参加各项实践活动,这样才能学到真本领,成为一个对社会有用的人。

让人钦佩的航空界前辈

1936年之前,交通大学就已经创办航空专业了,是机械系航空门,后来演变成航空系。交大航空系的典型人物是徐昌裕,他从圣约翰大学附中毕业后,考进交通大学。1936年,他从交大航空门毕业后,先去了南昌,又从南昌到了成都,1938年奔赴延安,进入陕北公学。我曾看到他在《解放日报》上发表的文章。他早期研究如何识别敌人的飞机和防空躲避。那时候中国缺少石油,没有一个油矿,被西方称为贫油国,而石油是工业生产的重要原料,是一个国家的能源命脉。徐昌裕知道石油的重要性,他曾去延安地区勘探过石油。

要建立空军,首先必须培养自己的专业人

1936年徐昌裕交通大学毕业照

才,而培养专业人才,就要办自己的航校。徐昌裕闻讯后,1946年申请去东北的航校。当时我们没有航空器材,用的是日本的航空器材、飞机。徐昌裕等人到处去找破旧飞机,然后把那些旧飞机拉回来,拼成一架飞机。还有就是对一些投降的日本飞行员和教练员进行教育,提高他们的觉悟,让他们做我们的航空教员。那时飞机燃料用的是酒精,因此航校还要自己办酒精厂。徐昌裕在航校当仁不让地发挥了专家作用,帮助修复了一架高级教练机。飞机修好以后,日本飞行员却不愿意飞,因为他担心中国人的技术不行,怕飞机出事。徐昌裕说你放心,我是学航空工程的,我坐在后头,你坐在前头。那个日本飞行员被感动了,心想连修理飞机的人都不怕死,说明飞机的质量是可靠的。飞机升空后,果然很平稳,试飞取得圆满成功。可以说,航空人大胆、自信的优秀特质,在徐昌裕身上表现得淋漓尽致。

新中国成立后,我国成功仿制的第一种飞机是雅克18教练机,就是在徐昌裕的领导下,在南昌的320厂生产出来的。因为教练机很重要,培养空军飞行员必须有教练机,而且教练机很复杂,那时我国的工业基础又很差,凭着我们的国力是造不出飞机的。20世纪50年代开始苏联援助我国156个重点项目,其中就有航空工业。正是在苏联的帮助下,第一架雅克18教练机于1954年仿制组装完成,并服役部队,这标志着我国航空工业迈出了由修理走向制造的决定性、历史性一步。不过,当时的雅克18教练机还是比较落后的,后来我国又自行研制出初教6教练机,成为中国空军初级教练机的主力机型。

我国航空领域的许多重要举措和成绩都和徐昌裕有关,他是我国知名的航空工程专家,在我国航空界是一个很典型的开创性人物。我很佩服徐昌裕,因为他不仅是我们的航空前辈,而且是我们交大校友。徐昌裕等老一辈航空人的创业精神、奉献精神,永远值得我们学习。

坚守航空报国的初心

屈指算来,我投身航空事业已经有60余年。1950年,我从交大航空系飞机结构组毕业,恰逢解放军来学校招兵,我与14 名同学报名参军。我分配到华东军区空军工程部,任特种设备处参谋一职。当时部队里实行供给制,不发工资,但我们每个参军的同学都干劲满满,忘我工作。

乔新戎装照

国家为培养短缺的航空专业人才,重工业部航空工业局于 1952 年在南京成立了南京航空工业专科学校(今南京航空航天大学),邓永清任第一任校长。邓永清邀请了包括我在内的一批航空技术人员到南航工作,于是我怀着投身国防建设、培养航空人才的初心,入校任教。

60 多年来,我见证了南航从最初的三栋楼到两个校区,再到"一校两地四区"的规划建设;从航空专科院校发展到"211 工程"重点本科院校,再到如今的国家"双一流"建设高校,为国家培养输送了大批高级专业人才。

回忆当初,来到南航后,我的第一个任务就是设计"南航一号"。这是应海航司令部、作战部、工程部、军械处的要求设计的一款拖靶飞机。该飞机的一系列试验就在大校场进行,试飞完成后交付部队。

"南航一号"设计完成以后,我接到调令到 112 厂参加超音速强击机"强-5"的设计。"强-5"的主管设计师是陆孝彭,他后来当选为中国工程院院士。我的职务是副主管设计师,负责机翼、垂尾、平尾等各种翼面的结构设计,还主管飞机的特种设备。说起这段经历,真是记忆犹新。那时我带领着 12 名南航四年级学生在沈阳的研发基地一起攻关,完成了该机部件设计及装备的全部图纸。我们起早贪黑,在 4 个月内做出了 1∶1 的木质样机,送到空军司令员刘亚楼将军那里。样机的鉴定,也是经他批准的。接着,我又奔赴南昌 320 厂,指导 60 名南航三年级学生参与部件的生产制造。那时尽管条件很差、环境十分艰苦,大家的内心却无比自豪,因为"强-5"的成功研发,将填补我国超音速强击机的空白。后来,"强-5"量产了 800 多架,这款飞机还成为中国第一种出口的自行设计的作战飞机。1985 年,"强-5"荣获国家科技进步奖特等奖。

1958 年，"强-5"设计团队留影（后排左五为乔新）

　　1960 年，海军在南航成立"海鸥 601"研究室，从北京航空学院、西北工业大学、海军科研处和海军第二海校调集一批师生参与研制工作。设计室归南航党委领导，由李定夏任设计室主任，我任总体组组长。为了挺进西沙，保卫南沙海域，军方要求设计出抗 2 米以上浪高的水上飞机，而原有的水上飞机只能抗 1.5 米浪高。一开始很多人都不知所措，虽说是飞机设计，但毕竟要进行水面飞行。水面飞行与空中飞行的条件是不一样的，考核标准很苛刻。面对诸多困难，研发工作一度陷入困境。为此，我带领研制组成员夜以继日地学习水上飞机和快艇知识，不拘泥于现有理论与技术实践，结合飞行器知识与船舶知识，不断攻克水上飞机的难关，终于完成了"海鸥 601"的设计任务。通过这一任务，既完成了国防急需的飞机型号，又锻炼与培养了一批新人，使他们在实践中获得真才实学。

教书育人与传承精神并重

　　作为老一代教学工作者，我认为，新一代年轻人要在前辈的教育中学习成长、推陈出新，社会发展才会有源源不断的动力。老一辈教师除了知识的传递,还要将航空精神、爱国情怀不断传承下去,做到教书与育人并重。

从1972年开始,我承担飞机设计专业本科生和研究生培养工作。40余年来,一共培养了硕士生39人、博士生25人、博士后6人。

退休后,我承担了第一届外国留学生航空航天概论课的教学工作,为后来的教师开课做示范。考虑到留学生归国后,很有可能成为中外航空贸易的"信使",为了让他们开眼界,我还自掏腰包,带领学生们去景德镇、天津等地,参观与航空有关的飞机设计和制造单位。我还为南航航模队建言献策,曾被国家体育总局聘请担任2006—2017年全国航模锦标赛科技创新评委会主任,进一步推动了我国航模活动的开展。

在我看来,学习不能只知道要学习,而不知道如何去学,学习是一个从不知道到知道、从知之甚少到知之甚多的不断积累的过程。毛主席有句名言:"学习的敌人是自己的满足,要认真学习一点东西,必须从不自满开始。"因此,我经常告诫后辈们不要停止学习,上课求知、实践创新,尤其是一个飞机设计师,要与工业生产相结合,与信息时代的发展相结合。

乔新接受母校采访(左起:葛阳、乔新、杲光伟)

飞行器设计专业需要的是"多面手"。一个优秀的设计师不仅要有宽阔的知识面,还要学会融会贯通和综合运用。只有深刻理解飞行器的本质和发展趋势,对专业知识的理解才能更深刻,不能只记书本上的公式和知识

乔新带领母校采访团队参观南京航空航天馆,图为南京航空航天馆展厅实景

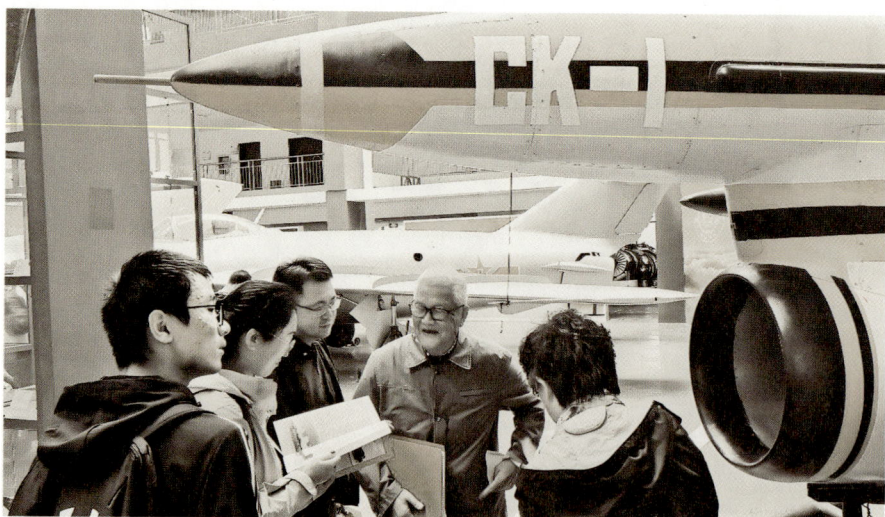

在乔新亲自设计的飞机 CK-1 机翼下,乔新向母校采访团队讲解飞机结构及发动机的相关知识

点,要形成较为完整的逻辑体系和系统框架。特别在当下知识和技术飞速发展时代,我们还要学习人工智能,学习数字化应用,将人工智能与飞机设计有机地结合起来。

一个追逐时代脚步的航空人不能停留于过去,要时刻关注当下社会的需求,关注国家的需要,关注国际形势的发展,才能把握技术发展趋势。只有胸怀大局,才能站得高,看得远,因为航空事业始终与国家利益紧密联系在一起。

毛主席曾经说过:"你们青年人朝气蓬勃,正在兴旺时期,好像早晨八九点钟的太阳,希望寄托在你们身上。"与时代同行,与使命同行,与理想同行。期望更多的大学生坚守航空梦想,将航空初心镌刻心间,以实际行动传承航空精神。长江后浪推前浪!期待年轻的"后浪"们在我国的航空事业新征程中,不仅将前人的知识和本领化为己有,更要不断完成超越,为建设航空强国奉献青春和智慧。

乔新与母校采访人员合影(左起:柏景琪、余音、乔新夫妇、葛阳、孙义宸、杲光伟)

俞济祥

俞济祥，1929 年 11 月生，上海人。自动控制、航空陀螺与惯性导航专家。1946 年考入交通大学，次年入航空系。1948 年 2 月加入中国共产党。1949 年 9 月参军，在空军从事地勤工作并参加抗美援朝，获抗美援朝三等功、朝鲜军功章。在空军部队立二等功 1 次、三等功 3 次，获空军工程部修理奖 2 次。1952 年调任北京空军工程部特设处仪表科参谋。1957 年进入哈尔滨军事工程学院空军系进修，1961 年留校任教。1970 年随空军系调入西北工业大学。从事惯性导航系统研究，提出的组合导航系统原理和开发的软件填补国内空白并使用至今，主持并完成国家自然科学基金项目等 9 项，获航空航天工业部优秀教材二等奖等。

在访谈中，俞济祥表示，一进入交大，就受到进步思想的熏陶和党组织的培养，成为地下党员，为上海的解放尽绵薄之力；参加伟大的抗美援朝战争，磨炼了自己的意志和品格；人生的后半辈子把全部精力扑在教学和科研上，取得了一定成绩。他说，从艰难岁月走来，亲眼看见国家日渐强大，最关键的几步都踏在国家需要的地方，人生足矣。

踏征程，任重道远过艰险

口述：俞济祥

采访：漆姚敏、胡端、朱积川

时间：2011 年 10 月 22 日

地点：陕西省西安市西北工业大学俞济祥寓所

记录：漆姚敏

整理：游本凤、漆姚敏

在交大学航空

　　我于 1946 年 10 月份进入交大先修班，类似现在的预科班。先修班要求进修和补习一些课程，一年后，如果各门课考试都及格，就可以升入本科。先修班只有 1946 年才开过，后来就没有了，而且北大、清华、南开等当时也都开设了先修班。

　　1947 年先修班结束后，我进入航空系。因为我们国家航空事业太落后，抗日战争期间，日本侵略者依靠空中优势，使中国军队遭受了很大的损失，这对我的刺激很大，因此航空报国成为我报考航空系的最大动力。

交大求学时期的俞济祥

姜长英教授(摄于 1948 年)

在交大航空系读二年级的时候,姜长英老师给我们上航空概论课。姜长英先生除正常上课以外,还给我们看雅科夫列夫写的《一个飞机设计师的故事》,此书由上海时代出版社出版的,目的是激励我们将来搞飞机设计和制造。但是他又有点紧张,因为雅科夫列夫是苏联科学家。当时,凡是苏联的东西,总是带点红色嫌疑,国民党特务知道后,肯定会来找麻烦的。所以他在给我们介绍这本书的时候,尽量避开苏联的话题,只是单纯从业务上鼓励我们,希望我们毕业后能够从事航空事业,多设计些飞机,多造些飞机,把我们国家的航空业搞得强大一点。

光荣加入共产党

解放战争期间,交大的学生运动一直走在上海学生运动的前列。从1947 年开始,经过护校运动,反饥饿、反内战、反迫害运动,反美扶日运动等,学校进步力量日益壮大。那时,上海老百姓称交大是"上海的小延安"。

我进入的先修班里就活跃着一些中共地下党员,如陈楷、王兆琨等。在学校地下党的领导下,我们四〇级(即 1951 届)组织了"星光社"。这是党的一个外围组织,对外保密,对内则大家经常在一起聚会活动,议论时事,讨论如何团结同学共同进步。开始时"星光社"成员约有十几个人,我也是其中一个。在"星光社"组织下,我们参加了一些进步活动,包括护校运动、到南京向国民政府请愿等。尤其在晋京请愿活动中,国民政府的教育部部长朱家骅也到现场与我们对话,并答应了我们的要求,于是我们就从半路上撤了回来。学生运动锻炼了我们这些青年学子,也坚定了我们追求光明的信念。经过一段时间,"星光社"的人员迅速发展到五十余人,所以我对同年级不同系的一些同学也很熟悉。

1948年初，我经陈楷介绍加入了中国共产党。由于党组织都是小组活动，支部派人来联系，加上小组成员一共才三人，所以除了自己的小组成员，其他人是否是党员，互相都不知道。跟我们小组联系的是严祖礽。1949年初，上海市在地下党的统一组织下，成立了新民主主义青年联合会，简称"新青联"（新青团的前身），"星光社"社员全部转入"新青联"。

每日新闻社

1947年7月开始，人民解放军从战略防御转向战略进攻，形势一片大好。同学们都关注时局的发展。

1948年11月的一天，负责宣传工作的学生会干事张奇班（"星光社"成员，物理系学生）找到我，说同学们非常关心时事，很想知道解放战争的发展情况，尤其是真实情况。但是鉴于课程紧，不可能每天跑图书馆阅览室去看报纸。而且，国民党的官方报纸十分不可信。大家都不知道怎么办，所以他有一个想法，能否办一个每天介绍新闻的墙报，以满足同学们了解时事的迫切愿望。而且他这个想法已经和学生会主席黄贻诚商量过，并且得到赞同，问我是否愿意干，我当即表示同意。

说干就干，我又找了一两个同学，其中有造船系的黄友仁（"星光社"成员，上海解放后和我一起参军）。第二天清早，就去街上报摊买来各种报纸，包括英文版的《字林西报》。报纸拿回来后，我们迅速浏览一遍各报的标题，根据当天的主要新闻，选择稍微客观一些的通讯社的新闻，摘录下来，然后用"大字报"的形式抄录在纸上，钉在一块黑板上，在上午第一节课下课前放在学生会联谊馆门前的墙边，供下课经过的同学观看。结果反映很好，同学们都说这就是他们迫切需要的！

第一炮打响后，我们都很兴奋，准备进一步干下去。首先，宣布每日新闻社正式成立。因为张奇班还有学生会的其他工作，所以社里的工作由我负责。然后，向学生会在联谊馆要了一间房子，作为我们工作的场所。接

学生争相阅读"每日新闻"墙报

着，请学校木工房做了两块黑板大小的板子，专门当作墙报的底板，并设法用辘轳挂在联谊馆外墙的屋檐下，以便让更多的同学同时看到。为了能够得到更多的真实消息，我们找到三八级（即 1949 届）电机系的一位同学，让他设法装了一台短波收音机。一开始，张奇班和我晚上在执信西斋（高年级学生宿舍）那个同学的房间里收听并记录新华广播电台的"记录新闻"。后来是黄友仁和我在联谊馆房间里晚上定时记"记录新闻"。第二天早上，我们选择其中一部分，标明"新华社"，和其他从报纸上摘出的新闻一起登出。当时，为了表明新闻的真实性，根本没考虑这种做法的后果，就这么登了。同学们也心知肚明，竟然没有一个人来询问这些新闻是从哪里来的。

"记录新闻"就是新华广播电台广播员用极慢的速度念诵新闻，以便收听者记录下来。在新中国成立后很长一段时间里，中央广播电台都保留这个"记录新闻"栏目。后来每当我听到收音机里广播"记录新闻"时，就不禁想起那段灯下记录新闻的难忘岁月。

当时国民党中央社的新闻最不可信，但我们有时也采用。例如登出"中央社×日电：国军在××获得大胜，并于×日从××主动战略转移"。同学们看了不禁一笑,就知道国军非但没有"大胜",而且××也解放了。有时,也将中央社与新华社相互矛盾的新闻同时登出,让同学们来自己对比分辨。

刚开始,为了能够调动我们年级中各个班级同学的积极性,由四○级党支部筹划,每天早上轮流由一个班级组织七八个进步同学来摘录新闻,最后由我统一审查编辑,然后抄出。由于班级不同,新闻摘录标准不同,新闻每天的"风格"都不同,单靠我最后把关也解决不了这个问题。一段时间后,我们固定请工管系的同学负责摘录新闻,工作就非常顺利。记得这些同学经过一段时间的工作后,各人都发挥出不同的特长。其中有位叫吴大梁的同学,他根据我们这些有限的信息,就能绘制出较精确的军事图,为我们分析形势提供了很好的依据。

出"每日新闻"需要经费,每天订阅的报纸和笔、墨、纸张等都是需要钱的。一开始伸手向学生会要是可以的,但学生会也非常困难,时间长了就无法给予支持。经过大家商量,决定向同学们募捐。我们出了一个告示,说明情况,希望得到同学们的经济援助,并在联谊馆外挂出一个募捐箱。果然,陆续有一些捐款,甚至有一天箱子里还出现了一个"袁大头"(银圆),着实让我们高兴了一阵子。

为了能够扩大"每日新闻"的影响,我们决定每天除了登出新闻墙报外,还利用学生会的"九头鸟"播音器(九个喇叭组在一起的组合喇叭,功率很大,同学们称之为"九头鸟"),在上午第一节课后休息时间,由学生会广播员魏瑚("新青联"成员)广播这些新闻。这样,除了学校各处都能听到外,学校附近的地方也都能听到,影响就更大了。一些中学也派同学来抄录新闻。记得有个叫梅硕矶的同学,他是南

"九头鸟"播音器

洋中学的,后来和我一起在哈军工工作。我告诉他我是每日新闻社的,他激动地说:"哎呀,我知道交大的每日新闻社,我们那时候每天都去抄每日新闻呢。"可见每日新闻社在当时影响了一大批人。

记得那时新华广播电台在我们上午进行广播时,正好播放广播前的歌曲《兄妹开荒》。我们将收音机对准话筒,"九头鸟"里传出《兄妹开荒》的歌曲。虽然大家都熟悉并且会唱这首歌,但都没有听到过它的录音。所以,同学们听到以后,都感到很稀奇,但也没有一个人来询问这个录音是从哪里来的。

淮海战役后,形势发展更快。社里决定,除了上午的广播外,下午根据晚报内容再广播一次。1949 年 4 月 20 日解放军渡江,国民党眼见大势已去,22 日狼狈撤出南京。当天下午,解放军还没有进入南京,上海的晚报就报道了这个消息,有的报纸还出了号外。我们用"九头鸟"广播这个消息时,广播员魏瑚干脆站在联谊馆前草坪上拿着话筒广播,并且广播了好几遍。前来听广播的同学越来越多,最后聚起了大约有五六百人,场面空前壮观。当时,还有一个特务学生带领几个人来冲击广播,激起广大同学的义愤,纷纷围绕在广播员和"九头鸟"周围,并驱逐特务学生。同学们振臂高呼:"我们要听广播!""新闻自由!""言论自由!"这次广播是在同学的掌声和欢呼声中结束的。

亲历"四二六"大逮捕

随着局势的发展,国民党上海当局也加紧镇压革命力量。学校党组织也预计到这种情况,除了成立应变委员会,做好人员调整等措施外,还组织了纠察队,日夜在校内巡逻。

1949 年 4 月 26 日凌晨,我正在宿舍睡觉,突然听到外面楼下有同学在叫喊:"军警来了!"我们马上起床。我的宿舍是个大宿舍,是航空系和造船系两个班的同学在一起,一共住有二十几个人。这时,大家都在考虑如何度过这一关。我们班的王承信(我发展的地下党员,解放后也与我一起参军)匆匆地修改了学生证上的姓名,"王"字左边加三点水成"汪"字,但是涂改痕迹比较明显。我看了以后觉得不妥,反而会弄巧成拙,但也不能再修改,只好碰运气了。

时间不长,房门被打开了,进来一个微胖的中年警察,态度倒也算客气。他让大家把学生证都拿出来,放在桌上。他坐在桌前,逐一拿起学生证,叫证上的姓名,然后还给本人。全部看完后他就离开了。这时候我们才长出了一口气。王承信的学生证虽然疑点挺大,却也过关了! 我本来觉得自己可能会"榜上有名",因为半年来在每日新闻社工作,天天抛头露面,不少人都知道我,这次居然没事,真是出乎意料! 我们宿舍还有两位造船系的同学(都是"新青联"的成员),一位根本没有拿出学生证;另一位,我记得他是交大夜校负责人之一,躲在双层床的床底下,也没被发现,都过了关。

说起交大夜校,这在当时的上海是很有名气的。每天晚上,学校附近工厂的工人按不同文化程度,免费来分班听课。夜校全部工作都由学校同学担任,这是团结、教育工人的好场所,也是学校地下党开展校外活动的一个主要场所。有一次,一个担任教员的同学临时有事,让我代他讲一次课。我还深深地记得工人们认真听课的神情和课余围着我问这问那、渴求知识的样子。

清晨后,军警退出学校。我走出宿舍,了解到军警一共抓走56名交大学生,其中包括广播员魏瑚和杨念如。这次大逮捕是国民党当局对上海市各学校的统一行动,共抓了200多人。

我在路上遇到运管系的沈友益("星光社"成员),他说军警来后他躲在上院顶层的大梁上,直至军警撤离才爬下来。数学系的蒋掬行刚要跑出宿舍,一位管卫生的女工连忙把她拉到女工休息的小房间,让她躺在床上的席子下面,上面用被子盖上,再放上她的孩子,女工就坐在床沿边。军警进来看了一眼,没有发现什么,就离开了。她就此躲过一劫! 张奇班也是躲在宿舍工人房间里的床底下，逃过了这一关。学生会的一位主要负责人林雄超，躲在大操场旁边的积肥坑里才没有被抓。

　　被抓的同学们在关押场所（达人中学）的表现都很坚强。魏瑚被抓后，敌人审问她，广播新华社电讯，知道是什么罪吗？她没有理睬。又问，每天的每日新闻广播稿是谁交给她的，她说没有人给她，是预先有人放在广播话筒上，弄得敌人也没有办法。实际上广播稿经常是我亲手交给她的。

1949 年 5 月，遭国民党逮捕的部分交大学生返校后合影（前排左起：杨念如、魏瑚、章苏斐、郭可评；后排左起：刘大成、马昭彦、陈元嘉）

　　经过学校的奔走和社会各方的营救，国民党当局在 5 月份陆续释放了一部分学生。交大的学生释放了 40 位。其他 16 位交大学生，当局已下了枪决令，并于 22 日晚被分别押送到提篮桥监狱。幸亏中共上海市委布置监狱地下党支部做策反工作，尽量拖延执行时间。直至 5 月 26 日晨，乘解放军解放上海，监狱看守人员各自逃命、无暇顾及时，16 人分批冲出牢房，才获得自由，真是"虎口余生"！但是 4 月 26 日后被捕的两位交大学生会主要负责人——穆汉祥（地下党员，1949 届）和史霄雯（"新青联"成员，1949 届），在受尽酷刑后，于 5 月 20 日被残酷地杀害了。现在，上海交大校园里还竖立着他们的纪念碑，供后人瞻仰和纪念。

军警撤退时,命令学校解散,人员在两三日内全部撤出学校校址。我在上海解放前的学生生活就此结束,每日新闻社也完成了它的使命。

因为参加每日新闻社,我的组织关系从四○级支部转到了宣传支部,由宣传支部跟我联系,联系人是 1949 届的刘鹤守。我和陈国彬、林语伦(音)3 个人组成一个党小组。"四二六"大逮捕后,组织上要求我们暂时躲避一下风头,减少不必要的损失。于是,陈国彬利用四川老乡的关系,找到民生公司一个中高级职员,他的家在虹口区或闸北区,我们 3 个人暂时都住在那儿。很有意思的是,那人有一个侄子和我们住在一起,他以前是国民党青年军的。我们曾开玩笑说,我们 3 个共产党员和 1 个国民党员住在一块儿,竟然相安无事,真是一个奇迹。

在杭州笕桥遭遇敌机轰炸

1949 年 9 月,我在学校参军了。当时参军的目的很明确,就是参加人民空军,解放台湾。当年,听了参军的动员报告后,我们交大学子个个情绪激昂,热血沸腾,积极报名,我认识的好多同学都参了军。

我参军后,先在杭州笕桥空军机械大队学习、训练两个月,后到北京南苑第六航校学习,八个月速成毕业后调空军混成旅 11 团(后改为空四团),1952 年 7 月调北京空军工程部。这段时间,颇有几件事值得记述。

俞济祥在空四团时期的军装照

1949 年 9 月 30 日,我们一行 30 多人从上海空军新兵接待站坐火车去杭州笕桥机械大队。这 30 多人中,除了少数几个是部队调来的连级、排级干部,其他的都是上海参军的大、中学生和工人。因为当时我已是党员,所以接待站指定我和部队来的一位指导员一路临时负责。到达笕桥机械大队已经是半夜时光。负责接待我们的同志说,当天白天,国民党飞机飞来笕桥,

投了十五六个炸弹,其中不乏 500 磅的重型炸弹,弹坑很大,尚幸无人员伤亡,希望我们向学员们说明情况,并做思想工作。经向同志们传达后,大家的情绪都很高涨,参军的意志丝毫不为所动。

笕桥是原国民党中央空军军官学校的校址,也是国民党飞机来犯的目标之一。为了对付敌机,大队组织了部分同志组成机枪射击组,专门练习对空射击。我们中队也有几名同学抽调去该组进行专门训练。平时为了减少和避免不必要的伤亡,政治学习的小范围讨论,我们就去附近农家树林中。有好几次,我们在树林中看到大批国民党飞机堂而皇之地编队飞过上空,也不知飞往内陆何处。可见,在我军尚没有掌握制空权的情况下,国民党飞机是何等嚣张。中队进行军事徒手操练时,需要有面积大的地方,所以还得在笕桥空旷的操场上操练。一天,我们正在操场上操练,敌机突然飞临上空。当敌机向我们俯冲时,我们都还没有反应过来,大队机枪射击组也根本没有做准备。幸亏当时训练教官是部队来的一位指导员,他马上高喊:"卧倒!"我们立即匍匐在地,飞机一次俯冲扫射后,他立刻接着高喊:"散开!隐蔽!"我们也就立刻分散隐蔽。但是其中一位学员受了轻伤,后来我们分配到航校去时,他尚未痊愈,未能分配。

这是我参军以来经历的一次"轻微"的"战场洗礼"。

开学典礼和"五一"检阅

在杭州笕桥机场训练两个月后,我被分配到北京南苑机场的第六航校学习。航校的学员一部分是新参军的学生和少量的工人,另一部分是解放军的营、连、排干部。那时,苏联共援助了我国八个航校,在北京、济南、齐齐哈尔、沈阳、哈尔滨等地,都是由苏联军人进行授课。

1949 年 12 月 11 日,学校举行开学典礼,空军司令员刘亚楼陪同朱德总司令和聂荣臻司令员来参加。我们在大操场列队立正,等待朱总司令检阅。

总司令在我们面前走过后说了一句话:"军人气质不够。"

因为学员中大部分是从城市来的学生和工人,仅经过短期的军事训练,这个"军人气质"不够的问题,总司令一眼就看出来了!

接着在大礼堂举行开学典礼。因为有苏联顾问和教员参加,所以上台讲话都要由翻译翻成俄语。总司令主要勉励大家为建设人民空军贡献自己最大的力量。刘亚楼司令员讲话时,翻译翻得有点结结巴巴,刘司令员干脆自己熟练地翻成了俄语。原来刘司令员1939—1942年在苏联伏龙芝军事学院学习,后又参加过苏联卫国战争,俄语说得非常好。

1950年劳动节,我国在天安门举行检阅,我们航校荣幸地参加了。我们编了三个方队,一连飞行学员一个方队,我所在的二连和三连的成员都是地勤学员,各编一个方队。五一节前一个多月,我们就开始进行方队徒步操练。当时领导规定,操练和检阅时不准戴眼镜。我近视眼,平时总戴着眼镜,不过操练时不戴倒也没什么,反正在方队里跟着走呗!五一节那天一大早,我们就列队等候在东长安街,轮到我们行进时,就听从我们连长(方队领队)的口令,齐步走到天安门前。连长喊:"向右看!"我们就甩头向右,并开始正步走。可是我的头虽然向右了,因为眼睛近视,所以天安门城楼上毛主席等领导人的形象什么也没看见。

我们连正在正步走时,只听得后面三连方队的领队(三连长)喊了一声:"向左……向右看!"后来才知道,这是因为三连长太紧张了,先喊了"向左",觉得不对,马上改成"向右看",闹了个笑话。但队伍经过一个多月的操练,而且这个声音只是在方队周边小范围内才能听到,因此不会受什么影响,但事后成为我们闲谈时的笑点。

走过天安门后,领队喊:"向前看!"我们改成齐步走。当时西长安街还没有拓宽,街道比较窄。在西长安街走了没多久,天上突然下起瓢泼大雨。没有领队的口令,我们仍然冒雨前进。这时我听到街边观看的群众说:"解放军就是不一样,那么大的雨,却仍然不受影响!"我听了后,觉得很自豪。

一段短暂的抗美援朝经历

1950年，上海发生了"二六大轰炸"，即台湾国民党派出数十架轰炸机，对上海杨树浦发电厂等目标进行轰炸，试图把刚刚成立的新中国扼杀在摇篮里。那次轰炸，不仅杨树浦发电厂损失惨重，而且还死伤数千人。那时我们没有空军，甚至连高射炮也没有几门，根本谈不上制空权，只能眼睁睁地看着国民党轰炸机狂轰滥炸。

此次轰炸后，为保卫新中国，加强航空力量，党中央跟苏联政府协商，斯大林派出4个飞行团来帮助我们，分别驻扎在上海、南京等地。战斗机有米格-15和拉-11。米格-15是喷气式歼击机，是当时比较先进的机型；拉-11是螺旋桨歼击机。自从苏联空军团驻扎在上海后，国民党飞机来过一次，受到严重打击，此后再也没有来了。

人民空军建立后，急需与航空有关的技术力量。我学的是仪表维护，主要维修飞机上的仪器仪表设备，当时被分配到拉-11歼击机团做地勤维护的仪表员。

俞济祥和拉-11飞机合影

不久,我们团接到转场至辽宁凤城参加抗美援朝作战的任务。凤城位于辽宁省东南方,再往东南约40公里就是鸭绿江畔的安东市(今辽宁省丹东市)。能够参加抗美援朝战争,当时我的心里真有说不出的兴奋。

我们的驻地是很简陋的土坯房,进门就是二十多人的大炕。早上起来,出门不远有一条小河,大家就着带有冰碴的河水洗脸刷牙。这种条件现在看起来非常艰苦,但当时觉得一切都很正常。我们的工作需要工作室,但是机场内找不到合适的房子。无奈之下,只好自己动手搭"地窝子"。先挖地近半人深,然后再找一些废木条和破油布等材料,从后到前搭一个斜顶。费了一天工夫,勉强搭了一个简陋的"地窝子"。第二天过来一看,顶全塌了。后来,在机场边缘找到了一间破旧的小房子,勉强可用,我们的工作室这才有了着落。

到达凤城后的开始阶段,团里的飞行任务主要是熟悉环境和地形,每次飞行都没有飞过鸭绿江。顺便说明,抗美援朝战争中,我志愿军空军的机场都是在国内东北地区,执行任务时飞机才飞过鸭绿江。"抗美援朝不过江"的戏语,就是指我们这些空军地勤人员。

时隔不久,我们团执行了两次任务,都是为图-2轰炸机护航。轰炸目标大和岛,位于西朝鲜湾外侧,在安东市东南方向约40海里的地方,是南朝鲜和美军的情报机构所在地,他们在那里用很强大的电网来收集我方电台的信息,对我军的威胁很大。为了拔掉这颗钉子,中朝联合司令部决定先由我空军施行轰炸,摧毁他们的雷达和指挥所,再由陆军登陆,实施占领。

11月6日第一次轰炸,由空八师9架图-2轰炸机执行战斗任务,我团一、二大队16架拉-11歼击机护航。9架轰炸机飞在中间,16架护航机飞在两边。飞机起飞后不到两个小时,我团飞机编队返航,圆满完成任务。据后来了解,轰炸的准确率达到90%,令美军非常吃惊,美联社还暗示认为是苏联空军干的。

这里介绍一下拉-11歼击机和图-2轰炸机的情况。拉-11飞机是活塞式螺旋桨歼击机,它是二次世界大战后期活跃于战场上的苏联拉-9飞机的改型,约1947年开始服役。它的最大时速虽然只有690公里,比当时活跃在朝鲜战场上的美军F-86飞机的时速1100公里慢很多,但是它的机动性能好,转弯半径小,尤其是火力强,每架飞机有3门37口径的机关炮。我记得每门炮配有75发炮弹,每3发炮弹为一组,第一发为穿甲弹,第二发为爆破弹,第三发为燃烧弹,杀伤力极强。图-2飞机是活塞式螺旋桨轰炸机,机上4个飞行人员,分别是飞行员、领航员、通讯员和射击员。它的速度也不快。按照当时的轰炸技术,一旦确定轰炸任务后,就要制定飞行和轰炸方案,轰炸机上天后方案就不能再变动,且在距目标一定距离时,必须保持平直飞行,不能有机动动作,所以它成为被攻击目标是很明显的。虽然图-2轰炸机机尾有专职的射击员,而且三机编队的队形也形成一定的火力网,但仍需要护航飞机的保护,而拉-11歼击机的速度与之相当,由拉-11歼击机担任图-2轰炸机的护航任务是比较合适的。

第二次轰炸是11月30日,计划同第一次一样,只是我团由一大队和三大队执行护航任务,徐团长亲自带队。下午2点半左右,飞机起飞后,我们机务人员在机场等候,两个多小时后,只见我们的飞机一会儿下来一架,一会儿又下来一架,和第一次的情况完全不一样。而且一直等到傍晚,一大队的两架僚机始终未见返航。我们知道有情况了,返回的飞行员中,三大队的王勇同志和我比较熟,我就上去询问情况。他说,这次执行任务中途,遇到美军F-86战斗机的袭击,敌机非常多,战斗非常激烈,完全出乎他的想象,他只知道他自己可能击中了一架敌机。

事后我们才了解到,因为有了上次的教训,美军已做好各种准备。而我们的作战计划和上一次完全一样。等我们的飞机飞过鸭绿江,美军就实施偷袭。我们一大队两架僚机处于整个编队的最左侧和最右侧,估计美军第一次偷袭时就对这两架飞机下了手。事后我团还派人去寻找这两架飞机的残骸,但始终未能找到,可能已掉入海中。F-86战斗机是当时世界上最先进的战斗机型。我们的飞行员都是第一次遭遇这种残酷的空战,面对经验丰富、武器先进的敌人,他们表现得非常英勇。尤其值得一提的是,我团三大队副大队长王天保在这次空战中,一举击落敌机一架,击伤三架,首创世界空战史上用螺旋桨歼击机击落喷气式战斗机的奇迹。这次战斗结束,王天保荣立特等功一次,并获"二级战斗英雄"称号。大队长徐怀堂击落敌机一架,中队长刘卓生和副中队长王勇分别击伤敌机一架。这些战绩都是事后经过机上照相枪验证证实的。空八师轰炸机损失惨重,9架图-2中4架被打落、4架受伤。但是轰炸机的飞行人员表现得也非常英勇,其中一架长机奇迹般地击落了一架F-86战斗机,同样创造了螺旋桨轰炸机击落喷气式战斗机的奇迹。还有一架图-2轰炸机中弹受损后,飞行员连机带人带弹直接冲向大和岛,壮烈牺牲。事后我们得知,这次与我们交手的美军飞行队属美军第四联队,也就是后来被我空军战斗英雄张积慧击毙的"王牌飞行员"戴维斯中校所在的联队,是美国的老牌联队。

第一次轰炸任务完成后,我方飞机是整队回来的。第二次出击是整队升空的,回来时则是零零落落的,一会儿下来一架,一会儿下来一架,有的飞机就永远回不来了。这是刻骨铭心的一战,令人永远难忘。我人民空军就是在这种艰难的战斗中逐步成长壮大的。

在抗美援朝战争中,我荣立三等功一次,获得朝鲜军功章一枚。

俞济祥所获朝鲜军功章及证书

第一次坐上飞机

　　这次任务后，我们部队撤回上海，先后驻扎在江湾和大场机场，重点开展夜航训练。此后两年，我做了不少工作，取得了一些成绩，立了 1 次二等功、3 次三等功、1 次四等功。

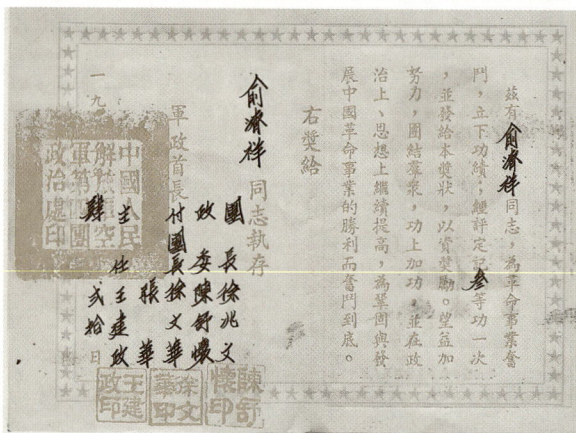

俞济祥所获二等功、三等功奖状

　　我在团机务处当仪表师时，机务处和团机务直属中队属于一个支部，机务直属中队维护的都是团领导（团长、副团长和领航主任）驾驶的飞机。直属中队机械长叫李俊，"红小鬼"出身，经历过长征。1952 年我接到调往北京的调令后，他很为我高兴。我们在上海进行夜航训练时，我国的气象水平远不如现在那么先进,当天不能准确地预报出当晚的天气情况,所以,每次夜航前,大约下午 4、5 点钟时,都由领航主任驾驶雅克- 11 教练机上天观察天气情况,以保证当晚夜航的安全。领航主任驾驶飞机时,他坐前座舱,还需有一个人坐后座舱,俗称"压座舱",可以由机械长指定一个机务人员上去。

一天,李俊为了让我能加深空军部队的生活体验,对我说:"俞济祥,你到团里两年了,还没有坐过飞机,今天你来压座舱吧!"领航主任来了以后,他对领航主任说,今天由团仪表师坐后座舱,要检查一下地平仪的工作情况,请主任做几个特技动作。

上了飞机以后,我眼睛盯着座舱外,哪顾得上看地平仪。起飞时觉得还可以,只看见满天蓝天白云,都是从未有过的感觉。接着飞机接连爬高,然后连续盘旋和急转弯,真是有点头晕目眩。最紧张的就是急剧俯冲下降,我觉得我的心都快要蹦出来了!好不容易飞机降落了,领航主任也就走了,并没有问我地平仪的情况。当然,如果他真要问我的话,我真是没法回答。

这就是我生平第一次坐飞机的情况。这件事虽不足道,同志间的友情却是永远值得回忆的。

国庆检阅的地勤保障工作

1952 年 7 月,我被调到北京空军工程部特设处,在仪表科当参谋。从那年开始,一直到 1956 年,每年都与国庆检阅的地勤保障工作结缘。每次国庆前,处里都让我随同部里其他同志到南苑机场的检阅部队蹲点,为了保证国庆检阅任务的顺利完成,按机务条例全面检查他们的机务工作。我当然只负责飞机仪表设备部分。蹲点工作一直要到国庆那天,检阅飞机胜利飞过天安门,才算大功告成。

在空军工程部的俞济祥

那时,每年空军检阅的歼击机或强击机部队,都是先期到达北京南苑机场做检阅训练和准备。我到工程部特设处不久,处里就接到当年检阅的依尔-10强击机团机务处的要求,希望处里派人帮助他们校正机上罗盘,处里就让我去了。到了那里,见到了他们团的特设主任,真是太巧了,他就是我在航校学习时的班长,他是抗战时期参军的老战士,在航校时我们俩还是一帮一的对子。原来他们有一架飞机在做地面定期工作时,电罗盘再怎么校正,总是超差,只好请处里派人来看看。机上电罗盘的准确性对检阅飞机来讲是非常重要的,按照当时的技术和方法,它的校正工作比较费时,首先要将飞机推到距离其他飞机稍远的地方,然后在机上安装好校正仪,再将飞机推转几圈,每圈在东、南、西、北四个方位上进行检测和校正。工作如顺利,两圈就可能完成。我在原部队时就经常做这项工作,也摸索了一些方法,所以很快就帮助他们校正好了这个罗盘,完成了处里交派的任务。

当时,我们在航校并没有学过罗盘的校正方法,也没有什么书籍讲述这方面的理论或介绍校正方法,只有在实践中逐步摸索。所以,部队出现飞机罗盘校正不过来的情况,也是可以理解的。

我讲这件事情是想说明,空军在创建初期,和其他工作一样,机务工作也没有现成的经验可以借鉴,都是在艰难条件下逐渐摸索成熟的。

回忆这些往事,仿佛又回到了当年那个火红年代!

短暂的哈军工求学时光

到了1957年,我在空军工程部已待了5年。工程部领导认为我才上了两年大学,又是在新中国成立前的动荡岁月里,所以希望我趁着年轻再学习学习,多掌握一些知识和本领,于是就让我到哈尔滨军事工程学院(简称"哈军工")去进修。本来让我到三年级插班,我说不行,我学的那些课堂知识早就忘了,还是去二年级吧,就这样我成了哈军工的学生。1961年3月,因为急需人才,我被提前抽调出来进教研室工作,于是我又成了哈军工的教师。

那时空军工程部还专门派了个处长来要人，说我们派出的干部培养好了就该回原来的部队。但哈军工坚持把我留下来了。

在哈军工学习时，有一门二级教授李宓上的电工理论课。有一次考试，150多人参加，考试结束批卷后，李宓教授说这么多人考试，就两个人考得比较好，一个是姓蔡的同学，一个就是俞济祥。李宓教授如此评价，真让我感到受宠若惊。当然，这还要感谢交大，是交大给我打下了扎实的基础。

哈军工属部队编制，我那时是副营级干部，军衔是十七级大尉。大约在1966年3月，按照中央军委的指示精神，原先属于部队编制的军工单位开始脱离军队编制，也就是所谓的"脱军装"。哈军工自然也在"脱军装"行列。原先我们是空军系的，"脱军装"后就叫航空系了，与地方院校的名称一样。

1970年，哈军工进行调整。海军系，后来叫造船系，留在了哈尔滨，成为哈尔滨船舶工程学院，现在叫哈尔滨工程大学。我们所在的空军系，后来的航空系，究竟是合并到南航还是西工大，一直举棋不定。后来认为还是合并到西工大为好，于是我们就被并入西工大。剩下的导弹系、电子系和基础部，演变成为长沙工学院，也就是后来的国防科技大学。

1970年，我和诸多学子、老师依依不舍地挥别了哈军工。西工大成为我的安身立命之地。我从此安下心来，走上了搞专业的道路。

驰骋在惯性导航领域

在空军部队时，我主要搞仪器仪表维修。到了哈军工，我学的专业是自动控制和航空仪表。到了西工大，主要从事航空陀螺与惯性导航的教学和科研工作。

惯性导航技术在航空航天及其他领域有着广泛的应用，既属于精密产品，又属于核心技术。多年来，国外一直对我国进行封锁和管控，要从他们那里得到现成的产品或成熟的技术，几乎是异想天开。因此，我们必须依靠自己的力量，掌握核心技术，才能打破壁垒，赢得主动权。所以，我后半辈子几乎把所有的精力都扑在研究惯性导航技术上，当然也取得了一定成就。

除了研究惯性导航，我还利用卡尔曼滤波原理，成功研制出以惯性导航为主的一个组合导航系统。现在我国除了进口的飞机以外，所有飞机上使用的捷联式惯性导航器件，基本上都是我们科技人员自己研制出来的。我在惯性导航领域做了大量工作，并将科研成果逐步转化为航空工业产品，也就是实现了产业化，为推动惯性导航事业的发展做了一些贡献。1985年，我被评为教授。我编写的一本教材《卡尔曼滤波及其在惯性导航中的应用》获得航空航天工业部优秀教材二等奖，在业内影响比较大。

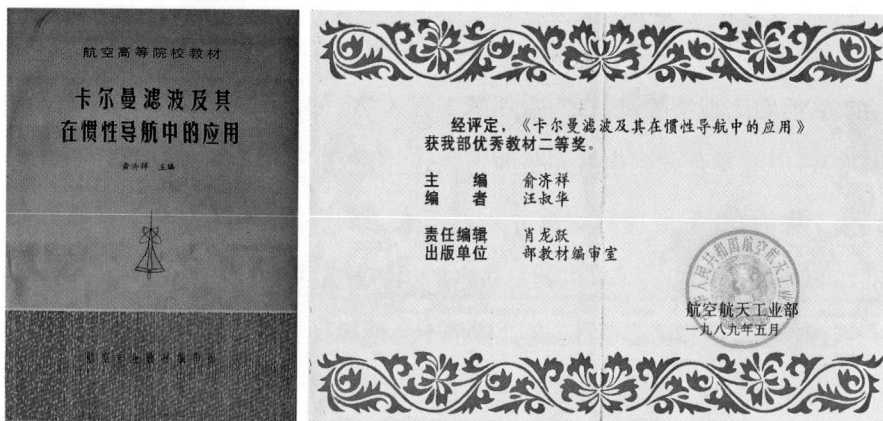

俞济祥所编教材《卡尔曼滤波及其在惯性导航中的应用》获航空航天工业部优秀教材二等奖

1993年，我64岁那年离休。但实际上我并没有歇下来，依然在教研和科研领域发挥余热，与团队一起做科研，争取到了国家自然科学基金、航空航天部的航空基金几个项目。另外，因为和618所自动控制和惯性导航团队有着长期协作关系，他们也经常邀请我合作做项目或课题。结合上述科研工作，我也发表了一些专业论文。

真正退下来是2005年以后，自己感到年纪大了，力不从心，便逐步退出科研工作，进入颐养天年阶段。我这里有"中国空军首届英雄模范功臣代表大会"纪念章、"光荣在党50年"纪念章、"中华人民共和国成立70周年"纪念章、"中国人民志愿军抗美援朝出国作战 70 周年"纪念章,这些纪念章让我回想起从前我们国家的很多艰难时刻,能在这些时刻为国出力,能亲眼看见我们的国家日渐强大,我觉得很欣慰,也很自豪。

俞济祥接受母校校史研究人员访谈(左起:胡端、俞济祥、漆姚敏)

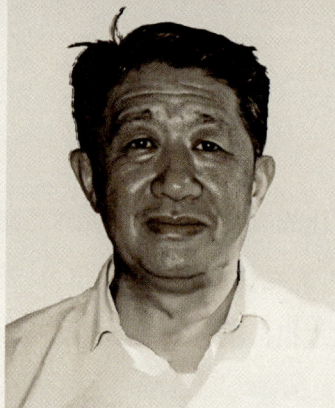

张仲寅

张仲寅（1926—2020），江苏吴江人。航空空气动力专家。1945年高中毕业后，先后在东吴大学、交通大学、华东航空学院、西安航空学院学习。1960年作为四年制研究生，毕业于西北工业大学飞机工程系空气动力学专业。留校后，历任讲师、副教授、教授、博士生导师，空气动力学教研室副主任、主任，飞机系主任，校学术委员会委员，学术交流分会主任等职。曾任中国空气动力学研究会理事、全国自然科学名词审定委员会委员、航空工业部航空空气动力专业史编委会委员。享受国务院政府特殊津贴。长期从事空气动力学教学和科研工作，专长理论空气动力学、计算流体力学和飞行器气动外形设计。参加编著和总审的《航空气动力手册》获国家科技进步奖二等奖，"先进技术翼型设计与实验""自然层流机翼气动设计研究"等项目获航空航天部科技进步奖二等奖。著有《超临界翼型设计》《运输机的跨音速机翼设计》等。

在访谈中，张仲寅回顾了自己的学习历程，认为选择航空事业是自己的人生幸事。航空事业属于高科技行业，在教学中可以培养学生，在科研中可以从事课题和项目研发，实在是一举两得的大好职业。

航空教育给我一片蓝天

口述：张仲寅

采访：欧七斤、漆姚敏、朱积川

时间：2011 年 10 月 22 日

地点：陕西省西安市西北工业大学张仲寅寓所

记录：漆姚敏

整理：游本凤、漆姚敏

漫漫求学路

我的老家是江苏苏州吴江县的同里古镇（今属江苏省苏州市吴江区）。1942 年，我从苏州中学初中毕业的时候，太平洋战争爆发，日本在上海侵入了租界。我老家有几位有名的教书先生原本在上海租界避难、教书，只能再回到家乡，创办了一所私立学校——同文中学。这所中学有初中部和高中部，我初中毕业后就到同文中学高中部学习。

从上海回来的几位先生水平很高，在他们的指点下，我的数学、语文成绩提高很快。1944 年，同文中学被迫关闭，这时我还未高中毕业，辗转到苏州中学高三插班。高三插班要考试，我考了第一名。在苏州中学，我遇到了当时与章太炎先生齐名的金松岑老师，并有幸得到金松岑老师的赏识，每周六都去他家拜访讨教，直到高中毕业。

交大求学时期的张仲寅

1945年高中毕业后,我先考取了东吴大学化学系。1946年,我报考交通大学成功,以后就在交大读航空系,这也是我毕生从事航空事业的开端。虽然我离开交大很多年,但对母校非常怀念。

进入交大,我先进的是先修班,跟后来做中宣部部长的丁关根是同学,当时先修班有ABC三个班,我在先修班A班,他在B班。1947年,我进航空系,跟顾诵芬是同班同学。顾诵芬1951年毕业,他确实是一个高材生,大学时代就显示出不凡的天才禀赋,系主任曹鹤荪很欣赏他。但是我跟他只有一年同班,因为1948年我生病了,只能休学。这一休学就是好几年,直到上海解放后才复学。后来病情反复,学习又耽误好久,最后我与1951年入学的那一届学生做了同学。当年因为生病休学,我总感到羞愧,觉得自己无颜见江东父老。

1947年,张仲寅(前排右二)与同学在交大航空系实验室留影

　　1952 年,国家进行院系调整,交大、南京大学和浙江大学 3 所高校的航空系被整合在一起,放在南京,成立华东航空学院。就这样,我到南京的华东航空学院读书了。华东航空学院航空系那时算是国内实力比较强的航空系,北方的航空系则以清华大学为首,一南一北,尽领风骚。

　　1956 年,国家为了建设三线的需要,加强对大西北的开发建设,其中包括航空领域的建设,因此希望有关院校予以支援。我们华东航空学院院长寿松涛站得高,看得远,说既然国家有这个要求,我们就应该以国家为重,积极响应,实施搬迁。于是,华东航空学院整体西迁,于 1956 年搬迁到西安,改名西安航空学院。当时西安航空学院规模不大,师资力量和生源均缺乏。为了解决这一问题,学校在我们这一届选了六七个学生,有学空气动力学的,有学结构力学的,提前一年本科毕业,再作为师资研究生来培养。就这样,我和其他几个同学提前进入研究生阶段的学习。1957 年,西北工学院与西安航空学院合并组建成西北工业大学,这样,我作为空气动力学专业四年制研究生,1960 年从西北工业大学飞机工程系毕业。

王培生教授　　　　　　　　黄玉珊教授

　　我的研究生导师是王培生先生。王培生先生是公派留学生,到英国留过学。他和他夫人都是留英的学生,在英国结婚。他有 3 个女儿,大女儿是在伦敦出生的,叫王丽伦;二女儿是留学回来后在南京出生的,叫王丽宁。

结构力学专业的导师是黄玉珊先生,也是留洋归来的教授,很有名望。他年轻时在国外拿了两个博士,即英国和美国的双博士,这在旧中国简直是凤毛麟角。他回国后,马上担任了中央大学航空系的主任。新中国成立后,他任华航航空系主任,接着又到西工大当航空系主任。我们航空系有 5 个研究生,即我、苏德培、朱思宇、张晓谷、林超强,我跟林超强是王培生先生的研究生,朱思宇、苏德培、张晓谷 3 人是黄玉珊先生的研究生。

1958 年,张仲寅(左二)等研究生合影留念

我们成为西北工业大学第一批研究生,我们这批师资研究生是从 1956年算起的,四年制,到 1960 年毕业时,就是副博士研究生。但是,副博士是苏联的学位称号。1958 年、1959 年,国家政策有所调整,非正式军事编制单位军衔没有了,副博士也没有了,也不发证书。所以我的简历上只有 1960 年四年制研究生毕业的记录,没有副博士学位一说。实际上,当时苏联的副博士研究生就相当于博士,要知道,那个年代的博士可是非常了不起的。不过,既然国家在政策上予以取消,我们也只能接受。

深耕航空教育事业

1960 年研究生毕业后，根据组织安排，我留校任教，一开始就在飞机系空气动力学教研室担任副主任，主任是施祖荫教授。1969 年，我接替施祖荫教授担任主任。我们是长期在一起工作的老同事，知根知底，彼此了解，双方始终密切合作，做好日常教研工作。对于时代的冲击，我们虽然有想法，但更多的是理解，因为那是历史原因造成的。同事之间没有什么恩怨，也不怪罪于谁，而是保持良好的心态，把主要精力投入工作中去。

1977 年全国恢复高考，开始招收四年制大学生，我和教研室的教师们大受鼓舞，抓紧制定了空气动力学专业四年制大学生和研究生的教学培养计划。在教学中我大胆采用英美的原版教材，以便让教师和学生都可以更快地接触国际上最为先进的教学内容。

1978 年 12 月十一届三中全会后，我国开始实施改革开放政策，把工作重点转移到社会主义现代化建设上来。就在那个时期，我被安排到飞机系当主任。从 1979 年开始，我当了 7 年的飞机系主任。机缘巧合，我在交大的老师季文美先生这时担任西工大校长。我读书时，有一次考试，全班同学只有两人及格。季文美说，你们说题目太难，为什么有的人能考 100 分？这句话给我的印象太深了，我从那时候开始找他问问题，他也记住了我。作为一校之长，他很信任我，我

季文美教授（1982—1984 年任西北工业大学校长，1984 年后任名誉校长）

也积极支持他的工作，相互之间配合默契。季文美先生是中国航空学会的会长，我也是航空学会的会员，有时候他参加学会活动我就陪着他。

1980 年，受一位美籍华裔学者、德国亚琛工业大学流体力学教研室教师的邀请，我跟副校长罗时钧教授、八系主任陈士橹教授，一起去德国亚琛参

加流体力学会议。西德的宇航院和中国航空研究院有合作关系,因此接收中国的访问学者。我曾两次被邀请到德国进行科学研究合作,并积极推动中德航空航天领域的合作。

1986 年 6 月至 1987 年 6 月,张仲寅(后排左五)等中国航空专家前往布伦瑞克工业大学流体力学研究所和西德宇航院进行国际科技合作

　　1986 年我 60 岁,当时党中央提出干部要年轻化,于是我提出退下。从飞机系主任位子上退下来后,我并没有退休,行政工作不干了,但教学与科研还是能干的。而且那时候对我们教授来说,60 岁退休的不多,许多人仍继续在干。在行政管理工作之外,我一直在搞空气动力学研究,讲授空气动力学、黏性流体力学、翼型空气动力学、复变函数、专业英语等大学生和研究生课程。这时候,我就继续做教学科研的一线工作。我还有一项工作就是帮助王培生先生培养博士生。学院聘我为副导师,帮助老教师带博士生。我一共帮王培生先生带过两个博士生,其中一位叫华俊,能力特别强。我一直干到 1992 年,到 65 岁才正式退休,同时也辞去博士生导师的职务。不过,这时虽说退休了,其实还是退而不休,因为手头还有研究项目和课题。

　　再比如,我的外语比较好,英语、俄语、日语三门语言都精通。我上学时俄语底子打得很好，基本上不用查专业词典就能完成翻译工作，中国科学院力学研究所 2000 年后主办了《中国力学文摘》杂志，俄语的文字摘要都是寄给我翻译的。日语我是自学的，水平也不错，那时候会日语的专业人才比较少，日语的保密资料也都是寄给我翻译的。

潜心科研"军转民"

西工大在航空方面主要与三机部合作。按照三机部当时内定的原则，西工大以搞大飞机为主，也就是民用飞机，定位于大型运输机；北航以搞小飞机为主，也就是军用飞机。那时保密制度比较严格，不管是搞民机还是搞军机，都要严格遵守保密制度。到了改革开放时期，军机的研发依然受到多方面的制约，而搞民机就完全可以跟国外合作。我是积极提倡"军转民"的，把军用的科技成果转化到民用方面去。我那时研究的课题是跨音速机，即运输机超过音速，通俗地讲就是破音障。在大运输机领域跨音速是一个特殊的课题，有一定的难度和深度。但它又不像军机，军机要破两个音速，民机在 1.5 音速以下。这也是我们跨音速研究设计的特色。如今，上海商飞的 C919 大飞机，就用到了我研究的跨音速等方面的技术。

曾有人问我，我们国家现在的飞机发动机，军用和民用的好像都还不

1992 年 10 月起，张仲寅享受国务院政府特殊津贴

行,这到底卡在什么地方？是卡在理论上,还是卡在材料上,或是卡在工艺上？实际上,英国罗尔斯·罗伊斯公司的那套理论对他们是有用的,我认为发动机技术在理论上的关联度并不是太大。难点在于材料,即耐高温材料,这个很难攻克。工艺方面我们还是跟得上的。现在西工大的材料学在国内排名前列,研究已经出成果了,几位搞材料的院士也加盟了我们的队伍。西工大研究出来的耐高温材料并不是什么金属,而是陶瓷基复合材料,这是令许多人想不到的。陶瓷能够耐高温是它的优点,但它的致命缺点是脆性,一不小心就碎了。西工大的研究成果正是克服了陶瓷的脆性,增加它的柔软性,取得了可喜的科研成果。比如,原来在陶瓷上钉个钉子肯定会碎裂,现在的新型陶瓷材料,可以在上面打钉子,它不碎也不裂。

一直到 2006 年我 80 岁了,决定不再承担科研任务,彻底退休,留点时间给自己。

助力英才

得天下英才而教育之,是件快乐的事。几十年下来,我遇见了许多优秀的学生,看见他们做出成绩,作为老师,我感到欣慰。我乐见学生的成长,也十分愿意助力他们成长。

随着我国航空工业的大发展,一些关键技术,如 GF 流体研究,很快形成一个领域,并成立 CFD 研究中心,迫切需要这一领域的高端人才和领军人物。我的同学顾诵芬,是航空航天部科技委主任位子上退下来的。他看中华俊,知道我是华俊的博士生导师,就让我动员他从加拿大回来。华俊在空气动力学领域有突出成就,曾经担任西工大副校长,后到北航,又去了加拿大多伦多大学做访问教授。在我的说服下,华俊答应回来,为祖国的航空事业做贡献。回国后,他担任中国航空工业总公司科技部副部长,主管 CFD 研究中心。

我退休后,还帮助过西工大一个学生。他结合自己的专业将空气动力学的设计研究应用到民用产业中去,探索和推进风机、鼓风机的产业化。这些年国家大力倡导绿色和可再生能源,如风力发电、太阳能发电、水力发电等,他的研究课题和项目,无疑与国家环保能源的大政方针相吻合。他跟我谈了运作过程和想法后,我给予大力支持。在我的策划和推动下,成立了陕西省风机泵工程研究中心,也是陕西省第一个省级工程技术研究中心,以便争取风机泵相关项目。西安交大有动力系,下设风机研究专业,实力很强。本来西工大跟这个项目的关联度不大,业内也认为这一项目大概率会被西安交大拿去。由于西工大的技术能将航空先进技术应用于民用产业,可大大提高驱动效率;而西交大运用的是苏联的技术成果,其技术先进性不够,工作效率也不高,评委对西安交大方案不认可。就这样,西工大凭借技术优势,使陕西省风机泵工程研究中心争取到风机泵项目,应用前景非常广阔。为此,陕西省风机泵工程研究中心聘我为科技委主任,帮他们出些点子、参谋一下。我这个学生担任风机泵的开发研究主任,成为这一项目的领军人物。这个项目的成功,是我非常自豪的一件事。

从事航空教育,在蓝天上书写自己的事业,是我的人生幸事。航空属于高科技行业,在教学中可以培养学生,在科研中可以从事课题和项目研发,实在是一举两得的大好职业。我以为,人既要务虚,更要务实,踏踏实实地做实事,干出点成绩来,才不枉人生。我这一辈子为一项事业努力过,奋斗过,并出了一定成果,价值就体现出来了。

张仲寅接受母校校史研究人员访谈(左起:欧七斤、张仲寅)

罗广源

罗广源（1931—2024），广东兴宁人，研究员级高级工程师。我国航空发动机专家。1952 年 7 月毕业于交通大学航空工程系发动机专业，分配至国营 331 厂（今中国航发南方工业有限公司，简称"南方公司"），历任工艺员、工艺组长、中心工艺室主任、工艺研究室副主任、工艺科副科长、公司副总工程师。在电火花加工、电解加工、等离子喷镀、真空钎焊、叶片轧制、气动液压式动力头组合机床加工等航空发动机制造新技术、新工艺方面取得了较大突破，填补了多项国内空白，达到或接近国际先进水平。1989 年荣获湖南省国防科技工业系统有突出贡献的优秀专家称号，1990 年被评为航空航天工业部有突出贡献的专家，1991 年享受国务院政府特殊津贴，1994 年获南方公司首届科技金奖。

在访谈中，罗广源谈到交大严谨的校风和学风，让他后来踏上工作岗位受益匪浅。正是交大航空工程系，牵引他走上航空路、结上航空缘，终身从事航空发动机研制，为自主研制航空发动机做出了贡献。

一辈子的航空发动机情缘

口述：罗广源

时间：2023 年 12 月 17 日

地点：湖南省株洲市南方公司

采访：罗咸辉、付峥嵘、李萍、王心悦

记录：罗咸辉、王心悦

整理：罗咸辉、王心悦

立下航空报国志

20 世纪 30 年代，那是我们祖国饱受凌辱的年代。1931 年，我出生在广州，父母为我起名"广源"，说明广州是我生命的来源之地。我从小就热爱机械工艺方面的劳作，动手能力也比较强，又见我们国家航空力量极其薄弱，在抗日战争中不是日本人的对手，于是从少年时代便产生了航空报国的信念和理想。1948 年高中毕业时，我毫不犹豫地报考了交通大学航空工程系。

回忆在交大的读书岁月，令我印象最为深刻的是，大一时物理实验报告一定要按规则做，而且要一丝不苟地用英文书写。我在基础研究方面接受了严格的训练，数据测到多少只能写多少，不能胡乱加减。除此之外，交大的英文阅读训练、写作训练以及口语训练都比较强，因为当时使用的教科书基本上都是英文的，如果没有良好的英文基础，根本就不能适应。正是在交大读书的那几年,为我打下了扎实的基础,使得毕业后在工作岗位上受益匪浅。

大二时,我所在的航空工程系里摆了一架旧飞机,供我们进行实际操作训练。由于有实物,我们平时就可以将书本知识与实样飞机对照着学习和操练,这样系统的训练对我影响很大,为日后我成为航空工业工程师打下了很好的基础。记得老师曾教导我们:"工作虽然千变万化,但只要掌握了原理,就能够在千头万绪中理清脉络,找到正确的方法,最终把它做出来。"我们开始设计飞机发动机的时候,在学校里没有正规地学过。最突出的问题

交大求学时期的罗广源

是,喷气式飞机发动机的进气道怎么设计,当时没有现成的数据。1956年,我开始搞飞机发动机设计时,北航张桂联教授手头有国外关于这方面的研究资料。我看了以后,提炼出一些有效的方法,而这些方法基本上运用了学校教的那一套解决工程问题的方法。所以我感到,学校的教学和训练对自己的帮助是很大的,在工作中往往派上了用处。因而我特别感谢母校教给我们的那一套研究问题、解决问题的方法,给我指明了前进的方向。

1952年7月大学毕业时,恰逢我国航空工业发展方向由修理转向制造,于是我被分配到我国第一个五年计划156项重点建设企业之一的国营331厂。该厂是由一家原先修理、生产炮弹的厂家转向航空发动机制造的企业,也是新中国早期六大航空企业之一,是我国中、小型航空发动机主要研制生产基地。我们200余名大学毕业生坐船从上海出发,沿长江而上,前往武汉中南局报到。其中我们一行10人,又从长沙到株洲。记得到达株洲的那天,正下着大雨,我穿着长筒套鞋,走在泥泞的路上,路边到处是荒山,连民房都很难看到。当我们来到331厂,只见厂房里只有一些简陋的机床。时值抗美援朝期间,厂房墙上挂着"工房就是战场,机床就是枪炮"的标语。报到后,我放下简单的随身行李和书籍,作为一名施工科的工艺员,立即投入了热火朝天的生产建设中。

　　就在这座陌生而又新鲜的城市,在这家几乎一片空白的航空发动机工厂,我一干就是60多年,我的一生和我国航空工业紧紧地联系在了一起。

为中国飞机"造心"

　　20世纪50年代,我国航空工业初创。那时的中国,飞机设计领域几乎是一张白纸。一开始,我们的任务是修理雅克-18教练机上的苏制M-11航空发动机。1954年1月,二机部批准331厂试制M-11发动机,并拨付了试制费用53.5万元。我虽然参加工作才一年半,但经过俄语速成训练,可以与苏联专家熟练地交流,于是被厂里选派为技术负责人,与几位保密保卫干部一起,到北京去接收苏联提供的全套图纸资料。由于资料太多,我们只好先挑紧缺和急需的资料装了8个大箱子,然后运回株洲。

　　之前,工厂已经积累了一定的修理航空发动机的经验。这次试制任务的关键,是要生产出合格的曲轴、中机匣、主联杆、分气凸轮轴等117种新的零组件。

　　一场和时间赛跑的生产攻坚战全面打响,厂里成立了由总工程师领导下的"四师一长"(总工程师、总设计师、总工艺师、总检验师、生产厂长)生产技术指挥中心,许多工程技术人员平均每天工作12小时。帮助我们突破分气凸轮轴加工技术关键的2位苏联专家,也是连续10多个昼夜紧盯在生产现场。每天加班到深夜,食堂里的师傅也没歇着,半夜里给大家送来了猪肝汤、油条或包子等。

　　试制期限为1955年9月底。1954年7月26日,12台发动机的零组件全部保质保量地生产出来,首批3台发动机于7月29日总装完工。当看着自己参与制造的发动机送到试车台,我们围在发动机周围,用手抚摸着,无不喜极而泣。8月12日,厂内检验试车顺利通过。8月16日,200小时运行试车考验结束。8月25日,国家鉴定委员会签署试车鉴定书,并抽取了03号发动机运转225小时45分,整个过程未发生异常情况,工作正常,符合技术条件规定。全厂顿时沸腾起来,中国人自己制造的飞机"心脏"终于面世了。

试制航空发动机时,工程技术人员挑灯奋战(中国航发南方工业有限公司供图)

1954 年 8 月 26 日,331 厂举行发动机试制成功庆祝大会(中国航发南方工业有限公司供图)

8月26日，厂里举行了隆重的庆祝大会，并向毛主席发电报报喜。当时的热闹场景，我一辈子都难以忘怀。大家欢聚一堂，恨不得和每个人都热情拥抱。然而高兴劲一过，许多人又不知不觉地睡着了，因为那一段时间日夜颠倒，根本没有睡过一个好觉。大家确实太累了。

更让人兴奋的是，10月25日，毛主席亲笔签署了对全厂职工的嘉勉信。当时的厂长牛荫冠吩咐厂部办公室秘书，将贺信复制放大，悬挂在中苏友好桥的"山鹰画刊"旁边。每当我们经过，看到毛主席亲笔签署的嘉勉信，想起攻坚克难、全力奋战的日日夜夜，一股自豪感就涌上心头。

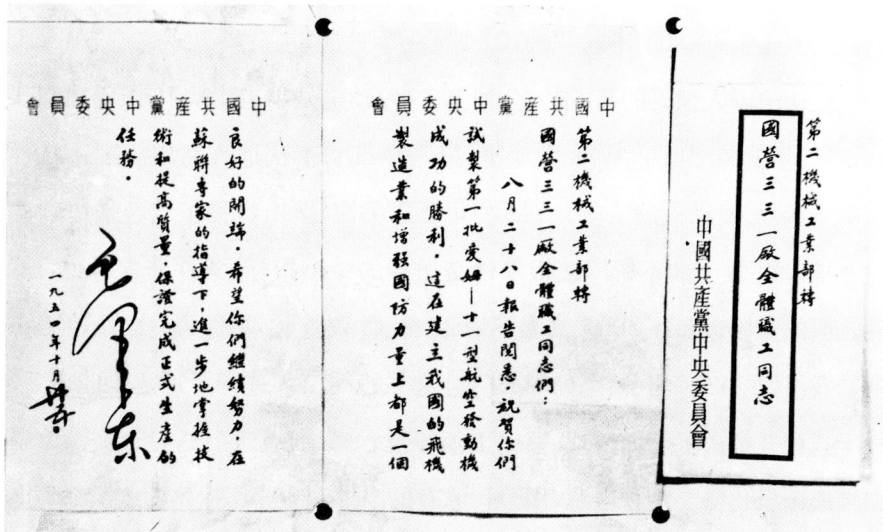

1954年10月，毛泽东签署对331厂的嘉勉信（中国航发南方工业有限公司供图）

法国专家说"罗先生，你真了不起"

1980年，我国改革开放初上潮头，为了尽快满足军用和民用直升机的发展需要，经党中央和国务院批准，三机部把从法国引进阿赫耶（WZ8）发动机生产许可权的任务交给了我们南方公司。WZ8发动机总重量只有118公斤，每分钟转速高达5万多转。该产品的立项谈判、研制、试验与生产是一项十分复杂的系统工程。当时我担任工艺科副科长，一开始就参与和法国透博梅卡公司（TM 公司）的艰巨谈判。合同正式签订后，当年 10 月 17 日，我和两名助手赴法国 TM 公司对 WZ8 发动机制造工艺、设备选型进行考察、论证，消化工艺和设备资料，每定一台设备都要做一系列复杂的工作。TM公司的专家说："你们至少要两个月才能选定全部设备，看来要在法国过一个圣诞节了。"我笑笑，什么也没讲，与助手们早上提前进厂，下午推迟下班，天天如此，逐项工艺、逐个车间、逐台设备一一查看，深夜回到住处又翻阅整理资料。出乎法国人的预料，我们只用 38 天时间就摸清了制造工艺的技术关键，选好了研制所必需增添的设备清单启程回国了。法国专家看着我，连声说："罗先生，你真了不起。"

更让法国人惊讶的是，南方公司 WZ8 发动机试制工作从 1981 年顺利开始，第二年就装配出了 WZ8 发动机，第三年试制工作进入利用法国材料自己制造、装配发动机的阶段。TM 公司要求关键零件、特种工艺必须送到法国考核。WZ8 上的不锈钢镀银零件是送检的一个指标，条件非常苛刻：零件表面的银层镀要在 400℃高温下烤 20 分钟不起泡。零件第一次送检不合格。我组织 202 车间、冶金处等部门对这一特种工艺进行了近两年的攻关，终于找到并解决了表面清理、镀银工艺等技术难题，改进后送检合格。铝合金硬质阳极化需要特种电源，用公司原有的电源和 503 厂提供的电源都不能满足技术要求。而买法国的专利设备要花费几十万法郎，我心疼舍不得，便决定自制特种电源。我利用去法国开中法联合工作会之机，询问了这一设备的结构特点和波形特征，回国后组织有关技术人员从原理上探讨分析，经过一年的努力，终于由工研所、冶金处自制出了具有特殊性能的电源，并试验出一套工艺方法，硬质阳极化的零件顺利通过了 TM 公司的考核。

我一生做事为人的原则就是"认真"二字。尤其是在科学技术上，虽崇尚先进，但绝不盲从。航空装备的研制具有高复杂性、先进性、综合性的特点，涉及多学科交叉融合，越是关键核心技术难题，越需要头脑风暴、集智攻关。我和团队成员心往一处想、劲往一处使，打破专业壁垒，增进交流合作，在攻坚克难中形成合力。"积力之所举,则无不胜也;众智之所为,则无不成也。"WZ8 一级涡轮叶片在送法考核时,法方以"榫齿防护不够造成渗漏"的结论而未予通过。我对此组织四厂、冶金、设计三个部门认真分析,并做了一系列的工艺试验和理化试验。最后认定,叶片榫齿表面白层不是渗漏层,而是高温氧化脱变层。经与 TM 公司提供的合格件比较,质量是一致的,法方应予以接收。我最终以雄辩的事实和可靠的试验结果,说服了 TM 公司的冶金专家,"考核通过"的检验报告很快寄到了南方公司,挽救了大量叶片,并获得了全机特种工艺考核合格和整机单元体生产许可证书。从此,南方公司在 TM 公司的威望大增。

在 WZ8 发动机材料、毛坯件国产化进程中,涡轮螺栓用的小棒材因自身原因易使螺栓造成缺口敏感。课题组多次攻关后,问题仍没得到解决,就连航空部的冶金专家也主张到国外买现成的螺栓。我认为,涡轮螺栓是一个关键零件,靠进口风险大,如不能彻底解决这个问题,涡轮螺栓就永远不能国产化。于是我决定,还是要靠自己的力量来解决难题。于是我一方面请上海钢铁五厂、沈阳金属研究所协助解决这一问题;另一方面严格试验选材。按常规一个锻批要用两根试料做持久实验,为保证质量,我提出每个螺栓都带试料进行机械性能试验,有缺口敏感的就报废,严格筛选合格零件。此举推进了涡轮螺栓实现国产化。1985 年,第一台国产 WZ8 发动机试制成功,转子装配检查几乎没有跳动,精度之高,连前来观看的法国专家都不敢相信。我风趣地对他说:"这是我们的技术诀窍,您是否想买我们的专利?"

WZ8 发动机研制成功这一成果填补了国家 4 吨直升机动力装置的空白。1987 年,南方公司成为直九引进工程第一个获得法国颁发许可权合格证书的企业,随后又成为第一个实现单元体优质返销法国 TM 公司的企业。1986 年以来,已累计返销法国 100 多个优质单元体,为国家创收近百万美元外汇。法国 TM 公司代表施纳德向《人民日报》发表谈话说:"中国是唯一在法国以外生产出符合国际标准的阿赫耶发动机的国家……法国公司已把中国南方公司的阿赫耶发动机单元件列为免检产品。"1990 年 3 月,在北京中国航空技术博览展销会上，WZ8 产品引起一些参展国的极大兴趣，有的国家还提出了订购该发动机并进行合作生产的意向。

WZ8 发动机的研制工作整整花了 15 个年头，它像一个婴儿终于成长为一个英俊少年。目前南方公司不仅研制成功了 WZ8A、WZ8D、WZ8E 系列发动机，而且与 608 所合作，在 WZ8A 的基础上改型为 XX9，做成了法国人想做而没有做出来的事。

罗广源获得的立功证书

争当技术全面的行业专家

我个头不高，戴着一副黑边眼镜，走路风风火火，这是我一贯的行事风格所决定的。在旁人看来，我的外表并不像一位风度儒雅、知识渊博的学者。但我掌握英、日、俄、法、德五门外语，除英语是大学所学外，其他四门外语全靠自学成才。

1952 年，我向苏联专家学习俄语，1960 年开始自学德语和日语。周围有些人不理解，认为学那么多外语用得着吗？但我心里明白，知识多学点没错，总有用得上的时候，因为机遇是留给有准备的人的。1970 年，法语翻译毛佩华分配到我们厂，我主动登门拜师，向她提出学习法语的请求。毛佩华心里暗暗吃惊：人到中年，还这样好学？我给她留下了深刻的印象。她当时教了我 26 个字母的发音，并借给我几本法语教科书。后来我就很少再去找她，毛佩华也渐渐忘了这回事。两年后的一天，我再次登门，并递上一本《科技法语》中多篇法语文章的中文译稿，对她说："这是我翻译的，请您帮我看看对不对，并提出宝贵意见。"看过译稿后，毛佩华无法相信，一个完全依靠自学法语的作者，翻译出来的文章全稿竟然没有出现语法错误，水平相当不错，可以当作翻译资料。于是她夸赞我说："你简直就是个语言奇才！"到了20 世纪 80 年代，公司与法国开始研制 WZ8 发动机的合作，我自学的法语终于有了用武之地。1983 年，我带领几位同志到德国验收电子束打孔机，我把厚厚一本德文机床说明书译成中文，供出国验收机床的同志参考，同时在德国又成了大家的德语翻译。

我是搞冷工艺出身的，但几十年来不断钻研新技术、新工艺及冶金、发动机设计、试车等方面的知识，只要是工作上需要的知识，都广为猎取，潜心钻研。我要求自己，既然是主管军品的副总师，就应当是一个技术全面的权威，难不倒，蒙不住。无论是进口设备的考察选型、缺门生产线的技术改造，还是新技术的攻关试验，都成了我学习的最好机会。知识不负有志人。我带领技术团队，在开发电火花加工、电解加工、等离子喷镀、真空钎焊、叶片

罗广源为全厂职工做报告

轧制、气动液压式动力头组合机床加工等航空发动机制造新技术、新工艺方面，取得了一系列重大突破，填补了多项国内空白，使这些工艺技术达到或接近国际先进水平。我撰写的《电子束打孔技术及其应用》《浅谈阿赫耶发动机制造新工艺技术》等学术论文，引起了国内航空界同仁的浓厚兴趣。

执着与热爱的力量

尽管常年在压力很大的环境下工作，但我想，能在这么重要的岗位上为航空事业做贡献，这是党和国家对我的信任，应该看作是一种巨大的荣耀。我家的每一个人都知道，我的事业就是我的生命，千金不换。而我的成功背后总有着家人的理解和支持，是家人给了我战胜困难的勇气和前行的力量。

2014年，罗广源获"航空报国杰出贡献奖"

2014年罗广源被评为"四好"老干部

1989年，我60寿辰前夕，一家人难得坐在客厅里叙着家事。话题很快扯上了正题：大儿子想从集体所有制职工转为全民所有制职工。按当时株洲市有关政策规定，我一退休就可以为儿子换取一个进全民所有制单位的指标，而那时广州有家单位也愿意出高薪聘我，可谓一举两得。当然，儿女们的话说得很委婉，但听得出，他们的期望值很高。我坐在沙发上半天没吭声，心里却很酸楚，我知道自己欠孩子们的太多。"文化大革命"中，由于家庭出身不好和资产阶级技术权威的"罪名",已到渌口一家石瓷厂报到上班的女儿,被下放到偏远的农村;大儿子成了一个集体所有制单位的工人;小儿子下乡后最后招工进了株洲冶炼厂,至今3个孩子没有一个在南方公司里工作。儿女们的要求并不高,但让我离开奉献了一辈子的南方公司是我无法接受的。我只能十分愧疚地对儿子说:"我对不起你们,可我不能以事业作为代价来补偿你们,能不能想想别的办法?"泪水一滴一滴地落下,砸在儿女们的心上。从此,儿女中谁也不再提这些事,家里又恢复了平静。大儿子一直在摩托车厂工作,完全依靠自己的奋斗,入了党,提了干。小儿子也干得很顺心。

后来,深圳、珠海及广东老家,不断有厂家想高薪聘请我,但我始终不为所动。我认为,是南方公司培养了我,成就了我,我不能做对不起公司的事情。1992年,我出国在外,老伴不幸患脑血栓,忽然间不能走路,也不能说话,半身麻木不遂。公司领导来看望时,老伴没提任何条件,只是请了个保姆照料家务,三年来没耽误过我一天工作。

1994年10月25日,南方公司首次表彰科技精英,我榜上有名。晚上10点多,我抱回了科技金奖奖杯,摆在客厅里最显眼的正中位置。老伴抚摸着这个盛满我心血的奖杯,眼睛潮湿了。面对激动的家人,我说:"南方公司给了我这么大的荣誉,我心中有愧。我还要多干,多做工作,以报答企业对我的厚爱。"老伴频频点头:"干吧,好好地干,只要你心里满足就行!"

提到航空事业,我们不会忘记,1949年为了完成开国大典的空中分列式,东拼西凑的几架飞机编队只能绕回起点再飞一遍。人们同样不会忘记,2021年在庆祝中国共产党成立100周年大会上,我国自主研制的6型71架军机组成的空中梯队,激情飞越天安门广场上空,让全国人民为祖国拥有强大的空军力量而自豪。新中国成立74年来,我国航空工业实现了从无到有、从小到大的跨越式发展。党的十八大以来,习近平总书记强调"为把我国建设成为航空强国而不懈奋斗""为实现民航强国目标、为实现中华民族伟大复兴再立新功",为建设航空强国、民航强国指明了方向。我国军民机、航空

罗广源接受访谈中

发动机、机载系统等加快发展、升级换代，全行业研发能力水平大幅提升，形成了现代航空产业体系，产业规模、创新能力、人才储备等居于世界前列，为建设航空强国、民航强国提供了坚强支撑。

择一事、终一生。如今，我虽然已经进入了鲐背之年，并早已离开了工作岗位，但心却始终未离岗，我对航空工业的热情和关注度丝毫未减。作为一名航空老兵，时刻关注和了解我国航空工业的进展，这是我的情之所系，晚年之乐；建设航空强国，就是我的毕生之梦。衷心祝愿祖国的航空事业越来越好，自主研发的飞机越飞越高。

方同

方同（1932—2022），江苏昆山人。我国力学与振动领域专家。1949 年入读交通大学航空工程系。1951 年响应国家号召参干入伍，其后在沈阳第八航校当教师。1953 年进入南京华东航空学院就读，研究生毕业后留校任教，1956 年随校内迁西安。历任西北工业大学副教授、教授、博士生导师，美国杜克大学访问教授、国家自然科学基金委员会力学学科专家评审组成员、中国振动工程学会随机振动与非线性振动专业委员会常委、《振动工程学报》常务编委。长期从事一般力学与振动工程的教学与科研工作，主持国家自然科学基金项目多项，在随机振动与非线性振动方面获多项科研成果，于 1986 年、1992 年、1996 年三次获国家教委科技进步奖二等奖。出版专著 3 本、译著 4 本，在国内外学术刊物上发表论文 80 余篇。

在访谈中，方同深切回忆了在交大学习的美好时光，尤其对教过他的老师印象深刻，记忆犹新。是母校让他获得了知识和本领，使他日后能够在专业领域内取得骄人成绩。

学有所长　术有专攻

口述：方同

采访：漆姚敏、胡端、朱积川

时间：2011 年 10 月 21 日

地点：陕西省西安市西北工业大学方同寓所

记录：胡端

整理：游本凤、胡端

少年不示弱

我是江苏昆山人。小时候因为抗战逃难到上海，所以 7 岁时才念小学，学校在法租界吕班路（现在的重庆南路）震旦大学旁边的一条弄堂里。在上海待了几年后，又回到昆山，因成绩好跳级，一下子就念四年级了。这要感谢父辈给了我一个不算笨拙的脑袋，读书基因一直遗传下来。我爷爷方还曾中过清朝的举人，在昆山当地是很有名望的乡绅，字写得很好。

我父亲叫方衡，字伯平，在家里是老大，曾在交大的前身南洋公学读书。我爷爷跟南通著名实业家张謇关系很好，把我爸爸介绍给了张謇，我爸爸被张謇派往日本留学，不过他身体不好，书也没念成。当时，我的家庭条件一度称得上优越。我爷爷有几幢地价不菲的房子，占地 10 亩左右。

可惜的是，到我爸这一辈，由于战火纷飞，时局动荡，家道开始衰落。不过，因为祖父辈都重视读书，小时候看书还是挺方便的，中文、外文书都有机会读到。我在培本小学读书时，就学过英语。培本小学的校名，还是我爷爷题写的。

方同在寓所接受母校校史研究人员访谈(左起：方同、漆姚敏、胡端)

　　1946年我考进徐汇公学，那是个法国天主教会办的学校，创办于1860年，外文门槛一向很高。为了提高外语水平，我还跟着在启明女中读书的堂姐学过一段时间英语。当时，徐汇公学的教师、教导主任等很多是天主教徒或神父，都是留学回来的，他们跟我关系还不错，经常给我补课。再加上堂姐经常教我，慢慢地，我的英语成绩也上去了，在高二时已能跟上，基础变得扎实起来。至于法文，算是我的第二外语，在徐汇公学跟神父教师们念过一些。我的数学成绩一向很好，每次考试，都是名列班级前茅。记得我在徐汇公学读书时，经常有交大教授去学校兼课，教物理、数学以及其他一些课程。这些教授的课都上得很好，给我的印象都很深刻。

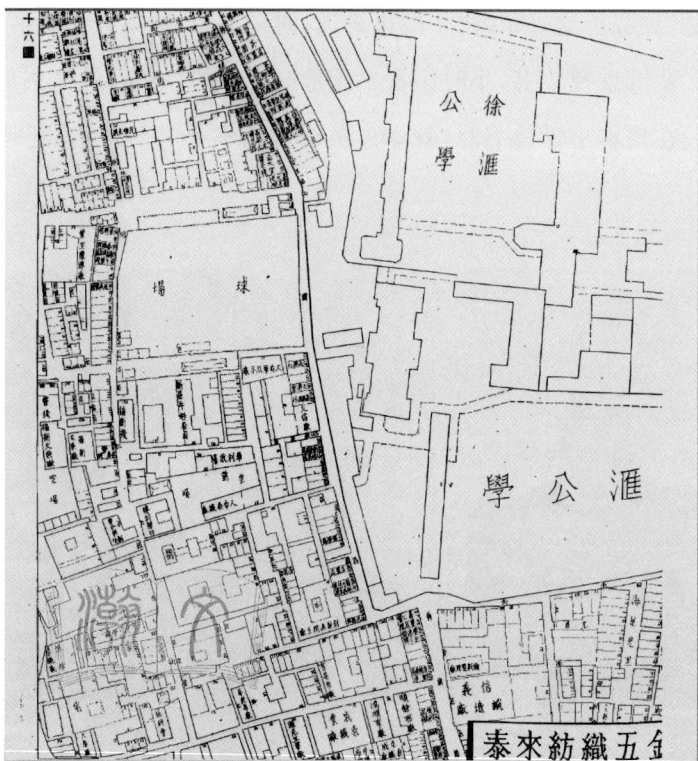

《上海市行号路图录》(1947 年)中的徐汇公学及周边一带

情系航空系

我是 1949 年考进交大的,念的是航空系。我为什么要考交大呢?因为我的心气很高,非名校不考。当时我报了好几个知名学校,有清华大学、交通大学、中央大学等。但遗憾的是,我非常向往的清华大学没考上。而我考进交大的成绩名列第五,这在当时的报纸上公开刊登,因此被录取到航空系。当时中央大学也录取了我,不过权衡后没去。虽然我出生在南京,但社会上都认为,中央大学不如交大有名。那时选择学校,主要看名气和专业优势。

那么我为什么要选择航空系呢?因为我们老家有个比我大几岁的大学生,曾经念过航空系,是我心目中崇拜的偶像。我憧憬着哪一天我能考进航空系该有多好，设计飞机、制造飞机，真是人中骄子啊！

我在交大读书时，全国刚解放一年多，又适逢抗美援朝，参军参干的宣传热火朝天，深深影响着青年学子。学校的报名场面很壮观很火爆，使我热血沸腾。国家需要就是我的志愿，我积极响应国家号召，义不容辞地加入了参干队伍，尽管家里人不愿意我走参干这条路，希望我一门心思好好读书，今后做个有学问的人，做一份体面的工作。但我坚持己见，对家人的劝说一点也听不进去，坚持走参干之路。

我是1951年提前离开交大参干的。考虑到我们这批参干的学生是响应国家号召去的，交大后来还是给我们补发了毕业文凭。1953年我再入华东航空学院读书，改革开放后，我到美国访学之际，华航也重新给我补发了毕业文凭。这样，我拿了交大和华航的两个毕业证书。我还在华航念过研究生班，所以还有研究生毕业证书。这三张文凭的含金量都是很高的。

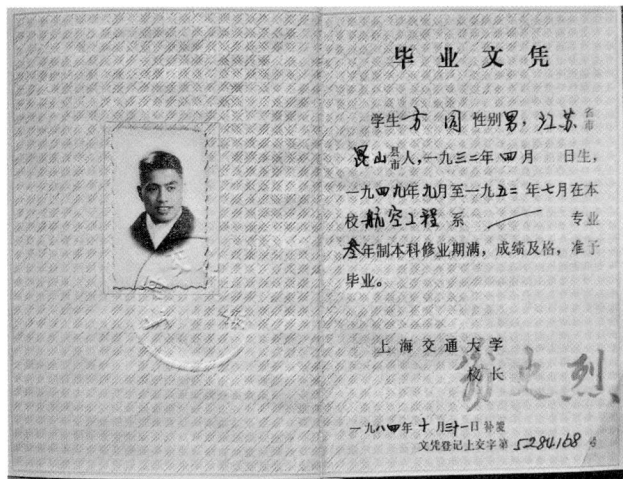

1984年10月，上海交通大学为方同补发的毕业文凭

我在部队里待的时间并不长。到部队不久后，就被派往杭州笕桥机场集训。钱学森当年出国深造前，也在那里实习过。集训期间，除了加强政治学习和思想改造外，同时进行航空专业预科的学习。在笕桥机场待了几个月后，我就被派到沈阳第八航校当教师。那个学校相当于中专。因为我学

的是航空系,当时教飞机构造,专业对口。后来,航校又派我去机场实习一段时间,以增加实践经验。那时候我才知道,我们最好的战斗机是米格-15,是从苏联引进的。但我在沈阳航校的时间并不长,因为身体不好,还得过肺结核,学校为了照顾我,1952年让我转业回来了。

1952年5月1日,战友们欢送方同(前排左三)留影纪念

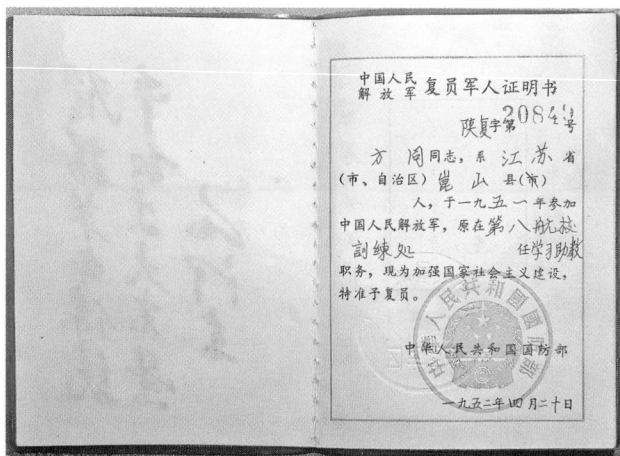

方同珍藏的中国人民解放军复员军人证明书(1952年4月20日)

　　转业回来后，我仍然回交大航空系。但是，那时的交大航空系因院系调整已迁往南京，与浙大航空系、南大航空系共同组建华东航空学院。于是，我就到南京去念书了，从华东航空学院毕业。读书的时候，我觉得这三个学校的航空系有不同的风格，比如交大教师对基础十分看重，要求比较严格，且偏重工程；浙大的校风也是挺严明的，但它的教学比较注重综合性，不仅仅专注工程方面。

　　算起来，我在交大的时间总共也就一年多一点。读书期间，季文美老师让我印象深刻。季老师是航空系教授中比较杰出的一位。他教过我两遍力学，在交大教了一遍，在华航又教了一遍。一生在两所大学碰到同一位老师授课，这对一个学子来说，确实很难得。季老师给我们讲的是机械振动课，我当时记了大概有4本笔记。这门课其实是很难的，但季老师总是将高深的理论讲得一清二楚，有条有理，教学水平和教学能力都是顶呱呱的，让学子们受益匪浅。我在他那里念研究生的时候，有个比我小一点的华航同学要

1996年，ICAS理事长桑蒂尼先生向季文美教授（左一）颁发莫里斯·鲁瓦奖

考季老师的研究生,我就把我记的 4 本笔记本寄给他,结果他的专业课考试竟考了 100 分。他说,这都是得益于我提供的那 4 本笔记本,让他掌握了季老师授课的知识要点。他表示非常感谢。后来,他又把这些笔记还给了我,但经过多次搬家,这些笔记也不知放到哪里去了,也可能是在搬到西安的时候遗失的,非常遗憾。话说回来,季老师不仅在讲课上确实有一套,而且他有独立的思想与见解,令人钦佩。最出名的是 1963 年他在《光明日报》上发表的 3 篇文章,简直就是韩愈《师说》的现代版,在社会上的影响很大。

交大航空系教基础课的老师并不多。除了季文美,曹鹤荪也是很有影响力的。曹鹤荪是教务长,季文美是总务长。他俩都是交大 1934 届的,与钱学森同年毕业,留学意大利都灵大学航空系。对于曹鹤荪这样的大教授,我们是很仰望和敬畏的,他主要教大学三年级以上的课程,不教我们低年级的。

曹鹤荪教授

姜长英也算是交大老教师了,他到了华航后,主要教制图。杨彭基老师是从比利时留学回来的,学法语的,英语水平也很高,教学水平很优秀。还有王宏基老师,主要是教发动机的;马明德老师,我上大一时就认识,但他教大四的。他俩当时的资历与水平比曹鹤荪和季文美要略逊一筹,属于中生与新生一代的了。

当时读大学,正规本科一般必须读四年才能毕业。不过我们那届比较特殊,读三年就毕业了。因为国家刚刚解放不久,迫切需要一大批年轻的大学生人才来建设祖国,因此就采取压缩学制的办法,让学生提前毕业。新中国成立后,交大有两届(1952、1953 届)也是三年毕业的。虽然只有短短三年,但校园的日常生活比较幸福,令人难忘。当年读书几乎不交学费,饭钱也很少,一个月大约不到 10 块钱。1952 年,学校还发饭钱给我们,大概一个月 9 块钱,而且吃得很好。

奉献西工大

1956 年,我跟随华东航空学院迁到西安。到现在为止,我在西北工业大学已经待了 50 多年。可以说,我把整个人生奉献给了西工大的教学和科研事业,出版了多本专著和译著,在专业领域取得了一定成果,算是学有所用、学有所成,没有虚度此生。

刚到西安时,我就专攻理论力学。当时季文美老师也在教理论力学。我曾和季先生合编了一本《机械振动》的书。季先生写的内容主要是他的教学部分。季先生讲课概念清楚,深入浅出,重点、难点会分散讲解。有些教科书上交代得不清楚或呼应不够的地方,季先生凭着他扎实的功底和经验,都能很好地处理。新中国成立初期,大学里没自己的教材,季先生就自编教材,主要是翻译美籍俄罗斯力学家铁木辛柯(Timoshenko)的著作。铁木辛柯的名字按现在的翻译法,叫"季莫申科"。铁木辛柯到了美国后,编了一整套工程力学或应用力学(不叫理论力学,理论力学是苏联的提法)方面的书。应该说,他的这套书为美国高等工程教育做出过很大的贡献。季先生的翻译水平很高,经过他编译的书自然属上乘。这主要得益于季先生的文字功力比较深厚,即使是编译工作,也不完全刻板地照抄照翻,他会充分发挥自己懂专业的特长,再加上文字功夫好,编译时将外文不够通俗的地方,对词汇、语法等进行承上启下的衔接。所以,季先生翻译的铁木辛柯工程力学方面的教材,学子们能很好地理解,

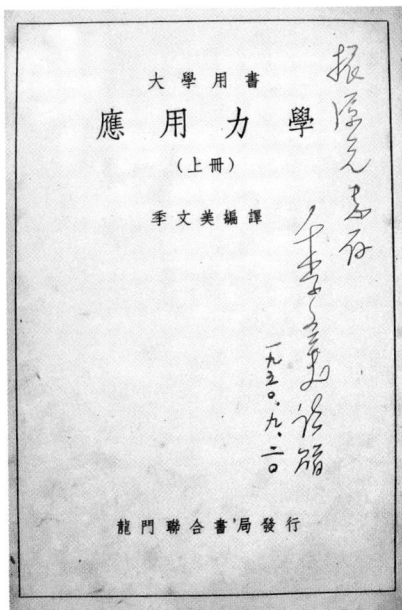

季文美编译的《应用力学》教材(上下册,龙门联合书局 1950 年版)

对学子们的帮助很大。

西安也算与我有缘。我父亲早年勘测陇海铁路的时候,也来过西安。他那个年代,条件才是真正的艰苦,蔬菜和水果也吃不上,而且勘测工作大多在露天荒野里进行,夏天遭烈日暴晒,寒冬被风雪裹挟,吃了不少苦,遭了不少罪。而我来到西安的时候,条件已经好多了。这些年来,西安的气候和生态也在发生变化,我感觉已慢慢地接近南方的气候了。

当然,西安毕竟属于西北地区,生活条件肯定要比江南差,这里很少有水产,不像江浙一带,到处河湖港汊,水产品丰富多彩。所以,在西安花同样的钱只能吃冰鱼冰虾,而上海却能吃到活鱼活虾。而且那时西部还很落后,我来到西安的时候,像样的点心都没有,中秋节的月饼也没有上海那样琳琅满目、五彩缤纷。不过现在好多了,随着人们生活水平不断提高,现在无论是生活用品还是副食品,与南方没多大差别,要买啥有啥,要吃啥也有啥,一切都在向高品质生活和现代化社会发展。

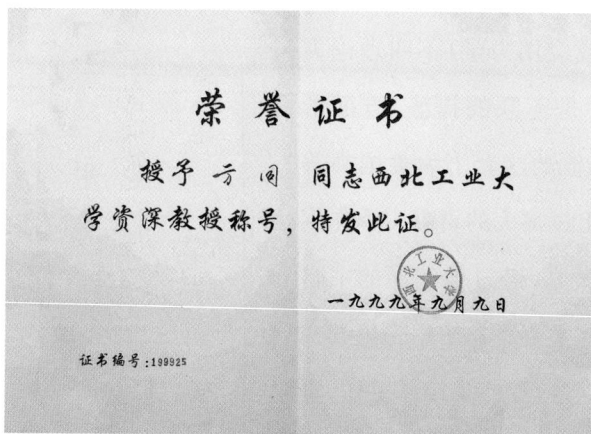

1999 年 9 月 9 日,西北工业大学授予方同资深教授称号证书

2009 年,钱学森逝世,西工大召开追思会,我也参加了。作为中国航天事业的奠基人,他为"两弹一星"工程所做出的巨大贡献,世人共睹,功勋盖天。作为后辈和交大校友,我们深深怀念这位杰出的学长。但那天我没有发言,因为我跟钱学森没有直接接触过。但我的老师季文美与钱学森是同

年毕业的,即1934届的,那一届曾出了一大批留学生,有去美国的、德国的、意大利的。钱学森去了美国,专攻航空,学有所成,成绩斐然,在美国时就得到重用,并被聘为终身教授。由于他执意返回祖国,因而受到美国政府的拘押和迫害。虽然他的回国之路历经艰难,但最终还是回来了,党中央、毛主席对他高度信任,把开创中国航天事业的重任托付给他。中国导弹、火箭、卫星的成功,与他发挥的重要作用是分不开的。而当时那批留学生学成归国后,都成为各个领域的大师级人物,不愧是我们国家的栋梁。

方同与母校校史研究人员合影(左起:漆姚敏、方同、朱积川)

冯元生

冯元生(1932—2019)，江苏苏州人。航空结构设计专家。1950年考入交通大学航空工程系，1952年院系调整中随系调至新组建的华东航空学院，1956年北京航空学院研究生毕业。历任西北工业大学飞机工程系副教授、教授、博士生导师。长期从事飞机设计的教学与结构可靠性及优化的研究，主编有《飞机结构设计》《飞机结构的分析与先进设计原理》，译著有《飞机各部件构造及其工作原理》等，在国内外发表论文50余篇，完成科研课题20余项，参与多个飞机型号的设计。1979年获中国航空研究院二等奖，1983年获航空工业部三等奖。

在访谈中，冯元生认为交大是他生命中一个十分重要的转折点，考进交大，就意味着开始不平凡的人生。交大给了他知识与动力，使他在日后的教学和科研工作中，尤其在航空领域做出了骄人的成绩，交出了一份出色的人生答卷。

心系航空　梦飞蓝天

口述：冯元生

采访：漆姚敏、胡端、朱积川

时间：2011 年 10 月 21 日

地点：陕西省西安市西北工业大学冯元生寓所

记录：漆姚敏

整理：游本凤、胡端

刻苦学习，终有收获

上海沦陷以后，我念的是当时的上海私立第二中学，是日本人管理的学校，因此抗战胜利后，当局不承认我们的学籍，要进行甄别考试，于是就把全部学生考了一通。这一考确实厉害，最后只有两个学生通过考试，其他的学生全部降了一级，并都转到敬业中学去了。而这两个学生中，一个学生是因为背景有点特殊，通过走后门获得通过的；而另一个人就是我。我既无任何背景，也无后门可走，完全依靠自己扎实的基础通过了这一甄别考试，应该说是很不容易的。

敬业中学有一个特点，就是强调"学习至上"。学习至上，当然是成绩第一，用学习成绩来证明你的优秀。这对于我来说，就必须做到好好学习，成绩好了，才能考上大学，今后的人生才有发展前途。在敬业中学读书时，我比较注重均衡发展，各个学科我都喜欢，成绩在班级里排在前列。印象深刻的是,我做数学题,难做的题目都做对了,而大家一致认为比较容易的题目却反而做错了,这可能与我的粗心有关。后来我逐步改掉了这一坏习惯,无论学习还是做事情,注重细节,追求精益求精,把每件事情都认真做好。我还有个特点,就是兴趣爱好广泛。那时除了读书学习,还特别喜爱看文艺作品,包括小说、散文、诗歌,还有西洋古典文学与中国古典文学。但是,文学我看西洋与中国的,而音乐我只听西洋的古典音乐。

常言道,万事不怕难。我喜欢挑战,找难做的事情去攻克。如数学难,我就在数学上下功夫,所以我的数学成绩在班上一直名列前茅。考大学时,工学院里数学最难的就是航空系,我就决定考交大航空系,理由很简单,因为上海人、江浙人多认可交大,交大的地位在我们考生的心目中是至高无上的。当然考理学院的话,也可以考复旦。但对于我们有志于工科的学子来说,都选择交大。最后我考进了交大,考试成绩在所有考生中名列第九。到交大报到的时候,也挺好笑的,有一个新生排在我后面,招生的老师找来找去就是找不到他。他着急了,连声说,"这最后一名就是我",引得大家哄堂大笑。他叫单辉祖,有光宗耀祖的意思。他在交大还是比较有名气的,1953年毕业于华东航空学院飞机系,后来在北京航空航天大学从事材料力学与计算力学的教学与科研工作。

我们敬业中学的同学考入交大的有不少,但有的人没有考上。如袁秀海在甄别考试时降了一级。其实他的成绩还是挺好的,但有点偏科,数理化成绩很好,历史地理成绩较差。最后他考进了南京大学,后来国家院系调整,我们又一起到了华东航空学院。因为我生肺病休学了一年,结果跟他又成了同学。昌瑁(音)算是我很要好的同学,我们是中学、大学、研究生同学,后来又是西工大的同事。我们俩有共同的爱好,就是喜欢数学,曾商量过一起考交大数学系。我们还一起特地跑到交大数学系去参观,发现数学系有的学生脑袋是歪的。我们想数学系怎么会有这样怪头怪脑的学生,不能考,考进去后跟这些怪人待在一块儿没意思。后来才知道,只有数学系才招收这种特别的学生,也就是人们常说的怪才。

1952 年，全国高校进行了大规模的院系调整。交大航空工程系被整体调出，与南京大学、浙江大学两校的航空工程系合并成立华东航空学院。在华航，三年级时要评优等生。评优等生的条件，第一条要思想进步，一般学生都可以达到；第二条要每门课的考试成绩都在 80 分以上，这一条对我来说也不难；第三条是锻炼身体要好，这个也是比较轻松的。我当时就是冲着这个优等生而去的，为了评上优等生，我也只能使劲地背功课了。我一边背一边心里很不高兴，认为这是强人所难嘛。当时班上有个比较有名的学生，他背功课的兴致可高了，还整天要跟我比赛，要我们两人对着背。我说我没有这个兴趣。于是他就拉着别的同学一起背。最后倒好，他只考了个 60 几分，为什么呢？原来他把一道大题目背错了，错位到了另外一个大题目上。虽然他很多题目背得可溜啦，但最后只考了个勉强及格，优等生肯定是泡汤了。这也算是我们大学期间的一件趣事。

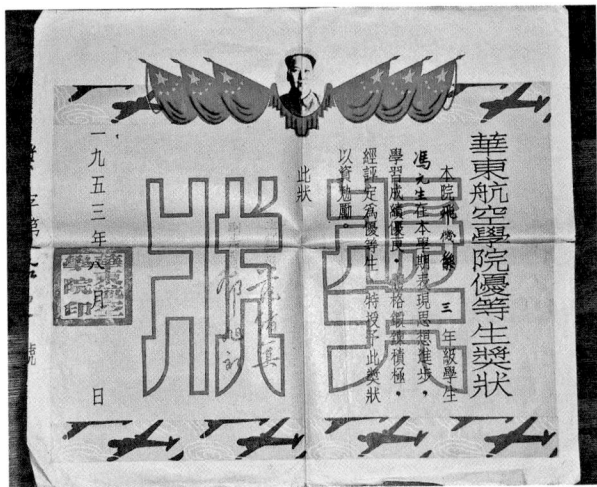

1953 年 8 月，冯元生获华东航空学院优等生奖状

印象深刻的几位老师

在交大学习时，印象最深的是季文美教授，他是总务长，跟我的关系比

较密切。他教我们理论力学和材料力学，概念讲得特别清楚，我们很快就能理解，习题也都在课堂上做完。我当时是课代表，有几件事印象很深。一是那时的教材不怎么正规与统一，不少是季老师自己编的，差错在所难免。我们有好几个同学喜欢找教材上的错别字或差错，然后由我这个课代表去转达。于是，我就跟季老师反映，哪本教材的第几页第几行有什么错别字或什么错误。季老师听了以后也很虚心，一页一页地对照，认为确实是错的，说给予奖励，找出一个错字或一处差错，奖励 1 斤花生米。当时交大有的学生很穷，季老师的奖励举措还是很吸引人的，为此积极性很高，一下子能找到六七个错别字，那就是六七斤花生米。这都是季老师自己掏钱。但是季老师也不富裕呀，有一次他身上的钱

曾任交大总务长、航空系主任的季文美教授

不够，拿不出来，但他仍然善待穷学生，说今天我钱不够了，但我不会赖账的，下次钱带来再发给你们吧。

二是我感觉他编的教材有个很大的特点，就是有自己独特的见解，而不是人云亦云，照抄照搬。我后来写书也这样，一定要有自己的东西，否则都是大路货的内容，就没啥意思。理论力学教材有四章专题，都是季文美教授自己动手写的，花费了不少功夫，也让同学们听课时感到内容新颖，收获很大。由于我是课代表，他后来要我做一件事，对我说："你组织几个同学，从你们学生的见解和视角，把我这本教材重新改编一下，一定要从你们的角度来提出问题和观点。你们大胆地改，不必有什么顾虑。"于是暑假期间，我找了几个同学，集中到一起，关起门来进行认真研究探讨，花费不少时间把这本教材彻底改了一遍。通过这次修改，我学到了不少东西，觉得要把一本书写好是多么不容易，需要老师和学生的共同努力，把师生的聪明才智都充分调动起来了。后来季老师给我们每人发了一本改编后的新书，我们都感到很高兴，因为我们的付出得到了回报，我们的价值得到了认可。更重要的

是,通过改编教材,我们学到了许多课堂上所学不到的东西。

在交大期间,给我印象深刻的还有系主任王宏基。他当时讲机动学,整整一个学期讲四连杆机构,没有太难的东西。王宏基老师的考试题目也是四连杆,因为教的内容不多,只要你把它背熟了就可以考得很好。当时我的考试成绩是班级里第一名,99分。也不知道他在哪里扣了我一分。

有一个物理老师叫王志昌(音),留学德国的,他的物理讲得特别好,是我很佩服的一个老师。他还有个特点,就是爱看武侠小说。记得我

交大航空工程系主任王宏基

当时在学校图书馆借书,好几次碰到他,发觉他在借武侠小说看。我当时看不起武侠小说,认为武侠小说有什么好看的,打打杀杀、昏天黑地的。但后来受他的影响,我也爱看武侠小说了。那时我就在想,这个王志昌(音)老师教的是物理,却喜欢看武侠小说,说明他的兴趣爱好广泛,知识面宽广。其实从教育学生的角度来说,培养学生爱好的多样性,提倡全面发展,也是很重要的。仅仅读书成绩好,只是个书呆子,真正踏上社会,不一定能成为有用的人才。

还有姜长英教授,他那时讲机械制图课。有一天他上课,一共只有两个人在听课,大家都回到宿舍去了。哪知道姜老师一见上课同学人少,就专门跑到宿舍来找我们。我们是10个人住在底楼的一间大房间里,有上下铺,当时叫新宿舍。有同学在窗口看到姜老师来了,就说怎么办? 我们说,赶快跳窗户出去,然后就一个个跳窗出去,再一路小跑,比他先到教室里坐好。等到他回到教室里一看,觉得很奇怪,怎么一下子人都冒出来了? 不过他也没有发什么脾气,继续上他的课。姜老师的性格实在太好了,弄得我们同学都感到有点内疚。姜长英教授也是航空史领域的专家,

姜长英教授(1986年,时年76岁)

专门搞航空史,并把许多专业书捐给了西工大。他那么大年纪了,还编了一本航空系的通讯录,特地送给我一本,让我很感动。

曹鹤荪教授做过系主任,没给我们讲过课,但给我们做过一次科研报告。那个报告独创性很强,没有什么东抄西搬的东西,完全可以看出是他自己经过深入思考的研究成果,让我非常佩服。后来,曹鹤荪教授调到哈尔滨军事工程学院任教,以后就没有接触过。

一辈子的航空梦想

在老同学里,我和朱德超的关系是比较好的。他学习成绩十分优秀,在北航念的博士,我对他很佩服。他是振动领域专家,专门搞力学理论方面研究的。也许留苏的原因,加上当时中苏关系很好,他回国后就到处宣扬苏联的好处,讲人家科学先进、工业发达、教学水平高等;说苏联吃东西便宜,甚至不要钱,如吃面包不要钱,牛奶也奉送等。他的亲苏言论,导致后来他在"文化大革命"中受到了批判。以后他就慢慢转到行政方面,不搞业务了。他退休的时候,在中国科协当了个处级干部,也是华航校友会的负责人。

因为学航空的关系,认识的人都是这方面的。顾诵芬,交大1951届的,比我高两级,是航空方面的尖子生。跟他同一届的屠基达,也是航空方面的尖子。屠基达后来在成都飞机设计研究所做总设计师,由他设计的飞机通过了定型试验,评上了院士。屠基达跟我的关系很好。早年我到212厂,就是哈尔滨飞机制造厂,参加飞机测试半年。屠基达是哈尔滨飞机制造厂的设计科科长,我跟他的合作比较愉快,我们一起度过了一段愉快的时光。

1958年,我和交大同学林振申带了30个学生去参加民航机的设计工作,课题是振动设计。当时我们搞的是喷气式飞机,很先进的。我是队长,林振申是政委,他是留苏回来的。我当时代理设计科科长。在我的带领下,我们已经将飞机制图攻克下来了。但是制造方面,金属疲劳试验的水平远远不够,这就需要从力学的角度来考虑。但是当时我们国家的基础工业、科

1951 年夏,交大航空系部分同学在上院前合影(前排左一为王允昌,左三为屠基达;后排左一为徐学榘,左二为王金玺,左三为张渺)

技水平还比较落后,无法支撑我们的航空梦想。其间,我搞了一次飞机设计,实际上是一个方案的拼图设计,还搞了个很大的集成机翼。这些都是我自主设计的。我喜欢独立自由、不受拘束,向来不喜欢模仿别人的东西,这符合我学生时代的特征。

我们曾经雄心勃勃,认为只要工业方面准备好了,飞机试验就能够成功。如果我们坚持搞下去,掌握航空设计方面的先进理论和技术,加上国家在人力、财力和物力等方面的支持,大家齐心协力,奋发图强,拿出干“两弹一星”的劲头,也许我们的大型客机早就飞上天了。现在,我国航天领域取得的成果令世界瞩目,这是航天人多年自力更生、艰苦奋斗的结果。其实从早期来说,我们航空方面的技术人才实际上比航天多得多,如航空力学设计方面的人才就要比航天强多了。只是各种各样的原因,我们的航空一直落后于航天,尤其是大飞机落后于西方国家若干年,这是非常令人遗憾的。

冯元生获各类聘书、荣誉证书一览

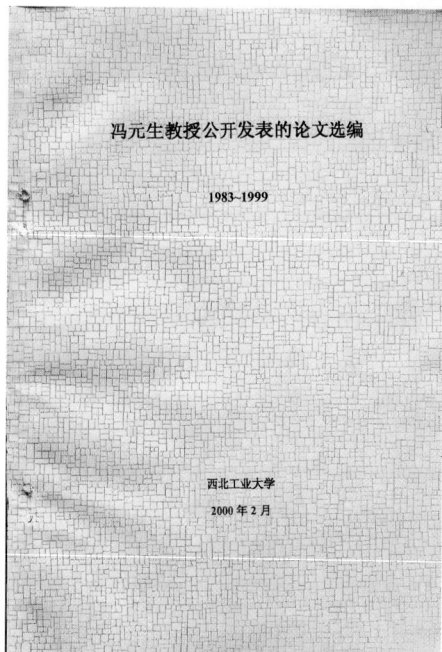

《冯元生教授公开发表的论文选编》(1983—1999)

我主要研究优化设计。优化设计,就是我在《中国大百科全书》航空航天卷里,提出航空产品的优化设计概念和路径,并体现在力学原理中。在力学卷里,我跟钱令希教授合作,合写了优化词条,内容很长很丰富,对航空事业发展有着借鉴意义。钱令希当时是大连工学院研究部主任,著名力学家,中国科学院学部委员。在力学卷里面,航空部分我写得更多一点,如机翼与机身,这两部分词条都是我写的。

我这一辈子,在多个学校念书,交大、华航,然后在北航当研究生,再到西工大工作。而从考进大学起,我这一辈子就跟航空结缘,读的是航空,教的是航空,干的也是航空。航空早已融入我的血脉里,是航空支撑着我的信仰和人生。我在国内外学报上共发表论文50余篇,完成科研课题20余项,多次参加各个飞机型号的设计,多次解决重大技术问题。

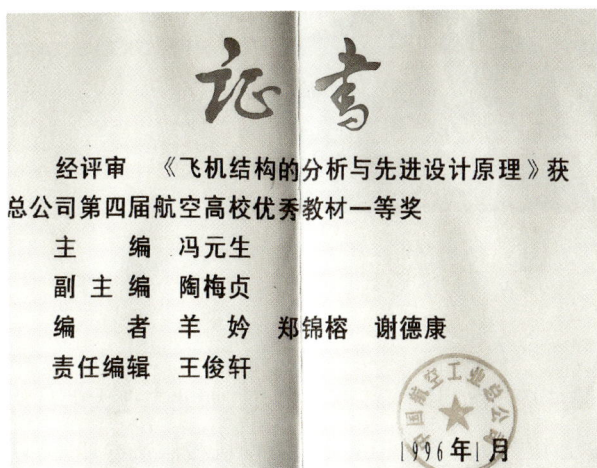

证书

经评审　《飞机结构的分析与先进设计原理》获
总公司第四届航空高校优秀教材一等奖
主　　编　冯元生
副 主 编　陶梅贞
编　　者　羊妗　郑锦榕　谢德康
责任编辑　王俊轩
1996年1月

1996 年 1 月，冯元生主编的《飞机结构的分析与先进设计原理》
获中国航空工业总公司第四届航空高校优秀教材一等奖

　　心系航空，梦飞蓝天。可以说，我这一辈子的追求，一辈子的梦想，就是希望我们国家的航空事业赶快强大起来，无论战斗机型，还是民航机型，都要跻身国际一流，甚至超过西方发达国家，真正做到航空强国，用航空的强大为中华民族伟大复兴做出重要贡献。

冯元生夫妇与母校校史研究人员合影（左起：漆姚敏、冯元生夫妇、胡端）

罗子健

罗子健，1934 年 6 月生，江苏苏州人。西北工业大学材料学院资深教授，博士生导师。1955 年从交通大学机械制造专业本科毕业后，分配到北京航空学院研究生班学习，1957 年毕业分配至西北工业大学。1980 年 1 月至 1982 年 1 月，任美国里海大学访问学者，师从国际著名塑性加工专家 Avitzur 教授深造。历任西北工业大学锻压教研室主任、金属塑性加工研究所所长、锻铸高新技术研究开发中心主任，航空高校热加工工艺及设备专业委员会主任委员，九三学社西北工业大学支社主任委员，陕西省机械工程学会锻压分会副理事长等职。长期从事塑性加工理论和航空材料锻造工艺方面的教学和科研工作。主持完成的"塑性加工过程中的损伤"和"LF6 铝合金超塑性研究"两项科研成果，分别获省部级科技进步奖二等奖和三等奖，参与的两项科研成果分别获部级重大科技成果奖三等奖和科技进步奖二等奖。在中国航空工业总公司重大型号研制任务中荣立三等功。1993 年享受国务院政府特殊津贴。合著学术专著和教材 2 本，均获部级奖励。主编高等学校教材《金属塑性加工理论与工艺》，合作译著 3 本。在国内外著名学术刊物上发表论文 200 余篇。

在访谈中，罗子健深情回顾了在交大求学受教经过和校园生活点滴，对彭康、贝季瑶、金悫等师长的倾心施教和情操风范一直铭记于心；同时忆及了离校后在北航读研、西工大从事教学科研及国外访学等难忘经历，叮嘱后辈学子要珍惜青春年华，学好数学和英语，打牢基础，砥砺前行。

坚守专业　如鱼得水

口述：罗子健

采访：欧七斤、朱恺、孙琦

时间：2011 年 10 月 22 日

地点：陕西省西安市西北工业大学罗子健寓所

记录：杨燕飞

整理：游本凤、欧七斤

机械系的"一百零八将"

我在苏州中学毕业后，于 1951 年考进交大。当年的高考，是分片、分区域考，而不是统招的。华东地区和华北地区分开考，交大、浙大、南大这些华东地区的大学是在一起考的。

我当时报考交大，因为交大是名校，是众多学子所追求的理想学府。我之所以不想考华北的学校，是因为华北的高校要考生物，而华东高校的工科不需要考生物，但考医学院、农学院也要考的。而生物对我来说是门弱项，生怕考不上，所以就选择了交大。

1951 年考进交大机械系的同学共有 108 人，号称一百零八将。一年后，全国高等院校进行大规模的院系调整。当时华东地区很多学校的机械、电机专业都并到了交大，像同济大学、私立大同大学、上海工专等。因此到大

罗子健(后排右二)与同住上院329室的交大同学合影

学二年级的时候,进来了许多插班生,班上的同学来自五湖四海。

我是新中国成立初期进入交大的,当时学校各系的课程设置,除了政治课,基本上与以前一样。机械系的课程中,化学课被取消了,数学、物理和力学等基础课程占的学时较多,其次是机械零件、机械原理和金属工艺等专业基础课,专业课有汽车、内燃机、锅炉、机车等课程。也就是说,机械系培养的是机械工业的通才。很幸运,1951年进入交大的学生,一年级的数学、物理还是按老交大的模式进行教学的。通过这些课程的学习,我们打下了坚实的基础理论知识,因而能与时俱进,不断学习新知识,以适应工作岗位的需

毕业前夕,罗子健在工程馆的大教室做毕业设计

要。遗憾的是化学课被取消了，英语课也被俄语替代，以致我们两门外语水平都处于初级阶段。

1952 年全国高等学校进行院系调整后，全面照搬苏联模式。苏联高校专业设置的原则是实用性，焊接专业就培养从事焊接的人才，铸造专业就培养从事铸造的人才，使他们走上工作岗位就能独立工作。因此，我所在的机械系就分为机械制造工程、内燃机、机车等专业。当时，党和国家强调学生要服从国家需要，党叫干啥就干啥，所以分配我学机械制造工程专业，我欣然接受。

难忘母校师长

刚进交大时候的校长是吴有训院士，一位著名的物理学家。副校长是我们机械系的陈石英教授。他没有给我们上过课，我进校的时候，他都 60 来岁了。1952 年以后，校长是彭康，我毕业证书上盖的就是彭康的章。

到如今，我对彭康校长还有很深的印象。1955 年毕业那年，适逢国务院决定交大搬迁到西安。记得在毕业典礼上，彭康校长宣布了国务院的这项决定。彭康当时在教育部里有很高的威望，所以当时交大在整个教育系统里也是很有地位的。彭康校长很注重老交大传统的继承，注重学风建设，对老教授也很尊重。他非常重视教师的素质和教学质量；坚持择优录取学生；严格考试考查；教育学生追求真理，热爱祖国；强调理论联系实际，学以致用。在他的领导下，老交大的传统被概括为"门槛高，基础厚，要求严，重实践"。在知识分子思想改造运动和反右派运动中，他坚持实事求是，在力所能及的范围内保护了不少干部和教师。

机械制造工程专业在新中国成立前是没有的，新中国成立后建立这个专业是为了满足国家

交通大学党委书记、校长彭康

机械工业发展的急需。由于缺乏办这个专业的经验,学校为这个专业配备了很强的师资队伍。

一年级的高等数学是唐济辑教授讲授的。他把微分和积分的概念以及运算方法讲得十分清楚,很受同学欢迎。他的板书非常好,特别是画图中规中矩。这门课程大约讲完三分之二的内容时,停课开展思想改造运动。他不是运动的对象,但他十分着急课程的内容讲不完,所以不断问我们运动结束了没有。思想改造运动告一段落后,他不仅立即复课,还主动为我们加课,将这门课程完满结束。由于受学习苏联的影响,认为学习机械制造工程专业的学生掌握微积分和微分方程的基本概念就足够了,因此工程数学中的场论、线性代数和复变函数等内容都被砍掉了。

金悫教授

金悫是交大资深的力学教授。他言传身教,对学生严格要求,教学成果显著。严师出高徒,他历年教过的学生中不少成为出类拔萃的学者,如钱学森、张光斗、季文美等。我们专业的材料力学就是金悫教授讲授的,他着重讲清楚基本概念和材料力学在工程技术中的重要性。他上课不用讲稿,就拿着一张小卡片,在黑板前从容讲授。

讲授水力学的是江宏俊教授,他曾留学日本,课讲得很好,深受学生欢迎。

机械制造工程专业的专业基础课——机械零件和机械原理,都是由可以阅读俄语教科书的年轻教师讲授。机械零件是张直明老师讲授的。他讲课很有条理,课程结束后还指导我们做课程设计,使我们初步掌握机械设计的步骤和方法。机械原理是曹龙华老师按苏联教材讲授的。苏联教材比较深奥,涉及很多理论力学的内容。由于曹龙华老师深入掌握苏联教材的内容,讲课效果很好。

机械制造工艺是机械制造工程专业的主干专业课,这门课程是由贝季瑶教授讲授。他是一位老交大人,1935 年毕业。他曾留学美国。他给我们讲课时大约 40 岁,但在机械制造领域已很有地位。抗日战争时期,国民政府资源委员会在昆明建了几个工厂,他先后担任这几个工厂的总工程师。因此,他不仅具有坚实的基础理论知识,还有丰富的实践经验。这门课程由他讲授,我们获益匪浅。这门课程采用的是哈尔滨工业大学翻译的俄文教材,翻译质量极差,文句不通,读起来就像看天书一样。所以,这门课程主要听贝季瑶教授讲课,我们课后复习课堂笔记。贝季瑶教授能把这门课讲得很好,可以肯定,他当时已经能够阅读俄文教科书。这对一位老教授而言,是非常不容易的。

毕业离校前罗子健等同学和贝季瑶、顾崇衔教授合影(左起:叶慕曾、贝季瑶、顾崇衔、罗子健、朱继梅)

机械制造工程专业的另一门主干专业课是金属切削机床。这门课程由同济大学原机械系的郑兆益教授讲授。他曾留学德国,获得博士学位。他首先详细讲解一台当时苏联刚生产的车床的结构,为讲授后续内容打好基础。之后,他根据一本德国著名的关于机床的专著,讲解各种机械加工用机床结构以及机床设计的基础理论,使我们不仅知道各种机床的用途,还具有设计机床的基础理论知识。

交大还利用自己的地位和校友关系，想方设法聘请名师来校授课，不仅是为了提高学校的知名度，更重要的是用名师来培养高素质的人才。

校园生活点滴

那时我们上学是公费，连吃饭都不要钱。我在校四年的费用几乎全由国家包了。党和国家这样对待我们，就是要让我们知道，我们是党和人民培养出来的。虽然当时国家很穷、很困难，但是党和政府为了培养建设祖国所急需的人才，舍得出这个费用。当时国家并不富裕，粮食供应也比较紧张，所以伙食一般，四个菜一个汤，吃的是糙米，满8个人就开饭，但我们非常满足。"免费午餐"也就吃到我们毕业为止，就我们这一届享受，后来学生的生活费又恢复自理。

为了丰富同学们的课外生活，交大学生会成立了各种社团，如摄影社、舞蹈社、美术社，同学们可以根据自己的兴趣参加。学生会还经常组织同学

罗子健重回母校在校门口留影

在大草坪欣赏民族和经典音乐。学生会曾经邀请电影明星上官云珠到学校教授普通话。

为了增强学生的体质，每天早饭前，同学们按班级到大操场做广播体操。

我进交大时，住在原来的上院，木结构的房子，很陈旧。上院和老图书馆的年代差不多。我住在上院三楼，上楼时都觉得楼梯摇晃，在地板上走动，会发出咯吱咯吱的响声。不过房间还是比较宽敞的，卫生间等设施都是公用的。当时航空系、电机系、机械系、土木系都住在一起，都在三楼。后两年搬到了新建宿舍（执信西斋对面）。2008 年，我回交大看到老房子还在。当时一个年级学生约有 1 000 人，机械系有 108 人，算是大系。除机械系和电机系两个大系外，其他都是小系。

那时有"三反""五反"和思想改造运动等。这些运动对学生影响不大，主要对老师们进行思想改造，使他们热爱社会主义，纠正崇拜西方的思想，因为他们大多是旧社会过来的。思想改造运动期间，大家只是面对面提提意见，批评批评而已，方式还是比较克制和理性的。

大家对中国共产党都是非常拥护的，那时学生加入共青团的比较多，说明大家都追求进步。入党的学生也有，但由于入党要求比较严格，入党人数较少。

1953 年，新中国建设急需科技类大学生，所以许多大学生就提前毕业，奔赴工作岗位。但是我们这一届没轮上。比我们早一年入学的，也就是1950 年入学的学生，如阮雪榆等都是提前毕业的，但国家还是承认他们的本科学历。1953 年共有两届学生提前毕业。但 1954 年提前毕业的就算作大专毕业生了。记得那时提前毕业的同学都是兴高采烈的，让我们非常羡慕。这批人中的大多数都作为重点培养对象，有的被保送到苏联及东欧等国留学。

当时毕业生都是国家分配的，服从国家需要，党指向哪里就奔向哪里，这是大局。大部分同学都能处理好个人与国家的关系，愉快地服从分配，高高兴兴地走上新的工作岗位。

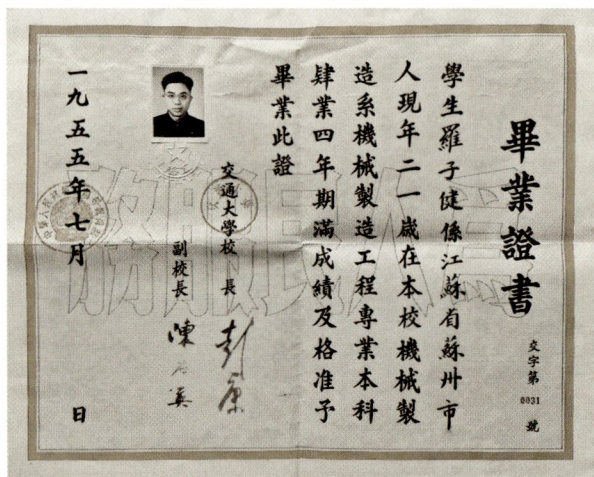

罗子健的交通大学毕业证书

北航启航

全国高等学校院系调整后，在北京成立北京航空学院。为了培养发展航空工业所需的专业人才，北航从莫斯科航空学院、莫斯科航空工艺学院聘请了飞机设计、发动机设计和航空材料热加工工艺方面的很多教授，帮助我国培养各类教师。我毕业时，北航通过教育部从我们班抽调包括我在内的 8名同学到北航研究生班学习。

到北航后，分配我学习航空材料热加工工艺。在研究生班学了两年，但没有学位，有一张毕业证书。在北航学习，实际上经历了一次改行，在交大所学的专业知识基本上无用。幸亏我们交大毕业生的基础理论知识扎实，才能适应这种转变。

1957 年北航研究生毕业时，又碰上一次院系调整。本来我们都是留在北航当教师的，因为当时北航不办航空热加工系，改在西北工业大学创办。因此，共有 11 名后备师资一起调到西工大。到了西工大后，我就一直从事材料塑性加工方面的教学和科研，从 1957 年一直干到 1999 年退休，坚守这一专业领域达 42 年。

在北航求学期间,罗子健(左二)等同学与苏联专家合影

国外学习

1980年1月到1982年1月,我以访问学者身份到美国里海(Lehigh)大学,与Avitzur教授合作从事科研工作。Avitzur是国际著名的塑性加工专家,我是他接待的第一个中国访问学者。他对我非常热情友好,经常请我到学校职工食堂共进午餐,边吃边讨论研究课题进展情况。他是一位思维敏捷的学者,每次受邀到国外访问后,总会提出一些新的研究方向与我们一起讨论。他的治学精神和方法使我获益匪浅。

在里海大学,除了从事科研工作,我还深入了解美国大学的研究生培养工作。美国没有硕士生和博士生统一招生考试。有意深造的大学毕业生直接向有关教授申请。教授同意,就可入学。这就是我们所说的宽进。在美国,只要修满学分,写篇论文,就可获得硕士学位。获得博士学位是比较艰

罗子健(左)、潘家柱(中)与 Avitzur 教授(右)一起午餐

辛而漫长的过程。博士生修满学分,进入论文工作前要进行资格考试。这
些考试很难通过,一般淘汰率 50%。因此,在美国大学获得博士学位,一般
要 4 到 5 年。这就是我们所谓的严出。

罗子健在里海大学 Avitzur 教授实验室

美国教授指导博士生,都是亲力亲为,每周要与博士生见面,了解论文工作进展情况。如博士生的论文工作遇到问题,进展不下去了,教授会与他一起讨论解决办法。Avitzur 教授的一位博士生,在论文将结束时,发现所建立的模型不能满足边界条件,因此不能进行论文答辩,他非常着急。Avitzur 教授在周末请这位博士生和我到他家,一起检查建立模型的推导过程,当天没有找出问题。回家后,我将他的建模过程再仔细审查,找到了推导过程中的错误,解决了问题。

在美国举办有关国际学术会议,Avitzur 教授总是带着我一起参加。通过参加这些学术会议,拓宽了我的视野,了解当时金属塑性加工领域的前沿研究方向,结识了几位国际著名教授。参加国际学术会议是要交注册费的,住宿费也要自理,这是一笔不小的开支,我想自己支付,但是 Avitzur 教授总是坚持由他支付。

罗子健(左一)在日本参加 ICTP 会议时与 Avitzur 教授夫妇合影

在里海大学任教的华裔教授不少。他们长期在异国他乡生活,但始终心系祖国,关心家乡的情况。中美外交关系中断了几十年,他们长期没有机会返回家乡,探亲访友,因而我们这些前几批到里海大学的访问学者受到了他们的热烈欢迎。他们轮流请我们到家里聚餐，向我们了解国内社会经济的发展情况。每逢中国的传统节日，还邀请我们一起欢度。这里特别介绍一下周以苍教授的情况，他是交大周志宏教授的儿子，长期在里海大学材料科学与工程系任教。他对中美之间文化交流十分热心，花费了大量的精力。到里海大学的中国访问学者大都通过他与学校联系。到里海大学之前，他就为我们在学校附近安排好住处。我们乘飞机到里海大学所在城市，他会安排人员到机场接我们到住处，使我们感到像回家一样。他还经常提醒我们在美国生活要注意的一些事项，以免引起麻烦。

在里海大学的中国访问学者和留学生欢度国庆（前排右四为罗子健）

前沿探索

为了培养硕士和博士研究生，我积极探索金属塑性加工领域的前沿研究方向。

金属塑性加工就是通过塑性变形使金属材料成型为零部件的过程。众所周知，塑性变形过程中材料内部会出现损伤，影响产品质量。有限元方法可以揭示变形过程中材料内部的应变、应变速率和温度的分布。损伤力学是研究材料或构件在各种加载条件下，其中损伤随变形而演化发展并最终导致破坏过程的力学规律。鉴于以上所述，我试图将损伤力学引入有限元方法，对金属塑性加工过程进行数值模拟，以预测和控制塑性加工产品的质量。

变形高温合金制成的涡轮盘是航空发动机的关键零件之一。因为它是在高温、高转速和高负载条件下工作，因此对它的显微组织和性能要求非常严格。显然，变形高温合金涡轮盘内部组织与变形过程中材料内部的应变、应变速率和温度分布有关。在热力学和统计物理学的基础上形成一门新兴学科——耗散结构理论，这种理论可以解释多种自然现象和社会现象。因此，我试图探索以耗散结构理论为媒介，根据有限元数值模拟的结果，控制变形高温合金涡轮盘的质量。

以上两个研究方向都得到国家自然科学基金资助，根据研究结果所撰写的多篇论文在国内外著名刊物上发表，其中一项成果获航空航天工业部科技进步奖二等奖。

罗子健主编的教材《金属塑性加工理论与工艺》(西北工业大学出版社 1994 年版)

理工科学生要学好数学和英语

钱学森是我国航天事业奠基人之一。1929 年到 1934 年，他在交大机械工程学院学习。毕业后到美国留学，师从国际著名的冯·卡门教授，在加州理工学院获得航空和数学博士学位。他与冯·卡门教授合作，提出了"卡

门-钱近似"公式,取得了一系列具有开创性的成果。回国后,他为我国火箭导弹技术发展提出了切实可行的方案。他之所以在科研工作中硕果累累,主要是他具有十分扎实的数学基础。他根据一生从事科学研究工作的经验,一再强调,理工科学生要学好数学。

2022年9月9日,罗子健与西北工业大学在校硕士生和博士生共庆教师节

虽然我本人在科学研究工作中没有取得开创性成果,但也从中体会到数学对理工科学生的重要性。例如,20世纪将有限元方法引入金属塑性加工领域之后,可以对金属塑性加工过程进行数值模拟,根据数值模拟结果制定合理的金属塑性加工工艺规程,保证获得优质产品。前面已经提到,在大学阶段,数学我只学了微积分。在此基础上,我自学了变分法和线性代数,就基本上掌握了有限元方法,并将其应用到自己的科研工作中。之后,科研工作需要用到损伤力学和新兴的耗散结构理论,我也是自学相关的数学知识,初步掌握损伤力学和耗散结构理论的基础知识,再将它们应用到科研工作中,取得了一些成果。我的体会是,如果你在科研工作中对其他领域产生了兴趣,数学就是一把领你入门的钥匙。

英语是世界上最广泛使用的语言之一。在科技领域,许多重大的发现和创新成果都是用英语发布的。因此,英语是通向外部世界的桥梁。学好英语就能及时了解世界范围内所从事专业的前沿动态和发展趋势。因此,对于理工科学生,英语是不可或缺的工具。

罗子健夫妇与母校采访人员合影(左起: 朱恺、罗子健夫妇、欧七斤)

钱家正

钱家正，1935 年 6 月生，浙江湖州人。无线电电子领域专家，研究员。1953 年考入交通大学机械制造系金工工具专修科。在读期间被评为三好学生，并加入中国共产党。1955 年毕业，保送到中国科学院留苏研究生班攻读原子能专业。1958 年，分配至二机部下属的原子能研究所，参与原子能放射性课题研究。1959 年，调到上海机电设计院，从事探空火箭的自动控制和无线电遥测工作。1962 年，分配到上海机电二局（上海航天局前身）下属上海广播器材厂，后从事广播电视的研制和开发工作。1996 年退休。

在访谈中，钱家正表示，求学交大对他的人生有着重要意义。两年的大学生活为他打下了扎实基础，使他在日后的工作岗位上学有所用、用有所获，在航天遥测、导弹制导及彩电研制等多个领域展示了才华，取得了一定的成绩。

岁月留痕　航天情深

口述：钱家正

采访：游本凤、孙萍、柯鲁伦①

时间：2024 年 3 月 14 日

地点：上海交通大学闵行校区文博楼

记录：游本凤

整理：游本凤、孙萍

学生时代的琐碎记忆

1935 年，我出生在浙江湖州，祖籍也是湖州。3 岁时，由于日本帝国主义全面侵华，父母觉得湖州不安全，认为大城市总归好一点，便把全家搬到上海来了。我父亲读的是中专会计，新中国成立前在一家钱庄里做事。我母亲是全职太太，在家带孩子、做家务。当时我家住在黄陂路、金陵路那里，上海滩著名的骨科医生石筱山就住在我隔壁，另一边的隔壁邻居也是一位有名的骨科医生。

小时候我就在家附近的一所小学就读，小学的教导主任是著名电影演员上官云珠的哥哥韦宇平。我中学就读的是沪江大学附中，这是一所教会

---

① 柯鲁伦，华东师范大学历史学系 2022 级硕士研究生。

交大求学时期的钱家正

学校。1953年，我高中毕业，考进了交通大学机械制造系。记得当年《解放日报》整版刊登了交大入学新生的名单，上面有我的名字。

当时新中国建立后不久，国家急需各方面的人才，因此学校除有四年制本科专业外，还增设两年制专修科，以缩短学制，快速培养学生，早日输送建设人才。我读的是机械制造系下设的金工工具专修科，1955年就毕业了。尽管我平时喜欢无线电、电子方面的东西，对机械制造并不怎么感兴趣，被交大机械制造系录取，我总感到有些阴差阳错。但是，既然进了大学门，就必须好好读书。在读期间，我的成绩和表现在班级里均属上乘，我不仅被评为三好学生，而且还入了党。我感到，在交大我没有虚度求学年华。

我们上课是在徐家汇校园，住在执信西斋宿舍。记得那时学校不收学费，吃饭也不要钱。七八个同学围着一张圆桌，没有凳子，大家都站着吃饭。

我对校园里的工程馆、文治堂、新上院、中院等印象很深。读书时，曾在工程馆的阶梯教室上过大课。还记得当时老的上院被拆掉了，正在重建，我们是看着新上院慢慢造起来的。

1954年落成的教学大楼——新上院

坐落在校门口的图书馆是我和同学们经常光顾的好去处。图书馆的造型很别致，里面也很安静，适宜读书学习、复习功课。图书馆里的书籍和杂志很多，我们沉浸在里面忘情地吸收知识。那时下课以后，同学们都一起到图书馆里看书、学习、交流以及查阅资料，氛围相当好。图书馆就像一座巨大的知识宝藏，任同学们在里面努力发掘。

临近毕业时，适逢国务院决定交通大学内迁西安。学校在新文治堂召开大会，校党委书记、校长彭康和党委副书记万钧坐在主席台上做报告。

从交大毕业后，因为我在读书期间各方面表现较好，又是党员，所以1955年被学校保送到北京中国科学院继续读研究生。那时我们国家正起步搞原子弹，因缺乏懂原子能知识和技术的人才，需要培养一批这方面的工程技术人员，所以我被选进中国科学院留苏研究生班，准备学习原子弹方面的知识。也就是说，我读的是原子能专业的研究生，并准备保送我去苏联留学。去苏联留学，就必须懂俄语。为了让我们尽快掌握俄语，中国科学院在长春办了一个俄语学习班，于是我们又在长春学了一年半的俄语。等我们俄语学好后，因种种原因留苏学习被取消了。

虽然苏联去不成了，但我们国家的原子弹还是要搞下去的。1958年，组织上把我们这批人留在二机部下属的原子能研究所，要我们搞一个原子能放射性课题。其实那时我们还是学生，只是在书本上学到点原子能知识，对实践中的原子能知之甚少。而那时我们搞的原子能放射性课题，也就是整天爬到屋顶上，研究如何建造隔离墙，不让放射性物质穿透过去，并围绕这个课题做一些放射性试验和检验工作。但我们毕竟不是学土建的，这样的课题难免有点驴唇不对马嘴。因此，这段时间没有学到什么实用的知识，更谈不上掌握原子能技术。

后来中国科学院下属的1001设计院正好搬迁到上海，成立了上海机电设计院。组织上考虑到我父母只有我一个儿子，他们需要有人照顾，就让我回上海。记得还是二机部的一位领导找我谈话，谈到组织上为了照顾我，安排我到上海工作之事，并说了一些勉励我的话。就这样，我回到了上海，先到上海仪表研究所过渡了一段时间，然后就进了上海机电设计院。从此，我与航天结下了不解的缘分。

首次把电子产品送上天

青年钱家正

来到上海机电设计院，我被分配在三室。三室是从事探空火箭自动控制系统研究设计和试验工作的部门。

1960年2月，上海机电设计院将我国第一枚T-7M探空火箭发射成功后，当时一室计算出的飞行高度约为5千米以上（后来遥感实测为8千米）。究竟飞了多高？院领导认为必须拿出一个令人信服的数据，于是就把研制遥测设备的任务交给了三室，要求力争在下一次发射T-7M火箭时能用上这一遥测设备，把确切的高度测算出来。三室为此专门成立一个遥测组，由我来担任遥测组组长及发射现场总指挥。于是，我就带领一帮年轻人开始了艰苦的技术攻关和试验工作。

一开始大家不知道要搞一个什么样的电子设备，才能测绘、计算出火箭的飞行高度。当时没有什么具体资料，也没有任何参考样机，我们只是从国外的杂志上看到过一些零星报道。好在那时大家年轻气盛，敢想敢干，没有半点畏难情绪。经反复讨论，集众人智慧，最后搞出一个集天上、地下一体化的系统方案。按照这一系统方案，我们设计出了系统方框图和各种电路、敏感元件、发射机、发射天线及地面接收系统组件。具体操作时，我们在火箭头部装上大气压力传感器，由压力传感器根据大气层中不同高度产生不同的大气压力，在压力传感器上产生不同的机械位移，从而转换为不同的电信号，再调制箭体上的发射机，然后通过装在火箭腔体上的发射天线,把那些变化的电信号发送到地面。而在地面发射场,接收天线和改制的军用收讯机即接收到箭体天线发出的变化信号,再将这一信号发送到一台自动记录仪上,最后记录下火箭的飞行高度和时间。

在整个试验过程中,大家反复修改方案、改进电路和结构,并进行了无数次的环境试验和远近距离的模拟试验,最后终于将这套遥测系统研制成功。

三室的技术负责人陈珩是自动控制仪表专家,在仪表行业内已小有名气。他在压力传感器和自动记录仪等方面做我们的技术指导,给了我们很大的帮助,增强了我们研制工作的底气。

这套遥测系统经过杨南生副院长、王希季总工程师、高家驹主任设计师等专家的评审,给予了充分肯定。

还记得有一次在安徽广德603基地发射T-7探空火箭,我非常有幸地见到了大科学家钱学森。钱学森当时就站在我边上,和蔼可亲地和我们几个年轻人进行交谈,询问我们的工作和学习情况。T-7探空火箭点火起飞后,钱学森跟我们说:"这枚火箭尾部的火焰颜色不太好,看上去有点问题,估计飞不高。"果然,那枚火箭后来没有发射成功。我们不得不佩服钱老的眼光实在太锐利了,看火焰就能判断火箭发射的成功与否。

后来,我们研制的这套遥测系统分别安装在T-7M和T-7探空火箭上,通过数次实际飞行,验证了火箭从起飞到落地所记录的信号都正确有效,其数据与一室总体设计算出来的飞行高度和时间非常吻合。

这套方案成功了,大家无不欢欣鼓舞。我们这批年轻的科技人员在不到一年的时间里,敢于吃第一只"螃蟹",居然实现了第一次把我国电子产品送上天的愿望。

这年,由于科研成绩突出,我们遥测组被评为上海市先进集体。

钱学森(左一)、张劲夫(左二)来到南汇老港火箭发射场观看 T－7M 火箭发射前，在发射指挥所前小憩

感谢交大培养教育了我，使我学以致用，为首次把电子产品送上天，作出了贡献。

钱家正

2024.3.15日.

钱家正为母校题词

一个团结战斗的团队

　　回想试验期间,我们经常要去上海南汇老港和安徽广德603基地参与发射试验。由于两个发射场均建在荒郊野岭,各方面条件非常艰苦,大家来回奔波很吃力。记得我们前往安徽广德603基地进行试验,有好几百公里的路,那时既没有什么高速公路,也没有像样的大客车,我们是坐着敞篷大卡车去的,人和货物混装,无论是酷暑烈日高照,还是严冬寒风凛冽,或是雨天淅淅沥沥,大家坐在自己随身携带的行李上。为了保护好产品,不让产品受到颠簸,我们几位同志都怀抱着遥测产品,就像怀抱着自己的孩子,一路上要坚持六七个小时。而到了603基地,大家不顾满头满脑的尘土,赶紧投入工作,先要把遥测设备安顿好,然后连接电线,接通电源,看到产品通电后一切正常,大家才放心地去休息。还有一次,我们在基地做试验,待了好几天。等试验完毕收拾行李铺盖时,竟发现席子底下爬着好几只长满百脚的蜈蚣,令人汗毛竖起,非常后怕。

　　到了发射场就是真刀真枪地干,因为我们工作的好坏,直接影响到火箭发射的成功与否。那时我们兵分两路,一路人马先把检测和发射系统预先安装到箭体上。操作时,每个人都非常仔细地连接每一根导线,对每一个焊接点都进行反复检查和测试。另一路人马则把地面接收天线和接收机、自动记录仪等带到发射场地安装。因为南汇老港和广德603两个基地都是刚建成的,别说吃住条件简陋,就是工作条件也极差。如南汇老港那边,连个电源也没有,需要几位科技人员互相轮流用脚踏发电机来发电。

　　经过了几天的安装调试后,发射之日终于到了,大家既紧张又冷静,思想高度集中。因为大家知道,以往所做的一切工作都在此一举,每个人除了对自己的工作负责外,还必须对系统负责,只要有一根线、一个接点出现问题,整个系统就会失灵,甚至导致发射失利。记得一次在603基地进行 T-7 火箭发射试验,一切发射前的准备工作均已就绪,燃料也已加注好,所有工

T-7 探空火箭箭体在安徽广德 603 发射场吊装上塔架

作人员都撤离了现场。我当时是发射场遥测和电器方面的现场技术指挥，按历次发射惯例，此时三室负责的箭体内的测高传感器、电源等遥测系统和其他室的一些电源组合等均已按部就班，处于待发射状态。但当我最后一次核实数据时，竟发现有一个数据漏测。我知道，如果放任其过去就是绝对不负责任的行为，而此时如果再爬到塔架上去测试，则非常危险。正在进退两难之际，刚出校门的崔晓翔、葛运昌两位年轻人自告奋勇，主动要求爬上塔架去检测。由于这一项目是葛运昌分管的，在得到火箭总指挥的允许后，由葛运昌上架去解决。只见葛运昌直奔发射架，蹭蹭几下就爬上了高高的塔架，身姿矫健，然后仔细、快捷地补测完这一数据，便迅速返回。最终，这次发射顺利进行，并获得圆满成功。葛运昌大胆而勇敢的行为，赢得了大家的一致赞赏。

在我的印象中，三室遥测工作之所以能够取得发发成功的佳绩，并被评为上海市先进集体，这是我们遥测组每个人都具有高度责任心和团结一致的结果。遥测系统从四达路实验室开始制作，并进行各种试验，以及发射前

每一句口令的练习,这些日常
工作早已经成为测试组一套成
熟的作业流程。而一丝不苟、
严谨细致的工作作风,在每个
人身上都得到了完美体现和良
好传承。

　　那时我们虽然年轻,但人
人要求上进,满怀为国争光的
雄心壮志,誓把青春献给航天
事业,为每一次的成功而战。
我们除了参与大量的科研和试
验工作外,还按照院里的安排,
积极参与调研工作,对有关单
位的科研水平、人才资源、加工

今日上海市浦东新区老港镇的中国第一枚试验探
空火箭发射成功纪念碑

能力等进行考察和分析。当时我和组里的同事分别深入上海广播器材厂、
上海有线电厂和上海仪表厂,驻厂开展调研工作。之后,分别写出了数篇调
研报告,对这3家厂的综合实力和各方面情况进行评估,并提出了技术改造
和队伍建设等方面的建议,以便为这些单位承担火箭和导弹产品上的自动
控制和无线电电子制导、引信等任务给出实事求是的评价。

　　上述经历虽然过去半个多世纪,但我仍然深切怀念我们遥测组,因为那
是一个团结战斗的团队。为了每一发探空火箭的成功发射,大家都全力以
赴,全身心地扑在工作上。我们一同攻坚克难,也一同欢呼成功。

与毛主席视察擦肩而过

　　在中国航天发展史册上,有一幅十分珍贵的照片,即毛主席在柯庆施、
杨尚昆、刘述周等陪同下,在上海新技术展览会尖端技术展览室观看 T－7M

探空火箭的照片。这是毛主席生前唯一一张视察航天产品的照片,时间是1960年5月28日傍晚,地点在上海延安西路200号。

关于当年毛主席视察探空火箭这件事,后来有好多说法,其中不乏带有主观色彩以及失真的说法。作为当事人,我想把我所经历及知道的一些情况讲清楚。

那天毛主席来视察探空火箭时,设计院领导只有党委书记艾丁得到通知,来到现场陪同,而主要领导杨南生、王希季却没有到现场。

当时上级只是说有中央领导同志前来视察探空火箭,希望设计院派出有关参与研制的同志到现场介绍情况。于是院里安排一室、二室、三室、四室各派一人,把探空火箭的各个部分向中央领导进行详细解说。这样,设计院就派出4个人,我是代表三室的,介绍火箭的自动控制和遥测系统。潘先觉代表四室,他也是交大校友,从事探空火箭发动机的研制,主要介绍火箭的动力系统。

那天,我们被接到延安西路200号,被安排在展览会置放T-7M探空火箭旁边的一间房间内。房间内有一窗户,可看到现场情况。毛主席抵达展览会现场后,第一个接待毛主席参观并担任解说的任务非常幸运地落在了潘先觉身上。应该说,潘先觉开始并不知道是接待毛主席。当他与毛主席近距离接触后,才知道天大的好事竟落到他身上。

毕竟一直参与探空火箭的研制工作,潘先觉对探空火箭的来龙去脉、研制情况说得非常清楚。事后我知道,毛主席从他的口中得知T-7M探空火箭是在没有外国专家指导,完全依靠一批20来岁的年轻科技人员自己摸索干出来后,连声称赞说:"好,好!"并意味深长地说:"8公里,那也是了不起啊,应该8公里、20公里、200公里地搞上去!"领袖的表述自有一副壮志凌云、九天揽月的气势。

由于那天潘先觉的解说比较到位,再加上毛主席还要参观展览会的其他产品,所以毛主席待在探空火箭边上的时间并不长,因此我们作为备用的解说人员没那么幸运,只能透过窗户目送着毛主席一行的离开。

潘先觉出来后，一脸的兴奋。据他讲，毛主席问得很仔细，包括探空火箭研制和试飞实况，并不断抚摸探空火箭实物，一副很高兴的样子。虽然没有直接向毛主席介绍火箭，但作为当事人，听到这些，我们几个人都十分感动，也为潘先觉能如此幸运地近距离见到毛主席而感到高兴。

2024 年 5 月 28 日，上海航天老专家在上海交大王希季院士专题展前留影（左四为钱家正）

在彩电研发领域显身手

1962 年，我所在的上海机电设计院三室相当一部分科技人员调到上海市第二机电工业局（简称"上海机电二局"，今上海航天局前身），主要从事防空导弹自动控制部分的研制，并被分到该局有关单位，如上海仪表厂、上海有线电厂、上海新华无线电厂等，而我被分到了上海广播器材厂（简称"上广厂"），曾经参与过红旗系列防空导弹无线电设备的设计和研制工作。

　　十年"文化大革命"时期,许多科研工作受到干扰,处于停滞状态。但我也不愿游手好闲、无所事事,总想干些事情。那时我国电视台的转播技术落后,只能转播黑白的节目,收看效果不佳,于是国家想搞彩色电视台。彩色电视的转播技术含量在当时还是比较高的,我们国家没有掌握这方面的技术,有关部委就组织了全国性的攻关。因为上广厂是搞半导体和电视机等电子技术的,与这一领域关系密切。厂里推荐我参与了这次技术攻关活动。参与攻关的还有上海电子行业的其他专家,以及交大、复旦、同济等高校无线电系专业的老师,可以说是集中了上海全部的技术力量进行技术攻关。我们攻关组的日常活动集中在交大法华镇分部。

　　当时攻关组主要面临的是电视转播的制式问题。彩色电视台和接收机之间的收发信号制式还是很复杂的,我们一投入进去,发觉其技术难度不亚于航天产品。彩色电视台收发信号无线电占了很大比重,经过大量的研究、试验工作,最后发现我们这一两年的努力都是徒劳的。当时国际上在彩色电视转播制式方面有德国的 PAL、法国的谢康、日本和美国的 MTS。因为西方国家在这方面起步比我们早,他们对各种转播制式都经过了大量的试验和验证,早已把直接影响电视画面清晰度的负载波干扰克服到了最小。而我们国家由于"文化大革命"的干扰,信息闭塞,不了解国外最新的研究成果,从而导致了我们的瞎折腾,做了许多无用功的事情。最后我们国家采用了德国的 PAL 转播制式,并一直沿用到今天。

钱家正

　　通过攻关试验,大家增加了不少这方面的知识,而我也受益匪浅。于是,我就一直投身于无线电和电视领域,包括后来的中央彩色电视台、上海彩色电视台的建台工作我都参与了。中央电视台试播彩色电视大约在 1973 年间,我们这些技术人员都被集中到北京的广电大厦。

　　后来我回到上广厂,这时国家对军工企业实施军民结合、以民养军战略,大力开发民用产品,走市场化道路。上广厂开发的"上海牌"电视机很快形成批量，投放市场后迅速走红，成为市场上十分紧俏的家电产品。因为那时还处于计划经济阶段，许多商品供不应求，只得采取凭票供应的办法，因而彩色电视机成为一票难求的"香饽饽"。那时厂里经济效益好，福利待遇也水涨船高。记得那几年我们上广厂确实很牛，有一年整个上海航天局的年产值为 11 个亿，上广厂一家就达到了 6 个亿。

其间，我主要围绕厂里的电视机产品做了大量的技术工作，并就引进日本的电视机生产技术去了两次日本。在一次考察日本电视机企业生产线的过程中，我发现他们生产线上有一种立柜，只需引出一根测试线，接上产品后，就可以把彩色电视机的所有指标都测试下来，效率很高。而我们厂里生产线的测试台上，测试设备一大堆，检验人员虽然两只手忙个不停，但工作效率很低。我想，日本这套测试设备先进管用，就建议厂里引进。后来通过我的牵线搭桥，上广厂成功地引进了这一项目。当时上海有多家生产电视机的企业，而拥有这一先进测试设备的只有我们上广厂，令同行非常羡慕。

钱家正与母校采访人员合影（前排左起：钱家正、游本凤；后排左起：尤福政、孙萍、柯鲁伦）

常言道："天下没有不散的筵席。"热闹一时的家电市场也是如此。随着市场经济的深入，以及优胜劣汰的发展趋势，上海航天系统包括电冰箱、洗衣机、电扇、收录机等曾经在市场上很吃香的民品都走了下坡路，上广厂的电视机产品也不例外，上广厂从辉煌走向衰落，最后被实施破产。如此辉煌的企业竟会破产，大量的国有资产坏账，确实是始料不及的，想起来很令人痛心。

那时赵启正和我同在上广厂，而且都在电视机研制开发线上。由于工作关系，我们经常探讨一些业务上的事情。他主要搞电视机里的偏转线圈，因为在这方面有技术创新，被评为上海市和航天部的劳动模范。再后来他先后出任上海市工委党委副书记、市委组织部副部长、市委组织部部长、副市长、浦东新区管委会主任等，后调至中央，任中共中央对外宣传办公室主任、国务院

钱家正伉俪摄于 2023 年

新闻办公室主任、全国政协外事委员会主任，享受正部级待遇。赵启正能力强、口才好、文笔好，我为我们上广厂能培养出如此优秀的人才而感到骄傲。

我今年虚龄 90 岁，身体状况尚可，没什么大的毛病。我是1993 年前被评为研究员的，因而拥有免费医疗"红卡"，这是我们国家对老科技人员实施的特殊政策，让我感受到社会主义制度的优越性。现在在家中，夫人弹琴，我唱歌，可谓夫唱妇随，不亦乐乎！

任天佑

　　任天佑，1937 年 8 月生于上海，祖籍四川万县（今重庆市万州区）。高级工程师。1955 年考入交通大学船舶制造系，1958 年 10 月被学校选派到同济大学力学训练班学习。同年 12 月被上海市委抽调到上海机电设计院，参与探空火箭相关的环境试验设备研制工作。1962 年分配到上海机电二局（上海航天局前身）下属上海仪表厂技术科，从事红旗导弹系列型号自动驾驶仪所需专用测试设备的设计和生产。1995 年任上仪厂副总工程师兼新产品开发处处长，负责民品生产中的技术工作。先后被评为上仪厂优秀党员、上海航天局优秀党员，荣立三等功一次。1997 年退休。

　　在访谈中，任天佑对母校充满感情，感谢三年读书期间，交大为他打下了坚实基础，使他掌握了许多实用知识，走上工作岗位后，在工作上得心应手。交大在培养学生方面是全方位的，既重视知识的传授、实践的锻炼，也注重道德素养的熏陶。作为交大学子，他始终对母校怀抱感恩之情。

默默无闻　奉献航天

口述：任天佑

采访：游本凤、孙萍

时间：2024 年 3 月 6 日

地点：上海交通大学闵行校区文博楼

记录：游本凤

整理：游本凤、孙萍

一家三个交大人

我于 1937 年 8 月出生在上海，今年 87 岁，祖籍四川万县（今重庆市万州区）。我出生那年正逢日本侵华战争全面爆发，日军进攻上海。为躲避战争，我们全家人回到四川老家避难。所以我小学前几年是在四川就读的。

1945 年，抗日战争胜利，父母带着我们又回到上海。我在上海继续读小学。1949 年 5 月上海解放时，我正好小学毕业，接着就考进了吴淞中学。为什么要读吴淞中学呢？理由很简单，因为我舅舅读的是吴淞中学，他后来到美国去留学了。舅舅说吴淞中学好，我就到吴淞中学去读了。吴淞中学是初中、高中一贯制完全中学。我在吴淞中学读完了初中、高中，1955 年高中毕业。

我读初中的时候，印象最深的是国民党飞机经常来扫射或轰炸，因为吴淞口有个军港，是国民党飞机轰炸的重点。后来我还经历了 1950 年的"二六大轰炸",杨树浦、闸北等处的发电厂和自来水厂被炸得一塌糊涂,损失惨重。那时国民党飞机一来,学校就拉响警报,学生们赶紧分散到附近的防空洞里躲避。有几次我看到国民党飞机俯冲时飞得很低,甚至可以看见飞行员的脸部。一次,国民党飞机前来扫射时,学校操场上的那面国旗已经升起,正在旗杆上飘扬。我亲眼看见我们的校长王一知(她是我党早期重要领导人之一、革命烈士张太雷的夫人)勇敢地冲上前去,冒着生命危险把国旗降了下来。

王一知校长

　　那时新中国刚成立,我们的空军也刚起步建设,防空力量非常薄弱,面对国民党的空中优势万般无奈。随后,苏联应我国请求,派出空军前来支援,还协助我军建立了雷达部队。中苏部队密切配合,在保卫上海的防空作战中连续打下多架国民党飞机。从此国民党飞机不敢再来骚扰了。

　　我父母亲都是知识分子。父亲任宇春读的是南洋路矿学校,后来在上海法租界工部局搞城市测绘。我母亲程华是刘海粟办的美专学校毕业的,一直在中小学里做美术老师,最后从大木桥路小学退休。母亲活到106岁。

1955年任天佑考入交大后与父母合影

我家有三兄弟,我最小。我大哥是沪江大学毕业的,后来在浙江大学做老师。二哥初二时参军,在海空军做机械师。我高中毕业后考进了交大。我夫人也是交大毕业的。另外,我儿子是第二医科大学(今上海交大医学院)毕业的。这样一算,我们家共有3个交大毕业生。

我夫人徐静玉是交大电机工程系1963届毕业生,毕业后分配到一机部上海电器科学研究所,江泽民同志曾做过该所副所长,而江泽民夫人王冶坪是我夫人同一个研究室的领导,担任研究室副主任兼党支部副书记。那年我夫人生病住院,按照单位所在地劳保医院辖地就医的原则,她只能在普陀区的医院就医。但我夫人得的是妇女病,最好能转到南市区的上海市红房子妇产科医院(简称"红房子医院")动手术,因为那家医院的妇科是全市闻名的。那个年代,转医院是件很困难的事情。王冶坪知道这件事后,亲自出面找普陀区有关部门联系,想办法将我夫人转到了红房子医院,后来手术做得很成功。手术做好后的当天,王冶坪就到病房探望我夫人,并关照其他同事晚几天再来探望,让病人好好休息。王冶坪对身边同事的体恤和关怀,体现了一名党的基层干部良好的亲民作风,我们全家人至今一直深深感谢她。

少年意气校园情

1957年任天佑大学三年级时留影

我高中毕业考大学时,少年意气,青春飞扬,对未来充满了希望。那时,我填报了清华大学汽车专业、同济大学建筑设计专业以及交大造船专业。结果我考进了交大船舶制造系船舶制造专业。那时国家对各高校的院系进行调整,同济大学、武汉交通学院、大连工学院的船舶制造专业先后于1952年、1955年集中到了交大。我们那一届船舶制造专业共有6个班级,我所在的班是船舶制造52班,一个班大概有30多人,主要都是男生,整个年级也只有 7 个女生,上大课时几乎是清一色的男生。我们班级还有不少工农调干生,他们大多数是党员,但有的人年龄偏大,文化基础也比较差。

一年级时,我们在交大旁边一个叫柿子湾的分部读书。柿子湾靠近广元西路,附近还有一个火车站,1956 年,交大师生西迁就是从那个火车站上车的。第一学期我们吃住都在柿子湾分部。那时吃饭是不收钱的。但是报到后我们并没有正常上课,因为当时流行红眼病,有的学生因感染上而被隔离起来。为防止交叉感染,所以学校决定暂时停课,第一学期连考试都没考。

到了二年级,我们回到徐汇校区本部上课。主要读一些基础课,印象比较深的是画法几何,那是一门很难的课程,许多同学都为之头晕。但老师教课却很耐心,不懂的地方反复讲,一直讲到我们弄懂了为止。我觉得,这门课对我的帮助很大,后来到了单位后,我对设计制图得心应手,就因为这门课打下的扎实基础。另外,我们在老师的组织下,还经常到学校的校办工厂参加

1957 年,船舶制造系学生赴大连造船厂实习,在"民主 12 号"轮上合影(第二排右一为任天佑)

实习。在老师傅的帮助下，同学们通过对各种机床的操作，车钳刨铣都亲自实践体验，动手能力得到了增强，这对以后走上工作岗位也是大有帮助的。

　　1957 年，全党开展反右派运动。我们一边读书，一边参加反右派运动。同学中有人因讲了些牢骚怪话而遭到批判。那年还有一件奇葩事，就是学校动员学生去捉麻雀，除四害。同学们都爬到屋顶上摇旗呐喊，甚至敲锣打鼓，再加上附近居民也一起加入驱赶麻雀的队伍，一时间人声鼎沸、锣鼓喧天，好不热闹。

　　1958 年读三年级时，正值"大跃进"运动，学校也与时俱进，开展了"单课独进"教学试验。"单课独进"就是集中一段时间专门上某一门课，老师上下午都讲这门课，直到把这门课上完为止。我们当时的"单课独进"课程为船舶概论，一段时间就由一位老师将这门课一竿子上到底。上课的老师也很卖力，有点快马加鞭、拔苗助长的味道。为了迎合"大跃进"形势，那年我们连暑假也没放，我和几位同学被安排到交大新造的一个船模试验池，由一位老教授和何友声老师带领做流体力学试验。

1958 年建成的交大船模试验池

　　那年暑假过后没多久,学校老师就通知我到同济大学力学训练班去学习,我们班及其他班级一同去的有童德林、陈达隆等十人。这个班由交大、同济、复旦三个学校抽一些在读的学生组成,分固体力学和流体力学两个班级,一个班大概有40多人。我在交大是读流体力学的,不知怎么把我分到了固体力学班。反正我们都听从组织上的安排,也不会提出任何异议。记得同济大学校长李国豪给我们讲话时说,同学们在力学训练班学好后,以后将从事上天、入地、下海等重要的科研工作,是很了不起的。李国豪的一番话,说得同学们情绪亢奋,热血沸腾。

　　其实在力学训练班也没上多少课。到了10月,学校就安排我们到乡下去劳动,那时正值"三抢"农忙时节,我们去帮助农民干些割稻、收稻、打谷等农活,在农村劳动了约两个星期后回校。没多久,到了12月,学校就通知我到上海机电设计院去报到,地点在淮海中路上的淮中大楼。我们力学训练班共有3名同学一起去报到的。从此,我踏上了航天路,并在航天领域一直干到退休。

1958年10月,同济大学力学训练班部分学生合影(后排右一为任天佑)

风华正茂入航天

到机电设计院报到时,我刚 20 岁出头,正当风华正茂、青春焕发的时期,对自己有幸分到机电设计院这样的高科技单位十分高兴,认为学有所用,可以将所学知识报效祖国,干出一番成绩来。开始我被分配到环境实验室,并不是直接搞火箭,而是为火箭研制做保障服务的,属于系统工程的组成部分。

淮中大楼原来是外国人住的高档公寓楼,里面的卫生、淋浴等设施很高级,我过去连看都没看过。那时院里通知我们,这是一个保密单位,是不能随便回家的,所干的工作对任何人不能说,即使给家人或朋友写信,也不能透露这方面的一丁点信息。我们白天在设计院里工作,晚上就住在离淮中大楼不远处的衡山路一幢宿舍楼里。宿舍里连床也没有,只能打地铺。我们每天上下班步行路程约十来分钟,而且规定不能单独行走,必须至少两个人同行。

设计院是一个火箭设计和技术抓总单位,院里也没有生产车间和设备,我们一下子也上不了手。再说年轻人刚到单位,什么也不懂。好在院里有不少从上海交大、西北工业大学等高校抽调过来的老师,他们就帮我们上课,像自动控制等课程,并且普及一些航天方面的知识,使我们熟悉了不少专业知识,对航天产品也有所了解,并在理论上得到了一定提高。

那段时间是设计院初创时期,准备搞 T-3 探空火箭项目,设计人员已经画出了图纸,准备按照图纸实施生产。一天,钱学森到院里来听工作汇报,室主任叫我去参加。会议在设计院 5 楼召开,我有幸见到了钱学森。只见钱学森一脸慈祥,笑眯眯地坐在那里,没有一点大科学家的架子。记得那天汇报讲到火箭液体燃料用的是液氟,钱学森就说,液氟虽然动力很足,却是一种毒性很强的燃料,如果到北京去做试验,万一泄漏了,北京就要拉警报,所以这一燃料很不安全。当然还有其他一些因素,导致该火箭项目后来被否决了。

钱学森作为中国导弹和火箭技术领域的领军人，他认为机电设计院刚起步，起点不能太高，一下子就想搞大火箭，不适应我国国情，基础工业也跟不上，要先从小型探空火箭搞起，以掌握技术、锻炼队伍为主。正是钱学森的顶层决策，设计院决定先从小型的 T－7M 探空火箭入手，先把火箭飞起来再说。

我们在淮中大楼待了半年多时间，考虑到这座高级公寓楼不适合设计院办公，后来就搬到四达路财经学院旧址。财经学院楼宇多、建筑面积大、地块空旷，无论是办公还是搞科研，或进行一些项目试验，均施展得开手脚，各方面条件要比淮中大楼理想多了。那时我也从五室转到了三室，该室是以搞自动控制为主的研究室。

我第一次参与研制的测试设备是一个高真空的产品。因为我们的火箭要上天，必须模拟天上的气候条件，做一个真空的罩子。那时我除了一些书本知识，对太空、真空这方面的知识一片空白，于是就跟着室里一位姓孙的复旦大学研究生一起弄。因为他对复旦大学很熟悉，所以三天两头带着我到复旦的校办工厂，在那里我认识了著名发明家蔡祖泉。我国电光源史上的第一个氢灯、第一个高压汞灯、第一个碘钨灯、第一个氙灯、第一个长弧氙灯等一系列科技成果都是在他手上诞生的。他是一位非常了不起的人物，

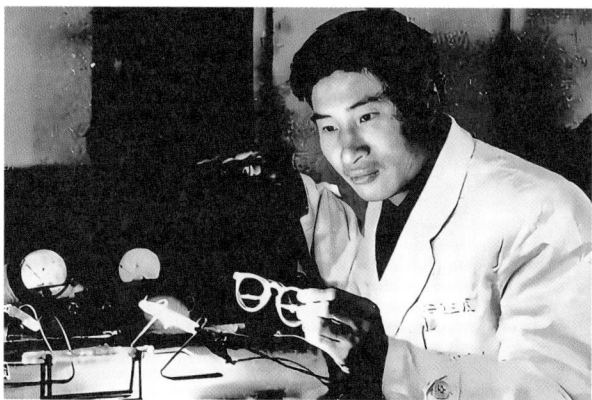

电光源专家蔡祖泉

被誉为"中国电光源之父"。当然,他也是真空方面的专家。那个研究生经常跟蔡祖泉打交道,向他请教真空方面的技术和知识。蔡祖泉很谦虚,也很热心,对我们提出的问题耐心解释,有些实验还帮着我们一起做,给了我们试验项目很大的支持。

1961年,随着机电设计院的发展,四达路财经学院这块地盘也不适应了。经过勘察,最后选中松江黄浦江边的横潦泾作为建院新址。在新厂房设计和基建期间,设计院又叫我去参加厂房和实验室的基建及设备安排等工作。横潦泾远离松江城区,处于一个很偏僻的地方,交通很不方便,建设工地条件也很差,一段时间来回奔波,很辛苦。横潦泾新址建成后,成为后来的导弹总装厂,即上海新江机器厂(800所)。新江厂的办公大楼叫红旗楼,该名字可能与当时承担研发的红旗型号有关。最近从媒体上看到,上海市经信委公布第二批上海工业遗产名单,红旗楼榜上有名。

那时,上海机电设计院与新建立的上海机电二局新江厂共处一个大院。1962年春,我们三室相当一部分人员划归到上海机电二局从事防空导弹的研制,其中与自动控制有关的人员去了上海仪表厂(简称"上仪厂"),其他人员有的被分到上海有线电厂,有的被分到上海新华无线电厂。从此,我就在上仪厂扎下了根,直至退休。1965年,上海机电设计院搬迁到北京,为七机部第八设计院(现508所)。

半生年华献上仪

上海仪表厂是一家专门从事精密机械加工的技术含量较高的大中型企业,在上海精密机械加工领域里知名度很高,全厂职工最多时有3 000多人。1961年,上海机电二局成立,上仪厂根据航天事业的发展需要而划归该局。

刚到上仪厂时,我被分到技术科,依然搞测试设备老本行。那时机电二局研发的型号产品主要是红旗系列防空导弹，我搞过红旗二号的测试设备，后来又搞过红旗六十一号的测试设备。这样，我的定位就是专门搞型号的测试设备。测试设备的品种很多，比如导弹自动驾驶仪里面有多种传感器、自由陀螺、速率陀螺等，这些部件里还有好多器件，相当于一个小系统，有液压的，有电子的，有电气的，还有伺服机构，以及各种各样的马达，这些都需要测试设备来验证。由于这些器件都是很关键的，它的性能及运作是否正常，将直接影响导弹的飞行试验能否成功。因此，这些器件都要有专门的测试设备进行检测，例如传感器里有马达，陀螺里也有马达，这些马达的质量好不好，就要按照相关技术标准，并结合航天产品的实际情况进行一系列的测试，质量达标了才能装上正式产品。早期还有不少产品是用苏联的图纸制造的，你必须懂俄文，才能掌握这方面的技术。再有，我们还要根据设计部门提出的要求，对一些专用的测试设备进行设计和研制。总之，这一工作的科技含量还是很高的，需要从业人员既要懂机械知识，又要懂电气知识，涉及的知识面很广。我感到在交大读书的优势就充分体现出来了，正因为在交大打好了基础，动手能力也得到了锻炼，我的综合能力相对来说比较强。当然这项工作并不是我一个人在干，那时我是技术组组长，许多工作不仅自己动手干，还要起到组织安排、技术协调等作用。我们技术组共有30多个人，除了描图员，几乎都是大学生，总体素质还是很高的。大家团结一心，为完成各种测试和研制任务而共同奋战。

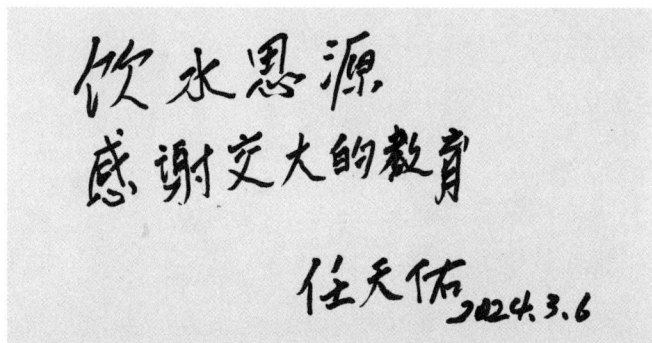

饮水思源，
感谢交大的教育
任天佑 2024.3.6

任天佑为母校题词

我们组主要搞设计，管技术和工艺。另外还有一个配套的生产车间，我们设计出来的东西就交给车间里的工人师傅们去制造。碰到问题，我们就深入车间，与师傅们一起商量，解决生产中的各类技术问题。这样的一套体制具有航天特色，设计与制造的一体化有利于科研生产。

那时上仪厂与812所是厂所结合型的，厂长兼任所长。因此，无论是厂里的还是所里的，大家在一个大院里，基本上不分你我，亲密无间。但改革开放后的一段时间，由于那时军品型号研发任务不多，上级下拨的经费有限，使得所里比较困难，以致队伍不稳定。而厂里利用企业的诸多优势，及时与市场接轨，开发了许多适销对路的民用产品，或采取"三来一补"代为加工策略，各方面的机制比较活，所以经济效益要比所里好得多。

针对这样的情况，为保军促民，稳定队伍，留住人才，航天局决定对下属各个厂所结合型的单位实施军民分线，厂所各自独立运行。于是上仪厂与812所也按照局里的要求，实施了厂所分家，人员和资产、设备都划清，将一个单位变成了两个独立法人单位。就像兄弟分家，厂所之间也难免会产生一些矛盾。

由于那段时期厂里叫我负责开发民用产品，所以我就被划在了上仪厂。

1985年，任天佑(左二)参加上海仪表厂从英国引进的振动台调试

上仪厂属于企业编制，812所属于事业编制。如果我不搞民品的话，肯定被分在812所，毕竟我从大学毕业后一直从事军品型号研制工作。但我服从组织安排，党叫我干啥就干啥，所以没有计较个人利益。其实后来想想，我还是很吃亏的，因为退休后，企业编制的养老金要比事业编制的养老金相差一大截。

1995年，厂里任命我为副总工程师兼新产品开发处处长，主要分管厂里民品的技术工作。上仪厂开发的民用产品还是比较多的，如电冰箱压缩机里的电机，是从奥地利引进的一条生产线，我参与了这方面的引进工作。记得生产线里有一台引进的综合测试设备，安装时由奥地利专家到现场调试，但那位"洋专家"弄了半天也没调试出来，最后只得两手一摊，说是实在没有办法。当时我和另一位技术员见状，就上去排查。查到最后，发现是一根导线接错了，就是一个低级错误。可见，"洋专家"并不比中国人高明。

还有，那时厂里开发的电冰箱温度传感器也形成了一条生产线，由于市场需求量较大，效益也不错。但规模最大、效益最好的，要数上仪厂当时与日本合作生产的美能达复印机配套产品。由于厂里地方不够，专门在松江

1990年，任天佑被评为上海仪表厂好党员

九亭搞了一大块地,建成了好几个生产车间及多条流水线,并招聘了许多外来工,年产量很高。

1985年,上仪厂研制成功第一台"金钥匙教学机器人"并推向市场。此后,在上海市科委等支持下,上仪厂与上海交大等单位合作,又开发出了"上海一号"焊接机器人和"上海二号"搬运机器人。在那个年代能够搞出机器人,是很了不起的。江泽民同志任上海市市长期间,专门前往新技术展览会参观"上海一号"机器人。该产品曾荣获1988年度上海市科技进步奖一等奖。

1994年10月,任天佑代表上海仪表厂参加深圳航天展

我那时主要分管跟大众汽车公司的业务合作,利用上仪厂的技术优势,开发生产轿车转速传感器和温度传感器,为大众汽车配套。那时候厂里还专门搞了一个生产线,但属于小规模、试生产型的。后来上海航天局成立航天机电上市公司,把航天局下属所有搞汽配的单位集中起来,在做大产业的同时,打包上市。最后上市成功,一下子募集了好几个亿资金,促进了民用产业的发展。传感器公司并入航天机电后,规模也逐步做大。这是后话,因

为我于 1997 年退休了。

我从 1962 年进入上仪厂，到 1997 年退休，前后整整干了 35 年，可以说是献了青春献终身，我把大半生的人生年华都献给了上仪厂。

任天佑与母校采访人员在上海交大校史博物馆前留影（左起：游本凤、任天佑、孙萍）

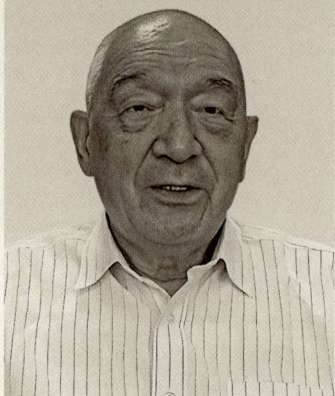

朱云华

朱云华，1938 年 12 月生于上海，祖籍江苏无锡。研究员级高级工程师。1950 年就读于上海圣芳济中学，1956 年高中毕业，考入上海造船学院船舶制造系，1957 年并入交通大学上海部分（今上海交通大学）船舶制造系，1958 年调整至冶金系钢铁冶金专业。1961 年毕业分配到上海机电二局（上海航天局前身）下属新新机器厂，1962 年转入上海新江机器厂，历任副总工程师、总工程师、厂科技委主任。1989 年调到上海航天局科技咨询公司任副总经理、总经理，1993 年任上海航天局申航进出口公司副总经理，1998 年退休。

在访谈中，朱云华深情回忆了在交大那一段不平凡的读书生涯，以及所遇到的曲折和磨难，感谢母校对他的教育和培养，为他踏上工作岗位、承担科研工作打下了良好基础。他认为在交大就读，不仅学到了知识，更要紧的是提高了掌握方法、解决问题的能力。

苦蒂甘瓜　人生当歌

口述：朱云华

采访：游本凤、孙萍、崔恩德、王佳阳、练想、殷猗宁、彭馨莹、吴聿璇①

时间：2023 年 10 月 15 日

地点：上海交通大学闵行校区文博楼

记录：崔恩德、王佳阳、练想、殷猗宁、彭馨莹、吴聿璇

整理：游本凤、孙萍

一家六个交大人

交大与我们的家庭有缘，说我家是交大世家一点也不为过。屈指算来，我们家庭成员曾经有 6 个人在交大读书求学。

先说我大姐。我父亲是一个建筑师，起先他只是个绘图员，也没有大学文凭，完全依靠自学考出了建筑师资格。但他的建筑师资格属于丙级，按照当时的规定，丙级建筑师只拥有造 5 层楼房子的资质。那时大姐经常帮父亲画些建筑设计图纸，对建筑产生了兴趣，于是她想考同济大学的建筑系。但考前体格检查时，医生说她的脚底板是平的，平脚板的人缺乏脚力和弹性，不适宜长时间走路。结论是这样的学生不适合考建筑系。父亲便对她说，

---

① 崔恩德，上海交通大学农业与生物学院 2023 级本科生；王佳阳、练想、殷猗宁、彭馨莹、吴聿璇，上海交通大学化学化工学院 2023 级本科生。

那你去考交大的机械制造系,交大的机械制造系很好,将来走遍天下都不怕。大姐就决定考交大,结果就考上了。但在分专业时,却被分到了金相专业。什么叫金相呢? 金相就是给金属材料看"相"的,借助显微镜等工具来研究金属内部结构与性能的关系。交大对金相专业的解释是,金相是工科里的理科,交大属于工科学校,但金相就和理科一样。这么一说,我大姐和同学们都感到很自豪。我大姐于 1957 年从交大毕业。

再说我二姐。二姐比我大一岁,但和我同一年考大学。二姐学习成绩在学校里一直是拔尖的,1956 年高中毕业时,她的第一志愿是考清华,第二志愿才是考交大,收到的录取通知书却是交大的,并要求直接到西安新校址报到,这让二姐一下子傻了眼。后来二姐才知道,当时她的考分完全可以进清华,那为什么分到交大呢? 原来那时交大正在西迁,需要充实一批学习成绩好的学生,于是高教部就把一部分成绩好的学生分配给了交大,其中包括我二姐。1961 年,二姐从西安交大毕业。

命运有时真会捉弄人,我两个姐姐都不想考交大,最后偏偏都进了交大。而我也是阴差阳错进了交大。

小时候,妈妈抱着我去一位太公级别的老中医家串门。老中医说,这个孩子头上有三颗天医星,将来是块做医生的料。所以家里一直鼓励我学医,做个救死扶伤的白衣天使。但就在我准备报名考大学的时候,招生办的同志找我谈话,说现在国家紧缺造船方面的人才,希望我服从国家需要,去考上海造船学院。当时交大正在进行西迁,但造船系留了下来,成立上海造船学院。那时我们都听党的话,只要国家需要,我就去考。就这样,我放弃了学医的打算而报考造船专业。后来才知道,高考前有关学校已派人到各个中学选人,指定有的人考北航,有的人考哈工大等,选人标准一个是政治成分,一个是学习成绩。

当时学生考大学分三类,第一类是理工科,第二类是农林医药生物等,第三类是文科。考的科目也不一样,比如说考第二类、第三类就不考数学,所以我数学都没好好复习,但一考就考进了上海造船学院。1957 年,上海造船学院又并入了交大上海部分。

记得到学校报到时，校方通知我到医务室去检查身体。一检查，医生说我心脏有毛病，不能读。其实，我在青少年时游泳体检，就查出心脏有问题，比正常人跳得快一些。但在报考前，我已把心脏的问题以及有海外关系等都跟招生的老师说清楚了，他们并没有异议，仍同意我去考。现在学校医务室说我有心脏病，书也不让念了，我只能傻乎乎地待在家里，整整脱了八个星期的课。八个星期相当于一个学期的一半以上。我越想越不对头，于是就给人民代表大会的群众来信部门写了一封信，反映我所面临的困境。当时人大很重视群众来信，很快就把这一信息反馈给了学校。学校也很重视这一情况，经研究后，通知我马上到学校上课。

这是一个迟到的好消息，让我悲喜交集。我终于恢复了读书的资格，虽然脱了很多课，但我第一学期的高等数学仍然考了4分（当时我国高校参照苏联5分制，5分算满分），而我的画法几何更是考了满分。画法几何是一门很难念的功课，尤其是船舶制造，它的立体空间概念特别强，所以考试题目很难，班级里有三分之二的同学不及格，而我这个脱班生竟然考了个5分。从此我对自己更有信心了，相信自己一定能够在交大读好书。

大一下半学期共考4门课，我得了四个5分。考出了好成绩，我很高兴，于是就拿着学生手册，兴冲冲地跑到我大姐宿舍（当时她还没有毕业）给她看。大姐挥动着学生手册，很自豪地对宿舍里的其他女同学说，我弟弟考了满分啦！同宿舍的那些女同学也为我高兴。

我有一个表哥，从小功课非常好，总是考第一名。他考大学时报了三个学校，即清华大学、交大和浙大，结果清华录取了他，浙大也录取了他，交大却没录取他。但他特别想进交大。为什么那时学生都要考交大呢？因为交大不仅是名牌大学，更重要的是那时的铁路系统、工业交通

交大求学时期的朱云华

系统、机械制造系统等企业特别欢迎交大毕业生，那些行业都是响当当的铁饭碗。所以，新中国成立前的交大是全国最难考的高校。

另外，我二姐家两代4个人全部是交大的。我二姐和二姐夫是西安交大毕业生，他们家一个儿子和一个女儿都是上海交大的毕业生。令二姐欣慰的是，她儿子和女儿都很优秀。20世纪80年代时，上海交大专门办了一个试点班，把江苏、浙江、上海三地的数学竞赛、物理竞赛、化学竞赛获得第一名的学生都招收进去。她儿子就是试点班中的一员。交大不仅派了最好的师资力量来重点培养他们，而且给了他们一个十分宽松的学习环境，如课余时间可以玩各种乐器以及一些娱乐项目，也可以打篮球、排球、羽毛球等，以促进他们的全面发展。后来试点班学生大多到美国去留学了。我二姐的女儿考入上海交大后，成绩在班级里始终保持第一，并当上了班长，而女同学当班长在交大还不多见。她还被评为上海市的三好学生。

因为我是家中长子，父亲不免有重男轻女的观念，他曾说，家庭经济条件有限，将来首先要保证供我上大学，女儿能培养到高中毕业，就算对得起她们了。好在新中国成立后，国家急需高学历人才，对所有考入大学的学生免除学费和书杂费，甚至连吃饭住宿都是免费的。这样，我两个姐姐赶上了好时光，有幸成为交大的学生。

我母亲虽然没有工作，在照顾好家庭之外，热衷于社会工作，当了个没有工资收入的居委会主任。于是，我家里的客厅就成了她的办公场所，凡是里弄里开展大扫除、除四害等活动，她尽力做好宣传发动工作。邻居有纠纷，她也乐做"老娘舅"，做好调解工作。在我眼中，她是一个称职的居委会主任。母亲虽然文化程度不高，但从小就教育我们一定要认真读书，将来做一个有出息、有作为的人，为国家做贡献。那时家中房子小，每当我们做功课时，她就把两个弟弟带出去，以便让我们安心读书。在我们家里，母亲一直教导我们：读书期间，读书是第一位的；工作以后，工作就是第一位的。母亲虽然没什么文化，但她说的话很有道理，让我牢记一辈子。

求学岁月不平静

我在交大读一、二年级时,学到了好多东西,打下了扎实基础。学校为我们创造了良好的读书环境,对我的帮助很大。交大的功课是很厉害的,记得交大有一位老师说:我们交大有主课和副课之分,主课一般要上100小时以上,而副课只需上30小时以上。副课虽然课时少,但是交大用的教材是别的大学的主要教材。也就是说,副课并不"副",体现出交大对学生的一贯严格要求。记得第一学期过后,有一部分同学成绩跟不上,有位男同学竟哭了。我问他为什么哭?他告诉我,他从小在当地是个人人羡慕的优秀学生,想不到现在落到这个境地,使他的自尊心受到了很大伤害。可见交大的功课之难非同一般。

到了三年级,形势发生了变化,1957—1958年,开展反右派运动,学校里到处贴满了大字报,批判老师中的右派分子和学生中的右倾思想。因为我认为工农速成中学的学生不经过考试、直升进入大学的做法欠妥,读大学应该体现公平竞争、人人平等的原则,没本事考不进的人就不应该被录取,因而我被认定有右倾思想,给了我团内严重警告处分,并且不能念带有保密性的造船专业,学校通知我到冶金系去报到。这就是我被转到冶金系的过程。

紧接着,在全国范围内掀起了"总路线""大跃进""人民公社"的"三面红旗"运动。印象最深的是大炼钢铁,学校在第一宿舍,即执信西斋旁边造了个炼钢炉,老师和学生们一起大炼钢铁。于是我们的课也不上了,到处串街走巷,去寻找废铜烂铁,为炼钢提供原材料。那时社会上发动全民大炼钢铁,附近的居民也纷纷把家中的铁门铁窗拆卸下来炼钢铁。想想那些土制的炼钢炉根本达不到炼钢所需的温度,也没有相应的配套设备,怎么可能炼出好钢来呢?而我们炼出来的那些钢,用力一拉就断了,根本派不了用场。

我在读冶金系时,课程分用煤炭炼钢和用电炼钢两类,而我是学电冶金的。电冶金专业当时没有什么教材,我因为外文基础比较好,就找了一本苏联人写的关于电炉炼钢的书，有 400 多页。我建议班上同学一起把这本书翻译成中文，以后用作教材。领导也批准了这一建议。我为什么要搞这本书呢？一是不想浪费时间，在浮躁的大炼钢铁运动中做点实事；二是通过翻译，使我和同学们的外语水平得到进一步提高。

这样，我便组织大家翻译教材，然后把每人翻译的材料都汇总到我这里，由我来进行全书的统稿、校对，最后再拿去出版。出版工作由一位年轻的袁老师负责。一次他乘着到北京出差的机会，拿着我们翻译的教材找到一家出版社商谈出版事宜。那个出版社的编辑看了说，你们的版本与北京钢铁学院的相同，版权我们已经给了他们。但编辑又说，我们觉得你们翻译的书稿要比钢铁学院的好，我们出版社愿意出版你们交大的，只要你们能够说服钢铁学院放弃版权，我们就出版你们这本书。这个说服工作无疑难度是很大的。袁老师还真的跑到北京钢铁学院去和他们商量，结果人家竟也同意放弃版权。袁老师的活动能力确实让人佩服。这本书后来出版了，但我们已经毕业。

我们在三、四、五年级中，搞了一些教育改革，其中一项叫"单课独进"。就是两个星期从早到晚就教一门课，其他课都不上。等这门课上完后，再换另一门课上，这就叫"单课独进"。教材相对都简单了，我认为那些教材最多相当于中专水平。

邹元燨研究员

那三年间，有一门课却让我印象深刻。那门课请了上海冶金研究所所长、一级研究员邹元燨来上的。邹元燨是美国留学回来的，他给我们讲的这门课，真的让我耳目一新，为之着迷。

这门课主要是讲冶金方面的物理化学。物理化学是一门课，不是物理和化学，而是用物理的方法来研究化学，所以叫物理化学。当然，也有一门课叫化学物理，即用化学的方法来研究物理，所以叫化学物理。

　　上物理化学这门课时,邹元燨的思路非常清楚,讲解过程步步推进。他把这门课里许多分类学科有哪些知识,有哪些公式,讲得一清二楚。然后,邹元燨给同学们提供了一些很重要的信息,如世界上和我们国内有哪几位专家在这个学科具有一定权威;有哪些期刊必须重点关注,因为最新的科研成果一般都发表在期刊上,而世界上有名的期刊是哪几种。这对我以后的工作起到了非常大的作用。这门课专业性强、理论性强,比较难学。但我喜欢这门课,对邹元燨老师非常崇拜。我觉得,正是交大这样的名校,才能请到像邹元燨这样的顶级冶金专家来授课。这也是交大学子的福分。

　　到了写毕业论文阶段,学校为了使同学们更好地参与社会实践,就让同学们到钢铁厂边劳动边做毕业设计。当时,老师分配给我的毕业论文课题是分析金属里的气体含量。因为金属材料里有氢、氧等微量元素,对金属材料的性能会产生一定影响。这一课题既没有中文资料,国内也没有人研究过。要写好这篇论文,必须查阅外文资料。因为我的外文基础比较好,所以老师就把这个课题交给我做了。

　　接到这一课题后,我就有资格到学校图书馆的三楼去查阅资料。三楼是教师阅览室,平时是不让学生进去的,因为我要写论文的原因,老师才准许我进去。但是,允许进去是一回事,能不能查阅到你所需要的资料又是另

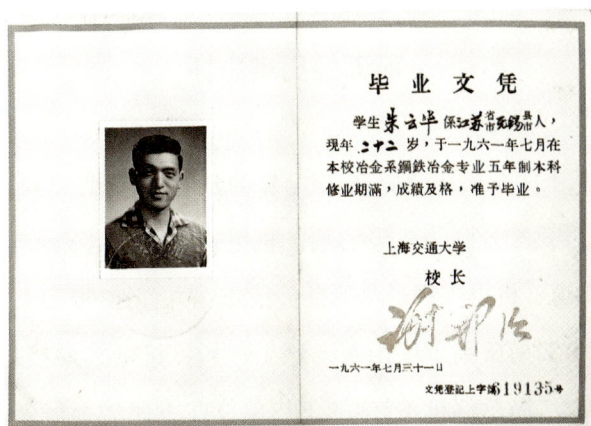

朱云华的上海交大毕业证书

上海交通大学 1961 年

一回事。第一个星期,我整天在图书馆里泡着,虽然眼花缭乱,但一无所获。确实,那么大的图书馆,茫茫书海、大量期刊,我到哪里去找我所需要的资料? 第二个星期我有了点眉目,第三个星期我就找到并掌握了寻找资料的路径。之后,我根据外文资料,设计出一套原理图,按照这一原理图进行操作,就可以做具体的分析和测试工作。我这篇论文得到老师的认可,被评为5 分。5 分即满分,也就是最高分。

毕业分配时,老师希望我能留校,把这个课题进一步做下去。当时我们班级共有 33 个同学,大多数同学都被分配到黑龙江、内蒙古、贵州、湖南等地。毕业分配结果正式宣布时,校方对我说,上海市科委要搞新产品,把你要去了,你就到那里去报到。我很幸运,成为班级里留在上海的三人之一。

航天经历难忘怀

1961 年从上海交大毕业后,根据学校的分配安排,我先到上海市科委去报到,他们告诉我被分到了机电二局。机电二局是个什么单位、干什么的,我一点也不知道。机电二局最早的办公地点在九江路 60 号(此楼原来属财政局,后来机电二局搬到了中山东一路 15 号)。机电二局接待的同志告诉我,这里是机电二局总部机关,你的工作单位在下属的上海新新机器厂(简称"新新厂")。新新厂在浦东陆家嘴烟台路 229 号,该厂原来是一家香烟厂,

全体毕业生留影

后来划给了机电二局。那天报到的有二三十人,接待我们的是厂人事科袁科长。他在介绍工厂情况时,一开头就说新新厂是一个军工厂,是国家一级保密单位,研制和生产的产品也属于军工保密型号。我一听就傻了。会议结束后,我留下来找袁科长,说我有海外关系,我的姨父是国民党海军军官,跑到了台湾,炮打金门时他是国民党的海军副司令;再说我在反右派运动中受到过团内严重警告处分,因此我不适合在保密单位工作,希望厂里能把我退回去,重新分配一个单位。袁科长让我把情况写下来,他们再研究研究,而我先在人事科办公室帮忙干点杂活,再等通知。过了一段时间,袁科长跟我说,你的情况我们调查过了,也研究过了,我们认为你可以在本厂工作。

当时机电二局刚成立,主要搞地空导弹,行政主管隶属上海市委,业务主管隶属国防部第五研究院。那几年,台湾在美国的支持下,经常派遣 U-2 高空侦察机到大陆侦察。U-2 飞得高、航程远,我们的飞机飞不到那么高,高射炮也根本打不下来。所以国家迫切需要地空导弹,希望航天部门尽快把它搞出来,以对付 U-2 侦察机。

为合理分工、科学管理,更好地完成科研任务,上级决定将新新厂一分为三。这样一来,新新机器厂以搞导弹发动机为主;松江的新江机器厂以搞导弹总体设计、弹体总装为主;导弹的地面发控设备研制放在闵行的新民机器厂(即新中华机器厂、149 厂前身)。根据这一调整,我被分到了新江机器厂中央试验室。

我报到当天，就听说厂里有一个技术问题难以解决，就是产品所用的不锈钢在焊接时，有人对焊缝的金相组织结构提出了疑问，认为这样的焊缝能否经受氧化剂的腐蚀、质量是否可靠，因为有关航天工艺的文件规定，只要有人在技术上提出疑问，就一定要把这个问题搞清楚，必须有一个明确的答复。所以厂总工程师召集有关人员开了几天会，但仍解决不了这个问题。

当时我只是知道这个情况，科长和组长也没有叫我参与这个课题。而我觉得既然我进了这家单位，就应该尽自己的力量做点工作，为厂里分忧。于是，我抽空跑到上海图书馆。当时上海图书馆在南京西路、黄陂北路，与人民公园毗邻。因为我在交大读书时，查资料得到了很好的锻炼，知道在图书馆查阅资料的路径，即针对这一问题，应该查哪个国家、哪一类及哪一时段的杂志。我足足花了4个小时，最终在一大摞苏联的俄文资料，以及美国、英国的英文资料里查到了有关答案。其实这些问题，美国早在20世纪40年代的杂志里面就报道了大量的研究成果，苏联50年代的杂志里也有大量的研究成果。我就把这些资料摘录下来，其中有一篇介绍比较全面的资料，我当场就把它翻译下来。当时我不用查外文字典就能进行翻译了。而对于那些曲线，我就用带去的描图纸轻轻地覆盖在资料上面，再用铅笔细心地描绘下来。回到家里，我又把所有资料重新整理了一下，形成了一份较为完整的技术报告。

到了厂里，我就把这份报告交给组长，组长再交给主任，主任再交到总师那里。最后厂里利用我的报告，针对实际情况，经过分析研究，把这个问题解决了。我这个初出茅庐的小青年，刚进厂不久，就帮厂里解决了一个疑难技术问题。

像厂里遇到的这个不锈钢焊缝金相组织结构问题，我们确实没有掌握一定数据，如果自己组织力量进行攻关，需要摸索很长一段时间，做大量的试验，甚至会碰到许多意想不到的难题。但国外专家早就做过这方面的研究，是个成熟的技术。我们利用国外现成的科研成果来解决问题，何乐而不为？这样我们可以少走弯路，节约大量的人力、物力和财力。

我觉得交大几年的学习，为我全面开展工作打下了非常好的基础。我

朱云华与母校采访人员合影(前排左起:游本凤、朱云华;后排左起:孙萍、王佳阳、殷旖宁、彭馨莹、崔恩德、吴聿璇)

在室主任的支持下,编制了中央试验室的管理文件、技术文件,这一整套技术管理规范对一个科研单位来说是非常重要的。一个型号产品的研制过程是一项系统工程,涉及方方面面,管理不可或缺。我们航天部老领导王礼恒就非常注重系统工程,懂得如何科学管理才能出质量、出效益,尤其改革开放后他在航天系统建立起一套科学规范的质量管理体系,使得型号产品质量大大提高,事故大为减少。

由于全民炼钢时产生的材料质量问题很多,我为厂里制定了一套金属材料质量检验项目表。凡是进入单位的金属材料,按照这个质量检验项目表一项一项地进行验收。材料验收制度的建立和完善,从源头上把住了产品质量关。

在质量稳定的基础上,我又做了一件事情,就是开始搞新材料。这不是领导要我做的,而是根据当时的科研生产情况,我自己觉得应该搞。经过认真思考并拿出初步方案后,我就跟室主任提了出来。很幸运的是,我的想法跟领导的观点完全一致,我的建议他完全支持。所以说,碰到一个开明的领导,是我的运气。

在工作中,我也曾碰到过波折。1969年,周恩来总理指示:上海不仅可以搞导弹,也可以搞火箭和卫星,还可以搞洲际导弹。于是,中共中央、国务院、中央军委把研发风暴一号火箭这一重要任务交给上海。我们新江厂承担了火箭总体设计和总装任务。

众所周知,运载火箭的外壳材料采用的是铝合金。哈尔滨101厂是我们国家最大的铝合金加工厂,但由于各种原因,我们拿不到货。当时上海市某领导认为上海的技术力量这么强,应该做得出来。结果做出来的产品拿到新江厂去检验,却不合格。为什么不合格呢?因为铝合金里存在过烧现象。由于用加工钢铁的设备加工铝合金,因而产生了过烧现象。按照金相学的说法,材料里面就会产生过烧空洞,在显微镜下可看到里面有许多小空洞。但是在过烧没有达到一定严重程度的状态下,如果测试机械性能,机械性能有可能合格的。

为了协调工作,那段时间我经常跑位于外滩的市革委会(即汇丰银行大楼),那里设有一个"701工程"办公室("701工程"是当时上海搞的火箭和卫星代号),我跟办公室里的同志都很熟。该办公室的主要职能是为上海地区研制火箭和卫星各单位相互协作,以及材料、器件配套起协调作用。记得那天我是吃过晚饭后去的。办公室主任让我谈谈对材料不合格的看法。我说这个铝合金材料确实不能用。因出现过烧现象,材料里面都是空洞,材料塑性就大打折扣;而机械性能做的是强度试验,材料弯曲过来就不行了,还有振动、疲劳、腐蚀等试验,都很难通过;材料的抗腐蚀性能尤为重要,因为火箭里面装的燃料都具有腐蚀性,因此这个材料是过不了关的,所以不能用。

这位工人出身的主任不懂过烧这一比较专业的知识,认为机械性能通过就可以用。他在具体业务上争不过我,便使出了"阶级斗争"这一伎俩。只见他顿时把脸板下来说:"老朱呀,我们要警惕阶级敌人阻挠我们的发展。现在一些知识分子利用自己掌握的知识,蓄意反对抓革命、促生产。如果是反革命,我们就要把他抓起来。如果知识分子以他的洋框框和洋教条来阻碍我们事业的发展,那么,这些知识分子就应该叫他去接受劳动改造。"

办公室里的老杨是我们新江厂调过去的,与我很熟,一看这场面的气氛有点不对劲,马上就岔开话题说:"老朱啊,你怎么现在还不走,20路电车末班车马上就要开了,你赶快走啊!"我一听这话,知道老杨在帮助我,于是拿了包就走了。因为在当时那种社会氛围下,欲加之罪,何患无辞?

乐此不疲破难题

我这个人闲不住,总想干点实事,为企业破解难题,为航天做点贡献。有几件事值得回忆。

有一年的第四季度,新江厂有 50 发地空导弹要交付给部队。那时我还只是一般的技术人员。按照惯例,产品交付部队前要进行最后一次检查。当检验员打开导弹舱体的时候,发现里面的铝合金全部发霉了,白花花的一片。大家一下子慌了,如果产品不能按时交付部队,是一个很大的质量事故。

当时厂里由一名副总工程师负责处理这个事故,他提出了一个解决方案,但是效果不佳。产品交付时间不等人。于是,厂总工程师赵世愚找到我,让我想想办法。我经过一番思考,提出了一个试验方案,并请主管设计、军代表以及车间技术人员、工艺人员、检验科人员等一起开会研讨,听取大家对此方案的意见。

会上我提出,首先我们要确定腐蚀的深度是多少,即腐蚀的深度不能超过设计允许的下限。设计员表示同意我的意见,军代表也同意。于是,我就请检验科的同志在所有 50 个舱体里挑一个腐蚀最严重的,然后把它解剖开来,测量它的腐蚀深度。经测量,那个腐蚀最严重的舱体没有超过设计下限。

接着,我提出一个配方,即调制一种弱酸溶液,该溶液含两种成分,一种是铬酸,它能将腐蚀物清除掉;一种是重铬酸钾。重铬酸钾起什么作用呢? 这牵涉到一个物理化学问题,因为腐蚀的东西被洗掉后,露出来的是新鲜的、仍处于活性状态下的铝材表面,这个表面非常容易再次被腐蚀。而采用重铬酸钾能使去掉腐蚀物后的铝材表面生成防腐蚀的保护膜,防止此处再度被腐蚀。而且我选的这两种化学药水是厂里一直在使用的,大家都很熟悉,不用再做什么检测试验。经过这样处理过的舱体就可以重新进行氧极化处理了。按照我提出的这个方案实施,既快又省地解决了厂里的一个难题,50 发导弹也顺利交付。

问题虽然解决了,但是我想,如果再发生腐蚀现象呢? 这就必须找到产生腐蚀的根本原因。我从有关资料中查阅到,美军在武器金属表面处理工艺技术标准中,将氯离子列为表面处理中防止腐蚀的重要因素。美军标准要求武器的保存期为 20 年,到时取出即可使用。因此,他们规定用于表面处理的清洁用水须经过去离子化处理。经过我的调研,并结合有关资料,发觉新江厂地处上海松江,历史上是海滩沼泽地区,由泥沙沉积而成,其中泥沙里含有不少氯离子。为此,我建议在表面处理车间增设去离子化设备。厂里采纳了我的合理化建议。此举不仅解决了铝合金因储存而产生的腐蚀现象,而且对各种表面处理的零部件均能提高防腐蚀性能。

我这个人喜欢解决难题,对一些问题乐于钻"牛角尖",非要弄个水落石出。又如我们搞的某型号便携式导弹,它的发动机外壳原先与北京有色金属研究院一起合作搞的,用的是钛合金。但是我对这一方案表示反对。

有一次厂里开一个会,由赵世愚总师主持,讨论发动机外壳用什么材料。会上我说,钛合金性能肯定是好的,但是成本太高,而且这个牌号的钛合金中加入的金属元素都要求纯度是"4 个 9"和"5 个 9"的(4 个 9 即 99.99,5 个 9 即 99.999)。这种钛合金不仅价值高,而且加工非常困难。如果采用这种材料,厂里现有的设备都要更新。如果这个材料用在长征火箭或卫星上面,我举双手赞成,但是用在便携式导弹上面,这是大材小用,完全可以用超高强度钢来替代。因此,考虑到合理选材及经济效益,建议采用超高强度钢。最后,会议通过了我的建议。

后来,新新机器厂对冶金局某钢厂提供的超高强度钢材料做磁力探伤,发现大量的超高强度钢在指定部位出现裂纹,于是厂里说,这个材料不能用。但是该钢厂提供的超高强度钢管已有 1 万多根,都堆积在厂里。一根钢管价值 5 000 元,总价值达 5 000 多万。再有,这种导弹属于军贸产品,外贸订单协议也有时间限制,必须按时交货。如果更换钢材,势必推迟产品交付时间。所以,一方面是导弹要急于交货,一方面是发动机外壳材料有裂纹。钢厂用尽一切办法,仍然解决不了裂纹问题,大家都很焦急。

那时,我已经调到局科技咨询公司当总经理了,照理对此事完全可以不介入。一天,局技术处正副处长来找我,说是赵世愚副局长让他们来请我出马。听了来人的讲述后，我说，我们一起到现场去看看吧。到了现场一看，我就知道是怎么回事了。我建议召开一次研讨会，大家一起商量解决办法。会上，我提出了一个试验方案，按这个方案来确定钢管是不是有裂纹、怎么会产生裂纹的，先把原因找出来。通过试验，我发现用于磁力探伤的磁力强度太高，把金属的织构显示出来了，却误解为"裂纹"。我说，应按照航空工业部六院六所制定的探伤技术规范文件来做，选择合适的磁力强度倍数来做试验，最后再通过显微镜观察来验证，就可以判断出到底是织构还是裂纹。后来通过大家的努力，这个问题圆满解决，使得1万多根即将报废的钢管"起死回生"。于是钢厂可以顺利生产了，导弹也可以顺利及时地交付，结果当然是皆大欢喜。

　　我这个人平时喜欢看各种各样的资料，这在交大读书时就养成了这一良好习惯，所以知识面比较宽，对许多新知识也比较上心，再加上多年实践经验的积累，对各种问题的判断和科学分析基本到位，能够使许多问题迎刃而解，并且效果良好。

朱云华获 1996、1997 年度上海航天奖

　　还有就是我的心态比较好，对身外之物看得比较淡。比如，以我为主搞的钛合金气瓶，性能指标完全达到美国阿波罗飞船上所用气瓶的标准，有些性能指标甚至比他们的还要好，因而获得航天部科技成果奖二等奖。该成果的奖

金分发时，我说我拿 90 元，其他主要技术骨干人员也都是 90 元，次要人员 50～60 元。许多人不同意，说老朱你是这项科研成果的主角，怎么能跟我们一样？实在拗不过他们的一片好意，最后我说，我就拿 99 元吧，大家开心就好。

再如 1983 年评高级工程师时，我觉得自己还不够格，所以没有报名。当时我是新江厂技术科副科长，时任厂副总师兼技术科科长的胡忠利多次劝说我报名，但我一直没有报。直到技术部门评选前 2 小时，胡忠利再次动员我报名，他说，赵世愚副局长也很关心此事。但我说，我连报名材料都没有写过，怎么申报呀？胡忠利说，时间已经来不及了，那你就在评审会上进行口述吧。在胡忠利的力推下，我在部门的高级工程师资格评审会上进行了口头陈述，并回答了评委们的提问。评委们并没有因为我未写申报材料而一票否决，而是重在看申报人的工作实绩。于是我获得全票通过，并被推荐到厂部。据说各部门报到厂部的有五六十人，厂部评议后报到局里的有 23 人，局里评议后再上报到航天工业部，新江厂只有 7 人。当时评选高级工程师的程序很严格，部里专门派人下来核查，一个个进行谈话，并认真核查申报人的科技成果。最后新江厂仅有 3 人获得高级工程师职称，我是其中之一。

朱云华近照

王继盛

王继盛，1939年4月生，浙江天台人。液体火箭发动机试车专家，研究员。1956年考入上海造船学院机械制造系金属切削机床及工艺专业，1957年并入交通大学上海部分(今上海交通大学)机械制造系。1958年读三年级时，被上海市委抽调到上海机电设计院，在四室火箭发动机推力室从事火箭发动机的研制和点火试车工作，参与江湾机场内探空火箭发动机试车台的建设和试车。1960年上半年，参与南汇老港发射场的建设及我国第一枚探空火箭的发射工作，下半年参加402试验站(后划归上海航天局801所)探空火箭发动机试车台建设和试车。1965年起，先后主持红旗三号全弹动力系统热试车，参加红旗发动机生产工厂产品出厂抽检试车台建设和抽检交付试车，主持长征三号火箭三级姿控发动机试车台建设和研制试车。从1987年起任402试验站主任。1987年主管"863"高技术课题液氧/丙烷发动机改台和试车。1994年主持神舟飞船推进分系统试车台建设和试车。1995年建成42公里高空模拟试车台，1996年建成飞船三舱推进分系统全系统试车台，填补了国内空白，获航天部科技进步奖三等奖。2001年设计建成国内唯一的76公里高空模拟试车台，获航天部科技进步奖二等奖。2005年设计建成飞机应急动力装置高低温和高空模拟试车台。1999年退休，返聘工作至2006年。荣立航天部一等功一次，获航天奖一次，享受国务院政府特殊津贴。

在访谈中，王继盛深情地回顾了在交大的求学时光，对在交大打下良好基础、帮助他走好人生之路深有感触。踏上工作岗位后，他一辈子都在为航天事业默默奉献，一生只做一件事，就是液体火箭发动机的试车工作，最终成为这一领域的资深专家。面对有毒有害、充满危险性的试车，他全力以赴，取得了成绩，赢得了领导和同事的敬重。只要是国家需要的，就必须尽一切力量做好，这就是他一生的责任和使命。

一生献给空间发动机

口述：王继盛

采访：游本凤、孙萍、叶璐

时间：2023 年 6 月 7 日

地点：上海交通大学闵行校区文博楼

记录：游本凤

整理：游本凤、孙萍

村庄里的第一个大学生

我是 1939 年出生的，老家在浙江天台县一个很小的山村。父母都是文盲，兄妹一共有 5 人，是一个很普通的农民家庭。我 6 岁时在村里一个祠堂里上学，接受了启蒙教育。主要学点语文知识。

1951 年，我考入天台县育青中学。听说这个学校原本是上海的一个女子中学，抗日战争时期搬到天台来了。初中我只读了两年半，便考进省立天台中学，在那里读了三年高中。

1956 年，有个招生委员会到天台中学来选人，选人的高校既有军事通信学院，也有南京和上海的大学。在那个年代，选人首先要讲阶级和家庭成分，尤其对家庭出身要求很高。而我的家庭世世代代都是普通农民，没有半点历史问题。于是我被选中了。但选中并不等于能够进入大学，还要进行考试,考生必须达到分数线才能被录取。所以我们不是保送,而叫保考。后来我考试达到分数线了,被录取到上海造船学院,分配到机械制造系。上海造船学院是 1956 年以交通大学造船系为基础,并入大连工学院造船系,在交大原址上建立起来的。1957 年暑期后,交通大学从全部迁校西安,改为分设上海和西安两地,上海造船学院并入交大上海部分,我们自然成为上海交通大学的学子。

交大求学时期的王继盛

当时我们班级里有四种人:一种是参加高考考进来的;一种是像我这样先被选中,然后再参加入学考试,实际上也属于通过考试入校的;还有一种就是直接保送,不需要考试,比如烈士后代、干部子女等;再有一种就是从机关干部里面抽调一部分人进入高校深造,他们叫调干生。

我家乡的村庄有 100 多户人家,我是村庄里第一个考进大学的,以前从没有人考到上海的大学去读书,可谓寒门出贵子,一时轰动了整个村庄。记得刚到上海读书时,因为家里穷,买不起袜子,我是赤脚穿着母亲做的布鞋,带了一张席子及简单的行囊来交大报到的。学校对我们这些农村贫苦学生可谓照顾有加,记得报到时,学校给我发了一条床单、一套冬天的棉衣、一顶蚊帐,以及上课用的教材和作业本等。学校还为我减免了学杂费,并发放奖学金。奖学金分为甲乙丙三类,我享受的是乙类奖学金。那时每天吃饭都不要钱,还发 3 块钱零花钱。吃饭时学生们围着一个个饭桌,由值日生将饭菜分到每个桌子上,我们只管"坐"下来吃,饭不够还可以自己去添。那年中秋节,每个桌子上放着几个月饼,学生们都挺高兴的,之前我从来没有吃过这么精美的月饼。我们大概免费吃了一年,因为国家进入困难时期,学校也随之改变了学生的就餐方式,给每位同学发放就餐券,学生凭票自己去排队打饭打菜。总之,那时交大厚爱贫困学生,尤其生活方面处处想得很周到,所以,我对交大、对国家充满了感恩思想。

我们上课在徐家汇老火车站那边,属于交大分部,教室是简易的,吃住都在那边,晚上睡觉时还能听到火车汽笛的鸣叫声。交大西迁的时候,许多老师都是在徐家汇老火车站上车的。还有一个记忆就是,学校食堂里的桌子、凳子一夜之间全部都没有了。后来一打听,原来都搬到西安去了。听说那时学校能够搬动的教学和科研设备都搬走了,可见交大对西迁的执行力度是很大的。而我们后来吃饭,因为没有桌子、凳子,一度大家都站着吃。

交大师生迁西安时,徐家汇火车站热烈欢送的情景

1957 年暑假后,交大分设上海和西安两部分,造船学院并入交大上海部分,学校就给我们换了个校徽,其他的如学习计划、生活待遇等方面没有什么变化。

我在交大读书时,有两位老师给我留下了深刻印象。一位是教高等数学的老师,年纪蛮大的。他来上课的时候两手空空,什么教材都不带。只见他进教室后,先问一问第一排的同学,上次的课上到什么地方了。同学告诉他后,他便接着上次的讲课内容继续讲下去,仿佛所有的高等数学知识都藏在他的脑子里,胸有成竹,侃侃而谈。同学们只要把他讲课的内容全都记下来,就是一本完整的教科书。可惜岁月漫长,这位老师的名字记不起来了。另一位是上画法几何课的老师,叫莫善祥,只见他用粉笔随手在黑板上画一个圆,那个圆啊,简直就跟圆规画出来的一模一样,全班的同学都看得目瞪口呆。莫善祥是当时国内很有名的教授,每到学期末,他出的画法几何考试题比其他大学的要难,那时我只考了个丙(当年考试记分为甲乙丙丁),只能算勉强及格。记得临考前莫老师给六个班级的同学上辅导课,连大型阶梯教室的窗口都趴满了听课的学生。从这两位老师上课的效果来看,交大老师的授课水平确实很高。

学生在阶梯教室上大课

那时我们上课使用的大多是从苏联翻译过来的中文教材,我们学的也是俄语。20 世纪 50 年代,中苏关系友好,苏联对我们国家的影响很大,我国许多方面都照搬苏联的模式,很多国家标准、行业标准,包括我们设计图纸选用的材料编号,都按照苏联的标准去做的。

那时我们一门心思扑在读书上,礼拜天也从来不出去逛街,整天不是看书就是做作业。记得老师布置高等数学作业,一下子就是 50 道题,你必须抓紧时间全力以赴,不花功夫是完不成的。正因为学习很刻苦,我们的基础很扎实,对以后走上工作岗位帮助很大。

我工作几年后,觉得自己没有毕业就参加工作,而且工作中碰到很多涉及动力、流体力学、供热传热等力学方面的知识和学问,原来在交大学的知识远远不够。为了干好本职工作,进一步提升自己,我想应该趁自己年轻多学习一些专业知识,于是1961年我考取了同济大学采暖与通风工程专业,成为同济大学的函授生,并于1965年毕业。所以,我拥有交大和同济两张本科学历证书。交大毕业证书上签名的是时任校长谢邦治,同济毕业证书上签名的是时任校长李国豪。

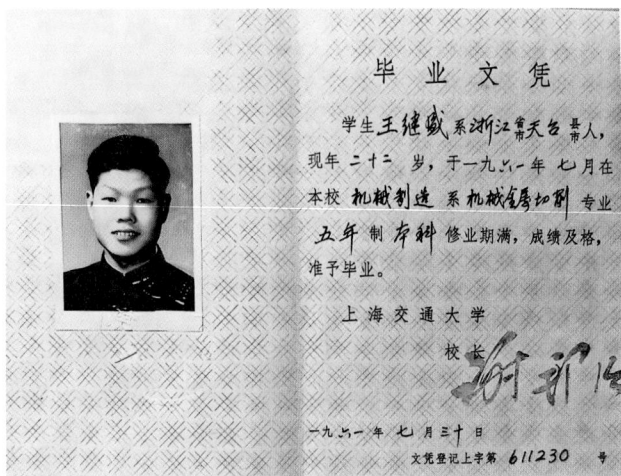

王继盛的上海交大毕业证书

说起拿到交大的毕业证书,过程还是比较曲折的。我们这批交大学生是读到一半被抽调出去,参加国防单位科研工作的。没有完成学业,学校当然不可能给你颁发毕业证书。我们那批同学中有人一直在积极争取,王希季也出面给交大有关领导写信,证明我们这批人由于上海市委的抽调,为了支援国家重点工程而中途离校的,情况比较特殊,应视情颁发毕业证书。交大对此事高度重视,经过慎重研究,特事特办,最终认可了我们的本科学历,于"文化大革命"后给我们补发了毕业证书。

未毕业被抽到上海机电设计院

1958 年下半年,我刚升入三年级。11 月的一天,我们正在上课,突然学校通知我们于当天下午到上海市科委报到。这批同学有四年级的,也有三年级的,一共 40 多人,几乎每个班级都有人被抽到,其中我们机械制造系被抽调得最多。因为是国家重点工程需要,又是上海市委出面抽调,无论学校还是学生,都必须无条件服从。于是我们这批交大未毕业的学生就来到上海机电设计院报到。机电设计院是一个保密单位,之前我们不能问这是什么单位,做什么工作,到了那里以后才知道是搞人造卫星和运载火箭的,即

1958 年下半年,交通大学机械制造系、船舶制造系高年级学生数十人被抽调至上海力学研究所、同济力学班、上海机电设计院等单位,参与早期的探空火箭研制工作。图为抽调学生名单,第三列第八位是王继盛

后来的航天领域。这一领域在那个年代相当神秘,保密要求非常高。记得市科委的一位同志跟我们说,你们是被市委临时抽调去帮忙的,工作做完以后再回学校。但我们再没有重返交大校园读书了。

到了上海机电设计院后,我被安排搞火箭发动机试验。于是我这一生就与火箭发动机试验紧密地联系在了一起,在这个领域里摸爬滚打了整整半个世纪。那时我们年轻人的想法很简单,一切听从党的召唤,服从国家需要,党和国家需要我们干啥,我们就去干啥。尤其对我来说,从一个农村的穷孩子变为大学生,又有了一份令人羡慕的科研工作,翻身感很强烈,于是下决心干一行爱一行,在这个领域里深入进去,要干出点成绩来,不辜负党和国家对我的培养。

当时,我被分配到四室第二大组。听领导说,我们搞的发动机是火箭的动力部分,只有把发动机研制成功,才能把卫星发射上天。至于什么是火箭和卫星,我从来也没有听到过,在学校读书时,也没有学过这方面的知识,可以说对航天知识一无所知。那是1958年,毛主席刚刚发出了"我们也要搞人造卫星"的号召。毛主席的号召鼓舞人心,大家热情高涨、斗志昂扬。但火箭和卫星毕竟是高科技产品,当时世界上也只有美国和苏联能够研制,中国在这方面几乎是一片空白,连机电设计院技术负责人、后任总工程师的王希季也从来没有看到过航天产品,他所学的专业与火箭和卫星没有一点关联。

我们每天晚上都要加班。我操作的是一台很落后的手摇计算机,那种计算机是齿轮式的,摇起来发出哧啦哧啦的声音。即使是这样的计算机也很稀缺,但我们搞科研的每人一台。据说那时上海市委全力支持机电设计院,只要院里提出要求,市里就尽量满足。这些计算机及其他科研设施都是市里无偿调拨的。我们在一位哈工大老师、一位浙大老师的指导下,计算发动机燃烧室内至喷口的各特征截面燃气的压力、温度、流速及化学热平衡等参数,往往一个特征截面就要计算一天时间,直到你假设的数值与计算的结果在误差范围内。

算好以后还要画图纸，再深入车间，参与产品制造。而对于制图和机械制造来说，因为我在交大学过这些课程，还是有一定基础的。尤其是机械制造，我曾到车间里实习过半年，车钳刨铣等工厂设备都接触过，属于多面手。所以对一些需要自己动手干的活，我也马上能上手。

从旧地堡到试验站的华丽转身

当完成 T-5 火箭的设计并造出第一枚样品后，考虑到没有大型的试验设备来验证，因此 1959 年上级根据我国国情和技术基础条件，遵循由小到大、由易到难的科学规律，调整为研制 T-7 探空火箭，并从缩比模型 T-7M 开始干，以掌握技术和锻炼队伍为主。T-7M 探空火箭总长 5.35 米、直径 0.25 米、自重 190 公斤，主火箭推力为 226 公斤，加上固体助推器，发射高度可达 8 千米。

经过一番努力，我们把 T-7M 火箭的发动机设计出来了，然后就拿着图纸到上海柴油机厂去加工制造。柴油机厂把发动机造出来后，这个发动机到底灵不灵，必须通过点火试验才能得出结论。发动机点火试验具有一定的危险性，燃料又是有毒有害的化工品，同时还有保密要求。综合这些因素，所以点火试验是不能在实验室或厂房里做的，必须找一个偏僻的地方。于是领导叫我做试验组组长，带领七八个年轻人去干这件前人没有干过的事。我们这批人因而成为最早搞发动机试车台的，之前谁也没有看到过试车台的样子，甚至听也没有听说过。后来我们在一本国际航空杂志上看到一张火箭发动机试验台的图片以及一个示意图，有试车间、容器间、观察间等流程框架，给了我们很大的启发。

我们经过多次勘察，最后选定了江湾飞机场内一个战争年代遗留下来的旧火药库，或者叫地堡。经过踩点后，我们觉得那里荒僻冷落，远离居民区，比较适合搞点火试验。因为保密的原因，不能随便叫外面的施工队，我们就自己动手进行改造，不仅要拉电线、铺管子，甚至拌水泥、搬砖头、砌墙头，这些苦活脏活都要干。这个试车台就是我们这些年轻秀才白手起家弄出来的。没有正规的试验设备，我们就到市场上去买，有的替代品必须经过改装后才能用。我们经过苦干加巧干，花了两个月时间建起了试车台。虽然这个试车台很土，也不规范，但至少可以点火试验了。那时也没有什么控制台，如电源部分我们就用几节干电池串联起来，形成36伏直流电源。点火时伴随口令，把闸刀按下去，操作方式真的很落后。而且在发动机试车过程中，不是这里管子漏了，就是那边阀门不灵，问题不断，困难重重。但是我们并没有气馁，碰到问题，大家一起商量，一起琢磨，从中吸取经验和教训。经过大家的不懈努力，1959年12月底，终于试车成功。但那是一种最简单的试车，因为没有仪器仪表，也显示不出什么参数。我们就看发动机尾部喷出来的火，烧得很亮，说明点火试车成功。

上海江湾机场内利用废弃碉堡改建的火箭发动机试车台

后来我们又不断完善，增添了一些仪器设施。通过一次次实时点火，逐步掌握了发动机的试验流程、安全措施、控制程序，以及推力、压力、温度等测量技术，并将T-7M发动机试车台扩建成T-7发动机试车台。1960年4月18日，钱学森陪同聂荣臻来到那座旧地堡，观看了T-7发动机点火试车实况。试车成功后,聂荣臻和钱学森对我们进行了勉励。钱学森说,他在美国曾参与过火箭研制,美国人的发动机点火试车也是这么搞的。得到了钱学森的肯定,我的心里也踏实了,说明我们的科研路子和方向是对的。

1960年初,T-7M要进行发射试验,于是我们这批搞点火试车的人员又被派到南汇老港发射场,参加了我国第一枚探空火箭及以后多次探空火箭的发射试验。探空火箭发射成功的意义是很大的。党中央和上海市委对这一产品高度重视,张劲夫、钱学森等专程到老港发射现场来指导探空火箭的发射。发射成功后,张劲夫、钱学森还和我们参试人员一起在发射架下合影留念。后来毛主席在时任上海市委第一书记柯庆施的陪同下,在上海参观了T-7M探空火箭。

T-7M探空火箭成功发射后,1960年4月29日科研人员在上海南汇火箭发射架前合影(中排左八为王希季,左九为钱学森,左十为张劲夫;后排左四为王继盛)

利用旧地堡做试验毕竟不是长久之计,且地堡简陋,设施不全,试验很不安全;试验地点偏僻,交通不便,后勤保障也跟不上。机电设计院认为必须选择一个固定的试验场地,配套一些必要的试验设备,以便进行推力更大的火箭发动机的点火试车。我们经过多方勘察,最终选定松江佘山附近一个叫薛山的山里,利用一处山坳作为试验场,命名为402试验站。402站建设于1960年上半年,由华东建筑设计院设计,上海第五建筑公司施工。这样,我们这支队伍也从江湾机场转战到了松江,几乎全过程参与了402站试车台的建设。

那时,我们这批人都20岁出头,既没成家,也无任何牵挂,所以全副身心地扑在了402站工地建设上。当时松江薛山没有公路,车子也开不进去,设备和材料都是用一艘小船驳运到一个村庄旁边,然后靠我们这些小伙子人拉肩扛抬到402站施工现场,劳动强度之大可想而知。建设初期,402站没有食堂,我们就在附近的生产队搭伙;有时候没有菜,我们就用酱油拌饭将就着吃。

我们一边施工,一边进行设备安装及调试,经过半年多的努力,402站于1961年下半年提前完工,可以正式试车了。402站最初建有推力从0.5吨到5吨的两个水平试车工位,主要用于T-7发动机的点火试车。比起江湾机场那个旧地堡,402站可以说是鸟枪换炮,正规多了。但总的来说,设备还是简陋的,试验手段也很落后。比如试车点火计时用的秒表,原先是24小时转一圈,经过我们改装,变成1分钟转1圈,并利用机械原理控制一个个阀门。那时没有专用的试验设备,只能到市场上去买,比如压力表、传感器等。唯一一台示波器是苏联产的,用来测量点火时的推力。

当时王希季是机电设计院总工程师,主管技术,经常到402站来。尤其碰到新型号改进试车,他一般都会来。那时我是试车现场指挥员,点火指令由我下达。他就坐在我旁边,鼓励我说:"王继盛,你大胆地干,我给你壮胆。"他从来不干预我们的工作,充分信任我们,给予我们的全是勉励和支持。

1964年,上海机电二局(上海航天局前身)成立后搞红旗系列地空导弹,其发动机试车也安排到402站。为适应地空导弹的点火试车,402站又进行了技术改造,增添了许多相应设备,如空压机、变电站、水泵房及其他辅助设备,使得402站初具规模。1965年,我主持了红旗三号全弹动力系统热试车。当时的场面很轰动,时任上海市市长曹荻秋及空四军首长等都前来观看试车。那天的全弹点火试车很成功。曹荻秋、空四军首长等领导还兴致勃勃地参观了红旗三号导弹,并与参试人员一一握手,祝贺试车获得圆满成功。

402 试验站建成后，我一直在 402 站工作，从来没有换过地方，对 402 站有着深厚的感情。是我和同事们亲手将一片空旷之地建设成一个国内为数不多的液体火箭发动机试车试验站，我亲眼见证了它从无到有、从简陋到逐步现代化、从小规模到发展壮大的全过程。因为我是技术负责人，402 站所有试车台及设备都是我参与建设或亲手安装和调试的，还有铺设在地面和地下的电缆、管网等，我都一清二楚，了然于胸。所以无论是所里还是站里，大家都称赞我是 402 站的"活地图"。

打赢降服"毒龙"攻坚战

由于点火试验频繁，以剧毒化工品作为燃料（推进剂）的试验，导致了402 站上空毒气弥漫。那时参试人员只要一走进试车台区附近，就感觉有一股强烈刺鼻的臭味扑面而来，头晕恶心。长此以往，不仅污染周围的环境，而且对人体健康带来极大危害。因此，降服"毒龙"，治理污染，成为当时 402站的一项重要工作。

推进剂主要为无水肼、偏二甲肼和甲基肼，不仅有毒，而且易燃，还具有强烈的腐蚀性，如吸入人体或与人体皮肤接触，会导致人体急性或慢性中毒，甚至损害肝脏，破坏造血功能和神经系统。还有氧化剂 AK－20、N204 等属于强酸物品，会灼伤皮肤或损害呼吸器官，引起肺气肿。当时国内其他试验站就曾发生过推进剂泄漏导致人员中毒致死事件。而早年由于设备落后，在加注和试车过程中，经常会发生管路泄漏和阀门卡死等故障，造成大量的推进剂外泄。同时在发动机关机和冲洗时有大量未完全燃烧的推进剂排放，使得周边严重污染。那时发生的两件事给我们敲响了警钟。第一件事：经过试验后的污水尽管经过充分稀释，但排放到当地的小河后，造成了农民放养的鸭子有几十只抽搐死亡。为了消除后遗症，402 站掏钱将农民的500 多只鸭子全部买下，然后送到湖州一荒山里进行深埋处理。第二件事：

站里一只储存化工燃料的容器，其底部放液口堵盖因长期腐蚀而脱落，导致大量有毒液体外流。一时间，挥发的浓浓黄烟惊动了当地消防队，以为是山里发生了火灾，于是他们开着消防车，拉着警笛，一路寻烟而来。虽然是虚惊一场，但说明402站的管理存在隐患，需加强整改。还有，402站的毒液废气严重污染了周边大气环境，导致周围草木大片枯死。

严峻的现实告诉我们，必须树立环保理念，加强污染治理，否则祸害无穷。经过我们的综合研究分析，402站有毒污染源主要来自两方面：一是含有大量推进剂成分的污水，二是含有大量推进剂成分的废气。据此，我们制定了治理污染的方针和措施。首先是控制污染源，从源头上进行杜绝。其次是收集、处理污水和废气，经处理达标后才能排放。最后是加强个人的防护，确保人身的安全。

同时，我们根据多年试车经验，认为试车时造成现场严重污染的主要原因有：一是设备简陋，各类阀门故障多，跑、冒、滴、漏情况严重；二是液气路系统存在弊端，没有有效回收残留液；三是试车工艺和发动机试验程序不合理，生成大量高浓度污水等。

找准了病因，就能对症下药。于是，在改造经费不足的情况下，我们自己动手，大胆革新，淘汰了一批可靠性差的气动阀门，并实现了点火试验的远程控制，不仅人身安全得到充分保障，而且大大减少了试车系统的故障，杜绝了跑、冒、滴、漏。逐步建成和完善了试车台液气路闭环系统，实现封闭操作。尤其在清洗容器和管路时，最大限度地收集残留液，杜绝直接排放。调整发动机关机程序，减少停车时冲洗的污水量，并将各试车台的污水及时通过管网汇集到污水储水池，使现场不留下污渍和气味。我们还自行设计了发动机喷出高温燃气关机时的喷水冷却装置，然后将冷却水经导流管送入喷淋吸收塔，使得喷淋水做到循环使用，并定期汇集到污水池进行生化处理。另外，我们还对经过处理后的气体实施高位排空。

经过一系列技术改造，建成完整的污水汇流管网、废气收集系统和有效的污水废气处理装置。402站各试车台的推进剂系统全部实现了封闭操作，并有严密的试车工艺和完善的推进剂回收管网,以后在试车过程中再也没有出现过推进剂外滴泄漏现象。至此,试车台的污染源头得到了有效控制,"毒龙"终于被彻底制服。

如今的 402 站跟过去完全不一样了,只见绿树成荫,草坪青葱,小桥流水,鸟语花香,空气清新,没有一点化工品的味道,简直就像一个美丽的大花园。这里不仅环境优美,而且工作富有挑战性,是年轻人展示才华的好地方。

从"701 工程"到"921 工程"

"701 工程"是 20 世纪 60 年代末、70 年代初党中央交给上海的火箭和卫星研制任务。这是上海首次承担大型运载火箭和人造卫星的科研任务,火箭叫风暴一号,卫星叫长空一号。而我们 402 站承担了风暴一号二级火箭的游动发动机的试车任务。这类发动机我们也是第一次接触,且工作量很大。为此,1970 年初我们对试车台进行了改建。接着,我们接连对由红旗三号改型的游动发动机进行了摸底试验和正式试车,经过连续多次热试车,验证了发动机的可行性。后来该游动发动机成功应用于风暴一号火箭。402 站为风暴一号火箭的成功发射立下了汗马功劳。

1978 年,为了发射地球同步静止轨道通信卫星,我国决定研制长征三号火箭,这个任务当时是我国航天"三抓"重点任务之一。长征三号火箭的最大难度在于其第三级采用了液氢液氧低温燃料发动机,之前我国所有火箭发动机推进剂都是常温的,因此研制难度很大。上海航天局承担了长征三号一二级火箭及三级姿控发动机的研制任务。为承担三级姿控发动机的试车,402 站进行了改造和扩建。改建的目的,就是要把发动机上天的系统全部搬到地面上来进行模拟试车,这也是我们 402 站的首创。我们为之做了各种各样的试验,如高低温试验、寿命试验、真空试验及全系统试验等。因此,我们为长征系列火箭发动机的成功发射也做出了重要贡献。

　　20 世纪 90 年代初,上海航天迎来我国载人航天工程的历史机遇,其代号叫"921 工程"。承担"921 工程",也为 402 站提供了一个脱胎换骨的技术改造机遇。对 402 站来说,机遇和挑战并存,困难与压力同在。神舟飞船上三个舱共有大大小小 52 个发动机,最大的 2 500 牛,最小的 5 牛,既有单组元的,也有双组元的。这些发动机都是初次设计,所以要做大量的试验。不仅要造地面试车台,还要造高空模拟试车台和全系统试车台。过去 402 站搞的发动机试车都是地面常规性的试验,相对比较好搞。而神舟飞船发动机都是在太空真空环境里工作,而且运行时间长,必须搞一套 42 公里的高空模拟设备,这些产品和设施都是我们从来没有碰到过的。记得 1995 年 9 月,时任国防科工委载人航天工程办公室主任汪永肃前来 402 站检查工作,当时站里正在开展大规模基本建设,建筑材料散落一地,有关设备、电线、管子等也随处堆放。汪永肃见到这一杂乱的场面,不由紧皱眉头。他认为,像当前这样混乱的状态,高空试车台建成还需很长时间,年底要完成试车任务是不可能的。但我们 402 站有一套谁设计、谁主管,并全过程参与安装和调试的工

1996 年,王希季(左一)、杨嘉墀(左三)视察上海航天局 801 所 402 试验站高空模拟试车台,王继盛(右一)向两位院士介绍情况

作机制,效率很高,结果到 11 月就将高空试车台建成并试车,创造了一个奇迹。那次高空模拟试车,汪永肃再次前来 402 站检查指导,我们的第一次试车就获得圆满成功,给汪永肃及国防科工委领导留下了很好的印象,也为后面任务的顺利下达铺平了道路。

针对"921 工程"的进度,国防科工委提出了"争八保九"的推进计划,即我国第一艘飞船最迟必须在 1999 年完成发射。因为那年是共和国成立 50 周年,国防科工委要求以神舟飞船首飞成功向国庆 50 大庆献礼。国防科工委要求上海航天必须对此做出承诺,因而上海航天局的压力很大。而"争八保九"的关键又在发动机上。因为所有发动机必须是货真价实的,否则飞船既进不了轨道,也不能返回。这样,所有的压力又集中到了 801 所及 402 站身上。当时国防科工委副部长沈荣骏专门到上海来抓此事。为此,上海航天局主管"921 工程"的副局长施金苗在 801 所做出承诺的基础上,向沈荣骏做出了"争八保九"的承诺。一言既出,驷马难追。

国防科工委副主任沈荣骏(右二)视察 402 站(右三为王继盛)

　　高空试车台建成后，马上就投入各种发动机的试车。其中推进舱是关键，因为它上面有28台发动机，最大的是2500牛发动机，是用来变轨的，飞船主要依靠它的动力进入轨道及返回。这些产品都是新的，所有发动机单机及整个系统配置也是新的。这个系统协调不协调、可靠不可靠，那时大家心里都没底。所以说，"争八保九"的关键就落在了402站身上。

　　1997年初，我们首次进行推进舱发动机的试车。那天402站来了很多大领导，如载人航天工程总设计师王永志、载人航天工程办公室主任谢名苞、中国航天工业总公司总经理刘纪原，以及上海航天局局长张文忠、副局长施金苗等。

　　回想起来，那次试车真是多灾多难。记得试车前一晚进行燃料加注，燃料加注好了，但氧化剂却加不进去。因为加注时要抽真空，容器里面不能有空气。大家找原因也一下子找不出来，后来就怀疑加注阀有问题，结果只能取消加注阀，才加注进去。就这样折腾了一个晚上，一直搞到天亮，总算加注好了燃料。时任801所所长黄瑞生在现场急得要死，火烧眉毛，因为责任实在太重大了。

　　第二天领导们都来了，静静地坐在那里观看点火试车。偏偏到了点火时的节骨眼上，又出了问题。一点火，啪啪几个电爆管把阀门都打开，却没有动静。我知道，这是一种很危险的状态，产品都加注好了，气也充好了，还有好多电爆管都打开了，万一处置不当，后果不堪设想。面对这一突发情况，我非常冷静，因为经过长期的试车历练，处理这类故障还是有一定经验的。我首先通知有关人员把电源开关全部关掉，然后我和有关人员一起爬到塔架上找原因。经过一步步排查，很快找到了故障部位，原来是气路里的一个阀门装反了，导致两边有压力差，顶住了阀门打不开。问题找到了，故障很快就被排除，之后点火试车获得圆满成功，赢得了上级领导的一片赞扬声。事后黄所长对我说，出现故障的那一刻，他的脑子一片空白，仿佛感到天都要塌下来了。可见，航天人的压力有多大！

　　确实，航天是以成功论英雄的。这次试车的成功，对402站来说是个转折点，上级领导对此次试车非常满意，尤其是兑现了"争八保九"的承诺，这就使得以后的任务源源不断，推动了 402 站的大发展。

随着我国载人航天工程的深入发展，1999 年，402 站又建造了一个 76 公里高空模拟试车台。这个试车台可以满足 25 牛发动机在真空度达到 2 帕的条件下试车。原来的 42 公里高空试车台，它的真空度只有 150 帕左右，许多地方不能满足真空要求。76 公里高空试车台也是由我主管设计的，投资达到三四千万元，对 402 站来说，是一个很大的工程。2001 年，76 公里高空模拟试车台荣获航天部科技进步奖二等奖。

2000 年以后，载人航天工程加速推进，神舟飞船正式载人上天被提到议事日程。载人飞船肯定要比无人飞船要求严格得多，必须做大量的地面试验。推进分系统 04 次全系统热试车在 402 试验站紧张进行。根据设计要求，推进舱在塔架上加注完推进剂后，必须停放 20 天才能点火试车，停放期间贮箱内的压力不得超过 0.2 兆帕，推进剂和环境温度也不得超过 35℃，并要求时刻监控温度和压力的变化。推进剂中四氧化二氮的沸点为 21℃，35℃时其饱和度和蒸汽压为 0.18 兆帕。时值天气连续高温，钢结构的塔架经太阳暴晒后的环境温度达到 50℃以上。为了确保推进剂贮箱出口的膜片不因温度升高而破裂，为此设计部门要求 402 站必须采取应急措施，将推进舱的环境温度控制在 28℃以下，确保试车的安全和成功。

面对这突如其来的紧急任务，作为试验站技术负责人，我首先想到的是不能走常规的控温路子，这样在时间上和投资上都是不允许的，而只能采取临时和快捷的方法。于是在我的主持下，站里召开了一个"诸葛亮"会，大家一起出主意想办法。当时有人提出加冰块降温的办法，也有人提出将空调器的冷气用风管吹入舱体内的方法。我认为这些方法虽然能临时解决降温问题，但毕竟时间跨度达 20 天，天天这样折腾肯定不行，而且降温效果也不佳。于是我深思熟虑地提出了将推进舱包裹在一个封闭的小空间内，然后用一台空调循环制冷来控制舱内温度的方案。该方案马上得到了大家的一致认可，后来也得到了专家们的肯定。

　　方案既定，接下来就是操作方面的问题。我和同事冒着酷暑，走访有关单位，最后联系到一家旗篷厂，并与他们联合设计制作了一个直径 3.6 米、高 3.2 米，顶为锥形的帐篷，其外形就像一座"蒙古包"。"蒙古包"的骨架用可拆卸的轻型金属管材制作，同时根据保温要求，面料采用致密牛筋布，中间再衬两层中空棉，衬里为阻燃型尼龙布。我们还在"蒙古包"外面开设了一个观察窗和一扇小门，可供试验人员在外面观察或入内进行检查。一台 5 匹空调器直接放入帐篷内，日夜不停地进行制冷。这顶价廉物美的"蒙古包"，让人看了也舒服。经过 20 天的使用和温度测量，飞船舱内环境温度和推进器的温度均在 24℃以下。热试车当天，我们只用了半个小时，就将"蒙古包"和空调器全部拆除，并迅速撤离现场，确保了推进剂停放期间的安全和热试车的成功。该温度控制方案从设计到投入使用，仅用了 8 天时间，花费也仅 5 000 元，真正做到又快又省又管用。更重要的是，我们为载人航天工程赢得了时间，做出了贡献。

王继盛、陈雪芬夫妇与母校采访人员合影（前排左起：陈雪芬、王继盛、游本凤；后排左起：孙萍、叶璐）

　　确实，我这一辈子都是在搞发动机试车的岁月里度过的，心无旁骛，日夜操心，不仅忙碌辛苦，还要承担工作上的巨大压力。402 站在松江远郊，地方偏僻，交通和生活都很不方便。过去我晚上都睡在 402 站，能一个星期回家一次就不错了。长期以来，我根本无法照管家庭，家里的一切大大小小事情都由我夫人陈雪芬一人承担和操劳，两个小孩也是她一手带大的。她一边工作，一边做家务带孩子，非常辛苦和劳累。所以，我这一生最对不起的是我的夫人。我之所以能全力以赴投入工作，全靠她对我事业的理解和大力支持，我所取得的成绩有她的一半功劳。

那时402站工作环境恶劣，推进剂有毒有害，对人体肯定不利，这也需要有一种奉献精神。另外，我作为站里的技术负责人，每次试车压力都很大。成功了，皆大欢喜；失败了，则需攻关排故，有时甚至是没日没夜地加班加点。

好在一切都挺过来了。我这一辈子最大的贡献就是和同事们通过自力更生、艰苦创业，以航天精神为激励，历时数十年，把一座国内为数不多、具备一定规模的现代化空间发动机试验站建设成功，为后人更好地干事业奠定了一份坚实的基础。对我来说，人生做成一件像模像样的事业，既对得起党和国家，也对得起培养我的母校交大。

在这里寄希望于年轻一代：无论干事或创业，一定要有事业心和责任心，踏踏实实，不图虚名，认准一件事，就坚持不懈地做下去，直至成功，用自己的知识和才华报效祖国。也祝愿在新时代，交大能够培养出更多各行各业的领军人物，为国家现代化和中华民族伟大复兴做出更大贡献。

祝愿新时代交大培养出更多各行各业的领军人才，为国家现代化作出更大的贡献

王继盛
2023.6.7.

王继盛为母校题词

叶昌浩

叶昌浩，1939 年 6 月生，上海嘉定人。高级工程师。1956 年考入上海造船学院船舶制造系焊接专业，1957 年并入交通大学上海部分（今上海交通大学）机械制造系焊接工艺与设备专业，1958 年调整至冶金系钢铁冶金专业。同年底，被上海市委抽调到上海机电设计院从事探空火箭研制工作。其后作为机电设计院的外派代表，长驻上海四方锅炉厂，监制该厂协作产品压力容器，并帮助该厂解决诸多技术难题。1960 年考入上海工学院夜大学，就读机械制造工艺与设备专业，1965 年毕业。1967 年调邮电 520 厂工作，1980 年调上海邮电工业公司工作，1984 年起历任邮政机械厂副厂长、厂长，上海邮政局封发一局动力设备检修科科长。1999 年退休。

在访谈中，叶昌浩对当年交大的校园生活记忆犹新，他深情回顾了在交大读书期间的那些事、那些人。尽管被抽调从事国防科研工作，未完成五年学业，但他仍对交大一往情深。正是母校的培养，使他能冠以交大学子的殊荣，并帮助他走好人生之路。

短暂却自豪的航天人生

口述：叶昌浩

采访：游本凤、孙萍、崔延平

时间：2024 年 1 月 12 日

地点：上海交通大学闵行校区文博楼

记录：游本凤

整理：游本凤、孙萍

校园时代，激情岁月

我 1939 年出生于嘉定县，以前嘉定属于江苏省，后来划归上海市。我兄弟姐妹共 7 人，我是最小的一个。我初中和高中都是在嘉定中学读的，当时整个嘉定县也只有这么一所中学，但嘉定中学的知名度还是比较高的，尤其是师资力量在当地有口皆碑。有不少老师教学水平很高，也很有才华。他们都是新中国成立前的大学生或留学生，例如王元通老师，他原来是交通部的英文秘书，当年志愿军在朝鲜战场上抓获了一个美国空军飞行员，那个飞行员写了一篇供词，在《人民日报》全文刊登。王元通看了这篇供词后，指出有几处翻译得不妥当，可见他的英文水平确实很高。

1956 年我高中毕业后考进了上海造船学院，属于保考性质。保考是那个年代的特殊产物，就是由某个高校到中学从高中应届生中选人，选中后便

叶昌浩与母校采访人员合影(左起：崔延平、叶昌浩、游本凤)

指定你去考。当时到嘉定中学来挑选保考生的上海造船学院老师叫陈浩，是学校的团委副书记，后来听说调到上海海运学院(今上海海事大学)担任党委书记。

当时嘉定中学校长还专门召集我们这些被选中的保考生谈话，指定我们一定要考上海造船学院，强调这是党和国家的需要。那时我们都听党的话，所以我的第一、第二、第三志愿填写的都是上海造船学院。由于嘉定属于江苏省，所以我们的入学考试地点在苏州，那是我平生第一次坐火车去苏州。记得考场设在江苏省师范学院附属女子中学一个大礼堂里。考试成绩达到分数线后，我就进了上海造船学院。那时我们考生都不知道自己考了多少分，反正考上了。当然也有个别保考生没有考上。

进了上海造船学院后，我被分配到船舶制造系焊接专业。1957年国家对交大西迁方案进行调整，上海造船学院并入交大上海部分，所以我就理所当然地成为交大学子。当年嘉定中学有三个高中毕业班，其中有一个班级的学生全部被要求报考上海造船学院，所以我那一届嘉定中学应届生考进上海造船学院的人很多，大学毕业后留在交大工作的人也不少。

同时挂着"交通大学""上海造船学院"校牌的校门

　　进入学校分专业时,新生还闹了一场风波,即有许多同学不愿接受学校指定的专业,都要进造船专业,当时造船专业很吃香。后来学校方面做了不少说服工作。我当时被分配在船舶制造系焊接专业,也没有什么想法,认为学校分配我学啥,我就学啥,一切服从学校的安排。

　　大学里我印象最深的一门课叫画法几何,考试时竟有一半同学不及格。后来补考,仍然有一半同学不及格。当然,画法几何这门课确实是蛮难的,因此同学们都称之为"头痛几何"。教画法几何的老师叫莫善祥,教学水平很高,对学生的要求也很严格。值得欣慰的是,我当时的画法几何考试是一次通过的,这主要得益于嘉定中学在高中时有一门制图学的课程,为我们后来学画法几何打下了良好的基础。当时学校的教学制度很严格,如果哪个同学有 4 门功课不及格,就会被校方勒令退学。

　　不少交大学生向来有"骄""娇"二气,也就是

交大求学时期的叶昌浩

人们常说的"骄傲自大"和"娇生惯养"。学校为磨炼学生意志,克服不良习气,培养德智体全面发展的学生,在1957年组织学生下乡劳动时不安排乘车,而是从徐家汇步行到颛桥农村。出发那天,很长的一支队伍浩浩荡荡,经过徐家汇一直往西南方向步行到闵行颛桥,阵势十分壮观,引来很多好奇的市民驻足观看。为减少对道路交通的影响,公安部门还出动了许多交警前来维持秩序。

1958年,整个社会掀起了大炼钢铁的高潮,交大也毫不例外。学校成立冶金系,将机械制造系部分专业划至冶金系,我随之调整到冶金系钢铁冶金专业。学校还在第一宿舍旁边的空地上造了一座炼钢转炉,聘请了几位钢铁厂的师傅,在炼钢现场对同学们进行专业指导。同学之间也有分工,有的

1959年7月1日,《交大》校刊关于王希季、吕守元等同志光荣入党的报道

寻找炼钢材料,有的观察转炉炉膛,有的抬钢包浇铸。我那时被安排抬钢包。没想到,抬钢包是一项非常危险的工作。钢包上有 4 个把手,分别由 4 名同学抬起来,然后将钢包内 1 000 多度高温的钢水浇入钢模内。那天我们 4 个同学抬着钢包浇铸时,钢水溅到了一名叫吕守元同学的身上,很快燃着了他的衣服,结果他全身 90％的皮肤被烧伤,烧伤程度为 3 度。吕同学被紧急送到中山医院去抢救。中山医院崔之义院长的父亲刚好病逝,他发扬人道主义精神,将自己父亲的皮肤移植给吕同学。吕同学烧伤程度如此严重还能被抢救过来,可以说是创造了医学界的一个奇迹。回过头来想想,吕同学在处理当时的突发事故时,非常冷静非常勇敢。如果他当时松手的话,整个钢包里沸腾的钢水就会大面积地溅出来,溅到另外 3 位同学的身上,这样我们 3 人也会同样遭殃。鉴于吕同学的英勇表现,学校当年就发展他为中共党员。吕同学是与王希季一同入党的,当时交大的校报上专门刊登了这一消息。

自从出了这一事故后,学校不再叫我抬钢包,安排我去工地上管理器材。交大在大炼钢铁时期是蛮有名的,学校还接待过一个苏联高等教育考察团来校参观,考察团中有一位很出名的冶炼专家叫包赤瓦尔。

回想我在大学里,一、二年级读的都是基础课,到三年级准备上专业课时,被上海市委抽调到上海机电设计院工作。所以我在大学期间学到的东西并不多,说起来是焊接专业,其实对焊接一窍不通,理论和实践知识都还没学。当时我们都是一切听从党的召唤,一切服从组织安排。

"半路出家",加盟航天

1958 年,毛泽东同志在党的八届二次会议上发出了"我们也要搞人造卫星"的伟大号召,中国科学院积极响应,决定将研制卫星和运载火箭任务作为该院的头号任务,任务代号为"581",即 1958 年的第一号任务。中国科学院还成立了负责卫星总体和运载火箭研制的第一设计院(代号为 1001 设计院),院长为郭永怀,副院长为杨南生。1001 设计院的成立,标志着中国的卫星和运载火箭研制工作正式起步。

1001 设计院成立后，在科技人员的努力下，很快设计出了 T－3 运载火箭模型。那是一种发动机以液氟和甲醇为推进剂的火箭。该产品作为向新中国成立 9 周年的献礼，于 1958 年 10 月中旬在中国科学院自然科学跃进成果展览会的保密展室里展出。毛泽东同志等中央领导在钱学森的陪同下莅临参观，给予了高度评价。

但 T－3 运载火箭毕竟是个模型，属于纸上谈兵。要研制出真正可以发射卫星的火箭，还需配备制造力量。中央考虑到上海的工业基础比较好，加工能力比较强，人才队伍优势集中，于是在 1958 年下半年决定把 1001 设计院搬迁到上海，对外名称叫上海机电设计院。也正因为机电设计院落户上海，使得我的命运与机电设计院结合在一起，与航天事业有了紧密联系。

机电设计院搬到上海后，加快了探空火箭的研制步伐，急需招兵买马，充实力量。于是上海市委把一大批未毕业的大学生招收到机电设计院，仅上海交大就抽调了二十多名未毕业的在读生，我就是其中之一。当时找我们谈话的是交大组织部副部长耿亮。到上海机电设计院报到的日子我还记得很清楚，即 1958 年 11 月 28 日。报到地点在淮海中路 1162 号的淮中大楼，那时机电设计院就在那幢大楼里办公。

1958 年底抽调参与早期探空火箭研制工作的交大学生名单，第十八位为叶昌浩

上海机电设计院早期院址淮中大楼(淮海中路 1162 号)

当时上海机电设计院设立了五个研究室：第一研究室搞探空火箭总体设计；第二研究室搞探空火箭结构设计；第三研究室搞探空火箭自动控制系统；第四研究室搞探空火箭发动机；第五研究室搞探空火箭测试、遥测和发射。

我到机电设计院后，第一堂课就是由上海市公安局文保处处长对我们新进人员进行的保密教育。保密教育的主要内容有：一是机电设计院属于机密单位，对外不能公开说研制什么产品，对亲朋好友甚至对自己的家人也不能谈及产品研制和工作方面的事情；二是即使同事之间，不是一个室、一个组的，相互之间也不能打听别人是干什么的；三是每天的笔记本、科研资料等下班前必须锁进保密柜里，工作时写过的涉及产品的纸片等也必须及时烧毁处理；四是住集体宿舍的人，晚上外出必须两个人同行，等等。可见，当时院里对保密工作抓得很严。后来我们听说，机电设计院有个别年轻人未遵守保密规定，在与恋爱对象的通信中提及所从事的具体工作，被公安人员带走了。

我开始分配在机电设计院的四室，即发动机研究室四四大组，主要搞发动机里面的压力容器。我们的组长叫陈纪鸿，是位西安交大的研究生，毕业后分配到中国科学院力学研究所，后随1001设计院从北京搬迁来到上海。因为我在交大学的是焊接专业，于是设计院就叫我搞材料，其实我什么也不懂，因为我在学校里前两年学的都是基础知识，专业知识还没学。因此，我属于"赶鸭子上架"，逼着必须学习，否则无法胜任本职工作。于是我边干边学，虚心求教，克服困难，逐步进入角色，较好地完成各项任务。那时设计院的学习氛围也很好，院领导杨南生、王希季带头给我们上课，他们的授课深入浅出，理论联系实际，概念清晰，注重推理，深受年轻人的欢迎。另外，院里还有一批从高校或学院里抽调过来的老师，他们无论教学水平还是学术造诣都很高。平时他们也见缝插针，利用工作间隙给我们这些年轻人上课或培训，补习大学里未上的专业知识及实践知识，对我们这批"半路出家"的年轻人帮助很大。

后来因工作需要，单位里将我调到生产处，做科研生产管理工作。

上海机电设计院老友聚会时交大校友合影（左起：袁国柱、蔡隆兴、叶昌浩、张剑、张南山、王继盛）

风鹏正举，岗位历练

虽然机电设计院是一家保密单位，但也是一所社会大学，让我们这批年轻人学到了许多书本上所学不到的东西及专业知识,也懂得了一些人与人之间的相处之道。

　　机电设计院虽然是科研单位,但也存在一些内部矛盾。那时院内有个器材处处长,是个老革命,文化程度虽然不高,但资格很老。他原先是华东一家废品公司的总经理。那时是计划经济,再加上国家工业基础薄弱,科技人员要求采购的材料很多都买不到,为此他很恼火,认为是科技人员乱写采购单所致,便把脾气一股脑儿发到王希季头上。而王希季是负责型号技术的总工程师,对于材料采购那一摊业务自然不熟悉,情况也不怎么了解。但王希季并没有与那位老干部一般见识,而是从大局出发,尽力在各个研究室之间进行协调,以理顺部门之间的关系。因为我在交大大炼钢铁时搞过一段时间的材料管理,对这方面的业务比较熟悉,于是我主动向王希季请缨,承担起采购材料清单的编写工作。我通过预先进行市场咨询,以及做好各科室之间的协调工作,使填写的采购清单比较清晰规范,那个老干部挑不出毛病,自然也无话可说。从这一点可以看出,王希季的心胸很宽阔,不为人

王希季(左)向徐向前元帅汇报探空火箭相关情况

际关系的纷争而困扰;也并没有因为自己是领导而颐指气使,凌驾于他人之上,而是实事求是地面对矛盾、化解矛盾。对这些,大家都看在眼里,越来越佩服王希季的人格魅力。

通过这件事情,王希季记住了我,并对我有了好感。1960年9月T-7探空火箭发射成功后,王希季很兴奋,有一天他主动邀请我到他家里去做客。记得那时他住在湖南路一座花园洋房里,门牌号码是295号。听说杨南生经常到他家里去,与王希季商量工作。进入家门后,王希季拿出当时很吃香的云烟给我抽。我说:我不会抽烟。于是他又忙着烧水沏茶,一阵忙前忙后。待坐定后,王希季便跟我聊起了T-7发射时的情景,言谈中非常开心,兴奋之情溢于言表。那时我是设计院的小字辈,能得到王希季的邀请,真有点受宠若惊的感觉。

T-7火箭成功发射升空

1959年,设计院决定全力以赴投入T-5探空火箭的研制中,但研制工作遇到了很大的困难。例如没有发动机试车台,发动机也就没法试车。发动机是火箭的动力之源,没有动力,谈何火箭发射。由于用的氧化剂是液氧,上天时发动机要摇摆,能承受-180℃低温的输送燃料用的柔性低温管及供氧软管落实不了。还有火箭发射场也没有最后落实。在重重障碍面前,大家多么想做出一个完整的火箭,用以鼓舞士气。T-5火箭虽然不能发射卫星,但大家都希望它能做个飞行试验,并通过飞行试验来掌握火箭技术。然而,难以逾越的障碍像一个个拦路虎挡住了前进的道路,尤其是十大关键技术需要攻克解决,如火箭整体制造技术和整体试验、推进剂贮箱的设计、火箭尾翼的设计、火箭副翼的控制计算、推进剂输送系统的管路设计和保温绝热等,而其中最难的是容器制造的冲压、焊接、热处理三大技术难关。当时我在设计院的主要工作就是搞容器的设计与制造。

压力容器有高压气瓶、燃料贮箱和氧化剂贮箱,都是采用铬锰硅钢制造。这种材料虽然强度很高,但缺点是脆性较强,加工时处理不当就会产生裂纹。所以焊接时要特别小心,必须根据工艺要求进行预热缓冷,淬火后要及时回火。另外,大型冲压机床对容器制造来说是一项关键设备。当时我们国家的基础工业十分薄弱,机床设备和制造水平很落后,为了了解和掌握这些设备信息,我几乎跑遍了上海滩的有关单位,最后了解到只有上海锅炉厂有一台600吨的冲压机床可用;上海油轮修造厂虽说有一台1 000吨的冲压机床,但能不能用并不知道,因为据说那是日本战败后的赔偿物资,运到上海后一直未拆箱安装。后来我们与四方锅炉厂协商,由该厂自行设计制造了一台1 000吨的水压机,总算解决了容器的冲压问题。还有,那时华东地区仅有的一台井式热处理炉在上海汽轮机厂,但安排生产要经过华东工业委员会的批准,方可进行容器的热处理。

冲压这道难关是这样解决的。T-5火箭高压气瓶是个半圆球体,当时国内没有大尺寸的铬锰硅钢厚板,只能分成几片拼焊起来。燃料贮箱和氧化剂贮箱的封头钢板仅有1.2毫米厚,冲压时出现了褶皱。如何解决这一难题?为此我走访了母校上海交大压力加工教研室,阮雪榆老师给我指点迷津,帮我出了不少好主意。后来设计院负责冲模设计的同志采用凸梗凹模

交大老校友在校门前合影（前排右二为叶昌浩）

解决了这一问题。当然关键是四方锅炉厂的那台 1 000 吨水压机派上了大用场。

高压气瓶因钢板较厚，采用手工焊接。应该说，我们的焊接师傅的焊接水平还是比较高的。而燃料贮箱和氧化剂贮箱壁厚仅为 1.2 毫米，如采用氧气—乙炔气焊（俗称"风焊"），则变形系数较大，焊接质量难以保证。而手工电弧焊即使采用小直径的焊条，焊条一接触钢板就会被烧穿。因此唯一解决的办法就是采用氩弧焊。氩弧焊，现在马路边做铝合金门窗的小店都有这些设备，但在那个年代，许多工厂里的技术人员或焊接师傅根本就不知道氩弧焊是怎么一回事，在国外这也是一项新技术。而且那时我国的氩气生产质量也未过关，后来还是吴淞化工厂生产出了纯度较高的氩气，才能用于氩弧焊。但没有专门的氩弧焊设备，于是我就摸索着采取土办法，在工人师傅的帮助下，解决了 1.2 毫米薄板的焊接问题。当时在我国的工业领域，采用氩弧焊解决薄板焊接问题的，几乎没有先例，而我们却实现了小批量生产,也算得上是一项重大技术革新和发明创造。

那时我们做高压容器测试,产品需承受 200 个大气压,但是客观条件却很差。试验场地是用草包临时堆积起来的。一次我到现场去测试,产品正处于加压状态,我刚刚测试好一些数据,转身出来没多久,里面的容器就突然发生爆炸,碎片像弹片一样四处乱飞。幸好我早出来一步,否则后果不堪设想。

容器的热处理工艺,直接淬油、淬水试验失败后,我们设法制造了一个喷雾装置,即在装置的管子上钻了许多小孔,通过喷出的水雾,成功地进行了容器的热处理。而对于容器的探伤检测,原来采用的是进口胶片。由于国外的封锁,进口胶片成为稀缺资源,一时采购不到。于是我们就想方设法采用国产胶片来替代,经过多次试验,选用的国产胶片基本达到了进口胶片的效果。

至此,T-5 火箭容器制造中的冲压、焊接及热处理三大难题全部解决。

经过全院上下的共同努力,T-5 火箭终于完成了总装工作。望着我们亲手造出来的火箭,大家心情非常激动。但这一探空火箭距离飞行试验还很远,尤其是发动机缺乏试车条件,整体试验和热试车难以完成,再加上许多部件未达到设计要求,与火箭整体的磨合试验也未做过。为此 T-5 火箭仅试制出模样弹,终因各方面条件的限制,最后决定下马,这是非常遗憾的。T-5 火箭后来作为样品展出,刘少奇、邓小平、李富春、陈毅等党和国家领导人先后前来参观,并对设计院探空火箭的研制工作给予了充分肯定。

T-5 火箭虽然不具备发射能力,但通过 T-5 火箭研制全过程,大家加深了对探空火箭复杂性的认识,以及对系统工程的把握,对以后的研制工作具有指导意义。同时,它还起到了练兵作用,通过实战锻炼了一支队伍。而对我们来说,因为有了 T-5 火箭容器的研制生产经历,以及我们掌握了生产制造工艺,随后 T-7 探空火箭的容器生产就方便多了,完全可以达到批量生产的规模。

后来,因工作需要,设计院派我常驻四方锅炉厂,负责容器生产过程中的工艺技术和质量管理等,保证容器生产满足火箭发射的需要。

2024年5月28日,上海航天老专家在上海交大王希季院士专题展前留影(右三为叶昌浩)

　　回过头来想一想,虽然我们的条件是那样艰苦,但从事的是高科技行业,研制的是高精尖产品。在那个激情燃烧的岁月里,我们完全凭着一股为国争光的报国热情,甚至冒着生命危险,想方设法克服一切难以想象的困难,披荆斩棘,一往无前,在很短的时间内把探空火箭研制出来并发射成功。在那段令人难忘的岁月里,所经受的教育和锻炼,对于我们今后树立艰苦奋斗、脚踏实地、实事求是、理论联系实际的工作作风是非常难得的,也是永生难忘的,为我们日后在各个岗位上创业干事打下了良好基础。

　　我在四方锅炉厂任驻厂代表约4年。其间,党中央对机电设计院和上海机电二局(上海航天局前身)的专业分工进行了明确,即机电设计院不仅继续搞探空火箭,同时进入卫星回收领域,并整体搬迁到北京,体制上划归七机部,后更名为508所。上海机电二局不参与探空火箭业务,以搞防空导弹为主,并将机电设计院一部分科研人员留下,转行搞导弹,支援刚刚起步的上海航天事业。

　　因为机电设计院搬迁到北京，我被调到上海办事处，继续帮助机电设计院协调与外联单位业务方面的工作。办事处设在中山南二路、东安路那边。没多久，根据组织上的安排，我离开了办事处，于1967年初调入邮电系统的520厂。从此，我便结束了数年的航天历程。

　　虽然我在机电设计院工作的时间并不长，前后加起来共8年。但那一段特殊的航天经历让我十分留恋，也感到非常自豪，并潜移默化地影响着我的一生。

叶昌浩在上海南汇嘴观海公园留影

　　另外，由于我在交大没毕业就被抽调到机电设计院，书没读完，也就没有拿到文凭。想想我在高科技单位工作，没有学历总感到脸上无光。于是经过一番努力，1960年我考进了上海工学院夜大学。在读期间，有幸与两位交大老师赓续缘分。教我们材料力学的是熊树人老师，他当年从交大调到厦门大学，后又回到上海，在上海工学院任教。因为我在交大读书时，熊老师曾经教过我们材料力学课。一天上课时，熊老师认出了我，他十分惊奇地问："你不是已经毕业了吗？怎么又来上课啦？"于是我就把交大未毕业去机电设计院的情况向他作了简单介绍，他才明白怎么回事，并勉励我继续好好读书，将来必有用处。还有一位华申吉老师，是教机械原理、机械零件的，水平很高，课上得非常好，广受学生欢迎。后因种种原因，他从西安交大回到上海工学院任教，听说只是个临时授课老师。

再有就是补发交大毕业文凭之事。我们这批学生是当年未毕业提前离校的，所以当时没有拿到交大的毕业文凭。"文化大革命"结束后，一批和我有着同样经历的同学，通过各种渠道与母校进行沟通，最终取得校方的理解，同意补发文凭，并请王希季认可签字，证明我们这批同学虽然提前毕业，但在机电设计院期间继续得到深造。1983年，我终于拿到了由老校长谢邦治签名的上海交大毕业证书，由此成为名正言顺的交大毕业生。

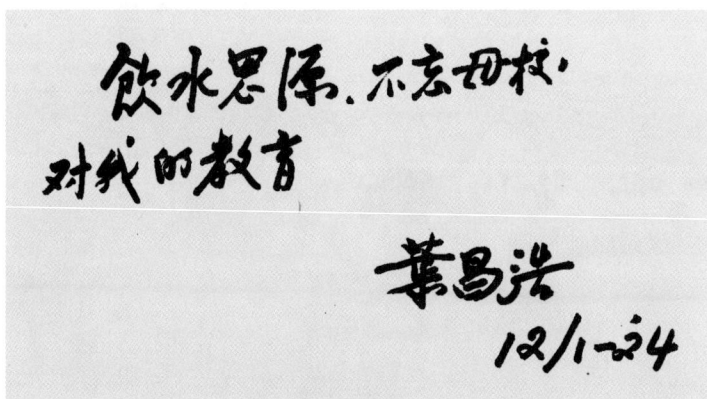

叶昌浩为母校题词

王礼恒

王礼恒，1938年12月生，江苏镇江人，导弹动力技术和航天工程管理专家，中国工程院院士，国际宇航科学院院士。1957年考入交通大学上海部分船舶制造系，1958年抽调至工程力学系。1962年加入中国共产党。同年毕业于上海交大工程力学系火箭发动机设计与制造专业。历任航天工业部三院副院长，航空航天工业部总工程师、副部长，中国航天工业总公司常务副总经理（国家航天局副局长）、党组副书记，中国航天科技集团公司总经理、党组书记、科技委主任。第九、十届全国政协委员。主持我国第一个海防导弹固体发动机的研制，成功用于反舰导弹，取得重大技术跨越。任航空航天工业部"5星工作组"组长，首次在一年内成功发射5颗卫星。任载人航天工程副总指挥，领导和组织试验飞船、运载火箭的研制与试验，完成神舟一号、二号的发射和回收。同时领导和组织了武器装备和卫星的研制，5种新型卫星的首次发射均获成功。荣获全国科学大会奖、国家科技进步奖特等奖2项。2007年荣获中国航空航天"月桂奖"终身奉献奖。

在访谈中，王礼恒多次感恩母校交大对他的培养，认为在求学期间不仅学到了专业知识，而更重要的是，交大在教育学生怎么做人做事，以及在人格塑造、道德修养、政治进步等方面给予深切关怀，使他得到茁壮成长，为日后承担科研任务、走上航天领导岗位奠定了基础。他还表达心语："党和人民铸就了航天辉煌，航天事业的蓬勃发展培育了我，我将弘扬'两弹一星'与'载人航天'精神，为事业的发展继续奋斗！"

为航天事业奋斗终身

口述：王礼恒

采访：欧七斤、游本凤、孙萍

时间：2023 年 9 月 25 日

地点：北京市中国航天科技集团有限公司总部

记录：游本凤

整理：游本凤、孙萍

满满的交大记忆

我 1938 年出生在江苏镇江，上海解放前夕在上海待了一段时间，上海解放后去了苏州。我读的小学是一所老学校，以前属于教会学校，后来改成苏州市第三中学。从小学到初中再到高中，我的青少年读书时代都是在苏州度过的。1957 年高中毕业面临高考时，原先准备报考交大，但适逢交大西迁，留在上海的部分组建上海造船学院、南洋工学院。那时我选择报了这两个学校，最终被上海造船学院船舶制造系录取。9 月到上海报到时，上海造船学院船舶制造系已改为交通大学上海部分船舶制造系。为什么要报考船舶设计与制造这一专业呢？说来与我的家乡有关，因为我出生在长江沿岸城市镇江，小时候经常在长江边上看着轮船来来往往。因此，我对船的印象特别深刻，也始终对船充满感情，从小就产生了长大后要造船的理想。

刚进学校读大一时，我们在徐虹路分部读书，这里是原来的立信会计专科学校校址。印象最深的是教务长杨槱老师亲自给我们讲船舶概论。杨槱先生 20 世纪 40 年代从英国格拉斯哥大学造船系毕业，是中国船舶界的第一位院士，也是中国船舶设计学科的开拓者，被誉为中国船舶界的泰斗。能听到闻名遐迩的大师讲课，真是交大学子的幸运。

杨槱教授给学生讲授船舶概论课

还有罗祖道老师，他是交大 1944 届机械系毕业生，是研究结构力学的，资格很老。那时他刚放弃在美国的优越工作条件，冲破阻力，回国任教。他也给我们上过课，课讲得很精彩。

何友声老师（后担任交大党委书记，中国工程院院士）虽然没给我们上过课，但我工作后和何老师接触比较多，尤其是搞水下某型号时，何老师帮我们出了很多主意，给了航天型号科研工作很大的支持。

1955 年钱学森回国后，在创建中国航天事业的同时意识到培养人才的重要性，于是在清华大学办了一个工程力学研究班。这个班学的课程很前沿，与航空航天高端技术密切相关。办这个班的目的就是培养航空航天领域的专业人才，后来这些学生绝大多数都成为国家急需的国防军工的领军人物或科技精英。何友声参加了力学班的学习，还担任力学班党支部书记。1958 年夏，何友声从力学班回到了交大。当时，交大结合形势及国家需要，决定开设工程力学、工程物理等新系。工程力学系主要是为将来研制火箭做准备。当时钱学森在国防部第五研究院(俗称"老五院")主要抓导弹这一块，即东风系列地地导弹。火箭的研制还没有正式列入国家计划。火箭作为发射卫星的大型运载工具，在我国仍然是空白。中国要进入太空，首先必须将火箭搞出来。而火箭的关键部分就是动力，火箭产生动力主要依靠两种燃料，一种是固体燃料，一种是液体燃料。工程物理系主要为我们国家研制核武器而培养这方面的专业人才。为创办这两个新系，学校决定从船舶制造系和其他系抽调一些学生到新的专业去学习。

正是在这一大背景下，我于 1958 年从船舶制造系调到工程力学系。虽然我对造船很有感情，对离开这个专业有点依依不舍。但那时的年轻人都很单纯，一切都听党的话，服从组织分配。所以学校抽我们这批人到新的专业，我们完全服从组织上的调动，认为这是国家的需要和组织上对你的信任。今天通知你，明天就去报到，什么话也不用说。在那个年代，我们这一代人都是这样的。

工程力学系的教学楼就是现在上海交大徐汇校区新建楼。到了新专业，学校要求我们学生首先把基础打牢。原来我学的是造船，从力学的角度来讲，以流体力学为主。到了工程力学系，除了学习理论力学外，还要学空气动力学、结构力学、材料力学等。老师在讲课中也特别强调，力学是一切学科的基础，尤其在工程制造业中的地位非常重要，只有学好力学，才能胜任未来的各项科研工作。

学校为了办好工程力学系，从各学科抽调最好的老师来给我们上课，有些老师还是从国外留学回来的。尤其是到了上专业课的时候，给我们上课的老师是苏联哈尔科夫工学院(今乌克兰哈尔科夫国立理工大学)的老师，讲火箭发动机等专业课程，让我们真正接触到了航天知识。

我觉得那几年的学习非常有收获，对日后踏上社会、进入工作岗位打下了很好的基础。交大特别注重教育学生掌握正确的学习方法。方法很重要,科学的方法能帮助我们提高学习效率,取得良好效果。交大还注重培养学生的思维能力、活动能力和动手能力。那个年代强调教学与生产相结合,所以我们读书的第一年就到船厂去实习,下车间跟着工人师傅学。记得我去的是上海求新造船厂,在黄浦江边。虽然我们学的是造船专业,但都是书本上的知识,对船舶的结构、制造过程、工艺流程、工程管理等实践知识一无所知。而这些必须深入生产第一线,通过亲身实践,才能了解、体会。这就是理论与实践相结合,并在实践中获得真知。后来,学校结合我们所学的火箭发动机专业,专门安排我们去上海机电设计院参与探空火箭的实践活动。记得有一次我们固体发动机专业的同学运送火箭发动机固体燃料去军工路一家单位时,途中发动机固体燃料突然着火,导致一位女同学的脸部被烧伤。虽然发生了意想不到的事故,但并没有吓退我们,同学们依然坚持实习,以求学到更多的知识。总之,大学期间的实习经历是短暂的,但对我们的帮助很大,让我们受益匪浅。

在交大读书时,感受很深的是,学校除了教我们学知识学专业外,还特别注重对学生综合素质的培养,教育我们怎么做人,怎样做事,以及在人格的塑造、道德和修养等方面的关怀,尤其关注学生在政治上的成长,走又红又专道路。我就是在学校的教育下,政治上要求进步,主动参加各种活动,积极向党组织靠拢。1962年我在交大加入了中国共产党,毕业时是预备党员,分配到航天单位后转正为正式党员。

在校五年,我们除了读书,社会活动也很多,反正那时年轻,精力充沛,能参加的活动我都参加,包括学生会的工作。我在学生会里还当过几年秘书长。那时学生会主席是龙乐豪(1963届无线电系自动控制专业毕业生,后来成为运载火箭总设计师、中国工程院院士),但具体的事情都是由秘书长来做的,我也乐在其中,工作热情很高。现在看来那时所做的一切都很值得,这也是培养和锻炼一个人的过程。

学校还很重视校史教育,我印象中交大校园内有座烈士纪念碑,两位烈士叫史霄雯、穆汉祥，史霄雯是党的外围组织"新青联"成员，穆汉祥是地下党员，他们在上海解放前夕遭到国民党特务逮捕而英勇牺牲的。学校多次组织同学们进行祭奠活动，让同学们懂得，两位烈士身上凝聚着交大精神、交大力量与交大风骨，永远激励着一代代交大人。

校园内有大草坪，环境相当不错。校门口是交大的老图书馆，我们经常去图书馆读书或备考，查阅各种资料。另外还有新上院，院门口有棵大树，好像是广玉兰，开花时散发出阵阵馨香。我和同学们每每走过那里，总要在树下停歇一会儿，呼吸醉人的芳香。

交大善待学生，给我们留下了美好记忆。现在想想，在那个国家困难的年代，交大的住宿、伙食及后勤保障等都安排得很周到，解除了学生的后顾之忧，使得学生能安心读书。

总之，在校期间，各种各样的活动都不缺，就是体育锻炼少了点。

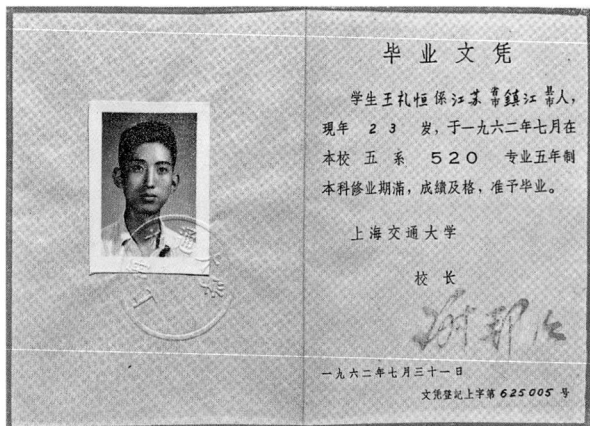

王礼恒的上海交大毕业文凭

从航天科研转型管理

1962年，我从交大毕业后，被分配到了国防部第五研究院，去报到时还发生了一个小插曲。那天到了老五院，接待的人说，分配我到国防部第五研究院三分院(简称"航天三院")。三院在北京长辛店的西边,那地方叫云岗。他叫我下班坐班车去报到。后来又通知我说,不对,是我们搞错了,你应该去750报到,等人齐了再走。750是一个搞固体燃料的基地,在四川泸州那边。我们读书时,老师曾提示过我们,在泸州那里有一个固体燃料基地,与你们所学的专业对口。因此那人说分配我到四川泸州时,我虽无思想准备,但没有半点怨言。就在快要下班时,那人又急急忙忙跑过来,说实在对不起,是我们搞错了,你原来就是分到三院的,赶快回房间去拿行李上车。就这样,我留在了北京。

虽然这只是一个分配上的小插曲,但对我本人来说,并没有什么异样感觉,我认为作为一名党员,应该服从命令听从指挥,说在北京就在北京,说到泸州就到泸州,不计较个人得失,党指向哪里就奔向哪里。

王礼恒接受母校采访

到了三院,我被分到下属一家研究所,叫火箭发动机工程研究所(代号22所)。我在交大学的就是火箭发动机专业,即以苏联的地地导弹(东风一号)发动机为主要教材。应该说专业上还是对口的。因为交大教给了我良好的专业基础,再加上我平时也注重学习和钻研,很快便进入了角色。总的来说,那段时间我虽然是个刚毕业的大学生,也没有什么工作经验,但对所做的工作还是蛮有成就感的。

到了20世纪70年代，当时三院归海军管理，主要搞海上型号，所以叫海军三院。我和同事一起投入一个新型号的研制中。这个型号是白手起家，我主要参与发动机的设计和研制。该型号后来做得很好，任务圆满完成，所以我第一次获得国家科技进步奖特等奖，我在动力系统获奖者中排名第一。后来所里任务调整，叫我参与冲压发动机的研制。冲压发动机是由空气压缩加煤油燃烧，然后产生推力，应该说与火箭发动机的差别还是很大的。其间，我参与了冲压发动机有关部件的研制设计，取得了一些科研成果。

在我的航天经历中，我曾三次被越级提拔，这在航天领域内确实不多见。记得在22所工作时，经过一段时间的锻炼，我的能力得到了领导和同志们的认可，被提拔担任了研究室的副主任。接下来，我连研究室的主任也没当过，就被调到31所当副所长，等于直接跳了一级。在副所长位子上干了两年，也没当过所长，又被直接调到三院当副院长，等于又跳了一级。在副院长任上，分管航天产品的规划、计划、经费、预先研究和科研生产的组织协调等。1988年，航天部与航空部合并，成立航空航天工业部时，我又从副院长的位子上直接调到部里当了总工程师，又是一次跳级晋升。那时航空航天工业部部长是林宗棠，航天方面的副部长有刘纪原、孙家栋等。1993年，航空航天工业部撤销，各自成立了中国航空工业总公司和中国航天工业总公司。刘纪原为中国航天工业总公司的一把手，我是二把手，职务是党组副书记、常务副总经理，分管的业务也比较多，联系8个司局。

1990年，航天计划一年要发射5颗卫星。在那个十年磨一剑、数年造一星的年代，是很了不起的，不像现在发射火箭、卫星很频繁，一年几十发、几十颗。为了确保成功，航空航天工业部成立了一个5星工作组，我当组长。其间，我把系统工程管理方法应用于5星的研制、生产管理中，解决了研制能力、计划进度、质量保证和故障排除等矛盾和困难。我还经常前往相关单位进行调研。一次我到火箭技术研究院（一院），院长是沈辛荪，也是交大毕业的。我了解到两级火箭在对接时，贮箱共底出现了问题。沈院长认为这个问题蛮棘手的，一下子难以解决。但 5 星发射计划是部里定下的，必须全力确保。如果火箭不行，卫星等于没了运载工具，怎么上天啊？于是我和沈辛荪等院领导商量了半天，后来决定，即使遇到再大的困难也要干。应该说，沈辛荪作为交大校友，对我主管的工作还是很给力的。经过一院上下的共同努力，最后解决了火箭问题，使得 1990 年 5 颗卫星全部发射成功。当然，用现在的眼光来看，一年发射 5 颗卫星很不起眼，但是在 30 多年前，那时的航天技术与今天相比简直是天差地别，要把 5 颗新型卫星发射成功确实很不容易。尽管客观条件不好，但我们航天人有一股冲天干劲，没有条件创造条件也要上，航天精神激励着我们勇往直前。

　　早些年让领导班子比较头疼的就是火箭经常发射失败。如 1992 年 3 月 22 日，长征二号 E 捆绑火箭在西昌卫星发射中心发射美国的澳星，4 个助推器点火后却没飞起来，那场面惊心动魄。幸好火箭没有倒下，否则后果不堪设想。因为那次发射的是外星，中央电视台在发射现场进行实况转播，因此全世界都高度关注。那几天林宗棠部长和刘纪原副部长都在西昌基地发射场，我在北京主持工作。当时正好又是全国"两会"召开期间，火箭发射出了那么大的问题，故障原因也一下子搞不清楚，于是林宗棠和刘纪原便集中精力在前方指挥，组织人员尽快查找问题。然后他们还要商量下一步安排，每天晚上给我打电话，通报基地情况以及后方应提供的支持。那几天确实很紧张，压力也很大，忙忙碌碌中还始终牵挂着前方火箭排故的情况。有一天在开会的时候，我突然觉得胸闷，很难受。有人赶快叫来了医务室的医生，医生拿着心电图仪器来到会议室，对我进行检查。我说，我正在开会呢，怎么检查？医生说，那你出来一下，到办公室里做。一做心电图，发现是心肌梗死。医生惊呼，心肌梗死很危险的，你必须马上停止开会，到医院去治疗。我说不行，等开完会再说。医生说，你命都不要了，冒着生命危险开会。但我全然不顾，一直坚持到会议结束，才住进阜外医院。那时我们顶着巨大的压力，为了党和国家事业，拼了命干，现在想想很值得，但也有点后怕。

王礼恒向母校采访人员讲述航天人生经历

　　1993年航空航天工业部分家后，有一段时间我曾管过三线单位建设。通过深入三线单位调研，眼见为实，掌握了大量的第一手资料，感到三线建设很不容易。当时在大城市的航天单位都积极响应国家"备战备荒"的号召，纷纷搬迁到偏僻的山沟建设军工厂，如贵州的遵义地区、重庆的大巴山地区、陕西的秦岭地区、内蒙古的塞外高原等。广大三线人长年坚守在荒凉偏僻的大山里，艰苦奋斗，默默无闻，为建设三线企业做出了巨大牺牲。那几年，凡是航天系统的三线基地我都跑过，一年中有好几个月都在大山里转。比如说遵义的061基地，说起来是遵义，实际上在远离遵义的娄山关，就是当年红军长征经过的地方，那里到处是山沟，环境恶劣，正如人们常说的"地无三尺平，天无三日晴"。即使在如此艰难的情况下，航天三线人仍然以大局为重，无论是当年的搬迁，还是后来的坚守，一切都是为了国防建设的需要。记得他们那时有一句口头禅，叫作"献了青春献终身，献了终身献子孙"，我每次去，都被他们的奋斗和献身精神所感动。

　　通过实地考察，我深深知道三线单位由于受到客观环境的制约，不仅生存发展很不容易，而且各方面的矛盾重重，严重影响了科研生产的进展和职工队伍的稳定。我国大量三线单位的生存发展难题，引起了党中央的高度重视。为了解决这一长期积累的矛盾，中央决定将山沟里的三线单位逐步搬迁到相关大城市，一揽子解决这一历史"后遗症"。那时国务院副总理邹家华是三线调迁领导小组组长，我是领导小组成员。三线单位搬迁是党和国家审时度势、顺应发展做的一件大好事。在涉及搬迁的具体问题上，我认真听取各方面的意见，只要是合理可行的，就尽量满足。因为调迁工作本身就是一项庞大的系统工程，牵涉面广，要靠大家来干。我的原则是，按照事业需要，合理配置资源。所以，虽然整个三线单位的搬迁工作量浩大，许多事情还涉及各级地方政府，关系错综复杂，但最终还是圆满完成了几大基地的调迁任务，为三线单位的未来发展奠定了基础。

王礼恒与母校采访人员合影（左起：欧七斤、王礼恒、游本凤、孙萍）

肩负航天发展重任

1999年，国家决定对我国军工体制进行改革，即将原先的五大军工企业改制为十大军工集团公司。这样，原来的航天工业总公司分别成立两大集团公司。那时候刘纪原同志决定退了，中国航天科技集团公司首届主要领导由我来担任。

我上任后遇到的第一件事就是1999年的5月8日，以美国为首的北约组织轰炸了我国驻南斯拉夫大使馆，造成多人死伤。对此，我国政府予以强烈谴责。那天，我是在去太原卫星发射中心的路上听说此事的，而正好太原基地要发射我们的长征四号乙运载火箭，发射的是风云一号C气象卫星。一听到这个消息，大家都义愤填膺，决心用成功发射我们的火箭来回击美国人的嚣张气焰，扬我中华民族志气。于是，关键的问题是这次发射无论如何不能出问题。而那时，我们的火箭质量不是100%的可靠，这就给了我们很大的压力。所以，到了基地后，我在动员中要求试验队一定要牢记使命，肩负重任，严慎细实做好发射前的每一项工作。有问题宁可不发射，等彻底解决了再发射，必须确保此次发射取得圆满成功。同时，我和专家们深入一线，听取汇报，了解情况，指导发射。型号"两总"（型号总指挥、型号总设计师）也严把质量关。试验队员心系星箭，把"双想"（回想和预想）工作做深做细。这样，仅仅过了两天，长四乙火箭傲然升空，打出了中国人的气势和威风。这次成功发射的社会效应非常好，举国上下一片欢腾，各家媒体也是盛赞航天，营造了良好的舆论氛围。而且外媒报道也很及时，说中国的反应很快，对火箭的成功发射好评如潮。航天作为大国重器，其发挥的重要作用确实鼓舞人心，令人振奋。

那时候，我们新一届领导班子上任后遇到了几个比较大的问题，也是中国航天发展的"瓶颈"问题。从航天工业总公司转型到航天科技集团公司后，我们力求去行政化，走市场化，勇于承担国家赋予我们建设航天强国的重任。我们第一届班子经过认真研讨，决定干几件大事，即"两大两小、两发动机"。"两大"就是大火箭、大卫星，"两小"就是小火箭、小卫星，"两发动机"就是大推力液体发动机和氢氧发动机。

第一个大的问题就是长征五号大火箭到底要不要搞？确实，长征五号技术难度高、投入大、研制周期长，究竟要它干什么？业内对此有不同看法。

因为这个项目在前期我们已经做了很多深入的调查研究,分析权衡,最终大家的意见基本趋于一致。应该说,当时我作为集团公司一把手,我的意见权重很大。我们经过认真讨论后,决定干。虽然长征五号的研制过程历经艰难坎坷,但最终成功了。长征五号是目前中国运载量最大的火箭,近地轨道可达到 20 吨以上。可以说,长征五号的成功意义非凡,如今中国空间站各个舱段的发射和建成,以及嫦娥五号探测器登月取样返回、天问一号探测器成功登陆火星,都是利用长征五号发射的。长征五号为赶超国际运载先进水平、建设航天强国立下了汗马功劳,同时也验证了我们当时的决策是正确的、英明的。

2004 年 5 月 10 日,王礼恒在北京中国空间技术研制试验中心

另一个大的问题就是我们要不要自主开发大容量的通信卫星。当时世界通信卫星技术飞速发展,并不断蚕食我国的通信卫星市场。面对这样的形势,我们必须加紧开发新一代大容量、长寿命、高可靠的大卫星,即后来的东方红四号卫星。原来该项目已经决定跟法国人合作,有关人员带着标书去了两次欧洲,与他们就如何加强合作进行了深入洽谈。后来我们经过反复商量,最后

认为还是以我为主搞大卫星,不能以外国人为主,核心技术和主动权不能掌握在别人手里。后来经过航天人的不懈努力,我们不仅研制成功了大卫星,而且主动出击,在激烈的国际竞标中,一举击败了美、法、英、意等国家的 21 个公司,成功拿下尼日利亚通信卫星一号合同,开拓了国际卫星市场的新局面。如今,我们已经成功发射了基于东方红四号平台的 30 颗通信卫星,彻底扭转了我国广播电视领域长期依赖别人、受制于人的被动局面。同时实现了 8 星出口有关国家的目标,在国际市场打响了中国通信卫星的品牌。后来我们在东方红四号的基础上,又成功开发性能更先进的东方红五号大型卫星公用平台,与欧洲最先进的 Alphabus 通信卫星平台指标相当,部分指标甚至超过了 Alphabus,整星重量可达 7 至 9 吨,通信能力是东方红四号平台的好几倍。

还有小卫星、小火箭要不要搞? 我们班子也是反复讨论,最后决定搞适应市场化的小卫星公司。卫星小型化、自动化、数字化的提升,以及走市场化的道路,这是卫星发展的必然趋势。在这件事情上,上海交大原党委书记马德秀给了我们很大支持,马德秀当时在国家发改委任高新司司长,正是由于她的支持,给了我们很大的信心。当时决定成立东方红卫星公司,这个公司后来发挥了很大作用,带动了卫星产业化的发展。东方红卫星公司的成功上市,为航天产业创造了效益,打响了品牌。至于小火箭我们也决定搞,并积极推动其产业化、市场化。如今小火箭已经很多了,包括民营企业家搞的小火箭,与航天的"正规军"相辅相成,相得益彰。

过去我们的火箭发动机以常规燃料为主,低温的液氧/煤油火箭大发动机我们从来没有研制过,之前基本上是依靠苏联进口。这就等于航天的核心技术掌握在别人手里,不利于未来发展。所以,我们当时定下的几件大事情中包括自行研制新一代发动机。我们知道,发展航天,动力先行,动力很重要。正是在我们的坚持下,历经十多年的不懈努力,攻坚克难,终于将液氧/煤油大发动机研制成功,摆脱了"卡脖子"的困境。

我国载人航天工程上马后,我曾当过载人航天工程第二任的副总指挥,主要负责火箭和飞船的研制。载人航天工程是由中央专委会抓的一项重大工程,技术含量高、系统复杂、涉及范围广,举国关注,举世瞩目。工程越是重要,给我们的压力也越大。尤其飞船载人,人命关天,必须上得去,回得来,不能有半点闪失。

记得 1999 年 11 月发射神舟一号无人飞船,那是一次在国内外影响很大的发射活动。其间我一直在酒泉基地,为了稳妥可靠,确保成功,要求试验队反复回想问题,还有哪些薄弱环节,以及不放心的地方。记得当时有位同志提出飞船上某个程序设置可能有点问题,会影响点火程序。于是我们就组织专门队伍复查验证,最后认为这位同志提出的意见是对的。为了表彰这位同志认真负责、一丝不苟的精神,我们决定当场奖励他 2 000 元,起到了很好的表彰激励作用。后来神舟一号发射取得圆满成功,揭开了我国载人航天工程飞天的序幕,惊动了全世界。

在发射神舟三号的时候,也碰到了质量问题,主要是船舱与船舱之间的穿舱插头接触问题。船舱与船舱之间一共有 58 个插头插座,当时发现有一

2003 年 10 月 23 日,王礼恒参加中国首次载人航天飞行圆满成功庆祝大会,背后站立的三位航天员左起:翟志刚、杨利伟、聂海胜

个插头接触不良,并且在现场排除了故障。按理说这个故障属于个案,排除就行了。但是我们以严格的质量要求来对待这一问题,商量下来决心暂缓发射,重新设计生产,从根本上解决问题。我们宁可把试验队员全部撤回去,推迟三个月发射,也要把这一问题彻底解决。后来我还专门到河南生产插头插座的工厂现场检查,做到眼见为实。通过一番整改,虽然延后了发射时间,但最终确保了成功。对我们航天来说,成功是硬道理,没有成功,一切都免谈。尤其对于载人航天工程,涉及航天员的生命安全,更要从严管理,把高质量和高可靠放到最重要的位置。这是我们始终坚持的原则。

集团公司成立两年多后,正逢党的十六大即将召开,那时刘纪原是中央委员,我已年届 63 岁,从培养接班人的角度考虑,我主动提出退下来。经组织任命,张庆伟接任集团公司的一把手,当时张庆伟只有 41 岁。

退下来后,我就到集团公司当科技委主任。虽然卸任了,但也没有闲着,我们策划了一个重大专项,得到党中央的支持。同时,我们对航天的未来发展加强研究,如航天强国等重大战略的研究,我们做了三轮,对于中央确定航天未来发展定位起到了很大作用。航天强国的标志是什么?我们在研究中提出了三级指标体系,共有好几十项。从宏观上来说,我们现在还是航天大国,正在朝着建设航天强国的目标努力奋进。但是我们的空间站胜利建成并充分发挥它的作用,此举可以说我们已经进入世界航天强国的行列,这是一个标志性的航天工程。接下来标志性的航天工程就是中国的探月、登月,我们的嫦娥五号已经做到了落月采样返回,如果载人登月成功,这将是航天强国的又一个重要标志。目前,我们国家已经向全世界明确宣布,将于 2030 年前实现载人登月的目标。再下一步,即到2045 年前后,在某些重要领域走在世界前列,如探测火星、探测小行星及取样返回、更加遥远的深空领域探测等。但在建设航天强国的过程中,我们尽量做符合中国国情、适合中国国力的事情,没有必要样样去争世界第一。

另外,我还牵挂着一件事,就是想搞一个中国航天博物馆。现在我们在北京有一个航天博物馆,那是早年航天一院搞的,以展示运载火箭技术和产品为主。随着中国航天事业的大发展,我们在火箭、卫星、导弹、载人航天、深空探测等领域都取得了举世瞩目的成就,中国航天的辉煌成就已经得到了世界的公认。这些航天成果都要大力展示和宣传,进一步扩大影响,培养青少年的航天激情,用航天精神提振国人信心。习近平总书记高度重视博物馆事业的发展,记得他在一个座谈会上强调,要把各类博物馆办好,传承中华文化,增强文化自信。因此,我们9个老专家就建设中国航天博物馆之事专门给习近平总书记写了封信,后来中央办公厅也派人来听取意见。作为一名老航天人,希望中国航天博物馆能早日立项、早日建成。

2007 年,王礼恒荣获中国航空航天"月桂奖"终身奉献奖

感恩母校思源情

我常说,是交大培养了我,永远感恩不忘。但我觉得,我对母校的回报却远远不够。2008 年,上海交大成立航空航天学院,在征求我的意见时,我表示积极支持,并于当年受聘为航空航天学院名誉院长。我认为,当今社会

已经进入信息化、数字化、智能化、云计算时代,与传统的航空、航天概念有着很大的不同。在这样的情况下,交大航空航天学院该如何建设发展?必须认真思考和研究,要与时俱进,跟上新时代、新形势的发展步伐。

2008 年 9 月 28 日,王礼恒回母校参加航空航天学院成立典礼,并担任名誉院长。图为王礼恒在学院成立典礼暨民机设计特班开学仪式上讲话

另外,我还先后担任了上海交大董事会名誉董事、管理学院兼职教授、机械与动力工程学院名誉院长、空天院战略专家委员会主任等职。这么多荣誉加身,难免无暇顾及,让我感到受之有愧。

2006 年,交大迎来 110 周年校庆,我接受邀请,欣然前往。记得那天在闵行校区的一个大会议室,只见门开了,先是时任上海市市长韩正进来,接着江泽民同志进来了。江泽民主动向我招了招手,我赶紧站起来,也向他招了招手。散会之后,中央警卫局局长由喜贵跟我说:王总,你快点过来,见见江总书记。当时江泽民同志就跟我说:哎呀,现在我离开北京了,过去咱们在北京还经常见面。我想,不能说经常见面。我说,我经常在电视里见到您。

第二天,我与韩正一起坐一辆面包车前往西郊宾馆,车上韩正告诉我,昨天江总书记一进门，就对他说："那不是王礼恒吗？"说明江总书记对我的印象很深啊。我想，为什么江泽民同志对我印象那么深？应该是江泽民同志刚到北京的时候，当时小平同志给他出了3个题目，要他研究研究。江泽民同志就找了3个人到他办公室商量这件事。3个人中有我。商量完之后，江泽民问我：老王，你是不是留苏的？我说不是，我是交大的。一说到交大，他对我的印象就会很深刻，因为我们是校友呀。所以，虽然相隔那么长时间了，但他一下子就认出了我。

我与钱学森同为交大校友，也是人生的幸运。过去在老五院时，钱学森主管技术，那时有个系统科学研究院，钱学森在那里办班，由他亲自上课，讲的就是系统工程理论、系统工程管理。所以到现在为止，大家一致认为钱学森的系统工程理论仍然发挥着重要作用。例如钱学森讲系统工程的观点，认为在我们的科研或管理工作中，所追求的应该是系统的最优，而不是追求每一个分系统的最优。你把所有最优的分系统都加在一起，也未必是最优的，因为还涉及人力、成本、进度等综合因素。我们无论做一个火箭、做一枚导弹、做一颗卫星，都是一个大系统。比如讲我们的飞船是最优的，但是我们没必要追求飞船上每一项都达到第一，关键是要把所有资源组合好，发挥各自的最大效能。钱学森对系统工程的科学阐述，给我的印象很深刻。

早年我在三院工作的时候，听说每个礼拜六的下午，各个院分管技术的副院长都会去老五院，由钱学森主持一个类似于现在的小型技术研讨会，这就是我们航天系统历来比较强调和注重的发扬技术民主。按照钱学森的观点，一个人的能力毕竟是有限的，必须依靠众人的力量和智慧，这就需要用系统工程的理论进行指导。这点对我的影响很大，在几十年的工作中，我始终注重系统思维，通盘考虑，优化配置，并自觉地去这样做。

我虽然没有听过钱老关于系统工程的课，但他的系统工程思想一直影响着我。尤其是到了领导岗位后，做事和想问题，都习惯用系统工程思想作指导，受益颇多。后来，我和钱老不仅由于工作关系经常见面，而且多年来和钱老住在一个航天大院里，我住的楼和钱老的楼就隔着一条小马路，经常能与他儿子钱永刚见面。

另外，我对曾当过交大老师的王希季的印象也很深。虽然我没有听过他的课，但他是我们工程力学系的教授，有时能见到。所以作为交大老师也好，航天同事也好，王希季是当之无愧的老前辈，而且他在我国航天事业初创时期就担任型号负责人，是为数不多的"两弹一星"元勋之一，我一直对他十分敬重。后来我们一同在航天系统工作，尤其是我调到部里后，我们的接触比较多。那时王希季是508所所长，所里有些活动，只要有空，我总会去。再后来，国家设立16个重大科技专项，里面有个高分辨率对地观测系统专项。由于该专项采取双组长制，我们两人都担任了组长。前几年，王希季夫人去世，我特意去参加了追悼会，以表达对王老夫人的哀悼及对他本人的崇敬之情。

2012年，是我们那一届毕业五十周年，又适逢上海交通大学116周年校庆，学校邀请我参加有关纪念活动。不巧的是，我当时正在海南出差，无法

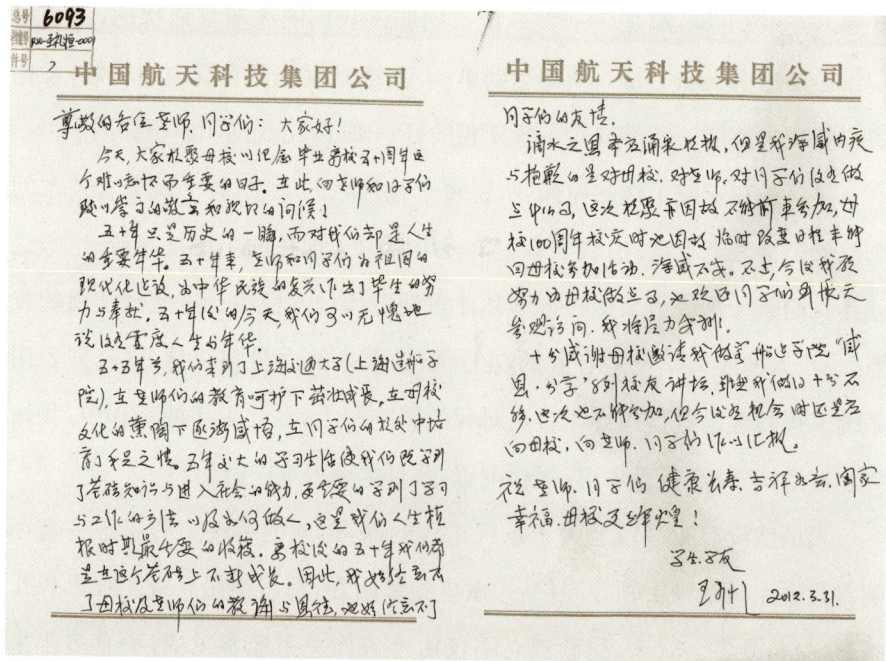

2012年王礼恒贺信，祝贺母校116周年华诞

出席。我特地写了一封信，祝贺母校华诞。信中写道："五年交大的学习生活使我们既学到了基础知识与进入社会的能力，更重要的是学到了学习与工作的方法以及如何做人，这是我们人生植根时期最重要的收获。"

确实，交大根基深、作风好，注重教育人、培养人，一百多年来始终坚持这个方针，为国家和社会培养了各类优秀人才，包括许多高层领导、社会精英、名人学者，这是很了不起的成就。

在120多年的办学历程中，交大形成了优良的校风、学风和光荣的传统，是享誉海内外的综合性高等学府。我认为，一所学校的学风很重要。从这个角度讲，要坚持和发扬下去。当然现在科技进步发展很快，形势变化也很大，高校如何适应新形势的发展，这也是一个重大课题。我作为交大的学子，希望交大肩负重任，尽快适应新形势，推动教育改革和发展。交大作为百年名校，有着良好的基础，希望有更美好的未来。

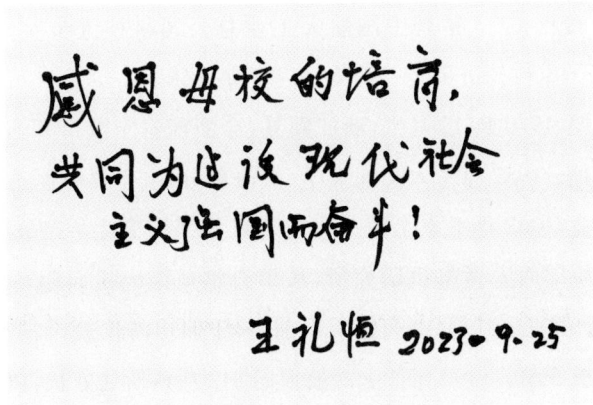

> 感恩母校的培育，
> 共同为建设现代社会
> 主义强国而奋斗！
>
> 王礼恒　2023.9.25

王礼恒为母校题词

朱梅芳
林绍煌

朱梅芳，1940年7月生，上海松江人。高级工程师。1960年考入上海交通大学电机工程系电器制造专业。1965年毕业分配到七机部二院22所，9月底随22所从北京整体搬迁上海，改为上海机电二局22研究所（今上海航天局控制技术研究所，即803所）。先后参加红旗六十一号防空导弹综合放大器、振荡器研制工作，风暴一号火箭控制系统内综合放大器设计工作，新一代ST-3和ST-4计算机实时控制三轴飞行仿真转台研制工作，并担任ST-4转台工程组组长。参与研制的ST-3转台1995年获中国航天工业总公司科技进步奖一等奖，1996年获国家科技进步奖三等奖。1997年退休。

林绍煌，1940年12月生，浙江鄞县（今浙江省宁波市鄞州区）人。高级工程师。1957年考入交通大学（上海部分）电工器材制造系电机与电器专业，1962年考取上海交大电机工程系研究生。1966年毕业分配到一机部西安微电机研究所，从事自整角微电机研制。1976年4月调入上海机电二局（上海航天局前身）下属上海仪表厂，从事航天用陀螺电机研制。1990年任上海航天局812所科研处处长，负责预先研究、载人飞船、风云系列卫星、合成孔径雷达卫星等技术协调工作。1985年荣立上海航天局三等功，1989年荣立上海航天局二等功，参与研制的"高精度惯性平台TT-2A型动力调谐陀螺仪系统"于1995年获中国航天工业总公司科技进步奖二等奖。2000年退休。

朱梅芳、林绍煌夫妇作为交大校友，对母校充满了深厚感情。因为母校，他们喜结良缘。他们感谢母校的培养，感谢母校给了他们一个成才的平台，使他们日后在各自的岗位上发挥专业知识和聪明才智，为航天科研工作做出贡献。

夫唱妇随　情定航天

口述：朱梅芳、林绍煌夫妇（朱梅芳主讲）

采访：游本凤、孙萍

时间：2024 年 5 月 8 日

地点：上海交通大学闵行校区文博楼

记录：游本凤

整理：游本凤、孙萍

少女时代的参军梦

我 1940 年出生在松江泗泾，那时松江属于江苏省。我父亲是位牙科医生，上海解放后一直在泗泾医院口腔科工作。父亲正直善良，富有正义感。新中国成立后，政府号召群众控诉日本侵略者的暴行，父亲勇敢地站出来，揭露当年亲眼看见日寇杀害我同胞的悲惨一幕。我母亲是位家庭妇女，温柔贤惠。可惜母亲很年轻时就得了肠癌，不幸于 1953 年去世。那时我只有 13 岁，早早地失去了母爱。

我 6 岁在泗泾育才小学就读，这是一所教会学校，学校里还有一座天主教堂。记得老师（又叫嬷嬷）还教我们唱《圣经》里的歌。读到三年级后，学校开始分男校和女校。1951 年 7 月份，我不幸得了肺结核病，那时叫肺痨，每天发烧。开始也不知道得了什么病，父亲带我到上海仁济医院去看病，通过检查后才知道得了肺结核病。因为这是个传染病,所以我只得休学一年。

我初中和高中分别就读于松江泗泾中学和松江二中。我初中时是少先队中队长,并入了团;高中一年级时担任初一(1)班的少先队辅导员,给他们讲故事,教他们做作业,俨然成为他们的"知心姐姐"。但我的身体不好,高一下半年,我患了肠胃方面的毛病,父亲又带我到仁济医院去看病,检查下来判定为肠结核病及胃幽门前区溃疡,结果又休学了一年。我读高二时,开展大炼钢铁运动,学校里还造了一座炼钢炉,号召同学们投入炼钢运动;老师还动员同学们去参加驱赶麻雀的除"四害"活动。

1958年我读高二时,刚好遇到"大跃进",要求学生全部通过"劳卫制"标准(即对学生体育成绩的要求),不通过不能考大学。学校也十分重视学生"德智体"全面发展,每晚在大操场挑灯夜战,老师指导学生进行锻炼与测试。我因身体素质较差,体育方面不擅长,既跑不快,也跳不远。为此我很着急,拼命地加强锻炼。后来在同学和老师的帮助下,总算勉强通过。

在读高中时,还碰到过参军小插曲。当时国家对国外电台的宣传管得很严,于是学校选派一批各方面素养比较好的同学,包括我在内,到部队去做监听员,即监听国外的电台广播,然后把记录下来的有关内容交给部队。那时部队想招收一批高中生入伍,那个年代当兵是一件非常光荣的事情,所以我很想参军,因为电影里英姿飒爽的女兵就是我崇拜的偶像。于是一段时间我连书也没心思读了,功课也不想做了,梦想着自己穿上了军装,成为一名令人羡慕的女兵,多神气呀!那时我的眼睛也很好,视力达到2.0,几乎是飞行员的标准。遗憾的是,检查身体时我体质过不了关,没能参军,让我很失落。那时学校教导主任还安慰我说:不要灰心,以后还有机会,如能考上大学,也同样有很好的发展前途。

母校永远在我心中

那我为什么要考交通大学呢?因为比我高一届的一位很要好的女同学

考进了西安交大电机系,她希望我也去考,并寄了很多资料给我。那时我也不懂,就准备报考西安交大。我哥哥比我大 5 岁,他跟我说:你为什么要考西安交大?上海也有交通大学,这不是舍近求远嘛。而且你体质那么差,跑到大西北去读书,肯定不习惯那里的环境。

林绍煌、朱梅芳与上海交大原党委书记王宗光及采访人员合影(左起:游本凤、王宗光、朱梅芳、林绍煌)

经过一番努力,1960 年我终于如愿以偿地考进了上海交通大学。拿到录取通知书的那一刻,激动的心情难以描述,至今难忘。一年级时我们是在交大民晏路分部上的。那年正好碰到国家三年困难时期,我们班级的团支部书记朱寄萍,他动员同学们尽自己的力量捐献定粮给国家,同时希望共青团员能带头。记得我刚进学校时的定粮是 31 斤,我想既然我是共青团员,就不能落后于普通青年,于是决定每个月捐献 11 斤定粮,等于捐献了每月 1/3 的定粮。捐献出那么多定粮,我只能节约自己的口粮,每天吃得很少。当时朱寄萍对我慷慨捐献的行为很感动。朱寄萍后来做了上海市科委主任,多年后在同学聚会上,他一见到我就提起当年捐献定粮这件事,说明这件事给他留下了很深刻的印象。

1961年8月,交大民晏路分部部分女生合影(前排左四为朱梅芳)

　　二年级时我们电机系和冶金系的同学一起借用华东政法学院的校舍上课。那个阶段印象比较深刻的是基础部的一位生活老师对我很关心,遗憾的是那位老师的名字我忘记了。因为我身体一直不好,每天发烧,而且肠胃也经常疼痛,影响我的学习,于是那位生活老师就骑一辆三轮车把我送到同仁医院。同仁医院离华东政法学院不是很远,那里的医生也没有什么灵丹妙药,就给我吊吊盐水、打打退烧针及青霉素针之类,治疗效果也不怎么好。后来生活老师又帮我联系华山路交大本部的卫生科,并安排我在那边住了一个月,每天打链霉素针,总算控制住了病情。那位生活老师对我的关爱,让我一直铭记在心。

　　二年级在华东政法学院阶梯教室上基础课时,有位讲机械制造的老师课讲得真好,由浅入深,通俗易懂,可惜他的名字我忘记了。蒋公惠老师是专业课的教研组组长,他平时面带微笑,态度和蔼,总是耐心地帮助同学们讲解课题,直到大家弄懂了为止,是同学们十分喜欢的一位老师。因为蒋老师年龄比较大,在我们同学们眼里是一位值得尊敬的长辈。吴智铭老师,讲课时声音洪亮，很有震撼力，也赢得了同学们的喜爱。李介谷老师是教磁放大器的，课讲得很好，但是很严肃，且要求很高，在上课时看到班级里同学交头接耳或做其他小动作，就会毫不客气地提出批评，因此同学们看到他都十分敬畏。

在二年级上半学期快结束时分专业，我被分到61201班。6是指六系，即电机工程系。我们系有电机与电器（610）、船舶电工（620）、发电厂电力网及电力系统（630）、电气绝缘与电缆技术（640）、高电压技术（650）等多个专业，其中610专业又细分为电机（611）、电器（612）两个专门化（即专业方向），我是学电器的，所以是612专业。第四位数字0，代表我们是1960年入学的。

二年级下半年时，我们在交大法华镇路分部上课。其间，学校组织我们到崇明海滩边去参加围垦。那时我完全可以以身体不好作为理由不去。但想想我是共青团员，不去影响不好，而且我一个人待在学校里也没劲，于是硬着头皮去了。下了船后，码头离开围垦的地方还有很长一段路，我连行李也拎不动，还是班级里的同学发扬团结友爱精神，一起帮忙拎的。崇明海滩边的条件很差，住的是临时帐篷，连个床铺也没有，同学们就把稻草铺在地上，睡在稻草上面。劳动时，男同学挑泥围垦，女同学拿一把镰刀割芦苇。崇明劳动虽然只有一个月，却是非常艰苦的。

三年级时我们就到徐汇本部上课了，专业课在电机大楼上，有时也到新上院、工程馆去上课。我们还经常去实验室做实验，还去南院交大实验工厂实习，那里什么机床都有。交大注重培养学生的动手能力，要求学生掌握多种机床的操作方法。我那时主要学开铣床。

五年级时，学校要求全体同学深入农村或工厂参加"四清"运动，也就是社会主义教育运动。我们班分两部分，一部分到奉贤的西渡船厂，我被分在西渡船厂。按照"四清"要求，我们必须跟工人师傅同吃同住同劳动，与工人群众打成一片，接受他们的再教育。

参加"四清"运动回来后，我就投入了毕业设计。毕业设计期间，我和班上两个男同学一起到斜土路上的电器研究所，设计双拍磁放大器。当时该

長纓在手博螯龍　　　乱云飛渡仍従容
不可沽名学覇王　　　无限風光庄険峰
　　共勉之　　　　　　一九六五年春于奉賢

1965 春,在奉贤西渡船厂参加"四清"运动的学生合影(第二排左二为朱梅芳)

所对我们的印象很好,希望我们毕业后能留在他们所里。但我们要服从学校的毕业分配安排。后来我们三人的毕业去向分别是:一人留校,一人分到三机部,而我分到了北京的七机部(后来的航天工业部)。从此,我就踏上了航天路,干了一辈子的航天工作。

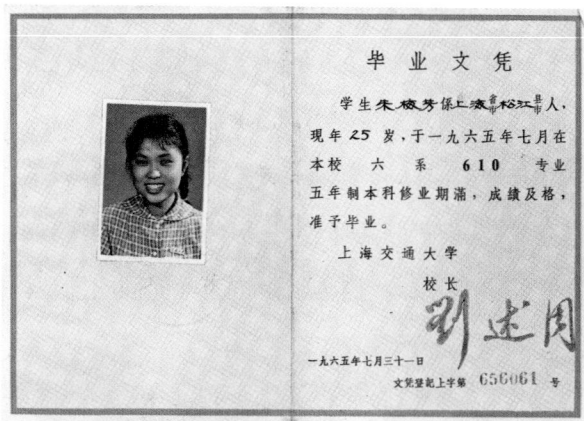

毕业文凭

学生朱梅芳保上海市松江县人,现年 25 岁,于一九六五年七月在本校 六 系 610 专业五年制本科修业期满,成绩及格,准予毕业。

上海交通大学

校长 刘述周

一九六五年七月三十一日

文凭登记上字第 656061 号

朱梅芳的上海交大毕业文凭

我丈夫林绍煌眼中的校园生活

我们读大学时政治活动比较多。我丈夫林绍煌刚进学校时，就碰到了交大西迁。后来，师生们对交大西迁有三种不同意见：一种是学校全部搬到西安，第二种是全部回上海，第三种是分为两部分。一些学生参与大讨论而发表不同意见，个别言辞不当的在反右派运动中被打成"右派分子"。

反右派运动结束后又开始搞"红专"大辩论，即大学生究竟以"红"为主，还是以"专"为主。其实结论明摆着，即党中央提倡走"又红又专"的道路。接下来又进行教育方针的大辩论，即我们的大学究竟应该培养什么样的人？这一答案毛泽东同志在《关于正确处理人民内部矛盾的问题》一文中就提出："我们的教育方针，应该使受教育者在德育、智育、体育几方面都得到发展，成为有社会主义觉悟的有文化的劳动者。"即大学要培养有社会主义觉悟的有文化的劳动者，以及"德智体"全面发展的社会主义建设者和接班人。

林绍煌刚进校是在凯旋路徐家汇车站的对面上课，当时叫纺织楼分部，即现在上海量具刃具厂的位置。那边的条件比较差，学生上课学习，一旁有火车开来开去，火车的鸣笛声还是蛮响的，影响到他们的学习。纺织楼分部周边地区很荒凉，附近有不少农田。林绍煌和同学们承担了一些社会工作，比如到周边的农村里开展扫盲活动，帮助那些老伯伯、老妈妈识字断文。还有，天平路那边有一所复旦中学，当时老师比较少，校方就跟交大商量，请交大的学生去做兼职老师。因此，他在那个学校上了半年课，给学生们当数学老师。

那时候交大领导提出学生要打掉"骄""娇"二气。记得交大党委副书记邓旭初、宣传部部长范祖德都说过，交大学生不能骄傲自满，不要以为自己是交大学生，分数比较高，就觉得了不起了，不能有娇气以及娇生惯养这些坏习惯，交大学生应该谦虚谨慎，戒骄戒躁，树立为人民服务的思想。交大学生是人民培养的，就应该为国家做事，俯首甘为孺子牛。为了配合破除"骄""娇"二气，学校每年两次组织学生到农村去劳动，一次是6月的"三夏"，一次是 11 月的"双抢"。到农村劳动,日晒雨淋,割稻打粮,挑泥围垦,很辛苦,也很锻炼人,毕竟城市里的学生没吃过什么苦。

1958 年大炼钢铁时,交大由邓旭初带队,把一大批学生拉到南汇去炼钢铁。为了破除"骄""娇"二气,交大到南汇的 120 里路,大家是步行去的。队伍长长的,估计有上千人。林绍煌他们就像解放军战士那样,背着个用背包带扎起来的被子,一路行军。本来打算走两天的,不料走到航头下雨了,大家的被子都被淋湿了,于是邓旭初与其他老师商量后决定,既然被子已经淋湿,觉也没法睡了,干脆就连夜行军。那时林绍煌还参加了行军宣传鼓动队,一路上他和鼓动队的同学高喊着:"同学们啊,加油跑呀,一百里路已经走了九十九。今天的目的地,就在脚下头,嗨呀么嗨嗨哟,嗨呀么嗨嗨哟!"交大师生行军 120 里去南汇大炼钢铁这件事,当时声势很大,在交大历史上也可以说前所未有,值得记录一笔。

交大善待学生也是有口皆碑的。那时交大绝大多数的学生来自贫困家庭,家里经济条件很差,所以交大的学费和住宿费都是免掉的,并给每个学生发放人民助学金。人民助学金分为三个等级:一等是 12.5 元的饭钱,再加上 3 元钱生活费;二等是 12.5 元;三等大概是 6 元,这是家境比较好一点的学生,差额部分由家里补贴。林绍煌当时享受二等补助,即 12.5 元。那时学校的伙食很便宜,这点钱吃饭完全够用。

大家念书都很用功,用全力以赴、废寝忘食来形容一点也不为过。林绍煌他们回到徐汇本部后,白天上课,晚上复习、做作业。学校教室里的灯光很暗,而宿舍一个房间住 12 个人,空间狭窄,声音嘈杂,还有臭虫,根本没法看书做作业。为此大家吃好晚饭后,第一件事就是拿着书包赶紧跑到新上院二楼 700 号(一楼叫 600 号,是阶梯大教室)阅览室去抢位子。只要占到一个座位,就意味着当天的晚自修有地方了。阅览室是一个很大的房间,晚上灯火通明,每天都坐满了学生,在那里认真温课或做习题。有的同学因为抢不到位子,就只能到厕所里去复习。所以交大的学习氛围很好,大家都在拼命读书。

交大校门口的警卫管得很严。那时校徽分为两种颜色,戴白颜色校徽的是在校学生,戴红颜色校徽的是老师。平日里,老师可以自如地进出校门。而学生从星期一到星期六不能出校门,只有星期六晚上才能出去,而星期天晚上必须返校,否则其他时间就不允许进校了。

有一件事,林绍煌印象比较深刻。大概是1958年,德国的德累斯顿交响乐团到交大新文治堂来演出。交响乐有一个规矩,它的一个乐章结束后只是暂时停顿,这时听众是不能拍手的,一拍手就表示要赶人家走,这无疑是很不友好的举动。于是校领导想出一个办法,即从学校艺术团及老师中间挑选出部分能欣赏交响乐的人坐在前面几排,而林绍煌这些从来没听过交响乐的同学都坐在新文治堂的后面,当时被叮嘱,只有听到前面几排的人拍手了,你们才能拍手;前面的人不拍手,你们绝对不能乱拍。

交大学生有个特点,就是动手能力很强,理论能与实践相结合。因为交大历来重视培养学生的动手能力。交大学生只要想学,实验室里各种各样的机床都有,车钳刨铣磨,想开哪个机床都可以。而林绍煌等学电机的,各种电机也都会拆修,动手能力就是在大量的实践中得到了增强。

交大学生几乎每年都要到工厂去实习。林绍煌三年级时到先锋电机厂去实习,四年级和五年级也都要到有关电机厂去实习。实习时间为期两到三个月。学校里专门有带队老师,并聘请工厂里的车间主任、工程师或老师傅做指导老师,在他们的指导下直接上手,或组装电机,或修理电机,或一起分析故障。几个轮次下来,自然见识多了,也掌握了不少实践经验。这些都是书本上学不到的知识。

林绍煌在读书期间,印象比较深的老师有那么几位。电机教研组的李仁定老师,学养深厚,教学经验丰富,是个多面手,什么样的课他都能上。李老师教林绍煌那一届的课程是微电机,他对学生和蔼可亲,专业方面有什么问题请教他,他很耐心,而且抓住要害问题,帮你一层层剖析,令同学们受益匪浅。林海明老师教电工基础课,这是一门很抽象、很深奥、理论性很强的课,林老师能够去繁取精,化难为易,深入浅出,讲得既生动又很有趣。比如什么叫等效电路? 他举例说:同学们可以这样想象,搞个黑的盒子把电路放到里面去,有人给你换了一个电路,你在外面做实验一点也感觉不到,加多少电压,出来多少电流,还是这个样子,不就是等效了吗?这个道理是对的。

1962年林绍煌大学毕业后,又考取了本系的研究生。他的研究生导师曾继铎对他要求很严格,严格的目的就是希望学生能够学到真知识、掌握真本领。交大的前辈顾毓琇老师在美国写了一本《机械能量转化》,这本书提出了一些关于能量转换的新观点:只要能量有变化,就有新的力产生,不光是力学方面的,还有电学、热学等方面的。这些观点在当时的美国也很新颖。曾老师要求林绍煌把这本书通读一遍,再把里面所有的习题全部做一遍。虽然压力很大,但林绍煌觉得学了这本书以后,思路开阔了很多。因此他读研究生阶段,主要精力都扑在研究能量转换方面。

上海交大 1965 届研究生毕业合影(前排左三为周志宏,左五为朱物华,左六为杨槱;第二排左一为林绍煌)

教他们外语的凌渭民也是一位十分严厉的老师,他安排研究生班跟大学一年级的同学一起上课,为什么要这样做呢?因为林绍煌他们过去是学俄语的,后来中苏关系破裂,就改学英语,等于半路出家,英语基础比较差。

而当时的大学一年级学生从高中起就学英语,基础比他们好得多。那时最怕的就是凌老师讲课时用英语提问,有时听不懂,答不上来很难堪。所以他们必须花好多时间去复习英语。林绍煌觉得,凌老师既给了压力,又给了动力,没有压力,就学不好英语。

其实,他们那一届研究生英文阅读是没问题的,譬如顾毓琇的《机械能量转化》就是用英文写的,林绍煌完全能看懂。但他们的口语不行,所以叫"哑巴英语"。记得一九九几年林绍煌参加一个惯性器件国际会议,他当时发表了一篇专业论文,在会议上用英语宣读论文是没问题的,可以花点时间训练一下,但担心万一外国专家提问题就麻烦了,因为听不懂对方用英语说了些什么。这确实是他们的短板。

林绍煌经常听交大老师说,你们念一本很厚的书,一定要把这本书念得薄了,说明你的功夫就到家了;这本书没有变薄,你还得继续花功夫去念。实际上就是说,你不仅要好好消化书里的内容,全部吃深吃透,还要把知识点融会贯通。这句话林绍煌觉得很有道理,所以一直牢记在心。

林绍煌的上海交大本科和研究生毕业文凭

一辈子的航天情结

1965 年我交大毕业。当时到北京七机部报到的交大毕业生就我和王美娟两人,我们被分配到了二分院,在永定路那边。没过几天,我和王美娟就被分到了 22 所，而 22 所整体将搬迁上海，支援上海的导弹研制工作。这样，我在北京待了不足一个月，就回到了上海。但领导跟我说，你们回上海只是过渡一下，以后要到贵州三线去的。那时我们一切都听党的话，服从组织分配，党叫你到哪里就去哪里。

回到上海后，我被分配到 22 所（后更名为 803 所）三室，王美娟分在二室，后来她去了上海广播器材厂。我所在的 803 所三室，是专门搞各种放大器的，为导弹和火箭的控制系统配套。在以后的航天岁月里，我几乎都在研制各种类型的放大器。放大器是一种放大输入信号电压或功率的装置，为红旗六十一号导弹、风暴一号火箭以及各种转台配套。

说起综合放大器还是蛮复杂的。在弹体飞行过程中，传感器输出三个姿态角（俯仰、偏航、滚动）的三个交流信号，然后把交流信号变成直流信号，即进行整流。综合放大器是把这三个直流信号进行综合、放大，再进行功率放大输出，提供给伺服机构或伺服阀，由伺服机构来执行，以保证弹体在正确的轨道上飞行。因此，其重要性不言而喻。

1969 年 12 月，领导通知我和另外一个女同志参与上仪厂"701 工程"，我先承担综合放大器线路的设计，后承担运载火箭内变换放大器的设计调试工作。变换放大器是火箭控制系统中的重要组成部分之一，它把角度、角速度、角加速度三个传感器输出的三个交流信号经过整流，到网络校正（电路由我们来实现，具体校正参数由系统设计），再进行综合放大，三路功率放大输出给伺服机构（或阀门），对箭体的三个姿态角进行校正，保证箭体在正常轨道上飞行。

在上仪厂五车间，我先承担综合放大器设计，过程也很曲折。那时工艺落后，完成线路设计后，五车间派一位工人师傅帮我一起做铆钉板，即在铆钉板上把各个分列元件用导线连接起来，样机试验成功。但在生产正样产品时，需设计印制板线路，车间领导又派了一位焊接师傅，产品在调试中出现严重干扰而无法工作。一位有经验的老同志帮我们一起分析研究，重新设计印制板线路，终于解决了干扰问题。此后我承担变换放大器的设计调试工作，并进行高低温试验、冲击试验、振动试验、寿命试验等各种试验后交付给总体，最后成功应用在火箭上。

风暴一号火箭在大家夜以继日奋战下，于 1972 年夏天首次在酒泉卫星发射中心发射成功。由于我们夫妻分居两地，孩子又小，还要照顾年迈的公公、婆婆，所以我一直未能去基地。直到 1976 年 8 月，风暴一号火箭（07 批）进入酒泉基地，我才有幸前往参与发射。这是我人生中第一次，也是唯一一次进基地参与火箭发射。更为幸运的是，我还在基地见到了航天技术统帅钱学森。钱老平易近人，和蔼可亲，见到我们总是笑眯眯的，一点也没有大科学家的架子。作为一名普通航天人，能有这样的经历我感到很自豪。当我目睹火箭升空的那一刻，我和试验队员都非常激动，热烈欢呼来之不易的成功。而当我们载誉回到上海时，许多领导都来车站迎接我们，让我们真正感受到了成功的自豪。后来厂里还召开了庆功大会，我作为该火箭研制参与者，有着一种强烈的荣誉感。

1984 年 8 月，因工作需要，我转战到了 803 所转台研制线。工作性质并没有变化，仍然搞放大器，只不过这类放大器用在转台上面。转台是一种复杂的集光机电于一体的现代化专用设备，用于航空、航天领域中进行半实物仿真和测试，在飞行器的研制中起着关键作用。它能模拟飞行器的各种姿态角运动，复现其运动时的各种动力学特性，对飞行器的制导系统、控制系统以及相应器件的性能进行反复测试，以获得充分的试验数据，并根据数据对系统进行创新设计和改进，达到飞行器总体设计的性能指标要求。

我参加了新一代 ST-3 计算机实时控制三轴飞行仿真转台工程，担任其中系统控制线路及数模与模数转换放大器设计工作。1992 年 8 月 ST-3 转台完成，之后去航空航天工业部一院 12 所，圆满完成转台交付任务。1993 年又与所副总工程师黄明山一起去 12 所参加仿真试验。其间，仿真转台计算机主机板出现故障，请二院计算机中心协助解决，但未能如愿。后经我分析检查，终于排除了故障，仿真试验如期完成，获得 12 所好评。

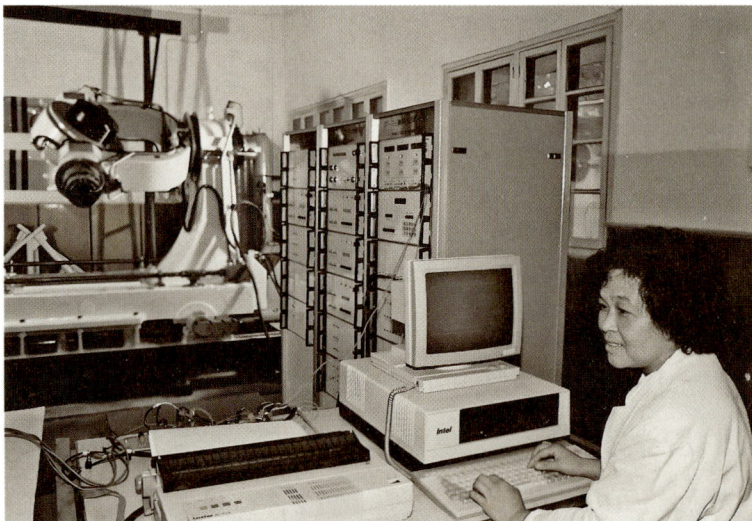

1992 年 8 月，朱梅芳参与研制 ST－3 计算机实时控制三轴飞行仿真转台

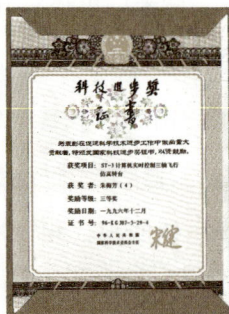

朱梅芳获中国航天工业总公司科技进步奖一等奖证书和国家科技进步奖三等奖证书及纪念章

1995 年，该转台获部级科技进步奖一等奖，1996 年获国家科技进步奖三等奖。

　　其后我担任了 ST－4 计算机实时控制三轴飞行仿真转台工程组组长及主任设计师，承担该转台工程及系统控制线路设计，数模与模数转换放大器设计及转台调试工作，ST－4 转台于 1992 年 8 月通过设计评审，1997 年上半年调试任务基本结束。按照正常年龄，我应该于 1995 年退休。但由于承担着转台科研任务，所里续聘我三年（计算工龄），其间我得了严重的心律失常症，不能再继续工作，只能于 1997 年 7 月退休。

近年来，我国在转台技术上取得了长足进步。803所转台组充分发挥自身在伺服控制和系统集成以及模块化方面的优势，与高校和科研院所联手，将惯性稳定、光学探测、图像处理等技术有机结合，成功研制出自动发射架、车载光电系统、模拟器等多套光电跟瞄类产品，为型号批抽检、外场目标特性采集等提供可靠的平台支撑。转台组还利用光电跟瞄软硬件系统，推出自主研发图像处理平台，实现了图像－伺服一体的光闭环全自主设计。该产品在国内处于领先地位，803所转台组在国内的知名度越来越高。当年我们几年才能研制一个转台，而如今，转台组一年就能生产各种门类的转台五六十个。当年我参与搞的三轴转台已经很先进了，而现在他们搞的五轴转台又上了新台阶，科技含量更高。

我丈夫林绍煌在业务上也很钻研。如他在西安微电机研究所工作期间，解决了多极旋变的剩余电势问题。多极旋变是一种高精度、高灵敏度的角度传感器，只要转动一个微小角度，就会有信号输出。它的原理是外圆盘固定体和内圆盘旋转体内各嵌入一组线圈。外线圈接上交流电源产生交变磁场，内线圈感应产生电信号。内外线圈转到最小耦合位置时电信号输出为零。在研制多极旋变时，他发现不少产品在零位置时仍有许多杂散的干扰电信号，技术上称之为剩余电势。产品的剩余电势大于标准，因而成为研制

1976年林绍煌调上海仪表厂工作后，攻关解决陀螺马达质量问题，被评为厂先进，佩戴大红花并留影

工作中的"拦路虎"。在攻关过程中，他收集了一批电势高的产品搬到试验室去研究，成天在试验、拆卸、装配、再试验过程中琢磨。一天，他发现重新装配的产品剩余电势特别大，拆开后发现有一粒铁屑，据此联想到铁毛刺同剩余电势的关系。于是他用油石打磨铁心的齿槽等尖锐处，试验结果发现剩余电势显著下降，为此找到了降低剩余电势的简便办法。从此，打磨铁心齿槽成为制造多极旋变传感器一项必做的工序。

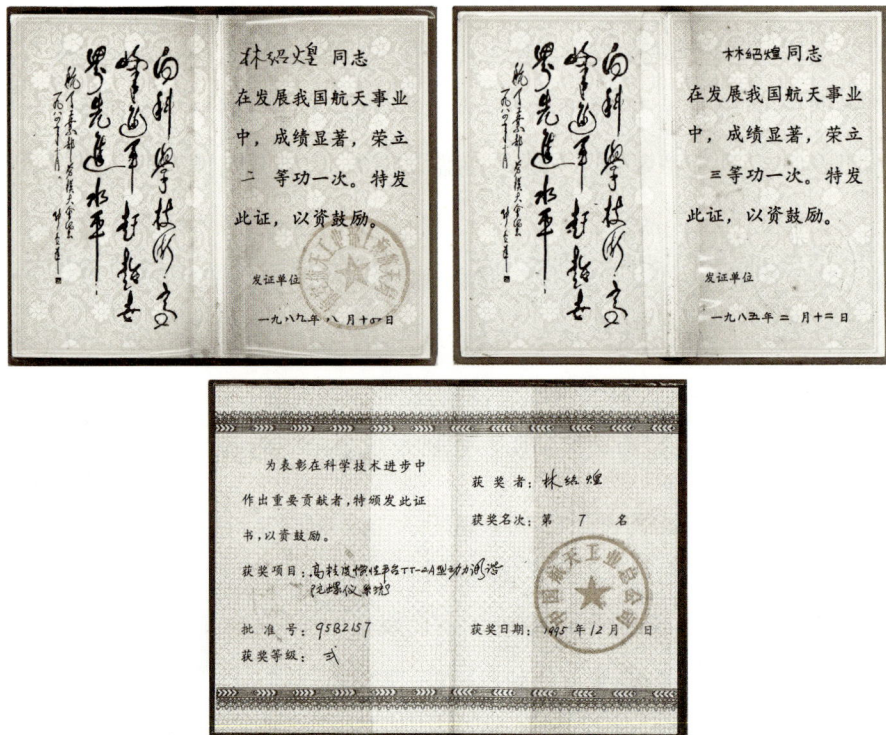

林绍煌荣立上海航天局二等功、三等功证书和中国航天工业总公司科技进步奖二等奖证书

交大是我俩的"红娘"

在交大时,学校组织我们同学前往奉贤西渡船厂搞"四清"运动。那时林绍煌正在交大电机系读研究生,我们虽然都是电机系的,但相差三个年级,即使在我临毕业前的 1964 年,彼此之间也不认识。正是那年的"四清"运动,机缘的巧合将我们连在了一起。因为交大本科班和研究生班一起来到西渡船厂,我和林绍煌分在一个工作小组。我们在一起工作和学习,一起查账,一起外调,一起找人谈话。通过一段时间的接触,双方也很谈得来,便互生好感。但碍于工作组不准谈恋爱的规定,我们只能把爱情的萌芽深埋在各自心里。在"四清"运动快结束时,双方才确定恋爱关系。"四清"运动结束后,我去校外搞毕业设计,林绍煌去北京实习。虽分隔两地,但我俩鸿雁

传书,由相知、相恋到定下终身,并得到双方父母的认可。后来林绍煌说,冥冥之中,这就是一种缘分。感谢交大,母校就是我俩的"红娘"。

林绍煌、朱梅芳夫妇结婚照

我们是 1968 年 1 月结婚的。在那个年代,住房条件很不好,结婚后,我就从单位里的集体宿舍搬到他家里住。他家的房子在延安路、重庆路那边,是老式石库门房子的前厢房,只有 8 平方,放一张床、一只五斗橱、一个桌子,就没有什么地方了。那时与公公、婆婆住一个房间,晚上睡觉时,中间用一块布帘子拉一下。后来上仪厂同事到我家来,开玩笑说:你们家里就像舞台演戏一样,幕布拉来拉去的。其实那时上海绝大多数人家的住房都十分局促,平均每人拥有三四个平方就很不错了。没有厨、卫设施,更是十分普遍的现象。那时每天要倒马桶、生煤炉,大家都在那样的条件下生活着。

结婚后,我们夫妻长期分居两地。当时一年只有 12 天探亲假,一般林绍煌都安排在春节期间探亲,因为春节可以放 3 天假,这样加起来就可以享受 15 天假期。那时我正在搞"701 工程",任务很紧,加班是常事。而家中大大小小的事情都靠我一个人。最头疼的是儿子生病,因为儿子是提前三周产下的,先天不足,体质很差,未满月就因发烧住了两周医院。之后每个月都会发烧,那时就我一个人抱着儿子去医院,又要挂号、就诊、吊水,又要付费、配药,一手抱小孩,一手拿药,实在是艰辛异常。有一次儿子高烧不退,一天内竟跑了三次医院。还有一次小孩哭的时间长了,连肚脐眼都崩出来了。

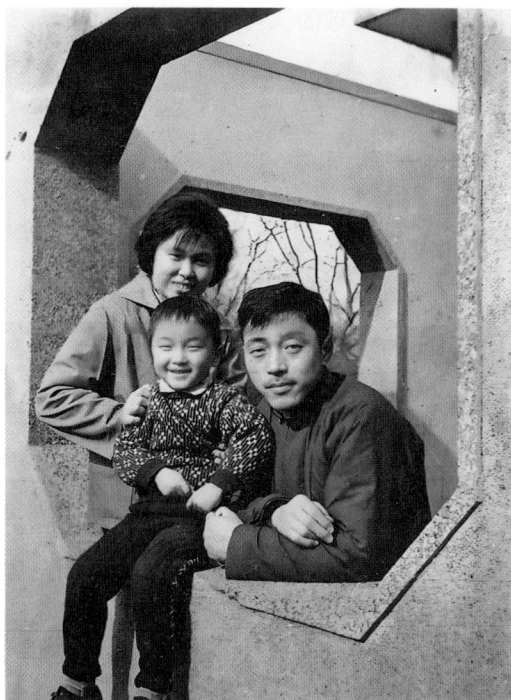

林绍煌、朱梅芳一家三口合影

那时产假只有 56 天,第 57 天就要去上班。于是我每天清早抱着儿子去淮海路上的妇女用品商店站台乘 26 路电车。幸好每天有一位上仪厂八车间的师傅,他总是坐在司机旁的那个座位上,我就把儿子从窗口递给他,然后再挤上车。到了徐家汇终点站后,再乘上仪厂的厂车到厂里。儿子满 18 个月后,我便送他进了家附近的连云路托儿所。由于我下班路途远,只能委托邻居家的小妹妹帮我将儿子接回家,再交给年迈的婆婆带。

想想那个年代确实很辛苦。而作为一个女人,丈夫不在身边,既要上班搞科研,又要忙家务、带孩子,还要照顾公婆,挺过那段艰难的岁月真的很不容易。

每当林绍煌确定探亲假的日期后,总觉得时间过得太慢,盼望着假期早点来临。一旦探亲日子结束,又觉得没过几天,他就要买回西安的火车票,怎么时间过得这样快? 每次我送他去车站分别时,我俩都依依不舍,眼中的泪水不禁夺眶而出。

由于西安副食品供应紧张,每次探亲假结束时,我总是将事先准备好的诸多食品让林绍煌带上。若有人出差去西安,我也总是想办法托人带点食品给他。有一年恰逢中秋,林绍煌看着家中带来的月饼,久久舍不得吃。那种夫妻长久分离之苦,真是刻骨铭心。

直到 1976 年林绍煌调回上海,才算结束了这段夫妻分离八年的两地生活。确实,在那个计划经济年代,无论是物资的流动,还是人才的调动,都犹如一潭死水,各方面的管理和规章都很刻板。那时要想把林绍煌的户口调进上海,并进入上海的国营单位工作,简直比登天还难。西安微电机研究所所长还专门找我谈话,说是为了解决你们夫妻两人的分居问题,想把我调到西安去。那时我已经有了儿子,又与年迈的公婆住在一起,怎么可能去西安呢? 我只能婉拒了那位所长的一片好意。为了把林绍煌调到上海来,上仪厂各级领导确实花了不少功夫,最终商调成功。1976 年 4 月,终于将他调入上仪厂工作。林绍煌说,当他听到要调回上海的消息时,简直不相信自己的耳朵,这天大的喜讯仿佛是从天上掉下来一般。为此,他激动得一个晚上没有睡好觉。"感谢上仪厂"成为他的一句口头禅。上仪厂不仅解决了我们夫妻两人分居两地的难题,还征配给我们一套房子。那间房子是老职工套出来的,在延安路、成都路那边,离开我们住的地方不远。虽然是旧房子,面积也只有 14 个平方,但我们相当满足。上仪厂对我们实在是太好了。

常言道,舌头和牙齿也会经常打架。家庭生活中不可避免会产生一些矛盾,我们家也是如此。例如在子女教育或家中要添置大件物品等方面,难免有不同意见,争争吵吵也属正常。但在这方面,我总是以家庭为重,维护家庭的和谐局面,主动让步。但我对他的爱是真心实意的,如林绍煌不善于剔鱼骨,家中吃鱼时,我总是事先把骨刺剔好后给他吃,这一做法一直保持至今。夫妻携手半个多世纪,互敬互爱,相濡以沫,正是我俩的写照。

我们结婚时正值"文化大革命"期间,在那极左的年代想拍张婚纱照,简直是一种奢望。于是,只得拍一张简单的二人合影照作为留念。一晃 50 年过去了,到了我们"金婚"的日子。一天,一位闺蜜告诉我,说她家附近有一家照相馆可以替老年人补拍婚纱照,以解决老人们当年的遗憾。于是我们就在"金婚"那年补拍了两人的婚纱照。为此,我还特地制作了《金婚美篇》,其中前言写道:"五十年同心,事业家庭酸甜苦辣,苦也甜蜜乐也甜蜜。时光流逝情不变,白首到老永相随。"现在我们的卧室内,放着两张相隔了五十年的结婚照。

林绍煌、朱梅芳夫妇卧室内摆放着的两张婚照，一张是结婚照，一张是五十年后的金婚照

　　林绍煌家的兄弟几个也很厉害。他和他哥哥、弟弟三人都是交大电机系毕业生。如果算上我的话，再加上林绍煌大哥的儿子林家楹（交大机械系1970届毕业生），那么我们家族共有5个交大毕业生，称得上交大世家。他弟弟林绍乐（交大电机系1969届毕业生）还与我是同一个专业呢！我婆婆曾经跟我说过，林绍乐个子高高的，身材也很魁梧，就像一个山东大汉。果然被他母亲言中，林绍乐毕业那年，毕业生留上海的名额一个也没有，全部去外地。于是他被分配到山东德州轴承厂。不过林绍乐无愧是交大毕业的，聪明能干，业务能力强，不仅展示了他的实力，而且赢得领导和职工的信任，后来当上了德州轴承厂的厂长。遗憾的是他大哥林绍沛（交大电机系1954届毕业生）因病不幸于1956年英年早逝。

　　我们在上班时还没有实施放长假制度，要想去旅游是办不到的。但退休后有了大量空闲时间。2003年12月，我们决定到港澳去旅游一次。我们二人都没有出过境，第一次出境感到很新奇。印象最深的是离境前导游反

20世纪70年代林绍煌、朱梅芳夫妇与家人合影（前排为林绍煌父母；后排左起：朱梅芳、林绍煌、小弟林绍乐、大弟林绍桢）

复提醒游客,不得随地吐痰或乱扔垃圾,否则要被重罚。到了香港后,看到拥挤而又整洁的街坊,而且清洁工很少,不得不佩服香港的城市管理,看来严格的制度很有必要。我们还携手登上香港太平山,在高高的山顶可以俯瞰维多利亚港两岸的美丽风光,以及鳞次栉比的高楼大厦,让人感到心旷神怡。接着我们又去了澳门,它给我们的印象有点像上海的老城厢,街道也很整洁。想到香港和澳门都已回归祖国,我们不由为祖国的强大而感到无比骄傲。2006年1月,我们又兴致勃勃地去了海南岛三亚,一路有看不够的大好河山,到处有享不尽的各种美食。有幸饱览祖国的壮美风景,给我们的晚年生活增添了不少浪漫情趣。

袁听荣

袁听荣，1935年10月生，江苏无锡人。研究员，火箭控制与稳定专家。1958年入学交通大学上海部分，1963年毕业于上海交通大学无线电系导弹控制与稳定专业。当年分配到上海机电二局（上海航天局前身）下属上海新江机器厂，从事防空导弹总体综合测试工作。1979年调至上海新中华机器厂（805所），先后参与了风暴一号、长征四号、长征二号丁等运载火箭的研制和发射任务，担任长征四号控制系统主任设计师、长征二号丁副总设计师等职务。先后获上海航天局优秀共产党员、先进工作者，上海市先进科技工作者、上海市"讲理想、比贡献"先进个人等荣誉，1984年、1987年、1988年、1989年共荣立一等功4次，1989年获航空航天部通令嘉奖。享受国务院政府特殊津贴。退休后，被805所返聘十年，为航天事业继续发挥余热。

在访谈中，袁听荣对自己能进入交大求学感到非常幸运。通过5年读书学习，学到了不少知识和本领，为自己走上工作岗位从事导弹和火箭研制工作打下了良好基础，诸多工作成绩和荣誉的取得，离不开交大的栽培，母校培育之恩永远难忘。

不负"袁大将军"之誉

口述：袁听荣

采访：游本凤、孙萍

时间：2023 年 12 月 14 日

地点：上海市华山医院 6 号楼病房

记录：游本凤

整理：游本凤、孙萍

改变命运靠读书

我出生于江苏无锡，祖祖辈辈均生活在无锡。我们家族是袁植（宋徽宗崇宁二年进士、累官监察御史）的后人。祖上虽然是农民，但因为家中拥有许多田地，所以在当地的日子还算富裕。我的父亲叫袁天宝，意思为天上掉下来的宝贝。因为我父亲是三房续一子，爷爷、奶奶对他娇生惯养，无比溺爱，养成了他好吃懒做的陋习，并学会了抽大烟，因此家中财产被他挥霍一空，连祖上留下的皇帝题字的大匾也被他折价变卖。从此，家道一蹶不振，沦为贫困户。

我小学在无锡就读。1951 年 16 岁时由亲戚介绍来到上海全昌翻砂厂当学徒，翻砂厂老板与我家有亲属关系，一直对我很好。由于我肯钻研，工作认真，翻砂技术高于他人，不仅提前满师，老板还时常夸我的手艺比工作了四五年的师傅还要好。在翻砂厂干了约三年,一天老板对我说:你很聪明,天赋也好,是块读书的料。翻砂工太苦太累,不是你干的活。趁着年轻,你应该去好好读书,将来会有出息的。听了老板的话,加上我也渴望读书,便离开了翻砂厂。通过一段时间复习功课,我于1954年考入上海工农速成中学,在那里读到1958年,获得免试进入交大的机遇,从此跨进高校大门,幸运地成为一名交大学子。

常言道:读书改变命运,真是千真万确。如果当时我不听老板的话,继续在翻砂厂干,哪怕干得再好,也永远是个翻砂工人。因此,老板是提携我的贵人。还有,我自己读书的意志十分坚决,再加上刻苦学习,这也是改变命运的重要原因。

我在交大读的是无线电系导弹控制与稳定专业,这一专业在当时是科技前沿,主要为我们国家培养导弹方面的科技人才。那时我国的导弹事业刚刚起步,许多人根本不知道导弹为何物。

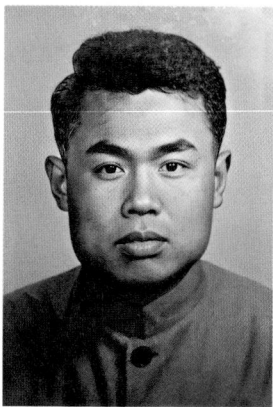
交大求学时期的袁听荣

在交大学专业时,我对老师讲的德国 V-2 导弹这一课程印象深刻。世界上最早研制出导弹的国家是德国。早在"二战"时期的1944年,德国军工部门成功研制出 V-1 巡航导弹和 V-2 可控弹道导弹,这在当时是很具威慑力的新式武器。即将战败的德国垂死挣扎,将这两型导弹大量发射到英国和比利时,导弹爆炸的火焰照亮了伦敦和安特卫普的夜空,造成数千人员死伤,引起巨大的恐慌。德国战败后,其导弹设备和人才都被苏联和美国瓜分。所以,苏联和美国的导弹都是在 V-1 和 V-2 导弹的基础上发展起来的。我们那时用的教材基本上都是苏联导弹教材的版本,我们主要学导弹控制系统的原理和电路。控制系统是导弹、火箭的关键系统,包括飞行控制系统和地面测试发射控制两大部分。飞行控制系统由制导系统、姿态控制系统、时序控制系统等组成,其功能是控制导弹和火箭快速而稳定飞行、准确发出时序控制指令,制导导弹或火箭按照设定的弹道飞行,对击中目标或将卫星送入预定轨道起到重要作用。记得当时十分强调保密的重要性,上课时老师将教材发给同学,下课后又及时收回,绝不允许带出教室。

由于时间久了,许多教过我们的老师我都忘记了。印象比较深刻的是教化学基础课的钱家声老师。钱老师的脑子特别灵,上课的内容他都能背出来,且条理清晰、分析到位,因此他的课受到学生们的欢迎。

交大学习期间,由学校组织的实习课还是比较多的,例如我们曾经到沈阳119厂去实习,主要了解导弹自动驾驶仪的研制和生产过程,这对我今后所从事的工作有很大帮助。这一系列的实习活动,既让同学们有了大量的实践机会,同时又培养了同学们的动手能力。我因为求学前已经做过三年工人,因此领悟能力和动手能力要比一般同学强一些。我认为,学校开展实习教学活动非常好,对今后学生走向社会帮助很大。对于我来说,通过大量的实习,动手能力得到进一步增强。踏上工作岗位后,我不仅承担产品设计,碰到实际问题,还经常与工人师傅一起动手,共同解决技术难题。

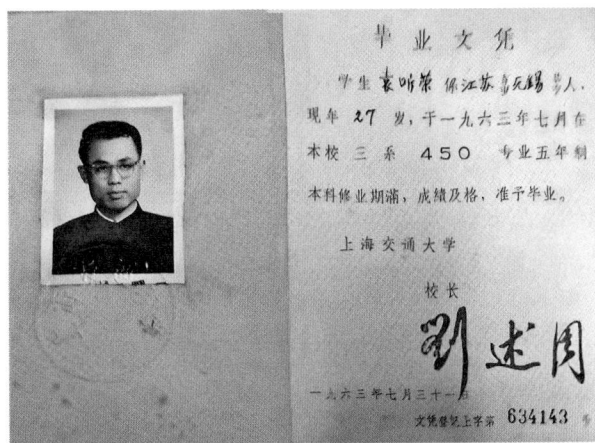

袁听荣的上海交大毕业文凭

由于爱好无线电,业余时间我也喜欢动手装配一些电子产品。这一爱好的养成,正是来源于交大的实习课。记得在计划经济年代,电视机须凭票购买,老百姓一票难求。于是我就利用自己掌握的电子知识和技能,组装了两台上海牌电视机,一台 16 英寸,一台 18 英寸。电子元器件都是自己到浙江北路或虬江路的元器件商场淘来的。电视机里的场偏转线圈、行偏转线圈是自己动手绕的,还有许多手工活如焊接、调试也都是我亲自操刀。电视机组装成功后,在整个街坊邻居中曾轰动一时。因为许多人家都没有电视机,所以碰上热门电视节目,大人小孩赶紧吃好晚饭,都到我家里来蹭看电视,把小小的客厅挤得满满当当的。

我这个人还有一个特点,就是记性特别好。每次考试之前,我只要稍微把有关的书翻一翻,就记住了,而且考试成绩并不比那些死背硬记的差。记得单位里申报研究员职称的时候,要考英文。而上学时我学的是俄文,对英文一窍不通。但我一点也不害怕,在短期培训期间,我一边工作,一边读英文。家里房子小,两个小孩又吵闹,我星期天就跑到附近的曹杨公园去背诵英文。结果考试成绩公布了,我居然考了 90 多分。

还有,我的烹饪手艺也是不错的,我烧的红烧肉、五香牛肉等菜肴成为家里的"招牌菜",夫人和孩子们都喜欢吃。

导弹岁月历艰难

1963 年,我从上海交大无线电系导弹控制与稳定专业毕业后,分配到上海机电二局下属的上海新江机器厂,从事防空导弹总体综合测试工作。该单位在松江郊区,离开上海市区很远,每两个星期才能回家一次。职工们一起坐在卡车后面的敞篷车厢里,开到市中心人民广场下车时,满头满脑都是灰尘。

机电二局是 1961 年 8 月成立的,主要由一些民用单位转产组成,新江厂是最大的总体设计和总装单位。建局之初,机电二局定位于防空导弹的工艺研究、样品试制、小批量生产。防空导弹内部由精密电子机械仪器设备与其他系统组成,不仅技术性能指标要求高,还必须经受强冲击振动、高离心载荷、高低温、强噪声、高湿度等极端恶劣环境下的一系列试验,确保其可靠工作。而发动机只能点一次火,因此导弹是一次性使用的产品,成与不成等于是"一锤子买卖"。

那时为了试制导弹，先要研制成千上万种特殊要求的材料、元器件以及仪器设备、工艺工装等。上海航天单位是白手起家，面临很多困难。但航天人没有畏惧，而是在仔细学习消化图纸资料的基础上，通过工艺练兵、技术攻关，同时依靠上海地方的大协作，使得导弹研制工作得到大力推进。我那时负责导弹总体的综合测试工作，除了参与设计，经常下车间与工人师傅一起奋战，师傅测试或总装时，我都跟在边上，既做指导，又做帮手，遇到问题时，一起分析解决，因此与师傅们的关系十分融洽。大家只有一个目标，就是抓紧时间把导弹搞出来，尽快装备部队。

1964年底，我们终于完成了红旗一号先锋批3发弹的总装测试，并通过一系列地面环境试验。

1965年底，这3发导弹在基地进行靶试，对模拟目标射击，飞行试验取得了成功。这是上海航天历史上首次成功发射导弹，意义非同一般。

红旗一号导弹

1966年，经过上海航天人的不懈努力，攻克了许多重大技术关键，终于造出了第一批、第二批导弹。

1967年5月，我有幸参加了这批导弹的抽检飞行试验。整个试验队由

9个人组成,携带3枚导弹出发。当时正处于"文化大革命"初期,我们这些航天人为了国防事业,冒着"走白专道路"的风险,毅然奔赴酒泉基地进行导弹靶试。

那个年代各方面的条件非常艰苦。我们新江厂的3位参试人员因为要押运导弹,坐的是军列棚车。棚车其实就是一个封闭的铁罐车,连个床铺也没有,大小便在一只木桶内解决。棚车内白天热,夜间冷,所以押车是一件苦差事。最让人不便的是,棚车没有固定的停车时间和地点,到了一个兵站临时停一会。此时,我们得赶快下车去解决吃喝等问题,而且必须抓紧时间,万一棚车开走,把导弹弄丢了,那个责任是谁也担当不起的。因为棚车没有运行时刻表,开开停停,就这样一路折腾,我们走了十天十夜才抵达基地,路途的艰辛可想而知。

当时基地刚建成不久,再加上国家正处于困难时期,物质生活条件很差。宽广无边的戈壁滩,一阵狂风吹来,豆粒大的沙石打在脸上很痛。我们住在部队十分简陋的招待所里,出门就是戈壁滩。招待所里既无厕所也无洗浴设施,如厕要去室外几百米远的一个茅坑去解决。我们平时吃的主食是玉米饼、窝窝头,还有白菜、土豆、西葫芦等蔬菜,极少有荤菜。

进入靶试阶段,3发弹按试验大纲要求,打不同斜距、高度的伞靶。轰六飞机抛投伞靶后,立即转弯开走。接着导弹就发射出去,向着飘落的伞靶攻击。3发弹打得都很好,伞靶全部被击中,有一发弹把伞靶打得粉碎。

此次导弹靶试任务圆满完成,大家都很高兴,在阵地上不断鼓掌欢呼。虽然基地的工作、生活条件非常艰苦,但靶试成功比什么都重要。

在那次导弹靶试中,我还有幸见到了钱学森。当时钱学森正在基地指挥一次重要的航天产品发射,于是他来到我们这里了解上海研制和生产的红旗一号导弹的情况。那天钱老穿一件风衣,气宇不凡。他与我们这些年轻人一一握手,表示亲切慰问。钱老没有一点"大人物"的架子,平易近人,给我留下深刻印象。

试验任务完成后,由空军代表验收签字认可,上海航天向部队首次交付了数十发红旗一号导弹。

也就在那年,上级决定上海机电二局研制红旗一号的改进型红旗二号。同年,由北京老五院二分院研制的红旗二号导弹在嘉兴地区击落一架美国U-2高空侦察机,这在当时非常轰动,对我们这些研制导弹的航天人来说,也是一个极大的鼓舞。

"风暴"首箭破苍穹

20世纪70年代初,因工作需要,我转战到了运载火箭线上,先后从事过3个火箭型号的研制,即风暴一号、长征四号、长征二号丁,都是研制箭上的控制系统产品。

风暴一号火箭是上海航天搞的第一个火箭型号,那时根本没有研制经验,产品原型参照我国早期的东风五号地地导弹。由地地导弹改装的运载火箭,与导弹最大区别是飞行弹道不一样,前者发射出去后,依然回到地面;后者是飞向太空,把有效载荷送入预定轨道。因此碰到了不少问题,研制过程非常曲折。

运载火箭控制系统所针对的控制对象与之前我搞的导弹有着很大不同,要求也大不一样。而控制系统的设计,没有任何参考资料。火箭飞行的姿态稳定,包括偏航、俯仰、滚动稳定是火箭飞行的基础。针对火箭总体对姿态稳定系统的要求,从系统方案对全系统偏航、俯仰、滚动通道进行了全新设计。当时我们的设计手段很落后,只有一台老式的电动计算机,大家平时都用计算尺进行计算,碰到复杂的计算,必须到上海市计算中心去协作。计算中心的同志很热心,帮了我们很大的忙。

在运载火箭控制系统的设计方案中,我对元件的选择也提出了多项新的思路:根据对发射火箭起飞漂移的分析,结合当时火箭的特点,借鉴模拟调整参数方法,提出了机电式调零方案;为适应工厂的产品,对箭上速率陀螺采用了小速率陀螺,并相应改变了箭上的电源配电;根据发射卫星的特点,通过遥测弹仿真实验取消了横向加速度表回路等。那时已经有了有源网络和数字控制系统的研究,为了减少放大器的零位漂移,我和同事们还攻克了许多综合性难题,保证了火箭的研制进度。

在 20 世纪 70 年代初期,计算机对大多数的技术人员来说属于陌生而深奥的技术,它有专门的基础知识和运算方式,如逻辑运算、编程规则、数据存储等。同时,由于当时电子技术水平的限制,计算机的应用十分稀罕。因此,对计算机的应用,我必须从头学起。正是在一系列艰苦条件下,我们迎难而上,与各条线上的同志共同努力,仅用一年多的时间,就将风暴一号火箭研制成功,创造了一个奇迹。

1972 年 8 月 10 日,第一发风暴一号火箭在酒泉基地顺利发射,飞完全程,说明火箭总体方案正确,各系统工作协调,产品质量也经受住了上天的考验。这次风暴一号火箭的发射总体上获得成功,但也发现了不少问题,因此上级给出的结论是:取得基本成功。首次飞行试验获得如此成绩实属不易。这是上海首次发射成功的运载火箭,同时也为我国的航天史增添了光彩。

能参与上海航天第一发火箭的研制和发射,我感到非常自豪。风暴一号火箭在后来的十年间,共发射了 11 发,其中有 4 发失利,这是由于早期火箭研制水平不高,对许多问题认识不足,导致排除故障不彻底。虽然非常遗憾,但也为以后的研制工作积累了丰富经验。

风暴一号准备发射

"长四"常胜建奇功

1988 年 9 月 7 日,我国使用长征四号 A 型运载火箭,在太原卫星发射中心成功地发射了一颗试验性气象卫星——风云一号。长四 A 首飞成功,标志着中国成为世界上第三个能够独立发射太阳同步轨道卫星的国家。风云一号也是我们国家的第一颗气象卫星,意义重大。

太阳是世间万物的主宰,阳光也是充满生机与活力的象征。每一天太阳都是从东方的地平线上升起。而在茫茫太空中,风云一号卫星由于每天出现的时间总是与太阳升起同步,因而被称为太阳同步轨道卫星,长四 A 也由此赢得了追赶太阳的火箭之美誉。我有幸成为该火箭研制队伍中的一员。

1988 年,长四 A 首次发射被誉为"三新聚会"。何为"三新"? 即火箭是新的,卫星也是新的,太原卫星发射中心首次承担大型运载火箭发射任务,又算一新。正因为都是新的,所以各方面的问题特别多,磨合比较困难。如长四 A 火箭在技术阵地的测试中曾出现大大小小 30 多个问题,经过试验队员的全力以赴,所有问题都被一一化解。长四 A 火箭对于上海航天人来说,是真正意义上的第一款独立研制的三级火箭。过去研制的风暴一号是二级火箭,其主要技术来源于东风五号。因此在长四 A 研制过程中,科技人员碰到的许多技术难题都是以前没有过的。其间,我们攻克了一个个技术难关,踏平坎坷,一次次迎来"柳暗花明"。在长四 A 火箭中,我负责火箭的控制系统。为了使长四 A 的控制系统接近国际先进水平,我们在国内首次采用了计算机数字控制方案,使箭上计算机不仅具有按规定程序制导运载火箭转弯、关机、启动、脱离等功能,而且还能控制火箭在飞行中的姿态。当火箭在飞行中遇到干扰时,控制系统能及时发出指令,调整飞行姿态,确保火箭正常飞行。

为了使长四 A 的控制系统具有理想的抗干扰能力,我们决心设计出最好的软件程序。因此,整整两年间,我和研制团队,尤其是华东计算机所的科技人员一直处于苦思冥想中。我们把自己关在计算机房里,放弃了许多休息日和节假日，一心扑在攻关中。在那个计算机王国内，0和1曾给我们带来无尽的烦恼和困惑。但为了长四A的成功，我们最终让一排排计算机指令变为一组组优美的音符，组成最动人的乐章。

太原基地的厂房也是新的，第一次接受火箭入驻，在厂房进行总装总调等综合测试工作，以确保火箭在发射过程中的可靠性和安全性。记得在技术厂房建设期间，碰到一个接地线的问题。因为对于任何使用电力设备的地方，接地很重要，既要保护设备安全，更要保护人身安全。基地方面知道我是电气方面的专家，特地邀请我去帮助解决。由于太原地区处于山区，大多为山石地带，无法打很深的洞。于是我帮他们找到一块较为松软的平地，指导他们打了一个几米深的洞，然后插入两根金属棒。考虑到接地线导电的阻值越小越好，我根据当年在交大学到的有关知识，采取向地下注入盐水的方法，以降低金属棒及接触地面的阻值，提高其导电能力。通过多次试验验证，此方法十分有效，圆满完成了接地线工程。

在长四A发射期间，受火箭总设计师孙敬良之命，我担任现场技术指挥，负责火箭上控制与稳定系统以及其他电子部分的综合测试，其质量是否

长征四号A型运载火箭成功发射

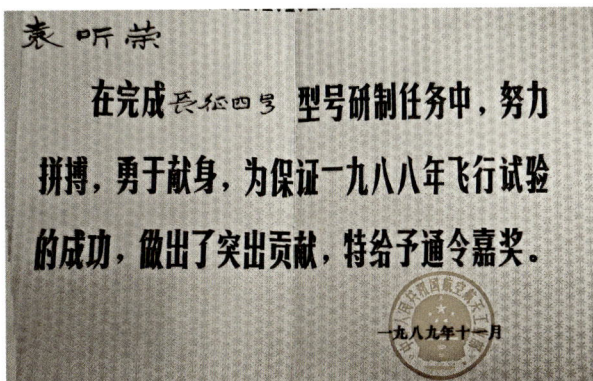

袁听荣在长征四号型号研制中贡献突出，1989 年 11 月获航空航天工业部通令嘉奖

过关，一切都听我的。正是在我的严格把关下，所有的问题和隐患都得到及时排除，保证了火箭的高质量和高可靠，确保了首发长四 A 的成功发射。

长四 A 火箭的成功，是当时国内的一大新闻，各路记者纷纷前来基地采访。后来在上海的《解放日报》《新民晚报》等媒体刊登的报道中，称我为"袁大将军"，由此孙敬良老总、试验队员等后来都叫我"袁大将军"。

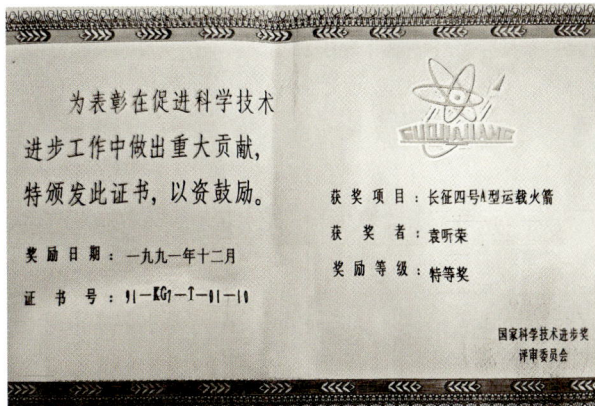

1991 年，袁荣听参与研制的长征四号 A 型运载火箭获国家科技进步奖特等奖

随着航天技术的发展和适应新的发射任务，为满足风云一号 C 星和资源卫星的发射需要及充分利用火箭的运载余量，上海航天人决定对长四 A 火箭做若干适应性改进，使火箭性能进一步升级。其中涉及我所主管的控

制系统采用电子式程序配电器和动力调谐陀螺平台(简称小平台),可以明显减轻第三级火箭的重量,并提高卫星的入轨精度。其间,我与812所的同志们协调作战,攻克了许多技术难关。

这种改进后的新型火箭取名为长征四号乙,而它更突出的特点是可靠性高、发射精度高、造价成本低、通用性适应性强,尤其是能够在国内3个发射场发射各种用途的卫星。

1999年5月初,太原卫星发射中心长四乙火箭刚完成综合测试,火箭已经转场并高高地竖立在发射塔上,准备发射第三颗风云一号C气象卫星。5月8日,中国驻南斯拉夫大使馆遭到以美国为首的北约导弹的袭击,造成人员伤亡和馆舍的严重毁坏。消息传到国内,全国人民义愤填膺。这时香港《大公报》刊登消息说,中国将在两天内发射卫星。显然,这是一发"只能成功、不能失败、没有退路"的火箭。它要求我们在现场的试验队员一定要以高度的责任心和使命感,用火箭的成功发射给予西方敌对势力以严厉回击。10日上午,火箭带着上海航天人的"嘱托",带着中国人民的满腔愤怒,咆哮着直刺苍穹,把风云一号C星和实践五号科学卫星成功地送入太空预定轨道。中国航天人傲然地向世人宣告:中国人民不可辱!这是长四乙火箭的首次亮相,第一箭打得漂亮极了。长四乙在追赶太阳的旅程中,又一次立下赫赫战功。

扭转乾坤"龙抬头"

在20世纪90年代,中国航天遭遇"寒流",长征系列火箭多次发射失利。如1991年12月28日,火箭发生故障,未能将一颗东方红二号甲通信卫星送入大椭圆轨道。1992年3月22日,长征二号E捆绑火箭发射澳大利亚B1通信卫星时发生故障,在火箭点火后实施了紧急关机。

1992年8月9日,上海航天的长征二号丁火箭肩负重要使命,昂然挺立在酒泉基地的发射架上。这是一发不同寻常的火箭,因为全中国人民乃至全世界的目光都在盯着它,成功与否,关系重大。由于形势严峻,压力异常,国防科工委、航空航天工业部的高层领导都到发射现场视察,气氛十分紧张。

长二丁不愧是优质火箭,首发火箭不负众望,稳稳地进入太空,将一颗返回式科学试验卫星顺利地送入预定轨道。

旗开得胜,扭转乾坤。长二丁在逆境中首发成功,为中国航天赢得了尊严和荣誉,因而被时任航空航天工业部副部长刘纪原称为一次了不起的"龙抬头",一举扭转了航天的不利局面。

因为这次火箭的发射成功,我和火箭试验队队员受到了时任中共中央总书记江泽民同志的接见和握手,让我一辈子难忘。

记得那是在长二丁火箭发射成功后,江泽民同志正在甘肃等西部地区视察,欣闻由上海航天局抓总研制的长二丁火箭成功发射的喜讯,他抑制不住激动的心情,执意要到基地里面去看望一下"上海老乡"。

8月11日上午,天上正下着毛毛细雨,江泽民同志不顾旅途颠簸的劳累,一下车就紧紧握着上海航天局副局长兼试验队队长施金苗和火箭总设计师孙敬良的手,连声表示祝贺;同时与上海试验队队员一一握手,并不断地说:"大家辛苦了! 祝贺你们的火箭发射成功!"

接着,江泽民同志又做了热情洋溢的讲话。他的嗓音本身就洪亮,再拿着个电喇叭,更显得中气十足。他在讲话中对我们长二丁火箭的发射成功给予了高度评价,认为中国航天正处于低谷时期,这次发射成功意义重大,希望我们一定要把航天事业推向一个新的高峰;并祝我们再接再厉,取得更大成绩。

接着,在基地的试验宾馆门口,江泽民同志又与大家一起合影留念。与江泽民同志零距离地站在一起,这是我作为上海航天人莫大的荣耀。

耄耋之年斗病魔

随着年纪的增长,我的身体状况也在走下坡路。六七年前,我患了直肠癌,动了个较大的手术。由于我这个癌症的位置不是很好,使得这次手术比较复杂,在切除癌症病灶后,先要将肛门缝合起来,然后在我的腰部开一个口子,对大便进行引流。这段时间腰部始终挂着一只袋子,还要穿"尿不湿",给家属在护理病人上增添了许多麻烦。这样挨过三个月的时间,再实施第二次手术,即恢复肛门正常的排便功能,再将腰部创口重新缝合起来。这么大年纪,经历一次次手术的折磨,确实非常痛苦。

约三年前,我又患上了严重的白肺,这是很致命的,很可能就会失去生命。那时,医院里只有3台呼吸机,而病人又多,呼吸机成为非常宝贵的资源。关键时刻,医生想方设法给我调剂了一台呼吸机,维持了我的生命。

死里逃生,老天留人。虽然目前我天天住在医院里,但心情比较愉快,病情恢复也较好。我还能享受免费医疗及住高干病房的待遇,这是社会主义制度的优越性给予早期正高级研究员的医疗红利。因为我们这一代人曾经为航天事业作出过较大贡献,党和国家没有忘记我们。我要感谢党,感谢国家对我们航天科技人员的高度重视,并把优厚的待遇真正落到了实处。

袁听荣与母校采访人员合影(左起:袁听荣、游本凤、孙萍)

张欣

张欣，原名张富根，1936年12月生于上海，祖籍浙江宁波。导弹和火箭弹体结构设计专家、研究员。1958年，考入交通大学上海部分（今上海交通大学）冶金机械专业，后抽调至工程力学系火箭弹体设计与制造专业。1963年毕业分配至上海机电二局（上海航天局前身）下属上海新江机器厂，先后任技术员、技术组长、工艺工装室主任、车间主任和生产科长。1984年任副厂长兼800所副所长。1996年任800所（上海航天精密机械研究所）所长。先后参与红旗系列导弹的弹体结构设计及多种型号导弹的研制、定型和批产工作；参与风暴一号火箭和长征系列火箭的结构设计及研制和生产。其中，领衔设计的长征三号大型卫星整流罩分离试验获得一次成功，荣立航天部一等功；设计的长征四号尾翼型架获航天部科技进步奖三等奖；因型号研制和发射屡获成功，荣立上海航天局一等功。1991年，当选为松江区人大代表。享受国务院政府特殊津贴。

在访谈中，张欣深情回顾了在交大的求学经历，认为他之所以能在航天领域型号产品设计研制中取得一定成绩，与他交大求学期间学到的各种力学知识密切相关，帮助他在导弹和火箭结构设计方面取得成功。在37年的航天生涯中，由他参与设计、制造的各种火箭发射，发发成功，这是他感到无比欣慰和自豪的。

只管踏实干事　功成不必在我

口述：张欣

采访：游本凤、孙萍

时间：2023 年 7 月 6 日

地点：上海市张欣寓所

记录：游本凤

整理：游本凤、孙萍

连写五个交大志愿

我 1936 年出生于上海，祖籍浙江宁波。我的父亲是个普通工人，我家兄弟姐妹共有 6 人，上面有一个姐姐，我是家里男孩中最大的。因为我是大儿子，父亲很看重我，平时一直叮嘱我，一定要好好读书，一个人只有学习和掌握了知识，才会有本事，有出息，今后无论找工作，还是在社会上立足，人家才会看得起你。所以，父亲的这一谆谆教导，我始终牢记在心里。正因为我勤奋读书，才改变了命运，才能在职场上干得风生水起。而能与我夫人结合，也得益于交大这块"金字招牌"。

新中国成立前，民不聊生，广大老百姓都处于水深火热之中，普遍贫困。因为家庭困难，我上小学比同龄人要晚些，直到 1944 年才读书。小学也就读了三年，后来因战争年代百业凋敝，父亲失业了。作为家中的顶梁柱，父亲失去了经济收入,则意味着这个人口众多的大家庭将难以维持日常生活,于是我不得不休学,尽我的力量帮助家里苦渡难关。

记得那几年通货膨胀,钱根本不值钱,早上买东西和下午买东西有着天壤之别,老百姓拼命地抢购商品及"轧米",是当时司空见惯的社会现状。我亲眼看到父亲拿着一米袋的金圆券,换回的只不过是半袋米。想想家中老老少少8口人,半袋米也吃不了几天。在这样的情况下,父亲对我说,你的书就暂时不要读了,先帮助家里摆脱困境再说。于是,我就跟着父亲一起做起了小生意。父亲到批发站去批发一点日用小商品,如毛巾、袜子、牙膏、牙刷、拖鞋等,又叫人帮忙做了部手推车,把小商品装在车子上,父子二人每天一早推着小车出发。那时我家住在老北站浙江北路、海宁路元亨里一号,于是我们就在家附近的山西路菜场、安庆路菜场等比较热闹的市口设摊,父亲有事离开时,就由我来张罗摊位。他还交给我一只小布袋,说是将经营收入放进袋子里,要随身携带,不要丢失。那时我虽小,但已经懂事。在摆摊的过程中,既有心地善良的爷爷奶奶,也有欺压百姓的地痞流氓,小小年纪,饱尝了人间冷暖,懂得了生活的艰辛。我们的摊位一直摆到上海解放后的1949年底,社会开始稳定,各行各业逐步复苏,父亲也找到了工作。父亲是位手工匠人,木工手艺相当不错,有好几家公司的老板都争抢着要聘我父亲。于是父亲有了一份既体面又能发挥特长的工作,家庭生活也逐步好转。在中断了三年学业后,我开始继续读小学。

1952年,我小学毕业。那个年代,有个小学文化程度已经算很不错了,许多人都不愿继续读书,想找个工作,赚点钱养家糊口。而我的志向非常明确,一定要升学读书,做个有文化有出息的人。父亲也非常支持我继续读书。

那时公立中学很少,大部分是私立中学。经过一番努力,我考进了私立的兴慈中学。兴慈中学在闸北公园那边,离家很远。虽然有公交车,但因家庭经济拮据,我舍不得乘车,每天步行到学校,路上单程1小时20分钟,来回将近3个小时。记得学校早上8点上课,我每天早上6点30分就必须离家出发,无论刮风下雨,还是烈日暴晒,从没有退却过,三年中也没有缺过一次课。由于我对自己要求严格,读书从不偷懒,做功课也不拖拉,成绩在班级里一直名列前茅。这三年的学习,对我打好基础帮助很大,尤其是掌握了很多数学、物理、几何等方面的知识。那时我还经常到路边小摊上买书,如《几何100题》《代数200题》等,练习解题,对一般的题目都做得滚瓜烂熟。

我坚信"知识就是力量",因为初中时读到的一本书,里面的励志故事对我的成长帮助很大。后来,我还专门订阅了一本《知识就是力量》的杂志。因为勤奋努力,所以高中我十分轻易地考进了上海市第六十中学。六十中学前身是上海市私立肇和中学,是为了纪念"水兵战舰肇和号"反对袁世凯称帝而创建的,在闸北区青云路上。让我感到意外的是,六十中学很人性化,对于贫穷人家的孩子可减免学费。在校期间我被减免了四分之三的学费,也就是说读一个学期只需付1斗米。

高中三年,我丝毫不敢懈怠,对知识的渴求愈发迫切。正因为付出了十分的努力,在我眼中,数学、物理等学科几乎没有难题,我成为班级里的解题高手。我们的班主任是一位教语文的女老师,她看我数学、物理基础都很好,快毕业时就对我说,学校可以保送我去华东师大,并给了我一张保送的表格,叫我填写一下。所谓保送,就是不用参加高考,可直接进入大学读书。这对许多学子来说,是可望而不可即、求之不得的。回到家里,我把这一情况告诉了父母。父亲问我,华东师大是专门培养老师的,你喜欢当老师吗?我说,我想搞工程,做一名工程师。父亲就说,你自己想做什么,就朝着这个方向去努力。

到学校后,我跟班主任谈了自己的想法。班主任问,那么你想考什么大学?我毫不犹豫地说,我想考交大。班主任表示理解和支持。接下来在填写报考志愿时,我一口气连着填写了5个交大志愿,分别是冶金机械、船舶设计与制造、船舶动力装置等专业。

结果如愿以偿,我一举考入交大的冶金机械专业。那个年代,穷人家的孩子能够考进大学,是一件非常不容易的事情,一时在街坊邻居中成为美谈。

1958 年冶金机械专业一年级新生名册（第十七位为张欣，时名张富根）

印象深刻的交大老师

进入交大后，记得一年级是在民晏路分部读的；二年级、三年级搬到法华镇路分部就读；四年级、五年级回到华山路交大本部读书。入学后，从一年级下半年开始，学校成立了工程力学系、工程物理系，从相近专业抽调成绩好、家庭出身好的同学加入。我们 51081 班是新设的工程力学系火箭弹体设计与制造专业，包括我在内的 24 位同学都是从其他工科专业中选拔和抽调而来。正是这一专业，使我这辈子与航天事业结下了不解之缘。

对于交大授课的老师，印象最深刻的是工程力学系副主任何友声。何

交大求学时期的张欣

老师个子很高，1 米 8 左右，气质好，水平高，给人一种温文尔雅、风度翩翩的感觉。记得有一次，12 月大冷天的时候，何老师大概看书看的时间长了，头脑有点犯晕，于是他用冰冷的自来水直接对着头就哗哗地冲洗起来，然后再用干毛巾一擦，这样可以保持清醒的头脑来给我们上课。看着这一场面，我几乎惊呆了，我想，这个老师太厉害了。于是问别人，这个老师是谁呀？人家告诉我，他就是你们工程力学系副主任何友声。从此何友声老师深深铭刻在我的脑海里，让我佩服至极。何老师教的是流体力学、空气动力学等课程，他上课思路清晰，条理清楚，概念分析和解题过程娓娓道来、一气呵成。同学们一致反映，听何友声老师讲课，不仅知其然，而且知其所以然，真乃如沐春风、如饮醍醐。还有一个老师是教我们理论力学的，叫陈凤初。他每次来上课，手里拿着各种颜色的粉笔。上课时他举例说，这个力叫反作用力，于是他就用一种颜色的粉笔来标示；另一种力叫正向推力，他又用另一种颜色的粉笔来标示。陈老师用不同颜色的粉笔来标注不同的力，将各种各样的力分析得清清楚楚，让同学们过目不忘、记忆深刻。陈老师这一十分独特的教学方式，是别的老师没有用过的，因此印象也很深刻。另外，教我们材料力学的老师名字记不起来了，但他的课教得不错，如材料力学中有强度、刚度和稳定性等，受力特点和变形特点，脆性力学、应力力学、弹性极限、屈服极限、临界压力、弯曲内力、延伸率等概念，讲得清清楚楚。可以说，上述概念或知识在我日后的设计工作中都碰到和应用过，如果没有学过工程力学的话，简直无法从事这项工作。那时船舶系的老师给我们上课的比较多，因为无论船舶还是航空航天设计制造，都离不开力学。可见，力学在工程制造业的地位非常重要。

我在交大求学期间，可以说是心无旁骛，一门心思扑在读书上，由于功课实在太多，有一次做功课太投入，竟然忘记了时间，等抬起头来一看墙上

1963 年，工程力学系五一〇教研组（火箭弹体设计与制造专业）教师合影（前排左起：陈永如、张永元、何友声、关银发、戴瑞林；后排左起：沈天任、曹惠宾、陈留祥、谭贻伟、陈章炯、盛宝忠、詹永祺）（盛宝忠供图）

的挂钟，已经是凌晨 3 点 10 分了，几近开通宵。当然，其他同学也同样如此，大家读书都很卖力，不仅你追我赶，而且相互帮助，学习氛围相当好。那时我们同学之间鲜有谈论吃喝玩乐的，也没有攀比家庭条件的，大家平时交谈最多的就是学习和功课。因为我们这些同学大多来自贫苦家庭，能够进大学读书十分幸运，所以非常珍惜这一学习机会。同时我们感到，国家培养一个大学生非常不容易，目的就是希望同学们毕业后能用所学知识建设国家，因此不努力是不行的。

在交大读书时，在我们学生中还流传这样一种说法，即结构力学叫"结棍力学"，流体力学叫"留级力学"。可见这两门课的难度很大，一旦考试过不了关，则面临着留级和补读的命运。

由于年代久远，许多老师的名字记不起来了。总的感觉是，交大不愧为名牌大学，老师授课水平一流，让我们受益匪浅。尤其对我来说，踏上工作岗位后从事工程设计，感到在交大所学的那些力学基础知识，帮助实在太大了。

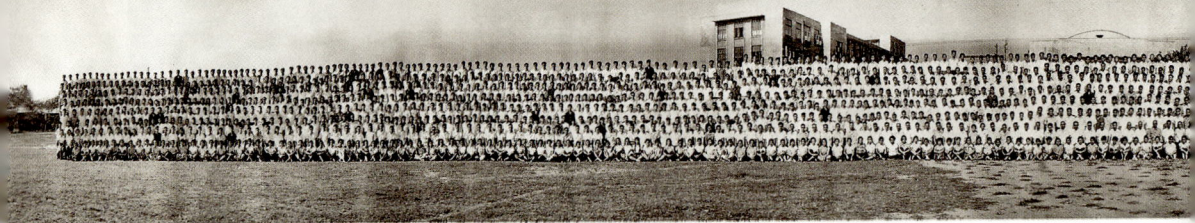

上海交通大学 1963 年

与"红旗"一同成长

我是 1963 年从上海交大毕业的。在毕业之前,学校从我们班级的 24 人中抽出 8 人到上海机电设计院去实习,其间与科技人员一起参与了 T−7 探空火箭的外形、结构、弹翼的设计,以及探空火箭飞行过程中的受力情况分析等。而到了毕业分配时,当时地处松江一个大院里的机电设计院和新江机器厂都要抢人,都说需要这 8 个人。因为那时机电设计院属国防部第五研究院管辖,主要从事探空火箭的研制。而新江机器厂属于上海机电二局(今为上海航天局,又名上海航天技术研究院,简称"八院"),主要任务是仿制苏联的地空导弹(红旗一号)。最后,我们这 8 个交大毕业生都留在了新江机器厂。而我将自己的一生全部交给了航天事业,在新江机器厂(后来叫 800 所)干了整整 37 年。

刚大学毕业进单位时,记得我的月工资只有 48.5 元,隔一年后加到 58元,第三年和我相同经历的人一般加到 64 元,由于我表现比较突出,加到 68元。虽然每月仅多了 4 元钱,但那时 4 元钱是很值钱的,所以很开心。车间同事乘机叫我请客,于是吃中午饭时,我给大家每人添了一块红烧肉,共同分享增资"红利"。

早期我在新江厂搞过一段时间的探空火箭,实际上介入并不深,因为在我进单位没多久,1965 年 7 月机电设计院就迁往北京了,而中央当时给上海

全体毕业生合影

下达的重要任务是针对美蒋高空侦察机屡屡侵犯大陆领空,必须赶紧研制出红旗型号防空导弹。可以说,我从设计"红旗"、研制"红旗",到抓"红旗"的批量生产和交付使用,与各种各样的"红旗"型号产品打了一辈子交道。

1963年到新江机器厂,我先从技术员做起,先后在技术组、工艺工装设计组等部门干过,担任过技术组长,专门搞导弹的型架设计、装配夹具设计、零组件的组合设计等。那时我国的防空导弹事业刚起步,产品单一,主要以红旗一号导弹(代号543)为主。红旗一号的原品弹是苏联的萨姆-1,我们在萨姆-1的基础上进行反设计,遵循"先仿后创"的原则循序渐进。那时,美国装备台湾当局的高空侦察机(U-2)屡次侵犯我大陆领空,进行侦察和骚扰。U-2侦察机一是飞得远,最大航程达7 000公里;二是飞得高,最高可达到2.28万米。对于这一高度,我防空导弹部队早先装备的红旗一号导弹射距不够,就差那么"一口气"。于是,航天科技人员决定对红旗一号进行改进。其改进过程我们称之为"三长两短"。所谓"三长",就是对俗称"第三舱"的燃料舱进行加长设计,增加燃料舱的容量,加大前翼面积,调整自动驾驶仪的参数,从而增加导弹的射高和斜距,并保证弹上部件操纵和弹体高空的稳定性;为了适应第三舱的加长,同时对第二舱进行改短设计,这就是所谓的"两短"。"第二舱"是仪器仪表电子控制舱,科技人员对无线电控制仪、引信均做了相应的改进,增强了抗干扰能力,提高了击中高空目标的命中率。改进后的产品叫红旗二号,虽然外形上与红旗一号差别不大,但在技术性能上有了很大改善,抗干扰能力、操作性能和制导精度都更高了,作战性能也有大幅度提高。

红旗二号导弹

那时新江厂每一批红旗二号生产 55 发,随机抽 3 发弹去基地打靶,其中 2 发打中就算成功,即可交付部队。1987 年,在对越自卫反击战期间,由我们新江机器厂研制生产的红旗二号导弹打下一架侵入我国领空的越军苏制米格-21 侦察机。为此,空军专门给新江厂发来了贺电。

继红旗二号之后,已经摆脱仿制的红旗三号、红旗四号基本上属于我们自行设计、自行研制的创新性产品。可惜的是,由于设计先天不足,再加上“文化大革命”干扰因素,大大拖延了研制时间,错过了大好机遇期,最后被迫下马。想想多少科研人员数年为之日夜奋战,却无疾而终,令人痛惜。这也是型号研制过程中,我们交付的惨痛的“学费”。

红旗×号研制过程虽然曲折,还经历上级“黄牌警告”的最艰难时期,但最后经过顽强攻关而实现“苦难辉煌”,通过定型试验后即进入批量生产阶段,装备部队后,成为部队的主力防空产品。

还有红旗六十一号等型号,基本上属于上海航天人的原创产品,海用型和陆用型均成为部队的重要装备或“撒手锏”武器,在历次军演和阅兵式中频频亮相,得到中央军委的高度赞扬。

在数十年的航天生涯中,我目睹了红旗型号防空导弹从最早的红旗一号、二号、三号、四号,到后来的红旗×号、红旗××号、红旗六十一号、霹雳××号,以及红缨系列等,型号品种越来越多,批量越来越大,成为装备部队、保卫国家的重要战术武器产品。可以说,我亲身经历了"红旗"家族的发展壮大,见证了红旗型号从单一品种到形成产品化、系列化、多样化的整个发展历程。

我与"红旗"一同成长,能亲身参与各种红旗型号的研制和生产,用航天人的智慧和汗水为保家卫国、建设航天强国效力,感到无上荣光。

在"风暴"中淬砺

1969 年,党中央给上海下达了风暴一号火箭和长空一号卫星研制任务,统称"701 工程"。

1970 年以后,新江厂开始承担风暴一号火箭任务。之前,我们新江厂根据上级发出的"知识分子要与工农群众打成一片"的指示,共安排 380 名知识分子去 3516 厂进行劳动思想改造,我也在其中。3516 厂在闸北区北宝兴路那边,是一家专门做军用胶鞋的军工厂,生产任务一直很忙。那个阶段确实非常辛苦,我们 380 人被分成三批,做早中晚三班。我的工作岗位是热胶成型,即坐在一个高温炉前将鞋帮和鞋底合成为胶鞋,一个晚上要制作 120 双胶鞋。反正一坐上工作岗位就双手不停,来回操作,不仅被那高温炉的热量及橡胶气味熏得头昏脑涨,而且工作十分枯燥乏味,就像一个机器人在干一件没完没了的机械活。

到了 1970 年,风暴一号火箭任务正式下达,厂里要求我们这批人全部回厂。那天,我们 380 人全部集中到人民广场,厂里用几辆巨龙大客车将我们接回新江厂。从此,我和同事们开始投入紧张的风暴一号研制工作中。

那时还是厂所合一期间,新江厂主要承担风暴一号火箭的总体设计、一二级箭体研制生产和总装总测等任务,这是新江厂历史上第一次承接大型运载工具的研制。上级领导在动员大会上强调,这是党中央对上海工人阶级的高度信任,一定要全力以赴,把卫星送入太空,不辜负党中央对上海工人阶级的殷切期望。

1970年元旦刚过，七机部一院向上海航天提供的东风五号洲际导弹上万张图纸资料运抵厂里。资料室的描图员拿到资料后都傻了眼：图纸都是手工绘制的，一些数据很模糊，根本看不清楚，全都需要重新审核并画出正规图纸，十分耗时费力。时任厂党委书记江洁心下了死命令："不要讲条件，给你们10天时间，必须拿出一份高清图纸。"当时，资料室的300多人全部上阵，上万张图纸分发到人。一个个数据都要核对准确，每个小数点都要仔细推敲，饿了就拿点炒面冲水填肚子。人心齐，泰山移，大家终于在时间节点前交出了"答卷"。

为搞好"701工程"，厂里专门成立了"701工程"组。由于厂领导对我的信任，我担任了工程总指挥，负责计划调度、生产协调、外协加工、产品质量等。

风暴一号实际上是东风五号洲际导弹的改进型，成型后为两级火箭，直径3米多，竖起来30多米高，是个"庞然大物"，以往新江厂研制的红旗防空导弹产品与之相比根本不是一个数量级。而厂里现有的加工设备没法满足生产需求，且装配工艺、制造方法也大相径庭。没有工装、模具，制造方式陌生，因此许多工人师傅纷纷摇头，表示凭新江厂目前的加工设备和能力，要把风暴一号弄出来，难度非常大。

面对这样那样的困难，我斩钉截铁地对他们说："一定要把风暴一号做出来，没有讨价还价的余地，办法总比困难多。'701工程'为什么放在上海？就是因为党中央相信我们上海航天人的高素质，我们不能为上海工人阶级丢脸。拿出大火箭，报效共和国。"正是在这样的氛围下，一场轰轰烈烈的"701工程"大会战打响了。我作为一名工程技术人员，感到能投身如此重要的产品，用我们亲手制造的火箭把卫星送入太空，心中充满了自豪。

由于任务太紧，在我的具体策划下，厂里调整了排产表，把三班倒工作制变成了两班倒，工作时间由一班8小时改成12小时。最紧张的时候，设备24小时高速运转，换人不停机。我那时和研制人员几乎每天都忙碌到凌晨四五点才稍微休息一下，第二天天一亮，马上起床洗漱，然后去食堂吃点早饭，又赶紧投入紧张的工作中去。记得当时我们住的宿舍，一个房间4张双层床,上下铺睡 8 个人,由于轮流上阵,大家都忘我工作,一段时期宿舍里空空荡荡的,人员也从来没有聚齐过。那时的我们,年纪轻轻,青春洋溢,充满了活力和朝气,每天都觉得浑身有使不完的劲。比如看到工人师傅实在忙不过来,我就经常到车间里去帮忙。由于我的动手能力比较强,拿起榔头能敲,拎起铆钉枪能钻,甚至连车铣刨等机床也能开两下。如此扑下身子,亲力亲为,深受师傅们的欢迎。大家都说,这个交大毕业生哪像什么"臭老九",没有一点知识分子的架子。

为了满足生产需要,厂里专门为风暴一号进行了场地改造:106 车间扩建了 2 640 平方米临时总装厂房,静力试验室扩建了 640 平方米厂房,甚至连露天电影院也改造成厂房。厂里还增添了 5 吨电磁振动试验台及 20 吨液压振动试验台等设备,专门成立了工装工具科,自行设计了上千套的工装、夹具、型架等工艺装备,以配合风暴一号的研制生产。

在工艺装备不完善的条件下,工人师傅们完全用手工操作代替机械加工。曾经有一个工作环节让我印象深刻:风暴一号火箭上用来放置氧化剂、燃烧剂等的火箭贮箱,其直径 650 毫米的膜片需要用铝质板材加工成型,半球体外形的尺寸公差要求控制在 2 毫米内,加工工艺非常复杂,而且没有这方面的工艺和经验可借鉴。怎么做? 新江厂的钣金师傅在上海滩是出名的,面对难题,工人师傅没有打退堂鼓。只见他们找来三四毫米厚的铝板左看右看,不断尝试,用他们熟练的技能进行敲打。就这样,一块膜片从原材料到加工成半球体成品,至少须敲打 5 万次,才能满足设计要求。那时没有空调,甚至连一台电风扇也没有,盛夏时节的车间简直就像一个大蒸笼,动一动就是满头大汗。于是工人师傅把这项工作放在夜晚去做,大热天的夜晚车间里同样闷热,师傅敲打 5 分钟就会满头大汗。没办法,他们只能拿着大蒲扇不停地扇风。

那段时间,除了指挥协调,我还负责风暴一号火箭的舱体结构桁架、整流罩型架等的研制。庞大的火箭内有七八个舱体,如仪器舱、控制舱、发动机舱等,这些舱体都必须用结构桁架来支撑,那时我设计一个,成功一个,从来没有返工过。

风暴一号火箭

经过全厂上下的共同奋战,我们只用了9个月的时间,就完成了设计、生产和试制等一系列非常复杂的研制工作。当第一发风暴一号全弹产品在厂里装车运往基地时,全厂干部职工沸腾了,大家纷纷一睹为快,并默默祝愿风暴一号旗开得胜,马到成功。

1972年8月10日,风暴一号火箭不负众望,在酒泉基地进行首次飞行试验获得了成功。听到好消息的那一刻,全厂干部职工欢呼雀跃,所有人悬着的心终于放了下来。当天,厂里摆了"庆功宴",厂领导下达指令,给每位职工的工作餐里加一块红烧大排。

风暴一号火箭除了发射长空一号卫星以外,它还承担一项重要使命,即发射低弹道弹头,为我国洲际导弹发射任务做弹头再入试验。这是国家下达的重要任务。而弹头再入大气层,防热设计是关键。当洲际导弹以每秒7公里的速度再入大气层时,弹头保护装置要承受几千度的高温与近百个大气高压的压力。因此,选择弹头保护装置的材料成为关键。在上海冶金研究所材料专家严东生(后来被评为院士)的带领下,他们采用碳石英材料作为封头的结构材料,经过数十次试验验证,终于突破了再入防热材料关。由于洲际导弹项目由钱学森技术总抓,因此,首发风暴一号低弹道飞行试验是由钱学森带队前往酒泉和新疆两地指挥的。风暴一号的低弹道弹头试验是否成功,涉及东风五号洲际导弹飞向太平洋能否成功。所以,风暴一号低弹道弹头再入试验意义重大。最终,两发风暴一号低弹道飞行试验均获成功,我们新江厂为洲际导弹的成功发射立下了汗马功劳。

由于上海设计和制造的火箭绝大多数都成功了,后来上级将更多的火

八院纪念研制"风暴一号"火箭"长空一号"卫星五十周年座谈会留影(前排右二为张欣)

箭研制任务交给上海航天人干,这一期间,我参与了长征三号,长征四号 A、B,长征二号丁等火箭的研制工作。记得我曾领衔参与了长征三号整流罩结构的设计任务,该项目是航天部重点攻关项目。火箭整流罩是卫星保护罩,由高强度、轻质、耐高温,且无线电透波性强的材料制成,位于运载火箭的顶部,在保持火箭气动外形的同时,给卫星披上一件坚固的铠甲。火箭升空前,整流罩在地面保护卫星,保证其对温度、湿度、洁净度的要求。火箭升空穿过大气层后,整流罩的使命便结束,于是通过引爆螺栓,整流罩沿箭体纵向分成两半被抛掉,坠落地面。

我们从 1978 年开始研制长征三号卫星整流罩,最初打算采用技术难度大的非金属蜂窝夹层结构方案。到了 1979 年下半年,决定改用技术难度较小的玻璃钢结构方案。由于它尺寸大,带来了生产工艺难、整流罩分离技术复杂等问题。整流罩球头模压需要大于 1 000 吨的大型液压机,当时并不具备。于是研制人员通过试片和试件的试验,找到了热压罐的低压成形方法,并确定以正、负压低压生产球头的新工艺,使制品在室温下强度达到了指标,后来通过了地面振动试验、静力试验、烧蚀试验和分离试验。

长征三号整流罩涉及两项关键技术:一是长征三号整流罩当时比一般火箭的整流罩体积要大许多,而且结构材料使用的均为轻质材料,其强度能否承受起飞上升时的力度;二是整流罩设计为半剖面型,连接部位主要依靠16只爆炸螺栓,当火箭穿过大气层,这些爆炸螺栓必须同步引爆,然后自动分离并抛罩。大型整流罩的分离曾选择两种方案,一种是采用爆炸螺栓与弹射筒装置的点式分离方案,另一种是采用炸药索装置的线性分离方案。开始这两种方案在总装厂房进行的地面分离试验时,都遇到了挫折。由于整流罩刚度差,火药弹射筒冲量不够,分离速度偏小,两瓣罩分开行程太近,碰撞了火箭舱体而告失败。最后我们集中力量对弹射筒装置分离技术进行攻关。经过设计改进,提高了整流罩的结构刚度,增加了弹射筒数量与装药量。我们在一个大厂房里做了多次分离试验,均获得一次性成功。

1984年,长征三号携带我国第一颗东方红二号静止通信卫星成功飞往距离地球36 000公里高度的地球赤道上空,整流罩准时引爆并抛罩,发射获得圆满成功。为此,我荣立航天部一等功。

对夫人和家庭的愧疚

我和我夫人,一个在上海,一个在杭州,两地相距几百公里;我学的是工程力学专业,她学的是化学专业,无论在工作上或业务上,均没有任何交往的可能。那么我和夫人是怎么认识的呢? 是我姐姐成功地牵了根红线,才使我俩修上姻缘,喜结连理。

我姐姐那时在杭州塑料二厂工作,该厂是一家很小的单位,只有二三百人。我夫人毕业于浙江化工学院,因为学的化学专业与塑料有关系,所以毕业后分到塑料二厂做技术员,与我姐姐在一个部门。我姐姐和姐夫经常托我买点上海的日用品或食品,那时也没有电话可联系,相互之间的信息交流都依靠写信。因为我曾在交大读过书,所以我用的牛皮纸信封上都有"上海交通大学"的字样,有点显眼。这些信封被我夫人看见了,引起了她的注意,时常有心无心地向我姐姐打听一些情况。我姐姐也看出了一点苗头,认为两人年龄差不多,都是大学生,蛮般配的,于是热心牵线。大概在 1963 年、1964 年之间,应姐姐的邀请,我专程去了一趟杭州,两人见了一次面,双方印象不错,互有好感,于是就建立了恋爱关系。后来我又一次去杭州,她邀请我去她家做客。未来的岳丈是浙江农业大学的教授,叫雷男(其弟弟李昌,原名雷骏随,曾做过中共中央纪委书记),不仅学问高深,而且和蔼可亲。见面后他就问我是哪个大学毕业的,读的是什么专业,目前在哪个单位工作,从事什么行业,等等。我一一如实回答。后来他对女儿说,这个小伙子很朴实,有学历,有知识,单位也不错,你们可以进一步谈下去。得到她爸爸的认可,我们的恋爱过程也就顺风顺水。那时谈恋爱都靠写信,你一封,我一封。可惜的是,那些"两地书"因多次搬家都遗失了。还有当年交大的毕业证书、在航天单位的立功证书和获奖证书等,现在也都找不到了。

1965 年 5 月 1 日,我们俩举办了一个简单的婚礼,家里的父母和兄弟姐妹以及几个亲戚朋友聚了一下,算是完成了一件人生大事。

此后,我们夫妻分居两地近 20 年,我成了典型的"快乐的单身汉"。那时没有双休日,周日一天根本去不了杭州。只有国庆和春节长假,以及每年的探亲假才能去杭州,坐的是绿皮车,速度很慢,需要 6 个小时才能到达。2 个孩子都是夫人一手带大的。夫人一边上班,一边带孩子,确实非常辛苦。后来雇了一个保姆,帮助接送孩子上幼儿园或小学。而我远在上海,鞭长莫及,根本帮不上一点忙。所以,我夫人对家庭的贡献很大,我则成了家里的"甩手掌柜",整天忙于厂里的科研生产。

新江厂地处松江黄浦江边的横潦泾,很偏僻,我们称之为"孤岛"。因为黄浦江在这里拐了弯,使得新江厂三面临水,唯有一座小桥通往外界。当初选址这里作为一家保密单位,正是看中了其特殊的地理位置。地处偏僻,交通不便,所以即使休息日,我也不大出去,整个生活圈基本在新江厂范围内。

内心一直感到有愧于夫人和家庭,想想象这样夫妻长期分居下去也不是个事情,到了 1984 年,随着改革开放的深入,上海的户籍政策有所松动。于是我给上海航天局人事部门写了封信,谈到夫妻长期分居两地之苦,谈到夫人一人带 2 个孩子的艰难辛劳,以及我爱莫能助的苦衷,希望组织上能够早日帮助解决这一实际问题。航天局人事部门接到信后,高度重视,及时与市有关部门协调,终于争取到了 3 个名额,总算把我夫人和孩子调到上海,并且安排我夫人进入上海航天局下属的上海广播器材厂上班。那时上广厂是上海航天局效益很好的一家单位,许多人都想往那里调。可见,上级组织对我的家庭是十分照顾的。还有,两地分居时我一直住在厂里的宿舍里。现在一家 4 口人团聚,得要组织上帮我解决住房之事。那时上海的住房很紧张,绝大多数上海人的住房面积都很狭小,一家三代人拥挤在石库门或老工房里的比比皆是,解决住房肯定是个难题。而新江厂当时也很困难,拿不出房子。于是又是组织上出面,帮我协调夫人单位上广厂,向他们厂里借了一套 47 平方米房子,地址在天山新村。就这样,经过一番努力,不仅夫人孩子落户上海,而且有了一个像模像样的家。房子虽不大,但很温馨,一家 4 口,其乐融融。接着,两个小孩在上海的读书问题也顺理成章地解决了。

　　一句话,感谢航天局,感谢许多关心帮助我的诸多领导和同事,从此我没有了家庭烦恼和后顾之忧,一心一意投入科研生产,为航天事业发展多做贡献。

张欣与母校采访人员合影(左起:游本凤、张欣)

　　如今，我已退休 24 年，是个 87 岁的老人了。当年交大毕业与我一起留在新江厂的 8 个老同事，已去世了几位。这些老同志个个都踏踏实实、勤勤恳恳，在科研岗位上不求名利，默默耕耘，航天人的无私奉献精神最能在他们身上体现出来。

　　幸好我的身体尚可，没有什么大毛病，这主要得益于年轻时注重锻炼身体。那时在新江厂，空余时间我喜欢打篮球、长跑。记得在交大读书时，我还是系篮球队成员之一。对于长跑，我每天沿着横潦泾兜一圈，费时 1 个小时左右，经常跑得大汗淋漓。

　　我这个人一辈子提倡务实，我的人生信条就是：少说大话，多做实事。我在航天领域 37 年，始终践行这一理念，许多事情自己动手，亲力亲为，不为外界的乱象所迷惑，也不被利益牵着鼻子走，定好自己的位置，认准目标坚定不移地走下去。

　　希望年轻一代的同学们，一定要继承老一辈人的优良传统，弘扬航天精神，把自己的专业知识与实际工作结合起来，以"功成不必在我，功成必定有我"的信念，撸起袖子加油干。你们还年轻，来日方长，要学好知识，掌握本领，立足岗位，建功立业，为报效祖国、富国强军，实现中国梦和中华民族伟大复兴而不断努力奋斗。

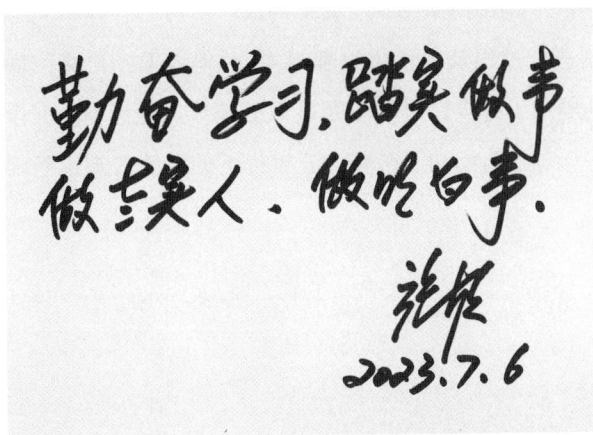

勤奋学习，踏实做事
做老实人，做踏实事。
张欣
2023.7.6

张欣为母校题词

姚鸿海

姚鸿海，1941 年 7 月生于上海，祖籍江苏无锡。研究员级高级审计师，航天领域监察审计专家。1959 年考进上海交通大学机械制造系金属压力加工专业，1962 年随该专业转入冶金系。1964 年毕业分配至上海机电二局（上海航天局前身）下属新民机器厂。1970 年支内赴贵州 061 基地 3655 厂。1981 年回到新中华机器厂（前身为新民机器厂），历任技术员、车间主任、技术科科长、厂总工艺师、监察室主任、质量审核室主任、专职纪委副书记、监督监察处处长等。1993 年调到上海航天局，先后担任监察审计质量审核室主任、纪检监察审计室常务副主任、监察室主任兼审计室主任、副总经济师。2002 年退休。

在访谈中，姚鸿海认为，虽然在交大的读书生涯已经过去半个多世纪，但对学校开设的基础课和基础技术课印象深刻，许多机械加工操作及动手能力都是在校园实验室里锻炼培养出来的，尤其是四年级时去长春第一汽车制造厂实习，观摩到该厂厂房的合理布局与科学设置、汽车制造全过程及现代化管理模式，对他走上工作岗位后帮助很大，并使他养成了好学钻研和不断进取的作风。他感慨：工作中之所以能干出一点成绩，归功于在交大五年打下的牢固的知识基础和实践基础。

大鹏拍天须奋翼　骐骥千里见足力

口述：姚鸿海

采访：游本凤、孙萍

时间：2023 年 12 月 15 日

地点：上海交通大学徐汇校区总办公厅

记录：游本凤

整理：游本凤、孙萍

上苍眷顾帮助考进交大

我祖籍江苏无锡，1941 年出生在上海。我出生在鸿寿坊附近，即现在的普陀区长寿路、西康路一带，老上海叫大自鸣钟的地方。我家里除了父母，还有两个姐姐，一家 5 口人。我父母都是文盲，大字不识一个。他们 13 岁时便从无锡农村来到上海打工。父亲曾学徒 6 年，干的是铜匠手艺活。母亲则类似于旧社会的包身工，小小年纪就在缫丝厂里干着很苦的活，一双手长期浸泡在很烫的水里剥茧抽丝，手指都变形了。

我的大姐只读了小学。我的二姐也就读到初中，1958 年便去了湖北，成为早期的上山下乡知识青年，以后一辈子就在湖北当阳一个农场安家落户，现在已经有了第四代。

我小学在西康路、康定路那边的立德小学读书，1953 年小学毕业。三年初中和三年高中都是在上海江宁中学读的,那是个公立中学。记得那时公立中学初中一个学期的学费是 12 元,高中一个学期的学费是 16 元,应该说是比较便宜的。而私立初中的学费将近 60 元钱,与公立中学相差约 5 倍。我能考进公立中学,就等于为不宽裕的家庭省钱了。

1959 年我高中毕业参加高考,当时觉得能够进入上海交大多好啊,那是我一生中梦寐以求的,所以我的第一志愿填写的就是上海交大。不幸的是,我在高考前整整一个月拉肚子,属严重的痢疾,吃什么药都不管用,每天离不开家中的马桶。由于生病,不能集中心思好好复习功课。我想,这下完了,今年的高考肯定砸锅了。巧的是,昨天还在不停地拉肚子,到了考试那天居然好了,身体一切都恢复了正常。真的是老天爷眷顾我,关键时刻神助我参加高考。那次考场设在华东师范大学,一共考了三天。毕竟身体欠佳,没能好好复习,所以一直很担心能否被录取。直到接到上海交大录取通知书的时候,我真是兴高采烈。确实,像我这样极其普通的家庭能够出一个大学生是非常不容易的,而且一下子就考进了上海的名牌大学,因而成为家里的一件大喜事,我的命运也从此改变。

回想起来,我之所以能考进大学,跟我在高中时参加的学习小组有关。那时我们这个学习小组共有 5 人,每天放学后从不贪玩,先集中起来把作业做完。然后针对难题,相互讨论,取长补短。同学之间团结互助,学习氛围相当好。当时我们班级的高考录取比例不到 40%,我能考上非常不容易。而我们小组 5 个人全部都考进了大学,竟然是 100% 的比例,想想挺自豪的。

校园时代打下扎实基础

我们高考填报志愿,只能填写哪个大学哪个系,不能自己选专业,而是由学校分配的。我的第一志愿是上海交大机械制造系。那时除了机械制造系,交大还有电机工程系、船舶制造系等。

一到交大报到,学校就通知我,你被分配到金属压力加工专业(即锻压）。读到三年级时，学校将机械制造系下的三个热加工专业，即铸造、锻压、焊接专业一起并到冶金系。因此我毕业的时候是冶金系（七系）锻压专业。

第一年我们是在延长路、民晏路分部读的。读一年级时，民晏路校园里很热闹，跟我们一起读书的还有一批上海科技大学刚招收的新生，利用交大的师资力量帮他们上课，属于借读。一年级后，他们在嘉定的校园建好了，必须返回嘉定去读。临走时这批学生很恋恋不舍。

一年级我们住在民晏路学校宿舍里。高中阶段时，我就开始独立生活，而到了交大后，自理能力得到进一步加强。二年级时我们转到交大徐汇校区就读，住在学校宿舍里。三年级时搬到了番禺路、虹桥路学生宿舍，那里有一大片地方都是学生宿舍区，我们在那里一直住到大学毕业。

以前上高中时，一个班级就四五十人上课，而进了大学以后，经常要上大课，一个系二三百个人在一个大教室里上课，这是中学与大学的主要区别之一。

我们这个专业班共 29 个人（四年级时有一位同学留级），其中 25 个男同学、4 个女同学。由于年代久远，教过我们的老师的名字都忘记了，但一年级教我们的数学老师姓柳。记得我们学的数学包括数列、极限、数学分析、微积分、微分方程、数学分析、高等数学等。

我们的学制是五年，前三年是基础课和技术基础课，后两年主要是专业课、选修课和实习课。我们的课程主要有数学、物理、化学、金属

1963 年冶金系锻压专业 73191
班学生名册（第八位为姚鸿海）

工艺学、金相学、材料力学、电工学、工程流体力学，以及自然辩证法、俄语与英语等，这些都是基本课程，是必须掌握的知识。我认为无论基础课还是技术基础课，这些课对我今后的工作都有很大帮助。再有就是实习课，这是交大的特色，它培养了我的操作本领、技术技能、动手能力。那时车钳刨铣我都能上手，甚至连钣金之类也能敲打几下，这也是我们那个年代大学生的特点。交大五年的大学生活，给我打下了牢固的知识基础和实践基础，所以我到工厂以后，既能设计，又能动手，非常勤快，没有一点知识分子架子，容易与工人师傅打成一片。可以说，我在工作中之所以能干出一点成绩，应归功于在交大五年的学习和实践成果。

我们实习活动主要在学校南院的实验室里做，那里面包括车钳刨铣等各种各样的机床都有，还有热处理设备，甚至与照相配套的暗房冲印设施等也有，五花八门，应有尽有。圆的零件上车床加工，方的零件上刨床加工，开槽上铣床加工，加热用电炉操作，表面需光亮就到抛光机上操作。只要你想学手艺、练技能，那里什么样的加工设备都有，对我来说，简直就是如鱼得

上海交大锻压实验室

水。那时学校里也有个校办工厂,但以劳动锻炼为主。而实验室呢,以帮助学生学本事、培养动手能力为主,这是主要的区别。我们有一门金属工艺学课程,所有涉及实践的,都让我们亲手操作一遍。当然,女同学的动手能力欠缺一些。但这些实习活动学校并非强制性的,既不记分,也不用考试,所以勤奋的同学就多学一点,动手能力就比较强。如热处理一块,我对淬火、回火、退火等基本上都能掌握。又如五年级做毕业论文时,要提供金相组织图,还要拍照,然后再拿着底片去暗房里显影、冲片,掌握曝光时间、烘干照片等,自己的动手能力确实得到实实在在的提高。

交大学生在实习工厂进行车床操作的实习

　　那时在交大读书每年都要参加劳动或实习。一年级到上海嘉定马陆公社去劳动,那里盛产葡萄。二年级到崇明农场去劳动,在海滩边上,比较艰苦,没有像样的房子,我们就把稻草铺在地上当床。三年级到上海造船厂去劳动,四年级到长春第一汽车制造厂去实习,就是生产解放牌卡车的那家大型企业。那次印象很深刻,不仅开了眼界,而且学到了许多课本上学不到的知识,让我一辈子难忘。

　　去长春一汽是我生平第一次坐大轮船,也是第一次看到大海。我每天倚靠着船舷,眺望大海的辽阔与苍茫,纵情地观看海上的日出和日落,那种新鲜感和兴奋感前所未有。

轮船到了大连转车,我看到街头的电车与上海的也不一样。我们上海的电车一般是两根"小辫子",有轨电车则是一根"小辫子"。而大连的电车与架空电线接触的却是一个弧形的圆环,第一次见到这样的电车,觉得很新奇。

虽然在长春一汽只实习了一两个月,但让我真正了解了什么是大型现代化企业,其规模之大、生产方式之先进,在国内属于首屈一指。我体会特别深的是长春一汽厂房的布置,很大的厂房,先进的流水线,各工位的合理配置,各厂房之间的有机衔接,即使现在看起来也是很科学很先进的。我工作后利用出差机会,曾去过全国各地的不少单位,却很少见到有超过像长春一汽这样大规模和高水平的现代企业。

在长春一汽期间,学到的东西很多,亲眼看见一辆汽车是怎样从原材料和零件一直到成品的全过程。这是从毛坯件,经过一道道工序的加工,再到组装、总装所形成的整条生产流水线。仅仅几分钟时间,就见到一辆辆的卡车从流水线上出来了。长春一汽及汽车生产流水线是由苏联帮助我们设计建造的。在新中国成立初期,我们国家一穷二白,基础薄弱,急需外援,当时苏联对我们国家的工业建设支持力度是很大的,尤其是一些大型建设项目,都是在苏联的援助下完成的。

这次实习,使我第一次领略了大型现代化企业的生产制造规模及其技术管理模式,这对我后来在航天领域从事技术工作和技术管理工作有很大的启发和帮助。

五年级快毕业时,老师将班级里同学分为两类,一类是直接做毕业论文,我和其他5个同学是直接做毕业论文的;另一类即22个同学做毕业设计。我们做的毕业论文由老师出题目,然后根据内容和要求,去查大量的资料。所以那个阶段是我跑图书馆、借资料最勤快的一段时间,我不仅成为学校图书馆里的常客,而且还经常去人民公园那边的上海图书馆查阅资料。

那些资料俄文的最多,其次是英文的,但都是些老资料,中文资料最少。其实搜集资料的过程对自己也是一个锻炼过程,必须在有限的时间内,找到所需要的资料,然后消化吸收,尽其所用,少做无用功。接着,我们在老师的指导下,根据论文内容,做了大量的试验,一次次地对论文内容进行验证,最后完成了毕业论文。

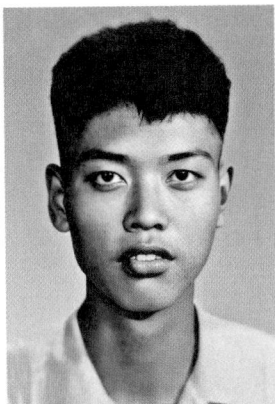

交大求学时期的姚鸿海

到了毕业分配时,当时的分配权在学校,一切由组织安排。而我想留校当老师。我在班级里学习成绩较好,老师也比较喜欢我,所以我跟老师提出想留校当教师。老师明确地跟我说,这个留校名额已经给我们班上的团支部书记了。

那时我们班级的分配大致有几个方面。一是分到二机部、七机部,这两个部都属于保密单位,要求比较高。分到七机部的只有两人,即我和另一个同学。二是分到一机部、六机部,一机部大多为大型厂矿企业,六机部即造船行业。剩下的就随便分配了。

特殊时期经受历练

1964 年毕业后,我被分配到上海机电二局新民机器厂。踏上工作岗位后没多久,就碰上了支内建设和"文化大革命"运动。在那个特殊的历史时期,即使有满腔抱负、远大理想,也只能面对无所作为的现实。

那年分到新民厂的一共有 18 个大学生,其中交大毕业的包括我在内共 3 个人,一个是焊接专业,一个是铸造专业,我是锻压专业。

我们 18 个大学生进单位后,根据规定,第一年要么去参加"四清"运动,要么就到车间里去劳动。于是少数几个人去参加"四清"运动,大多数人都被安排在厂里劳动。劳动期间,我干的是最苦最累的锻工活,即把炉子里烧得通红的铁块用钳子钳出,然后用榔头不停地敲打,加工出符合图纸要求的形状和尺寸。最艰苦的要数抡大锤,因为烧红的铁块体积比较大,必须用大榔头反复敲打,有时还需要两三个人一起敲打。干锻工虽然很辛苦,但培养了我良好的协调性,因为锻工活多为几个人一起操作,与师傅们必须配合默契,要眼明手快,反应灵敏。师傅的一个动作、一个指令,在瞬间就要领会,这样才能把锻工活干好。如果你工作时分神,或者反应稍慢,一不小心就会出工伤事故。就这样在锻工车间干了整整一年。锻造炉边上的温度很高,不仅每天干得满头大汗,而且下班后往往觉得浑身骨架子就像散了似的。

劳动一年后,我被分配到金加工车间当技术员,分管钳工组和锻工组,主要是处理现场的技术问题。因为我在学校实验室里干过这些活,所以经常动手帮师傅们一起干。我是技术员,不计工时,我干活的工时等于无偿地送给师傅们,因而受到他们的欢迎。

到了1965年底,厂里突然叫我去参加内地建设,主要去做三线工厂的工艺设计,规划各个车间的平面布置图。这里也有不少学问,要通过一定的计算,才能使各类设备得到科学合理的安放。正好我在大学时去长春一汽实习过,对这方面的知识比较熟悉,所以做起来得心应手。在我们厂一起去的十几个人中,我的工作效率最高。如果按照工作量来计算的话,布置3天的活,我几个小时就搞定了。这样我剩余的时间就很多,空下来,领导便叫我出差及参观学习。那段时间我跑了好多地方,也大开了眼界,看到了中国许多企业的真实情况。到北京出差,主要是向上级机关汇报工作。另外还到过内蒙古第二机械制造厂、西安的几家厂。那些企业都很大,大多属于苏联对中国的援建项目。

贵州遵义三线建设是保密的,名称叫061基地,邮政代号叫凯山,实际上贵州并没有"凯山"这个地方,但邮政部门知道凯山就是061基地。我们刚去时,火车还没通到遵义,先到贵阳,再乘汽车进去。不过后来没多久,火车就通到遵义,交通方便多了。我在那里参与建设的企业叫3655厂(高原机械厂),实际上就是上海新民厂的包建单位,生产的产品与新民厂几乎一样,即红旗导弹的地面装置。

　　由于保密的原因,当时的建设方针是"山、散、隐",即靠山、分散、隐蔽,后来又加了一个方针"洞",即进山洞。国家专门派了航空大队航拍了三线建设地形图,认为要应对万一发生的战争,重要的车间、设备、实验室都必须进洞。这样一来,许多原先勘察好的地方,甚至已经正在建设中的单位都必须按照这一要求实施,不符合这一要求的便作废。原先在桐梓的652厂虽然"三通一平"都已完成,却不符合"四字方针"要求,必须推倒重来,重新选点。为吸取652厂的教训,我当时也参加了选点工作,每天去爬山,去选洞。那时年轻力壮,浑身是劲,爬山成为家常便饭。为了选好洞,上级还专门组织我们去重庆和绵阳等地参观一些已经建成的山洞工厂,有好多都是新中国成立前遗留下来的山洞工厂。经过实地考察,山洞工厂从战备角度来说是安全了,但最大的弊端是潮湿,墙壁上的水一直往下淌。所以那些山洞工厂沿墙角必须挖一条沟槽,让水流到洞外;而许多重要设备的车间必须安装空调或抽湿机,所以成本很高,代价很大。

　　勘察和设计任务完成后,我便回到厂里。时值"文化大革命"期间,厂里分为两派,即造反派和保守派,斗争非常激烈。因为我刚从贵州支内回来,情况不明,所以两派都不参加,成为逍遥派。过了一段时期,国家又对军工企业实施军管,所以一支解放军部队接管了新民厂,维持工厂的正常秩序。那时我除了看书学习,基本上无所事事,浪费了大好年华。

　　到了1970年底,遵义3655厂的基建任务已经完成,于是厂里职工分四批奔赴内地,我因为参与了三线厂的前期选点与勘察,所以作为先遣部队出发。我出发的时候,孩子才5个月大,家庭的重担落在了妻子身上,而我鞭长莫及。我们那一代人都很听党的话,说去三线,打起背包就出发。据说当时仅上海航天系统就有近万人支援三线,汇集成浩浩荡荡的三线大军,而我只是三线大军中的一名"小卒"而已。

　　我在遵义大山里一待就是十年,直到1981年才回沪。这十年间,一直在一个车间里当技术员,按部就班,干着平常的活。

巨浪模型弹加工，一炮打响

1981 年，我调回了上海。不过原来的新民机器厂已经被兼并，改为上海新中华机器厂，于是我就在新中华厂五车间当一名技术员，主要负责编制工艺规程及处理现场技术问题。这些工作对我来说比较轻松，有些任务布置我两天完成，而我半天就干好了。因为时间绰绰有余，我就经常到江川路那边的 805 所（当时厂所结合）图书馆里去看书，那里的藏书条件好，外文资料也很多，学到了不少东西，对日后的发展起到了潜移默化的作用。

也许是机缘巧合，军方有一个重点项目，即搞一个新型的巨浪型号导弹，在正样产品之前要做一个模型弹。起先他们请南京 307 厂做，而当时的预算只有数十万，但 307 厂开出的价格高出预算一倍多。于是他们找到新中华厂寻求协作。厂里生产科就召集技术科及我们车间的技术员一起开会讨论，看看厂里有没有能力承接这一项目。我也参加了这次会议。当时技术科的负责人不敢轻易表态，因为该模型弹属于比较大的产品，不仅牵涉研制费用、交货时间和产品质量等问题，而且加工有一定难度。协商下来，厂里希望五车间来承担这个任务，同时技术科和其他车间予以密切配合。五车间领导经过商量后，接下了这个任务。

会后，我凭着对厂里各个车间的生产能力及设备情况都比较了解，也凭着对自身能力的自信，认为这个项目我们完全有能力承接并按时干好。当我向车间领导谈了这些想法后，车间领导便决定由我来负责这个任务。当时我只是一个普通的技术员，压力还是蛮大的。

得到厂里认可后，于是我就成为该项目的协调人和指挥者。该模型弹直径 1.4 米，长度十几米，好几吨重，是个庞然大物。我按照项目要求开始做准备工作，在当时企业缺乏高精尖加工设备的情况下，用许多土办法解决了十几个加工方面的难题及诸多技术难题。我把这些创造性的土办法归纳为

"八卦测量法",其中有重力定中法、正反钻模板法、水平测量法、称重计算法等。比如模型弹有一个零件的同心度要求非常高,其中 16 个孔要从不同的方向打进去,但都要通过这个圆心。如果没有一台专用设备,是很难满足如此高精度要求的。而当时厂里没有这样的专用设备,也不可能去购买。于是我采用正反钻模板法,在师傅们的密切配合和精心操作下,用土办法解决了这一难题。

又如模型弹加工时被分成 7 个分段,而组装时其重心要控制在一定范围内,且必须处于一条水平线上。在我的指挥和协调下,7 个分段最后严丝合缝地对接组合在一起,不仅水平没有超差,同时还解决了产品下面平板的承受力问题。最后称重心时,我通过以往的实践经验,利用称重计算法,经过精心计算后,拿一支笔点了点产品说,重心就在这里。而对方好几个人又是测量,又是拿计算机计算,弄了半天,最后算出的重心就是我点的那个地方。现场的一位代表亲眼看见全过程后,不由竖起大拇指夸赞:"老姚,你太厉害了!"

姚鸿海与母校采访人员合影(左起:游本凤、姚鸿海、孙萍)

在工人师傅的大力协助下，我还解决了这一庞然大物的垂直起吊难题。经过各个车间的共同努力、齐心协力，最后不仅按时保质地圆满完成模型弹生产任务，而且实际发生费用只有报价的一半，为厂里赚了一大笔钱。当产品出厂的时候，厂里6个部门的领导都到现场来观看，场面十分轰动。

后来军方专门给厂里写了一封感谢信，其中重点表扬了我的出色工作。为此我被评为当年的厂先进工作者，并享受到杭州刘庄的疗养待遇。

在改革发展中求真务实

巨浪模型弹一炮打响后，我得到了厂里重用，先后担任了五车间副主任和主任。五车间是新中华厂里的一个大车间，共有职工300多人。当上车间领导后，我不甘平庸，总想做点实事。趁着改革形势，经过充分调研，我决定对车间传统的奖金分配制度进行改革，改变以往做多做少、做好做坏一个样的局面，打破"大锅饭"的弊端，按照多劳多得、超额有奖、上不封顶的原则进行分配。这在当时的国营企业，尤其是军工企业还未进入改革阶段，仍处于四平八稳计划经济时代无疑是一个大胆举动。改革举措一下子调动了一线职工的积极性，拼命干活、多挣工时成为常态。第一个月实施奖励新法，有的定额工时竟超200%以上，最少的也超过130%，大大出乎我的意料。当月底数据报到厂里劳动工资科时，他们不相信，认为不可能超出那么多，这里面可能有水分。于是专门派人到车间调查，并进行现场检测。如他们制定的某工件额定工时为1小时，结果工人半个小时就干好了，他们哑口无言。再看看车间里工人热火朝天、大干快上，个别职工甚至赤膊上阵、汗流浃背的场面，他们心悦诚服，连连说，你们五车间的师傅太厉害了。但由于超额太多，兑现奖金又出现了问题。于是我和车间党支部书记一起向厂党委做了专题汇报。厂党委支持我们这一改革做法，表示奖金缺口部分由厂里来承担，同时还鼓励我们要总结出一套经验来，以便在全厂推广这一做法。而当职工们拿到兑现的奖金时,数钱也数得开心呀!

这一大胆改革之举,曾在厂里引起热议,轰动一时。局劳资处毛吉范处长闻讯后,带了人员专门到我们五车间进行调研,并对五车间打破平均主义、多劳多得的改革做法给予了充分肯定,认为在局系统有推广价值。

我在五车间任上还干了一件影响很大的实事,即厂里决定将四车间和五车间合并,我在不停产的情况下完成了两个车间的搬迁和合并,这件事在厂里的震动也很大。当时四车间和五车间数百人在一个大车间里干活,中间仅用两扇门隔开。那个厂房很大,面积有2万多平方米。四车间主要搞有色金属钣金和焊接,以长征型号为主。五车间主要搞黑色金属钣金和焊接,以及地面设备总装,以红旗型号为主。厂领导认为,既然这两个车间工种和业务相近,索性并在一起,便于加强管理、形成合力。开始厂部先找四车间主任谈话,说准备把五车间并给你们,你看这样调整需要停产多少时间?那个主任随口便说,要停产3~6个月。厂里觉得,当下生产任务这么忙,怎么可以停产那么长时间。于是就找到我,协商两个车间的合并和搬迁之事,说是给你们一个月的停产时间(之前我并不知道四车间主任说停产3~6个月的情况),你看行不行。我征求了其他两位车间领导的意见,他们表示一切听我的。于是我当即表态:可以接受。但我提出一个条件,即四车间的班子成员你们另外安排,工人可以全部留下。厂部完全同意。这下我可以大胆施展拳脚。因为我对长春一汽的车间设备布置情况非常熟悉,其后又参与过遵义三线的车间工艺设计及设备安放设计,于是我很快画出了两个车间所有设备安放的平面图,同时安排好近20个生产班组的生产设备、工具箱等,然后又画了一个搬迁的流程图和搬迁的步骤图。其中,关键是要留出一块备用的空地,用于搬迁时各个设备的过渡和倒腾。一切安排就绪,便开了一个车间大会,进行搬迁动员和部署。搬迁现场指挥由一位车间副主任担任,并给他配备了几位得力助手。搬迁第一天,对两个车间的管理部门实施合并搬迁。车间党支部和团支部也积极配合,发动党团员加班义务劳动,利用一个晚上和星期天,使得搬迁第一仗旗开得胜。其后,一切按图纸、按流程、按计划搬迁,步骤紧凑,有条不紊。第一阶段我们只用几天时间就完成了前期几个班组的设备、工具箱等搬迁,先做出样板,然后总结经验,以利再战。最后我们大约只用了三个星期的时间,就完成了全部搬迁工作,两个车间的合并工作也到位。更让人惊奇的是,在整个搬迁过程中,两个车间不仅没有停产,而且还超额完成当月的生产计划,真正做到了搬迁生产两不误。厂长当时不相信,他说:"原来给你们一个月的停产时间,我还担心搬不好,会跟我讨价还价。结果你们提前高效地完成了任务,简直是创造了一个奇迹!"

后来我转岗位,先后担任技术科科长、厂总工艺师、监察室主任、质量审核室主任等职务。那时厂里搞军民结合,开发航天牌电冰箱。因为参与过厂里冰箱生产线的引进与建设,同时又搞过车间管理工作,当过技术科科长,因此对厂里冰箱生产线的情况比较熟悉。于是我针对生产线产生的许多问题,产生这些问题的现象、原因,以及这些问题是谁的责任、怎么来解决等,分门别类进行归类,专门写了一份冰箱生产全过程的效能监察报告,厚厚的一本。这一报告我直接交给厂长。厂长一看,马上叫厂办复印了10份,发给各位厂领导,让他们认真阅读,开会讨论,研究对策和改进措施。这样一来,冰箱生产线的现状马上出现了改观。厂领导认为,老姚在效能监察上下了不少功夫,效能监察大有文章可做。其间,正好航天部监察部门的领导来上海调研,看到这份报告后,马上将这份报告定为典型经验材料,并在南京307厂召开的航天部效能监察经验交流会上,让我代表新中华厂介绍经验。航天部还把新中华厂监察室评为航天部先进集体,并颁发了一面锦旗。这件事的反响也比较大。

我是1993年调到上海航天局的,担任监察审计质量审核室主任。当时上海航天正处于体制改革的动荡时期,即进行厂所分家、军民分线,我主要协助局领导开展这项工作,当好"老娘舅",解决军民分家之间的矛盾,正确处理好军民两条线的关系。其他还做了干部离任审计、航天局经济情况摸底调研、审计干部专业培训等。由于我工作抓得实,抓到点子上,许多工作用数据说话,因此无论是局领导还是航天部,对我们的审计工作都给予了很高的评价。

当时上海航天主要分为三大块独立经营,即军品、民品、三产。航天局总的家底情况究竟怎样?希望我们审计室说清楚这些家底。因此我设计了一张十大数据表,让每个单位每个月都填写上报,接着我们进行平衡分析后,就可以得到整个航天局的经济情况及经营状况,然后报给局长。那时航天局每年要对各单位一把手进行责任令考核,这就需要我这里提供该单位完成的型号任务(或科研生产)情况、完成的经济指标、经济效益情况等,这些数据都是由审计室提供的,以这些翔实的数据来支撑考核。原先考核一轮需要 10 天左右,既费时又费力。后来我专门设计了一个软件,使得数十个单位的所有考核数据一目了然,只要半天就可以完成考核,大大提高了工作效率,使得各级领导从烦冗的事务堆里得到解脱。如今我退休20 多年,而由我设计的责任令考核软件的基本格式,航天局至今仍在使用。

后来航天局任命我为局副总经济师,当时航天局成立了董事长管理委员会、监事长管理委员会,我又兼任监事长管理委员会秘书长。原来一批处级政工干部担任了各单位的监事长,但他们都不知道监事长是干什么的,甚至连财务报表都看不懂。于是我在加强对他们培训的同时,又专门开发了一个监事长管理委员会软件,叫各个单位把有关数据输入进去,这样各单位每个月完成任务情况和经济数据一目了然,进行分析后就能发现其中的问题以及产生的原因、存在着哪些弊端,并提出解决措施和建议,这在当时也是一个创新。

我在航天局任职期间,还参与了上海航天接收部属 738 疗养院这项工作,在其中发挥了作用。738 疗养院地处无锡太湖之畔,在著名旅游景点三国城边上,属航天部直属的正局级单位,是计划经济年代的产物。进入市场经济时代后,航天部认为交给上海或南京的航天单位管理比较有利,为此找过上海航天局主要领导,提出将 738 疗养院划给上海航天局,希望局里拿出上亿元的资金接盘。局里明确表示没有这一大笔资金，不接。航天部又去找南京307厂，307厂当然也没答应。随着时间的推移，后来航天部作出让步，说上海航天局可以少出点钱，迫切希望航天局接盘，但也要几千万元。局领导为此找我，希望我接手处理这件棘手之事。隔行如隔山。当时我对738疗养院的情况一点也不了解，也从来没有去过那里。我说这样吧，我先带一支队伍去考察调研，摸摸底再说。于是我就带着局里的财务、劳资、行政、三产共6个处级干部前往738疗养院考察。考察回来后，我写了一份考察报告，详尽分析了接收和不接收的利与弊。若上海航天局接收的话，共有7个长处、6个短处，结论是利大于弊。后来，在局领导听取情况的汇报会上，我对此进行了专题汇报，供领导决策参考。局领导班子经慎重考虑后，拍板表示可以接收，但接收费用能不出尽量不出。于是，我带着上海航天局的接收方案去航天部汇报，最后航天部同意了我们的接收方案，还十分慷慨地表示6 000万元不要了，并继续给予738疗养院事业费的扶持。对于后续的改造费用，将原来由上海航天局自理，改变为打专题报告给航天部，酌情下拨。如今，738疗养院通过20多年的改造更新，已今非昔比，无论硬件、软件还是人员素质，都上了一个新台阶，跟上了同行的水平，成为上海航天局重要的员工疗养基地，并承担了全体上海航天人的体检业务，为保障员工身体健康、服务航天事业做出了积极贡献。另外，我们国家的部分航天员在完成飞天任务后，也曾前往738疗养过，进一步扩大了738疗养院的知名度。

2002年我退休后被航天局返聘两年，利用自己掌握的工艺技术知识、管理经验和电脑编程技术，针对成本控制和成本管理，开发班组成本管理、项目组经济效益评价体系等测算软件，帮助局里和基层单位提高现代化管理水平。其后，又帮助中国商飞公司（大飞机）建立了国资委对该单位的考核指标体系以及十年成本管理目标规划。

如今我已到了耄耋之年，回想一生走过的路，结合自己的经历和阅历想谈几点体会：一是学无止境，要活到老学到老，"学而时习之，温故而知新"；

二是人生有高峰，也有低谷，要胜不骄，败不馁，要跟上时代潮流，抓住机遇，做出成绩；三是与人相处，要大度宽容，取长补短，但也要注意"近朱者赤，近墨者黑"；四是作为领导，我的体会是"出主意，用好人，带好头，不争利"。

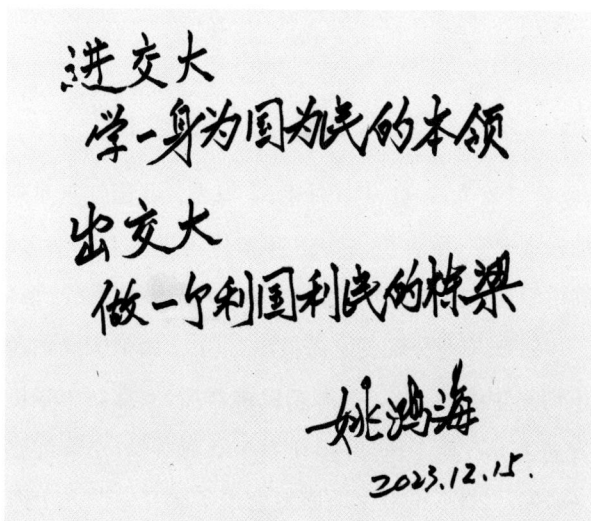

姚鸿海为母校题词

卫峰

卫峰，原名卫荣美，1941年3月生，上海人。我国红旗系列地空导弹地面发控设备专家，研究员。1958年被保送进入上海交大预科班，两年完成高中学业，于1960年就读上海交大无线电系（四系）无线电导航专业。1965年毕业分配到上海机电二局（上海航天局前身），先后在下属的上海新华无线电厂、上海新民机器厂、上海新中华机器厂工作。1994年进入805所工作，并担任805所副所长，主管红旗型号地面发射设备研制。2000年带领地面发射设备研究室调入上海航天局第八设计部，并担任第八设计部副主任。退休后被第八设计部连续聘任11年。1994年荣获航天奖，2003年荣立科研型号二等功，2005年参与研制的某导弹系统获国防科工委一等奖，2007年被评为优秀共产党员。享受国务院政府特殊津贴。

在访谈中，卫峰对自己能够通过预科班直接进入交大感到非常幸运，只有新社会和共产党的领导，才会有这样的机遇。他说，母校的求学岁月刻骨铭心，交大不仅是读书和学知识的大课堂，而且是学到本领和懂得做人道理的大课堂。没有交大，也就没有他精彩的航天人生。

心火尽燃　报效航天

口述：卫峰

采访：游本凤、孙萍、罗永健、方言、程芷妍、周源畅、张轶、朱柯潼①

时间：2023 年 10 月 22 日

地点：上海交通大学闵行校区文博楼

记录：罗永健、方言、程芷妍、周源畅、张轶、朱柯潼

整理：游本凤、孙萍

苦难童年幸遇恩师提携

我是一个标准的上海本地人，老家就在南汇县浦江镇（现属闵行区）。我出生于 1941 年，4 岁时，父亲就因病去世。父亲是个勤劳朴实的农民，日出而作，日落而息，一直在农田里忙忙碌碌。那天他的阑尾炎突然发作，痛得在地上打滚，但他依然忍受着巨大的痛苦爬回家中。祖母一见这状况，急得六神无主，也不知道带他去看病抓药，笃信迷信的她只是去庙里烧香叩头、求神拜佛，以期保佑儿子能驱除病痛、消除灾难。但是菩萨并未显灵，父亲还是撒手人寰。如果按照现在的医疗条件，阑尾炎根本算不上什么大毛病，只要到医院去开一刀就解决了。新中国成立前老一辈人的愚昧无知，断

---

　　① 罗永健、方言、周源畅、张轶、朱柯潼，上海交通大学自然科学试验班 2023 级本科生；程芷妍，上海交通大学农业与生物学院 2023 级本科生。

送了父亲年轻的生命。

　　父亲去世后，家中只剩下祖母、母亲、大姐以及两个姑妈。母亲那时才30岁出头。大姐比我大10岁。母亲中间还生了两个小孩，但由于家中条件不好，两个小孩陆续夭折。所以我出生时，祖母和父母都把我当宝贝疙瘩。祖母给我起了个带有女性特点的名字，叫卫荣美。所以我刚到交大报到的时候，老师以为我是个女生，就把我安排到女生宿舍，闹了一个笑话。另外，祖母还在我耳朵上穿了个孔，给我戴了副银耳环。按照迷信的说法，就是我不能再步父亲的后尘，必须用耳环把我给拉住，这样就不会被病魔带走。记得小时候顽皮，我与小伙伴们一起到河里游泳，祖母一见我下河就吓坏了，马上用一根长竹竿将我赶到岸上，生怕我再出意外。而那副耳环一直戴到抗美援朝时，那时动员全社会老百姓捐款，帮助国家购买飞机大炮，支援志愿军。我想，我是个穷学生，也没什么钱，于是就把这副耳环取下来交给老师，说保家卫国，我也要尽一份责任。虽然这副银耳环的价值并不高，但也能为购买飞机大炮添柴加薪。

　　我家里几代人都是文盲，母亲和姐姐都是典型的农民，一辈子在农田里种地放牛，过着农耕生活。我6岁时读小学，算是有点文化。小学毕业后，眼看家中实在贫困，就想外出打工赚点钱，以贴补家庭。

　　1952年，我11岁，就跟母亲说，我要去打工赚钱，那时叫学生意。我是个标准的乡下人，从来没见过世面。记得第一次到上海市区的时候，看到那些高楼大厦，黄浦江上来来往往的大轮船，以及马路上行驶的汽车、屋子里的电灯，感到很新奇，上海简直就是一个花花世界。因为我们乡下只有茅草屋、牛马车、独轮车和油灯，农村和城市的差距简直就是天上地下。

　　我姑父有个女儿在上海豫园，即城隍庙九曲桥那边开了一个画像店。那个年代一般人家没有照相机，也很少去照相馆拍照，所以画像的人比较多。我原想在画像店里学生意，掌握一项技能。但姑父女儿嫌我人太小，不让我学画画，而叫我帮忙带小孩。于是我成了他们家的廉价劳动力。大概干了近两年时间，也学不到什么本事。我不想再干了，就说我要回去读书。

回到老家后，经过一段时间的复习功课，我考取了浦江镇杜行中学。

那时读书很苦，家中没有电灯，拿只破碗倒点油，用根灯芯点火，那火苗摇摇晃晃的，读书写字很吃力。后来家人给我买了个玻璃灯罩罩在上面，算是好了点。家中连个像样的桌子也没有，就用一块木板搁在水缸上面代替桌子。我就是在这样艰苦的环境下读书学习的。

我中学时的老师叫朱胤海，他是教数学的，跟著名演员秦怡是同学。朱老师特别喜欢爱读书的人，他看不起读书不好的学生。于是，为讨得老师喜欢，我就拼命读书。中学毕业时，我跟朱老师说，我想去考技校，这样今后好找工作赚钱，为贫困的家庭助一臂之力。但朱老师说，不行，你一定要继续读下去，不能半途而废，不读书将来是没有出息的。正巧我毕业时学校成立了高中部，在朱老师的动员和鼓励下，我选择了继续求学。那时新中国成立不久，需要培养大量人才，于是办了很多大学预科班，有同济的、复旦的。交大也在虹口区西体育会路办了个预科班。1958 年，该校招收预科班学生，于是杜行中学挑选了 4 个人进预科班，我是其中一个。这是我命运的转折点，否则我就不可能踏入大学的校门。因此，我十分感谢朱老师鼓励我读书，给我指明了继续求学的方向，让我有机会进入大学。后来我每次回家乡，经常去看望朱老师。

预科班让我踏入交大门槛

印象中西体育会路那所预科学校的建筑非常不错，完全是按照苏联的建筑风格来建造的，教室里的采光条件很好，光线充足，十分明亮。坐在如此现代舒适的教室里读书，我们仿佛进入了人间天堂。学校对学生的学费、书杂费、住宿费、餐饮费等所有费用都实行全免。那时绝大多数同学家里都很穷，没什么吃的，又正值长身体时期，胃口好得出奇。就餐时，同学们一进食堂，就见到各种各样的菜和饭都放在那边，你要吃多少就打多少，直到吃饱喝足为止。那时我每顿饭都要吃三大碗，每天都吃得饱饱的。我想，只有吃饱了,身体才能健壮,精神才能充沛,读书也就更加卖力。整整两年,我们简直就像进入了共产主义社会。

当时苏联奥斯特洛夫斯基写了一部小说《钢铁是怎样炼成的》,主人公保尔·柯察金在书里有段名言:"人最宝贵的是生命。生命对每个人只有一次。人的一生应当这样度过:当他回首往事的时候,不会因为虚度年华而悔恨,也不会因为碌碌无为而羞愧。这样,在临死的时候,他能够说:'我已把整个的生命和全部精力都献给了世界上最壮丽的事业——为人类的解放而斗争。'"这段名言深深影响着几代学子。我不仅把它记录在笔记本上,还刻录在家里的门板上。后来全社会都在大力宣传董存瑞、邱少云、黄继光等战斗英雄,也对我们这一代学生产生了积极的正面教育作用。另外,我还特别欣赏著名越剧演员袁雪芬的座右铭:"认认真真演戏,清清白白做人。"对我来说,就是要听共产党和毛主席的话,好好学习,天天向上,永远跟着共产党,做一个诚实的人。今天认真读书,明天干好工作。这些正能量始终影响着我的人生,成为我人生的信条和信仰的基础。

在交大预科班读书期间,我们没学过英语,老师教的是俄语,记得一位年轻的俄语老师说,俄语是最美丽的语言。我记住了这句话。

当然,那个年代也有一些奇葩的事情,如在全民大炼钢铁运动中,学校要求我们同学去寻找废铜烂铁,只见里弄里的居民把家中的铁门铁窗等都拆卸下来。因为炼钢铁的燃料不够,于是化学老师带领我们一起去挖沼气。有一次沼气池突然蹿出一团火,将一个女同学的脸部烧伤了,眉毛和头发也烧掉了。那个女同学哭了好长时间,我们虽然给她很多安慰,但女孩子破相将会影响她一辈子。

交大求学时期的卫峰

到了1960年,我从交大预科班毕业,班级里一部分人分到上海大学,一部分人就直接进了交大。我是直接进入交大的。我确实很幸运,从杜行中学保送到交大预科班,预科班毕业后又直接升入交大,中间没有参加过高考。而多少学子为了考进交大,废寝忘食,日夜苦读,是多么不容易啊。

母校的求学岁月刻骨铭心

进入交大后,我被安排到无线电系(四系),在交大基础部即民晏路分部读一年级。当时徐汇校园里四系、五系的房子还未造好,新教学楼后来坐落在大礼堂的南面。

1962 年,卫峰和同学们摄于上海交大校门前(右一为卫峰)

我学的专业是无线电导航。之前我是一个在农村土生土长的孩子,根本不懂什么叫无线电,什么叫有线电,因此在选择专业的时候,我就问我们村里的第一个大学生,他比我早一年进入交大,学的是无线电专业。他对我说,你就跟我一样,读无线电专业吧。于是,没有一点无线电知识的我,就毫不犹豫地选择了这个专业。

我在读大学期间,因为家里穷,买不起新衣服,所以我穿的是土布做的衣裤,鞋子也是布鞋,都是我母亲一针一线做出来的。正如一首唐诗中所描述:"慈母手中线,游子身上衣。临行密密缝,意恐迟迟归。"那时大多数学生的家庭条件都不怎么好,所以穿土布衣服也不觉得难为情。说起来不怕人笑话,我人生穿的第一双皮鞋,还是1966年结婚的时候,我姑父给我买的。

读大学期间,正好碰到国家三年困难时期,虽然交大厚待学生,伙食费和学费等都是免费的,但是国家困难了,学校也好不到哪里去,我们的伙食质量肯定不太如意。当时食堂里的稀饭烧得很稀,吃的米都是糙米,口感很差。有一次中午就餐时,我看到食堂的盘子里放着一个个很大的"狮子头"(即肉圆),开心极了,心想今天总算开荤了。那个年代能吃顿肉简直就像过年一样。但是一口咬下去感到味道不对,马上就吐掉了。原来那根本不是什么肉圆子,而是用豆渣捏起来做成的"狮子头"。那时不要说吃肉,就连像样的蔬菜也吃不到,我们平时吃的多为菜根菜皮之类,也没什么油水。这种很低标准的伙食,让同学们感到每天都吃不饱,因为那时我们都是年轻力壮的小伙子,长身体时期胃口特别好。而那时全社会已经实施粮食定量分配制,每个月按量分配,没有什么多余。同学们晚上上自修课,肚子都饿得不行。记得同宿舍有个同学身边有点全国粮票,便去广元路一家小饮食店买了几个酒酿饼,与大家一起分享。虽然那几个酒酿饼根本填不饱大家的肚子,但体现出同学之间有福同享、有难共担的集体主义意识。

那时我每星期回家,都要参加田里的劳动,能帮助家里挣几个工分也好的。走之前,母亲总会把盐放在铁锅里炒一炒,里面放点油,放点香葱,然后装满一个瓶子让我带到学校去。肚子饿了,就用这炒盐冲开水喝。想想那个年代确实很穷很苦。

在交大读书的那几年里,我的身体出了些问题。一是我神经衰弱很厉害,有时整个晚上睡不着觉,这样就觉得精力不济,影响白天的读书。二是1964年大三的时候,我查出患肺结核,从拍摄的片子看,肺部的病灶相当于五分钱角币大小。老师说,你这个病要彻底治好的话,最好是去开刀。但同学告诉我,肺部做手术要拿掉几根肋骨。我一听吓坏了,心想我年纪轻轻不能变成"老病鬼"。于是决定不开刀,采取保守疗法,坚持吃药,一天要口服20多粒治疗肺结核的雷密封。好在那时候看病不要花钱,学校还是很善待学生的,否则我一个穷学生,恐怕连药都买不起。

因为肺结核属于传染病,学校在校园东南角专门造了一排小平房,把我们这些生肺结核的同学都集中到一起隔离。我在小平房里养病约有一年。那时我们班级的同学都下乡去搞"四清"运动了,我就跟着1966届的同学一起上课,终于赶上了脱掉的课程。后来再跟我们班级的同学一起做毕业设计,一起毕业。

我记忆中有个姓孟的老师,他教的是无线电课程。孟老师是专门研究高频的,在这一领域里的造诣很深。他上课的特点是备课很充分,非常熟悉自己所教的课程,尤其是他讲的麦克斯韦方程以及微积分等方面的内容,逻辑思维很强,一步一步地将公式进行推导,条理十分清晰,使我们较好地掌握了这方面的知识。这位孟老师给我留下的印象最深。

还有一位姓宋的老师,他是我们的政治辅导员。宋老师属于典型的知识分子类型,温文尔雅、态度和蔼,很会做思想工作。他平时也没什么架子,平易近人,与同学们打成一片,师生之间的关系十分融洽。同学们有什么困难或是有什么心里话,也愿意找宋老师聊聊。所以,宋老师留给我的印象同样很深。

那时候的考试,有的同学说很难。但我觉得还可以。因为在每次考试之前,老师都会把考试的范围告诉我们,同时还把重点部分给同学们讲一讲。只要我们平时认真听课,把老师布置的作业完成好,且出题范围没有大的偏差,我认为考试过关是没问题的。当然,也有个别同学因种种原因而留级,但为数不多。

还有就是毕业分配。其实辅导员老师在分配之前已经把每个同学的底细都摸清楚了,即根据每个人的在校表现、学习成绩和家庭情况,或留校,或留在上海,或去外地,基本上都内定好了,只等最后公布。当时学校规定学生在学期间是不能谈恋爱的,但我们班级里有一对男女同学偷偷地谈恋爱,并定了终身。因此毕业前他们主动跟辅导员老师讲,只要把他们两个人分在一起,不管到什么地方,哪怕最艰苦的地方,他们也去。最后他们被分到了新疆。不过他们并没有食言,毅然决然地去了。后来夫妻两人都回到了上海,那个男同学还当了一家无线电厂的厂长。

我的三线支内经历

1965 年 9 月,我交大毕业后被分配到上海机电二局。我先是到九江路60 号去报到,接待我的人说,你被组织上安排到上海新华无线电厂。

说起来航天单位属于高科技行业,其实那时候的条件并不怎么好,厂房和设备都是旧的,完全靠艰苦奋斗起家。记得刚进新华厂时,我们办公室也就几个破旧的写字台,桌子上放着一块很大的制图板、一把丁字尺、一个圆规。只见科技人员一手拿着丁字尺在制图板上移来移去,一手拿着笔画着各种各样的线条和图形。桌子上的笔有一大把,有的画粗线,有的画细线,全部是费时费力的手工活。有时为了画好一张图,必须在桌子上扑一整天。尤其到了大热天,连个空调也没有,真是热得汗淋淋的。到了晚上加班,我们男同志索性赤膊,穿着短裤干活。我们就是在这样艰苦的环境下过来的。

到了新华厂后,我先从事红旗二号导弹的测试设备研制,因为整个导弹的总体和总装在新江机器厂,所以我经常要去松江郊区那边的新江厂。

后来我又参与了风暴一号火箭上的安全执行机构研制。所谓安全执行机构,也就是安装在火箭上的自毁装置,一旦火箭在发射中出现问题,就启动自毁装置,把整个火箭炸掉。没弄多少时间,单位又叫我到南汇去搞"四清"运动。"四清"运动是指当时开展的社会主义教育运动。我们工作组组长是上海仪表厂的党委书记,是位老革命。我们在那里跟农民打成一片,实施"三同",即同吃同住同劳动。就在这次"四清"运动中的 1966 年 4 月 16

日,经过党组织考验,我在火线中被批准入党。

1966 年 12 月,新华厂因有支内任务,单位叫我到贵州遵义三线基地去支内。作为党员,我毫不犹豫地响应党的号召,打起背包就出发。考虑到我们这些大学生刚进单位不久,应该多了解社会,所以基地没有叫我们直接参加支内建设,而是先安排我们去参加当地的"四清"运动。

我们新华厂的三线单位建在遵义绥阳县郎水公社,那里属于黔北地区,到处是深山老林,也就是人们形容的"天无三日晴,地无三尺平"的地方。那时党中央出于"备战、备荒、为人民"的战略需要,发出了三线建设的号召,把沿海大城市的一些工厂搬迁到大西南或大西北偏僻的地方。由于三线单位多为军工企业,因此要求"靠山、分散、隐蔽,甚至进洞",选择的地方都十分荒凉。那年冬天下雪,路上都结冰了,我们的车子开不动,轮胎打滑,所以必须在轮胎上安装铁链条,增加它的摩擦力后才能开动。我们一帮人坐在车子里都感觉挺冷的。因为要翻越许多大山,所以车子绕来绕去的,开了好长好长时间。等到达目的地下车时,人都冻麻木了。

根据上级要求,我们搞"四清"运动就是要把当地的政治情况和阶级队伍摸清楚,同时还要访贫问苦,走访一些困难家庭。记得我到一家人家去访贫问苦,一走进屋子,只见这户人家家徒四壁,什么东西也没有,男主人就躺在床上,盖的被子是用棕榈树的叶子编织成的,那种贫困程度简直无法想象。山里的冬天很冷,这种棕榈叶被子其实一点也不保暖。看到这样的场景,我的心里很不好受,那里的老百姓实在太穷了。

我们在搞"四清"运动期间,发现当地有人将毛竹插在路口,上面书写了很多对党和政府不满的言论。后来遵义市公安局专门派警察到现场查看,最后终于破案,把那个书写反动标语的人给抓了起来。

那时我们工作队吃住都在公社里。那一带到处都是大山,只要一出门就必须翻山越岭,有时每天要翻几座山。好在那时年富力强,浑身是劲,也吃得起苦。原本根据计划,我们这批人先搞"四清"运动,等"四清"搞好后,就留下来支内,所以我的上海户口也被迁出,成了"袋袋户口"。但有人批评工作队，工作队成为不受欢迎的人，于是061指挥部决定把工作队撤销，送我们回上海去。就这样，我回到了上海新华无线电厂，1974年因工作调动，进入上海新民机器厂，后又并入上海新中华机器厂。

搞红旗型号遇到的那些事

我到了航天领域以后，大部分经历是在搞红旗地空导弹地面设备。搞导弹就要到基地去参与飞行试验，一去就是几个月。我们去的基地主要是两个，一个是酒泉基地，发射陆上型号；一个是葫芦岛海军基地，发射海上型号。还有就是经常去石家庄和浙江舟山，因为那里的部队都装备了我们的导弹产品，主要是去做一些售后维修工作，以及对部队官兵进行一些技术指导等。

卫峰（左二）与同事们及部队官兵在舟山基地留影

印象最深的是1976年，去酒泉基地发射红旗六十一号独立回路弹，是利用坦克车进行发射的。那次试验，我们试验队在那里整整待了6个月。其间，正逢毛主席逝世，举国哀悼，停止一切娱乐活动。那些天，试验队员每个人都神情严肃,不苟言笑,除了工作,其他时间就是拿本《毛泽东选集》,一遍遍地看。基地举行追悼毛主席的大会,我们试验队员都去参加了。

还有一次印象很深的也是在酒泉基地,我有幸见到了著名科学家钱学森。那是在 1977 年 7 月下旬的一天,正值西北靶场酷暑季节。那次是我参与红旗六十一号导弹的飞行试验,适逢钱学森在酒泉基地指导上海航天的风暴一号火箭发射。当他得知红旗六十一号型号试验队也在基地时,便兴致勃勃地前来探望。他当时是在上海市革委会一个主抓工业的负责人陪同下,驱车上百公里来到发射阵地。

当时我们正在做发射前的准备工作,忽然看见有几辆小车向阵地方向驶来,接着上面的人陆续下车。开始我也没太在意,只顾在干活。等他们慢慢走近,我才发觉我们敬仰的钱老也在里面。过去只是在报纸上或中央新闻纪录片中才看到过的钱学森,此刻却悄悄地来到了我们身边,我们内心感到无比激动。只见钱老满面笑容地走到我们中间,和试验队员亲切握手,并连声说:"大家辛苦了,这么大热的天还在戈壁滩上为型号忙碌。"尔后钱老走到红旗六十一号发射车前,认真听取试验队领导关于该型号研制情况的汇报。钱老边听边问些与技术有关的问题,时而点头予以认可。钱老认为,这款导弹防卫的空域很重要,部队也很期待。尤其是海上防卫,将更加凸显其作用。他希望上海航天的同志再接再厉,抓进度,抓质量,尽快定型,尽快批产列装部队。临别时,钱老预祝红旗六十一号飞行试验取得圆满成功,并与在场人员一一握手告别。全体试验队员对钱老冒着盛夏酷暑深入型号研制一线而无比感动,大家怀着恋恋不舍的心情,目送钱老乘车远去。

亲耳聆听钱老的殷殷嘱托,让每位试验队员都感到责任重大。可以告慰钱老的是,我们没有辜负他老人家的期望。尽管红旗六十一号在研制期间历经曲折,几起几落,甚至数次遭遇下马的威胁。但最终红旗六十一号顽强地起死回生,成功获得定型并投入批产,及时装备了陆军和海军,满足了部队对中低空防空武器装备的迫切需要。后来,红旗六十一号表现神勇,在历次部队实弹打靶演习中,弹无虚发,发发命中,得到党和国家主要领导人

1989年5月，装备红旗六十一号导弹的海军军舰参加西沙群岛演习。图为上海航天人员与参试官兵合影（后排右五为卫峰）

和中央军委领导的高度赞赏，为上海航天和参试部队赢得了巨大荣光。1999年，该型号又作为上海市唯一的军工产品，参加了国庆50周年天安门广场盛大的阅兵式。

那时我们去基地是很艰苦的，当时国家经济条件差，型号研制费用也不多，早先一天只补助两毛钱。因此每次去基地前，我们都要自己带一些挂面，烧些辣酱，或炒些炒麦粉等。那时我们试验队在部队食堂搭伙，一条黄鱼标价2元钱，但试验队员囊中羞涩，吃不起。然而基地的饭菜质量也实在不敢恭维，只能说填饱肚子就不错了。我们住的宿舍那时叫海鸥楼，好几个人住一个房间，里面没有厕所和洗漱设施，大小便必须走5分钟的路，到戈壁滩上一个茅坑里去解决。茅坑是座简易的"蒙古包"，四面透风，冬天实在是冷得不行。海鸥楼的洗漱设施则设在公共区域，每天早上大家起来一起洗漱很热闹。改革开放以后，我们去基地的出差补贴略微多了点，但大家依然很节约，每次进基地都要自带些食品。

那时总想着能省一点就省一点，要把节约下来的钱拿回去养家糊口。因为我夫人在家乡的供销社工作，一个月的工资只有30块钱，还要抚养两个孩子，开销上捉襟见肘，生活压力很大。我们这一代人真的吃得起苦。记得那时我每天上下班从闵行新民厂骑自行车到浦江镇家里，从1974年一直骑到 1985 年，整整骑了 11 年，整个路程算起来可以绕地球赤道两圈半。为这事，我专门给市里有关部门写了封信，反映我上下班路途遥远的实际困难，希望能把我夫人调入市区单位。由于我爱人是郊区户口，很难转入上海市区户口。市里为此专门落实知识分子政策，给了我爱人一个市区户口的指标，总算把户口迁入上海市区，并安排进入新中华机器厂。单位还给我们分配了一套房子。上海航天局为了解决我的困难也做了不少工作，让我感恩不尽，唯有努力工作，为型号多做贡献才能报答。

当时我们所从事的工作是保密的。自从进了航天单位，我所从事的工作都与导弹有关，而导弹在我们行业中属于严格保密的型号产品，绝不容许对外透露这方面的信息和资料。那时大学生一进单位，首先必须进行保密教育，这也是航天行业的重要特色。记得保密部门的同志对我们开展保密教育时，强调"国家利益高于一切，保密责任重于泰山""保密工作，警钟长鸣；保密教育，入脑入心；保密制度，严格遵守；保密准则，强制推行"，以及"不该说的不说，不该问的不问，不该看的不看，不该带的不带，不该记录的不记录"，等等。经过这么多年的教育，保密观念早已深入我的脑子里和血液中。因此，我在与亲朋好友的交往中，从来不谈涉及导弹这方面的事，也不谈所从事的具体工作。我每次去基地执行任务，只是跟夫人说出差去，至于到什么地方去、去干啥，也都不讲的，最多大概说一个大西北或东北的方位。而那些基地由于是保密的，我们写信也不能说什么地方，一般在信封上写一个信箱代号，比如我到酒泉基地出差，我们给家人写信时，信封上寄出地址写的是"兰州 27 支局××信箱"，普通人一看信封，以为这封信是从兰州寄出去的，其实酒泉基地在内蒙古阿拉善盟额济纳旗那边，与兰州还有很远很远的路。

还有打电话，不像现在这么方便，人手一部手机，打电话或发短信、微信，手指按几下就可以搞定。那个时候我们在荒无人烟的戈壁滩上执行试验任务，连电话都没有，试验队员只有在一个礼拜放一天假的时候，到基地司令部,相当于一个边疆小镇,那里有个小邮局,可以打长途电话。由于打电话的人多,要排好长的队伍。往往打个长途电话要花费半天时间。

总之,我们那一代人既吃得起苦,也扛得起压力。对于生活上的一些困难,有时并不把它当回事,总是以科研型号任务为重,能克服的尽量自己克服,咬咬牙关挺过去,绝不给组织上增加麻烦,坦然面对工作压力和生活压力,可谓两副担子一肩挑。

卫峰在舟山基地工作留影

我在导弹武器系统里面是搞发射装置的。发射装置主要分为两大块,一块是机械部分,一块是电器部分,我是搞发射装置里的电器部分。搞电器最怕的就是它的可靠性。记得有一次我们在葫芦岛 531 导弹护卫舰上进行导弹飞行试验,按照发射口令,射手将导弹的发射按钮摁下去了,导弹尾部的喷管保护罩也抛了,但导弹就是没有飞出去。我们搞导弹的也像铁路警察一样,各管一段。我所管理的这一段就是保证把导弹送出去,只要导弹飞出去了,我的工作就算做好了,至于能不能击落目标,那是别人分管的系统,跟我没多大关系。现在的问题是这个导弹没飞出去,我应该负很大的责任。

　　当时大家都吓得不敢上去,生怕导弹突然起爆。大约等了半个小时,我们才跑过去查看,原来是导弹的引爆装置出了问题,导弹发动机没有被点着。总设计师梁晋才(中国工程院院士)说,你们福气真大,万一导弹在发射架上爆炸,整条军舰就完了。想想真有点后怕。当然,发现并且找到问题,只要改进一下就解决了。我的前任还碰到过导弹延迟点火的情况,也就是说摁下按钮后导弹并没有马上飞出去,而是延缓了一点时间再飞出去的。那个摁按钮的战士,使劲摁,力气大得竟把整个指挥桌都移动了。发射现场的人也会被这种情况吓得不轻。

　　531 导弹护卫舰是我国第一艘装备红旗六十一号中程防空导弹武器的战斗舰。说起来红旗六十一号防空导弹还是由周恩来总理亲自命名的。周总理说,这是我国 20 世纪 60 年代第一个中程导弹型号,所以就叫"六十一"吧。我们一直为研制由周总理命名的导弹而感到自豪,因而责任感和使命感更加强烈。

研制红旗六十一号导弹的老同事合影(右二为卫峰)

　　531 导弹护卫舰由上海沪东造船厂建造,在历次实弹军事演习及保卫南海的战斗中立下了赫赫战功。该舰于 1994 年退役,目前在青岛海军博物馆公开展览,2 枚红旗六十一号导弹实物也一起公开展出。

我一夜白了头

　　改革开放初期,百业待兴,上级下达的型号任务不多,而有的型号任务研制周期长,难以出效益。所以那时上海航天局相当困难,年轻的大学生留不住,来一个走一个。那时社会上流传的"造导弹的不如卖茶叶蛋的"口头禅,实际上是对航天现实情况的真实写照。记得我在做室主任的时候,室里有个硕士生,是搞软件编程的,很聪明,英语好,技术好,工作表现也不错。当时他提出要跳槽。我问他为什么要离开? 他说他目前每月的工资只有 1 000 多元,而他的女朋友在中外合资企业干,一个月的工资五六千都不止,差距实在太大了,跟女朋友相处很没面子;结婚成家,单位也不可能分配房子给他。他说的都是大实话,我作为室主任,权力有限,无法对他做出一些

卫峰(中)出席某舰发控设备出厂评审会

承诺。虽然我做了一些说服和开导工作,希望他能够把眼光放远点,相信航天事业的远景一定会很美好。但远水救不了近火,最后只能眼睁睁地看着他离开航天系统。

为了改变经济效益不好的局面,稳定队伍,上海航天局必须想办法走出一条新路子。当时航天局获得了一项外援任务,第一个出口的对象是巴基斯坦,这个国家跟我国的关系一直很好。

我们当时准备出口的是一个新型号,出口的风险是很大的。我们等于是"吃第一只螃蟹",搞成功了,自然皆大欢喜;万一不成功,不仅要赔偿巴方一大笔经济损失,而且会影响到航天局的信誉,更会影响到我们国家的声誉。承担这一任务,难度和压力都很大。而我第一次到巴基斯坦卡拉奇港上了他们的军舰一看,就傻了眼,那几艘军舰都是旧的,甲板上空空荡荡,发控设备怎么设计? 怎么安装? 一大堆难题让人犯晕。

巴基斯坦当时为了加强自身的海防力量,向英国购买了4艘旧军舰。而英国方面因自身利益和保密的需要,把上面的武器系统等设施都拆掉了,巴基斯坦实际上等于买了4艘"空壳子"旧军舰。因此,我们必须把这些舰面设施都要设计制造出来,并安装调试好。根据我方与巴方签订的有关协议,我方必须在16个月内完成飞行试验及装备设施的交付。16个月,也就一年多点时间,而按照我们国内当时的研制进度,搞一个新型号及其配套装置,十年八年能拿出来就不错了。还有,英国军舰上的电源与我们国内的也不一样,他们的电源频率是400赫兹的,我国是50赫兹;他们的电压是115伏,我国是220伏。电源制式完全不一样,也给我们的设计和制造带来了很大难度。再有,这毕竟是旧军舰,留给我们设计和安装发控设备的空间也不一样,让人颇费思量。一系列的问题,再加上时间那么紧迫,想想头也大了,我几乎就像春秋战国时期的伍子胥,因焦虑而"一夜之间白了头"。

但为了国家和航天系统的利益,我也豁出去了。那时候跑巴基斯坦简直就像跑娘家一样,一年间来来回回跑了不下十次。开始我们去巴基斯坦的时候,那边的治安情况还算好,空下来我们还能到卡拉奇街道上和市场里去走走看看,或买点商品。后来出现了塔利班恐怖组织,治安情况越来越糟糕,我们就不敢私自外出了。从旅馆到港口那段上班的路程,都由他们的士兵拿着枪来护送我们,面包车前面还有武装的摩托车开道,而且每天的出行时间和走的路线都不一样,以迷惑恐怖分子。记得我们航天系统内有一家公司的女财务去他们的银行取钱,被恐怖分子盯上了,结果惨遭枪杀,5万美金被抢。那个年代的5万美金绝对是一笔巨款。而我们当时去巴基斯坦,也曾带着好几万美金,为保险起见,我们化整为零,每人都随身带一点。当然在与巴方人员打交道的过程中,绝大多数老百姓对我们还是很友好的,有时跟他们交流,说到毛主席、周总理,他们都会跷起大拇指。在工作中,我们与巴方人员的合作还算不错,关系也比较融洽。

我们在巴基斯坦海上第一次飞行试验遭遇挫折,因而巴方对我们的产品不放心。那次梁晋才总师为试验失利而流泪,因为他的压力比我们更大。

有一次巴方人员打来电话,说是你们的发射装置不行,都锈掉了。我们赶到军舰上一看,发现装置里边都是白花花的一片。经过分析,原来巴基斯坦沿海属于高温高湿高盐雾地区,空气中含盐量很高,长期腐蚀导致发射装置大面积锈蚀。这是由于我们设计人员对当地环境不够了解所致。后来我们对发射装置进行了一次大修,用抗盐酸材料进行全面替换,彻底解决了这一质量问题。

经过我们这支队伍的不懈努力,顽强奋斗,终于在规定时间内圆满完成了外援任务。在交付仪式上,巴方人员对中国航天人诚信守诺、敬业拼搏的精神给予了高度评价。我们用实际行动证明,这是一支敢打硬仗、能打胜仗的队伍,无愧为一支"特别能吃苦、特别能战斗、特别能攻关、特别能奉献"的队伍。

虽然我在巴基斯坦的日子只有一年多,在人生的长河中也就那么一小段,但由于比较特殊,所承担的压力也非同寻常,所以对那段时光总是难以忘怀。虽"一夜白头",但从不后悔。能为航天和国家做出应有的贡献,也不枉自己不甘平庸的人生。

寄语年轻一代大学生

我这个人有点"好高骛远"。从某种意义上说,好高骛远并非贬义词。"好高"可以给予你一往无前的勇气,可以激发你争创一流的动力;"骛远"可以挖掘你自身的巨大潜力,始终对目标充满坚定的信念,只要坚持到底,目标和理想就会一步步变成现实。因此,不甘平庸,总想超过别人,千万不能落在他人后面,是我一贯的理念。我的名字原来叫卫荣美,有点女性化。我嫌这一名字不好,没有一点阳刚之气,于是决定改名字,起名叫卫峰,意思是我要像高山峻峰一样,昂然挺立,站得高,看得远。一个人活着,不能碌碌无为,要有所追求,要有美好的理想,认准目标坚定不移,在踏实干事中获取成就感。

卫峰与母校采访人员合影(前排左起:游本凤、卫峰;后排左起:方言、程芷妍、周源畅、张轶、朱柯潼、孙萍)

习近平总书记提出了中国梦,要为实现中国梦而奋斗。他在2022年五四青年节前夕,回信勉励广大航天青年:"希望广大航天青年弘扬'两弹一星'精神、载人航天精神,勇于创新突破,在逐梦太空的征途上发出青春的夺目光彩,为我国航天科技实现高水平自立自强再立新功。"一代代航天人赓续传承航天精神,接力奋斗,在浩瀚太空留下越来越多的中国身影。这也激励着更多航天人锐意进取,托举起中华民族的航天强国梦想,汇聚起实现中国梦的蓬勃力量。你们年轻人一定要有梦想,但这个梦想要与国家利益和现实生活结合起来。为了实现梦想,就必须读好书,掌握本领,将来才能立足社会,建功立业,报效国家。当今社会竞争很激烈,就业形势也十分严峻,这对你们来说,既是压力,也是挑战。而科学技术的快速发展更是不可想象,你们年轻人一定要有真功夫、真本领,以科学精神为引领,发挥聪明才智,走在科技前沿,为服务社会、造福人类做出应有的贡献。

常言道:"择一事,终一生。"一个人干事创业不能朝三暮四,也不能三天打鱼两天晒网。年轻人既要抬头仰望星空,更要俯身干好实事。要将事业心和责任感与具体的工作有机地结合起来。我这一辈子就是一个踏实做事的人,领导叫我干啥,我总是想方设法把这件事情做好,不辜负领导和同事们的期望。我进入单位后,几十年几乎就干一件事,即研制导弹发射装置。正因为长期浸润在这一领域内,深入钻研,才能取得一定的科研成果,并成为这方面的专家。

还有就是要学会做人。人们常说,智商很重要,但情商更重要。你们大学生不缺学历和智商,但可能缺少情商。你们踏入社会、进入工作岗位后,将承担社会或企业责任,将融入一支团队,并与各种各样的人打交道,因此必须学会怎样做人。要谦虚谨慎,要从小事做起,要有团队合作精神,要尊重他人,要与人为善。这些都是做人最基本的道理。比如我原先所在的研究室,主任已经换了七茬,但他们一直没有忘记我这个老主任,退休多年后仍然一直关心我。说明你做人做好了,你在人家的心目中就有了一定的位置,人家会始终牵挂着你。正可谓"金杯银杯不如口碑",说的正是这个道理。

要懂得感恩。生我养我者乃父母,教育培养我长大成才的是学校和老师,给予我航天职业和美好生活的是党和政府。滴水之恩,泉涌相报。我这一辈子之所以始终发奋学习,努力工作,不甘落后,兢兢业业干事业,无私奉献为航天,就是怀揣着一颗报答和感恩之心。是党和政府及学校培养了我,让我这个出生于贫困家庭的农家子弟成长为对社会、对航天有用之才。你们年轻人要有厚德载物、重义轻利的家国情怀,今后无论功亏一篑、一事无成,还是事业有成、平步青云,唯一不能失去的就是感恩。感恩乃是一种美德。

我给母校的题词是"踏实做人,勤奋学习。练好本领,报效祖国",这也是对你们年轻大学生的寄语。

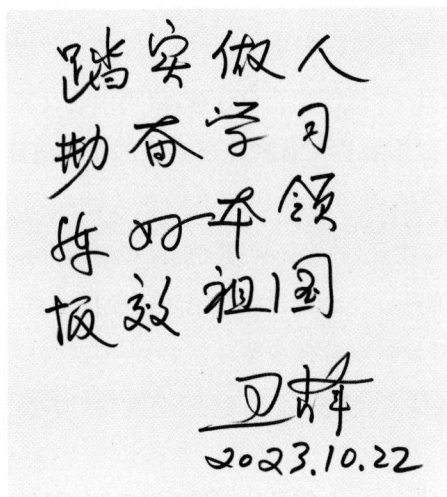

卫峰为母校题词

时维新

时维新，1943年4月生于上海，祖籍山东单县。航天领域电子专家，研究员。1960年考入上海交通大学无线电工程系。1962年转入自动控制系指挥仪设计与制造专业。1965年毕业分配到七机部第三研究院总体设计部，参与海鹰二号岸舰导弹指挥仪设计与制造。1971年调入上海机电二局（上海航天局前身）局机关工作，后调入该局下属上海广播器材厂，任第一研究室主任。其间，参与红旗型号地空导弹射击指挥仪的设计，并担任主管设计师，负责中央计算机和导弹制导雷达、发射架、导引头雷达及各种地面参数的接口电路设计与制造。1993年，调入上海航天局新组建的上海航天测控通信研究所（813所），任第八研究室主任，并担任神舟飞船测控通信分系统副主任设计师，主持研制的神舟一号电视设备获国防科学技术奖二等奖，并荣获航天奖、神舟二号发射试验任务荣誉证书、中国载人航天工程第三次飞行试验奖牌、我国首次载人航天飞行任务奖牌等各类表彰。2006年退休。

在访谈中，时维新非常留恋在交大5年的学习时光，交大严谨治学的校风，尤其是数学课程让他受益匪浅，为他打下了良好的基础。他强调数学是搞技术工作的根本，是万能的工具，通过数学在工程上的应用，以及结合本职工作对数学进行深入钻研，在日后的工作中发挥了重要作用。可以说，没有交大的培养，就不会成就他在航天领域电子专家的美誉，也不会有出彩的"无线电人生"。

出彩的无线电人生

口述：时维新

采访：游本凤、孙萍

时间：2023 年 12 月 28 日

地点：上海交通大学闵行校区文博楼

记录：游本凤

整理：游本凤、孙萍

三兄弟包揽三所名牌大学

我祖籍山东单县。因为那些年山东的收成不好，家中既没土地，底子也薄，为了生存，父亲只身来到上海打零工。等到父亲在上海站稳了脚跟，便把我母亲从山东接到上海。之前我哥哥、姐姐都出生在山东。母亲到上海后，我于 1943 年 4 月出生于上海闸北区，以后家中不断添丁增口，我兄弟姐妹一共有 6 个人。值得自豪的是，我大哥考进了复旦大学，我考进了上海交大，而我弟弟则考进了同济大学，我们三兄弟竟包揽了上海三所名牌大学，在那个年代实不多见。三兄弟为我们家庭增光添彩，在当时的街坊邻居中曾轰动一时，传为美谈。

我读小学时，父亲为了让我早点上学，将我的出生之年改为 1942 年，于是我 5 岁便进小学读书了。我初中考进了市北中学，高中考进了复兴中学，这两所中学都是上海市重点中学。我有个与生俱来的特点,就是特别爱好无线电,中学时代就喜欢捣鼓一些电子类产品,装过矿石机、收音机等。那时复兴中学提倡搞技术革新,我还搞过霓虹灯高压变压器。在那个年代,像我这般年纪的少年如此痴迷无线电的似乎也不多见。

考大学时,是全国统一招生、统一考试,我当时填报了上海交大、上海水产学院等,一共填了24个志愿,正因为我从小就喜欢无线电,这24个志愿全部是清一色的无线电专业。

交大求学时期的时维新

我与交大有缘。因为我的第一志愿就是交大,而交大正好有个无线电工程系(四系),于是我就被交大无线电工程系录取。从那以后,我这一辈子与无线电结缘,因为我后来所从事的工作都跟电子有关,诸如通信、网络、图像、话音等。

进了交大后,一年级我们是在延长路、民晏路分部就读的,就在现在的上海大学校址。当时我们这个专业共有8个班级,我在06班。印象中校园里有小桥流水、楼台亭榭,真是太漂亮了。少年不知愁滋味,这一年的读书生活非常开心。

到了二年级,我们到了徐汇交大本部上课,当时仍是无线电工程系。到了三年级后,学校新设自动控制系(五系),因力量较弱,由无线电工程系统一领导。自动控制系共有三个专业。我所在的06班被拆分,分到05班,并全体转入自动控制系,专业名称是指挥仪设计与制造,对外叫520专业。我们那个班级大概有40来人,班级里还有不少女生,男女比例较均衡。而我们所学的指挥仪主要供部队使用,属于军工这一块。

我们上课的那座楼叫无线电大楼,是靠近虹桥路的一座很大的白房子,三系和四系都在那里上课。有时候也到电机大楼和新上院去上课。

当时学的几门课程我印象还是很深的,尤其是数学,即工程数学,但教我们的老师名字想不起来了。印象中这位老师个子比较矮,讲话声音很洪亮,他教得非常好,概念清晰,解题通顺,化难为易,为我的数学打下了很扎实的基础,也为我以后的工作带来很大帮助。因为当时的指挥仪是机电式的,所以我们学的课程有机电原理、机械零件,还有电机学,包括随动系统、自动调整原理等,这些课程都与我后来的工作对口,帮助很大。记得教自动调节原理课的老师叫韩慧君,教我们电子线路课的老师叫沈志广。韩老师、沈老师他们的课都讲得非常好,将深奥化为通俗,使同学们易于接受,且专业性和实用性都很强。总之,不管哪个专业,印象中交大老师的课都上得挺好的。

我感到在交大 5 年的求学,就是一个努力学习、打好基础的过程。只有打好基础,才能在以后的工作中领悟这些专业知识的重要性,并加以应用和发挥。为了增加感性认识,上手操作产品,学校还给我们提供了实践机会。毕业实习时,我们曾经到大连、威海的海军部队去过。大连有一所海军学校,是专门培养海军技术人才的。我们还去过包头的第二机械厂,那个厂的规模很大,大概有十几万人,是专门造火炮的军工单位。生产过程有点像大型托拉斯,只见矿石原材料进去,成品便源源不断地出来,看了让人十分震撼。上述实习活动都是由专业老师带队,不过时间久了,带队老师的名字记不起来了。

还记得学校无线电大楼里有一台计算机,是学校自己设计自己制造的。那时没有晶体管,采用的是电子管,所以计算机的外形看上去既庞大又笨重,与现在的计算机简直不能相比。

我们在校读书时正值国家三年困难时期,虽然整个社会粮食短缺,但交大的食堂办得挺好。我们每月的膳食费大约 12.5 元,菜很便宜,最好的菜也就 1 角钱左右,而早餐稀饭、馒头只要几分钱。学校给每个同学发一张饭卡,吃一次就划一下。至少我认为,学校的伙食比我在家里吃得好多了。

那时候我家住在老北站,每次周末回家坐 15 路电车到北站终点站的车费是 1 角 3 分。有时候我从徐汇校区特地走到静安寺去乘 15 路,走那么一大段路,可以省 3 分钱车费。可见我们那个年代确实非常节省。

时维新与母校采访人员合影（左起：孙萍、时维新、游本凤）

扎实的数学基础受益匪浅

前面我说过，我扎实的数学基础是在交大读书时打下的，而且一直让我受益匪浅。结合在交大的求学经历，我谈点对数学的认识。

对我们搞技术的人来说，数学真的很重要，它是研究的根本，是万能的工具。我的感觉是，凡是数学学得好的人，他就能走得很远。如果数学学得不好，或者不能很好地应用数学，其发展前景就会受到很大限制。我参加工作后一直是搞技术的，在工作中接触的都是电子通信、自动控制等，许多设计和故障分析都与数学理论的指导密切相关，因为它是一套科学的体系，对我工作的帮助实在是太大了。

在长期的工作中，我善于利用所学到的数学知识，并花功夫加深学习和研究。因为学校教给我们的只是基础知识，再进一步深入下去必须靠自己去钻研。于是我结合工作实际，深入研究过概率论、数理统计等。当然，我解决的是工程上的实际问题。而交大教学的特点，主要就体现在解决工程问题上，对于我们从事技术工作的人来说，是很实在的。毕竟只有解决了工作中的实际问题,你才能赢得人家的尊重。

比如,太空中飞船下传的信号,其要求信道是 10 的负 6 次方,如果碰到 10 的负 5 次方就不行。那怎么办? 还有碰到成串连续干扰的信号怎么办? 你就必须利用数学基础深入研究,解决类似 10 的负 5 次方这样的信号干扰。再如我搞的数码压缩技术,也与数学基础密切相关,因为它涉及很多数学领域的东西。还有发射导弹,这里面既有设计问题、产品质量问题,也牵涉概率论、数理统计等知识。

总之,你在学校里数学学得好,基础打得扎实,就等于掌握了数学这一万能工具,今后做任何工作、分析任何问题、排除任何故障,你的逻辑思维就缜密,会触类旁通、举一反三,解决问题的底气就足,在技术领域内就能游刃有余。在我后来的工作中,曾有过多次解决关键问题的案例,证明了我在航天领域所发挥的作用。

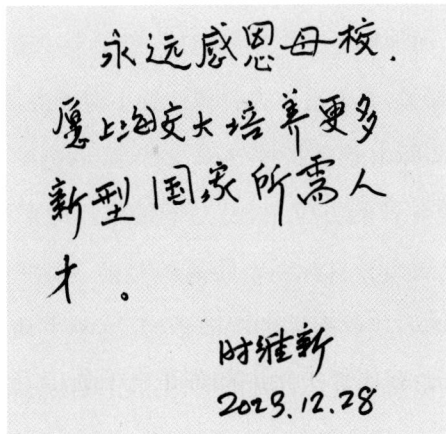

时维新为母校题词

刚到三院在型号上崭露头角

1965 年从交大毕业后,我被分配到北京的七机部(航天工业部前身)三院。那时大学生分配是没有自主选择权的,由学校来决定我们的职业去向。

实际上,在毕业之前我就被七机部选中了,我们班级共有 3 人去了三院。因为航天属于国家保密单位,我们的家庭出身都不存在任何问题。

按照行业分工,三院在当时航天领域内是专门搞海防导弹的,如岸舰导弹、舰舰导弹,也有装在飞机上面的空舰导弹等。后来该院被海军接管,所以又叫海军三院。

刚到三院,我只有 22 岁。也许是初生牛犊不怕虎,在参与海鹰二号岸舰导弹指挥仪设计与制造期间,我利用电子管高输入阻抗特点,解决了指挥仪设计与导弹末制导雷达开机时间装订精度的难题,令众多同事刮目相看。

因为我在交大学的是指挥仪专业,所以到了三院对口安排我搞指挥仪。在那里我接触的第一个型号产品叫球-50 指挥仪,它是苏联制造的机电式指挥仪,电路里都是电子管,整个指挥仪有一间房间那么大,很笨重,需 3 个人操作。之前就听说苏联的产品又笨又重,确实如此。后来 20 世纪 90 年代我曾去俄罗斯考察过,发现他们的电子产品进步很慢,当时我们国内已经使用大规模集成电路了,而他们还在用厚膜电路,差距至少有两代。那时三院研制的是一款飞航式导弹,外表看上去就像一架小型米格飞机。

指挥仪的作用实际上就是指挥导弹飞行,最后击中目标。指挥仪有两个重要参数,一个是导弹的方位角,另一个是导弹的末制导雷达的开机时间,也就是说导弹飞到离开目标一定距离的时候,末制导雷达必须打开,搜索目标,发射微波,然后接收返回的微波信号,这叫主动寻的式制导。所以这两个参数很关键,末制导雷达打开的时间太早或太迟都不行,导弹找不到目标就意味着失败。而且导弹速度非常快,几乎在一瞬间。

正因为导弹整个飞行过程也就几十秒,如果装订误差是千分之一,就是零点几秒,而亚音速 1 秒钟是 300 米,如果相差 0.1 秒就是 30 米。误差再上升,相差 0.5 秒就是 150 米。这样的话导弹命中概率大大降低,甚至找不到目标。所以装订精度一定要达到万分之几,这样才能保证攻击到目标。

由于我在中学里装过无线电,所以知道真空管是电压控制的,其输入阻抗非常高,因为它的极间是真空隔离。懂得了这些原理,我就采用一个五极管搞了一套电路,很快就解决了影响装订误差的问题。这是我刚到三院所干的一件比较突出的事情,为三院的型号研制做出了贡献,受到了大家的赞扬。虽然那时没有立功和获奖,但能够用所学知识为型号研制出一份力,觉得很有成就感。

转战到红旗导弹研制线上

我是 1971 年调到上海机电二局的,主要是支援上海搞导弹。上海机电二局是上海航天局的前身,主要搞地空导弹,当时我参与的型号是红旗六十一号。红旗六十一号是仿制美国的麻雀-3 导弹,也是我们国家最先仿制的西方型号,以前我们都是仿制苏联的。西方产品与苏联产品的差别还是很大的,所以研制难度比较大,型号出现多次反复,导致研制周期一再拖延。我在红旗六十一号中担任指挥仪主管设计师,解决了一些关键技术问题。

我到上海时,先被安排在局里工作了一段时间。当时上海纺织局试图涉足军工领域搞导弹,并得到上级的许可。通过协调,由上海机电二局及七院对其进行培训及技术上的支持,同时海军方面也派人参加,导弹名称已经起好,叫红旗六十二号。我也忝列专家队伍,对口一家纺织厂,参与对他们的培训和技术指导。但由于纺织局基础太差,与航天行业差距很大,再说纺织局搞导弹也名不正言不顺,就这样搞了两年多,纺织局觉得很难再进行下去,此事后来就不了了之。

接着我便来到上海机电二局下属上海广播器材厂,搞地空导弹指挥仪。因为指挥仪属于导弹装备系统里的重要组成部分,它与发射架、导引头等组成一个系统,其中涉及一些接口设计。在这期间,我感到大学里所学的很多东西都能用上,比如说如何控制发射架的转角、方位角、高低角等,还有同步电机、步进马达、微电机齿轮、旋转变压器、随动系统等。这些知识和原理我在交大都学过,并在指挥仪上都派上了用场。

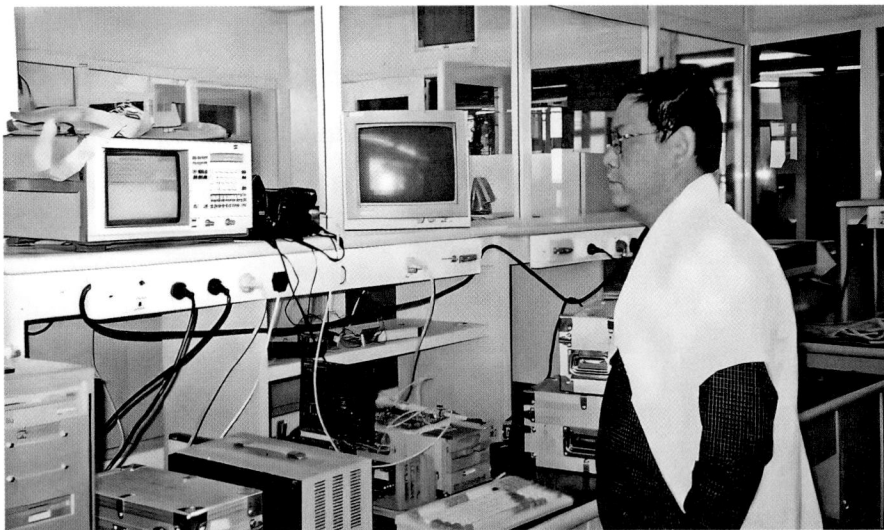

时维新在工作中

导弹飞行试验里有一个如何让指挥仪与导弹密切配合，保证导弹击中目标的问题，这是指挥仪设计师必须考虑的。导引头上面有个探测天线，导弹发射出去的时候，天线要能够接收到反射波，如果接收不到的话，就不能引导导弹飞向目标，这就要求导弹发射升空后，弹上雷达打开时目标要在天线的波束中。所以这里边也有一个参数的装订问题。但这个装订参数还是蛮难设定的。由于该导弹的原型是美国产品，它的低频调频信号只有几百周，而计算机要控制一个振荡器，这个振荡器的调频频率也只有几百周。两个低频搅和在一起调频，频率很不稳定，导致装订精度非常差。

怎么办？于是我就把在交大学到的自动调整原理这一套东西用上了。我觉得韩慧君老师在讲课时曾说到过这些原理，印象很深，就是说在低频频率很低、不稳定，且误差很大的情况下，必须设法把频率提高，才能取得理想的效果。于是我就搞了一个高频本振，然后到高频上去调制，这样两个频率都很高了，也就很稳定。我再把两个差信号作为输出，并对差信号进行调制后再反馈，即构成了一个闭环的完整的自动调整系统。最后其输出的差信号非常稳定，保证了这个频率是导引头所需的调频。通过我和同事们的协同攻关，最后把指挥仪与导弹飞行紧密配合这个难题彻底解决了。

图像压缩技术达到国际领先水平

到了 20 世纪 90 年代初,随着我国载人航天工程(代号"921 工程")的上马,根据事业需要,我又转战到了"921 工程"线上。当时通过项目竞争,我们上海航天争取到了神舟飞船上一舱两个半系统任务。而那半个系统的任务就跟我有关。虽然只有半个系统,却是飞船上的关键系统,即图像与话音系统。我们现在看到的航天员在空间站里的工作情况,与地面的通信联系,包括航天员与国家领导人的通话、航天员出舱的实况记录、太空课堂上课、航天员与地面之间建立微信等,都是我们这套系统提供技术支撑的。

载人飞船的测控通信技术要求采用迅速发展的最新电子技术,特别是数字技术,要求航天员有清晰的图像和话音信息的天地连接。由于受模拟传输通道的限制,要求采用数字压缩技术,这在当时的国际宇航界是一个空白,不仅在国内航天技术中从来没有应用过,就连航天强国俄罗斯和美国也没有用过。当时俄罗斯仍然采用模拟技术,而美国航天飞机由于研发时间比较早也没有采用。

面对新任务和新技术难题,上海航天下决心集中优势力量,将全局最优秀的电子技术专业人才汇集到一起,很快组建了上海航天测控通信研究所(813 所)。我于 1993 年带着一帮年轻人应召加入了"921 工程"测控系统团队,担任 813 所第八研究室主任,主要负责天地往返图像压缩技术的攻关。虽然从来没有搞过,但祖国航天事业需要,于是我和同事们毅然挑起了这副重担。我们几乎是白手起家,一点技术资料都没有,一切都必须依靠自己来开创。好在我们团队的力量很强大,十来个人中有交大的、清华的,他们个个年富力强,人人有干劲和闯劲,创新能力强。我相信我们这支队伍能够战胜困难,取得成功。

那时"921 工程"指挥部又下达了"争八保九"要求,也就是说必须争取神

舟飞船在 1998 年发射上天。如果 1998 年做不到,则必须确保 1999 年发射
上天。这是"后墙不能倒"的时间节点。因为那年是共和国成立 50 周年大
庆,我们国家要用飞船的发射成功来庆祝这一重要节日,提振国人士气。为
了做到"争八保九",上级部门还要求我们必须作出承诺,决不拖"921 工程"
后腿,做到不误点、不误事。

　　当时的形势可谓是时间紧、任务重、压力大。但正是在这种高压下,我
们没有退路,只有横下一条心,破釜沉舟。当时我们还没有数字化这个概
念,数字化对我们来说,完全是个陌生而新鲜的东西,我们研制团队下决心
自行研制,一路攻关。其间,我们经历了"拉洋片""马赛克""信息迟滞"以及
信息模糊等一个个难题,一直到 1995 年才攻关成功,最终将图像数字压缩了
170 倍,成为航天界一项首创的技术。记得攻关成功后,我们到石家庄电科
集团 54 所进行天地对接试验,获得了圆满成功,我心里的一块石头终于落了
下来。后来,语音系统也同样用了数字压缩技术,而且通过反复试验攻克了
话音和图像同步的难关。

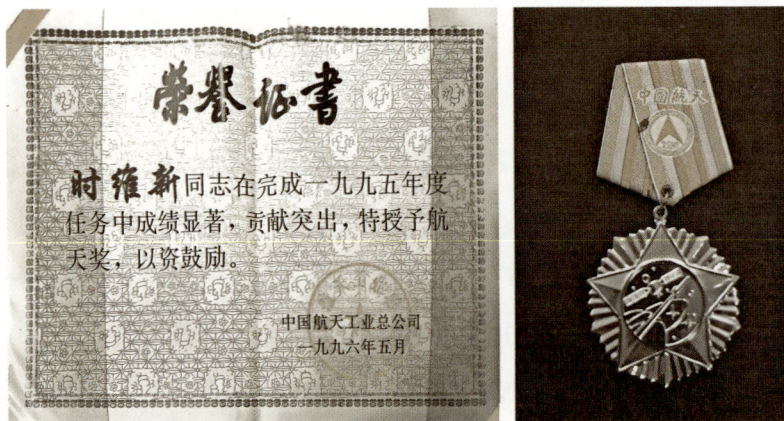

1996 年 5 月,时维新获中国航天工业总公司颁发的航天奖证书和奖章

　　我们搞的飞船上的数码压缩技术在当时国际宇航界是很先进的,技术
水平跟美国人的差不多,有些地方甚至超过他们。记得有一次,我随一个航
天考察团去美国。在与美方交谈时,我提出一个通信方面的专业问题,结果

在场的人都回答不上来，他们说请一个专家来回答。等专家来了一看，原来也是个中国人，而且是上海人。我们就数码压缩技术一交流，我心里有底了，因为我们的水平并不比他们差。

1996年7月20日，当我们813所的所有产品按时、保质完成了飞船测控与通信分系统41台件桌面联试设备和20台套地面专用测试设备的研制，并通过了五院总体的验收时，北京方面感到十分惊讶，认为这简直是一个奇迹。8月2日，在武警战士的护送下，813所专门组织了一支运输队伍，由警车开道，将那些设备浩浩荡荡地送往北京五院501部。此举标志着813所"争八保九"任务的圆满完成。望着我们的产品壮观出行的场面，大家的心情异常激动。

2000年12月，时维新主持研制的神舟一号电视设备获国防科学技术奖二等奖证书和奖章

后来，神舟五号飞船上杨利伟清晰的图像和响亮的话音传输过来，这是我们团队数字压缩技术取得圆满成功的一个重要标志。

关键时刻排除神舟飞船故障

无论搞导弹还是搞飞船，交大严谨治学的风格一直影响着我。碰到问题，只要把握原理和来龙去脉，再加上自己对产品的熟悉，用逻辑思维进行推理分析,很快就能找到解决问题的正确路径。确实,在多年的工作中,凭着我对业务的熟悉及扎实的功力,解决产品故障的情况还是比较多的,有些回忆印象深刻。记得神舟一号在北京唐家岭航天城做环境试验时,突然出现了下行的电视画面丢失的问题,五院总体的同志急了,立刻打电话到我所。我连夜出发到首都机场。唐家岭建在北京郊区,非常荒凉。司机费了很大的劲才把我送到那里,已是半夜时分了。第二天到现场一看,所有地面监视器都没了画面,但是语音通信清晰,说明天地通信链路没问题,而且信号分接器也没问题,否则下行话音不可能正常,问题在地面设备,那么故障范围就缩小了。我判断问题应该出在分接后图像数据输出这一块。于是我请总体的同志拿来工具把地面设备打开,仔细分析后发现驱动电路一块芯片可能损坏,因为那是对外直接输出的芯片,带电插拔很容易损坏。于是我把芯片卸下来用万用表一量,确实是烧坏短路了。我对五院主任设计师说,找一块同型号的芯片更换。换上后,地面监视器全都恢复了画面,大家高兴极了。他们问我有什么要求,我说只有一个要求,因为这个地方太偏僻了,能否派辆车子送我到首都机场。他们表示,没问题。

神舟二号也出现问题。飞船的整个天地对接试验还是在北京唐家岭进行的,其间发生了信号中断问题,一下子什么信号都没了。那些年轻人也找不到故障原因,于是打电话到上海,我赶紧又去唐家岭。到了那里,先听他们介绍故障情况,他们一会儿说摄像机坏了,一会儿又说其他什么设备坏了。我叫他们把那些坏了的设备拆下来给我看看。我把他们认为是坏了的东西做了一些地面试验,发现这些东西都是好的。既然设备都没坏,肯定另有蹊跷。北京总体的同志说,要么你到船上去看看。飞船是个庞然大物,竖立起来很高,必须借助梯子才能爬上去。我爬到飞船舱里一检查,发现有一个显示器没显示,但开关却开着。按照常理,开关一开,显示器就应该显示,没显示就说明有问题。我当即叫他们把开关关掉。结果开关一关就好了,整个测控通信线路马上就通了。后来我就帮他们一步步检查,发现有两根线接错了,即把一根 12 伏电线跟一根接地线接反了,造成了短路。其实这是一个低级错误，只要改正一下就好了。那些青年技术员连声称赞："不愧是老法师，手到病除。"

而 2002 年发射的神舟三号出现的问题更大了。当时神舟三号已经在酒泉发射基地的技术阵地安装到了火箭上面，按计划整体垂直运到发射阵地等待发射。这时国家领导人、总装备部的领导都要来了，准备观看发射。关键节点决不能出问题，否则牵一发而动全身。

我记得很清楚，那天是大年初二，我和家人正在过年，一个电话打过来，说是飞船出问题了，叫我马上赶到基地去。我知道，此时飞船即将发射，出问题一定是大事情。情况紧急，不容耽搁，我拿了个小包就出发。但上海到酒泉基地没有直飞航班，必须先坐飞机到北京，然后到北京的南苑机场转机，再坐伊尔飞机到酒泉基地的鼎新机场，可谓马不停蹄。一下飞机，基地派出的车子早已在机场等候，一路飞驰送我到发射现场。到了现场一看，有好多总装备部和基地的将军都在那里。在飞船即将转场前突然通信中断，他们着急啊。我一到那里，他们以为来了"大救星"，问我出了什么问题。我说我刚到，情况也不了解，必须检查一下才能做判断。

当时陪我的一个女同志从来没见到过这样的阵势，害怕得两条腿都发抖了。我说你别害怕，先检查一下再说。于是我先看频谱仪，见包络线都是好的，这时我心中有底了，说明数传机是好的，那么信道也是好的，应该是信源的问题了。信源没有，当然就图像、话音也没有。那么这个信源问题出在什么地方呢？我想，不可能那么多设备同时都出现问题，这种概率几乎是没有的。因为产品在出厂前都做过多轮试验，必须通过严格的检验才能送往基地参与发射。问题肯定出在一个大家都想不到的地方，根据逻辑推理，我判断问题应该出在一个复接的地方。因为船上有一个电路是专门负责多信号复接的，这是个重点怀疑的地方。虽然我心里对这个问题有点底，但是我一下子不敢讲，因为那时候现场的气氛非常紧张，我怕万一判断错了，会火上浇油，忙中添乱，这个责任是谁也担当不起的。我只能把这个问题暂时放在肚子里。

基地马上组织专家开会,会议从下午 5 点钟一直开到晚上,会上我也不敢说,我还是怕判断失误,给基地排故带来影响。虽然我不敢说,但我一直为这个事情犯愁,所以那天整整一个晚上在床上翻来覆去睡不着。到了第二天早上 5 点多钟,天刚蒙蒙亮,五院的一位同志来找我,说是飞船总设计师戚发轫叫我到他的宿舍里去一下。我想,领导私下找我,肯定知道我对故障心里有底,这是领导对我的信任。我到他房间里一看,戚发轫还没起床,正坐在床上休息。我估计为了这一故障他也一个晚上没睡好。他对我说:"老时,你胆子大一点,说出你的看法,责任由我来承担。"见领导如此豪爽,我便开门见山地说:"根据我的判断,问题出在一个叫 302 的设备上,这个设备有一个多信号复接的功能,我判断这个设备有问题。"戚发轫当时什么话都没讲,马上通知下去,更换 302 设备。

技术人员在推进舱后面的"大地板"合上之前,将 302 设备拆下来,换上了备份产品。这个决定是非常大的,因为换下的是通过整船各种环境试验的设备,换上去的则是没有参与过整船试验的设备,风险很大,责任也很大。指挥部决定将出问题的设备拿到上海去检测,查一下问题究竟出在哪里。

2000 年 4 月,时维新获中国载人航天工程第三次飞行试验奖牌

于是基地连夜派车子把我和设备送到兰州,由兰州坐飞机回上海。到了所里实验室,我们连续奋战 48 个小时,两天两夜没睡觉。最后查出来的结果,证明我的判断千真万确,就是 302 设备的复接出问题,导致了数据及同步信号的丢失。问题确认后,我们就赶紧写报告,说明问题的症状和机理,并进行了归零。后来把这个问题彻底解决了。

这次神舟三号排故的印象太深刻了,因为在紧张而纷杂的环境下,我把问题找准了，领导的决策也下对了，并及时果断地采取了正确措施，使得飞船的发射计划没有受到影响，最后神舟三号发射非常成功。2002 年 4 月，载人航天指挥部专门给我颁发了一块奖牌。

　　虽然我已退休多年，但回顾自己的航天人生，感到无怨无悔。我所从事的电子产品是导弹、火箭、卫星、飞船、空间站等航天飞行器上不可或缺的重要组成部分。航天的成功，离不开我们的电子产品。令人欣慰的是，我们为神舟飞船研制的那套电子系统在航天领域应用广泛，如交会对接、天宫实验室、空间站，以及"嫦娥"奔月、火星探测等，均有我们电子产品的身影。作为一名老航天人，我们研制的电子产品能在祖国航天事业中发挥如此巨大作用，我感到很自豪，也不枉一辈子的航天人生。

时维新夫妇（第二排左六、左七）与奋战在空间站、探月、火星探测及卫星领域的学生们欢乐相聚

柴庆澄

柴庆澄，1944年3月生于上海，浙江镇海人。研究员。1962年考入上海交通大学机械制造系（八系）金属切削机床专业，1967年毕业。先后在福建晋江6607部队农场、三明化工厂工作。1981年，作为优秀人才被上海航天局引进，先后任新江机器厂技校校长、上海航天职工大学副校长、上海航天局情报所（807所）所长等，从事工程技术、教学和教学管理、科技管理和领导工作等。2004年退休。在各种刊物上发表论文30多篇，论文《高科技领域继续工程教育探索》等分获国防科技优秀论文二、三等奖，《卫星星座技术汇编》获"九五"国防科技信息服务成果优秀奖，《继续工程教育课程系列化的初步实践》获2003—2004年国家级成果调查优秀科研、学术成果特等奖，并被国家档案局评为先进个人。

在访谈中，柴庆澄饱含对交大的深情，认为是交大培养了他，造就了他。虽然由于时代的原因，他的人生之路曲折蹉跎，但他从未埋怨过命运的不公，而是不断追求，不失理想，用励志和奋斗赢得了精彩人生。而交大帮助他天赐良缘，喜结连理，成就了他们班级里的一段佳话。

和着时代的脉搏同频共振

口述：柴庆澄

采访：游本凤、孙萍、崔延平、王访华

时间：2023 年 5 月 10 日

地点：上海交通大学闵行校区文博楼

记录：游本凤

整理：游本凤、孙萍

学习生涯，美好时光恰少年

我家祖籍宁波镇海，当年我爷爷到上海来闯荡，在上海黄浦区金陵东路后面的宁海东路上租了个门面，做起了买卖蛋品的生意。因为宁海东路是市口很好的菜市一条街，爷爷既做零售又搞批发，生意总的来说还算不错，足以维持一个家庭的日常生活。可是爷爷 50 岁时得了肺炎去世。我是爷爷去世那年出生的，即 1944 年。爷爷死了，这个店总得有人管。那时我父亲初中刚毕业，于是他就不念书了，接手经营爷爷这个店铺，是我父亲把这个家继续撑了起来。

我从小就在宁海东路 24 号长大，对那一带的家家户户都非常熟悉。我小学在黄浦区中心小学就读，中学在光明中学就读。光明中学在西藏南路、淮海东路口，离我家大概一刻钟的路程。光明中学以前叫中法学堂或私立中法中学，上海解放后更名为光明中学。光明中学与法国很有渊源，它的特色之一就是法文教学。当然它也是上海市重点中学。我有一个侄子也是光明中学的，以后就直接被送到法国念书。我们家有四五个人都是在光明中学就读的，主要因为光明中学离我家比较近，又是附近最好的一所中学。我在光明中学从初中一直念到高中，整整念了6年。我读书还是很努力的，功课基本上都是5分，高中时还担任了班长。毕业时班主任给我的评语是：学习努力，保持全优。

光明中学的老师也是很不错的，他们都是老大学生，如数学老师是复旦数学系毕业的，物理老师、外语老师等都是名牌大学毕业的，授课水平很高，给我留下了深刻印象。值得自豪的是，光明中学出了不少名人，如前中国奥委会名誉主席、国际奥委会委员何振梁、中国科学院院士杨雄里、周秀骥，复旦大学教授俞吾金、钱文忠等。

在光明中学学习时，我想的就是要考一个好大学，所以在填写志愿的时候，我的第一志愿是上海交大，第二志愿才是清华大学。老实说，当时上海的考生并不看重清华大学，因为要到北方去读书，南方人对北方的生活不怎么习惯。而且又在困难时期，许多困难家庭甚至买不起一张火车票。权衡下来，大家都喜欢考交大和复旦大学。所以当时我们班成绩比较好的学生都考进了交大。

我无法统计光明中学考进交大的学生总数有多少，但交大机械制造系我们这个大班150个人里，就有8个人是光明中学的，这个比例不低，说明光明中学的教学质量是很高的。当时从光明中学我们班考进交大的学生中，除了我是班长（早先也是团支部书记），还有一个叫杨福清的，在冶金系（七系）当团支部书记，另外一个在电机系也是团支部书记。可见，光明中学的学生素质还是不错的。

考进交大，当然很高兴。毕竟在那个年代能够考进大学的人不多，特别是1962年是历年高考录取率最低的一年。我对自己的前途也抱有很大信心，希望能够学有所成，报效国家。

进入交大后，我们整个一年级学生的学习和吃住都在法华镇路分部。当时我们这一届有1000多个学生，上课和自修的地方也就走100多米，食堂就在宿舍楼对面，一到时间，大家哗地就奔过去，否则去晚了要排很长的队。总而言之，在法华镇路分部那段时间，我们的学习和生活都比较方便。

我印象比较深刻的是一年级开学的入学教育，由基础部主任金悫给我们做报告。他在报告中讲到了钱学森，说当时他教钱学森水力学，钱学森作为一个优秀学生已经崭露头角。金教授的意思就是要我们努力学习，要像钱学森那样刻苦钻研，而要成为一个优秀学生，关键是要打好基础。所以，那时候我们的学习氛围非常好，大家都一门心思扑在学习上。

在上课的老师中，我对几位老师印象比较深，比如数学老师范荣良，是位中年女教师，她讲课的思路比较清楚，有条有理，学生们一听就明白。还有教理论力学的老师王增润，他在上课时讲话并不怎么流利，但是他教的理论力学让人感到很踏实，也很容易接受。所以两个学期的理论力学考试，我都得了 5 分。教我们材料力学的老师李秀治，也是一位女老师。当时她比较年轻，后来怀孕了，挺着个大肚子仍然来给我们上课。后来李秀治跟我夫人姜楫成为同事，她曾经做过交大建筑工程与力学学院的院长助理，而我夫人接了她院长助理的位子。

上海交通大学 81021 班毕业照(后排左一为柴庆澄，中排左一为姜楫)

第四学期教材料力学的教授是黄静安,他的年纪比较大,当时正在搞教改。他的讲课简单明了,把主要的东西和精华部分给你拎出来,然后让你自己去琢磨和思考。我觉得黄老师的教课方式和效果也不错。还有一位老师叫范元弼,是教金属工艺学的教授,他的讲课结合实践,比较务实。后来我们到工厂去实习,亲身感受到范老师上课的内容能够与实践相结合,颇有收益。

追求进步,半个党员志不移

刚进学校的时候,我在班级里当团支部书记。但在 1962 年 9 月,党的八届十中全会再次强调"千万不要忘记阶级斗争"。受此影响,学校也开始重视阶级出身。实际上我的政审还是可以的,我四叔是党员,上海解放初在震旦大学念书时入的党,后来在四川省化工厅任总工程师。我三叔柴常佩交大毕业后去美国留学,1955 年冲破美国政府的阻拦回国,成为祖国建设的栋梁。我父亲的成分按现在的划分应属于工商业者,但那时认为我父亲是开店做生意的,属小资本家,也算是剥削阶级。由于家庭成分的拖累,我的团支部书记当不成了,由原来工人家庭出身的班长来当,我则改任班长。这一角色的转换让我压力陡增,从此背上了家庭出身不好的包袱。不过我后来一直当班长,老师和学生仍然认可我的表现。

从中学到大学,我一直追求进步,积极向党组织靠拢,这一坚定的信念从来没有动摇过。我在大学二年级时就写了入党报告,但是那时高校不发展党员,当时我们那个大班也只有 3 名党员,都是中学时入的党。虽然许多人打了入党报告,但都被搁置了。一直到"四清"运动的时候,学校准备发展一批党员,所以我是第一批在支部大会上通过的预备党员。我的入党介绍人是周淑玉,她是我们系的党总支书记。

当时"左"的思潮愈发厉害,几个工人出身的学生对此很有意见,认为我出身不好也能够入党,而他们为什么不能入党。所以我的预备党员资格虽然支部大会通过了,但一直没有批下来,直到我毕业的时候,仍被搁在一边,而且一拖将近 10 年。

直到"文化大革命"结束,我们党不仅把工作重心转移到了经济建设上,而且开始重视知识分子的地位和作用。于是,我再次打了入党报告。1979年,当时福建三明化工厂所在的党支部大会通过了我的预备党员资格。该厂的组织部部长找我谈话时问:"你的档案里面已经有了批准你入党的材料,这是怎么回事呀?"这时,我才知道原来交大把我当时的入党材料放进档案里,一起转到了三明厂。既然组织部部长提到这件事,我就一五一十地把当时的入党情况向他做了说明。他十分惊讶地说:"没想到你早已是半个党员了。"经过三明厂党委批准,1979年我终于正式加入党组织。

我们大班 150 个人中出了一些知名人物。如严隽琪先后担任过上海市信息化办公室副主任、民进上海市副主委、上海市副市长、民进全国主委等职务,2008 年当选为全国人大常委会副委员长。杨国勋,是海关总署党组成员、总工程师。段瑞春,是国家科委副秘书长兼法规司司长,经常跟随吴仪

1995 年大学同学聚会合影(后排右一为柴庆澄)

副总理出访,在对外谈判中也时常亮相。蔡美峰,是岩土工程专家,中国工程院院士。当年我做团支部书记时,他是另一小班的团支部书记,蔡美峰后来在北京科技大学做教授。

同班同学,天赐良缘结连理

我和我夫人姜楫是同班同学,最终两人结为夫妻。其实我们的恋爱过程很漫长,也很少有那种花前月下、罗曼蒂克的浪漫,只能说是心心相印、患难与共罢了。

刚进学校的时候,大家都是青年学子,很天真单纯,想的只是好好读书,掌握知识和本领,日后如何报效祖国。

我们小班一开始有30人,包括2个女同学。后来细分专业,分出去10个男同学,2个女同学仍留在班内。那2个女同学的性格都比较内向,与我们男同学之间的交流很少,即使开会她们也很少发言。

20世纪60年代的交大女大学生(前排右一为姜楫)

到了三年级后期,我姐姐从华东纺织工学院毕业,因为西安有个纺织城,所以按照专业对口的原则被分到西安。到了西安后,她感到找对象比较难,尤其是上海人更不好找。所以姐姐就跟我说,如果你有机会的话,最好毕业之前在学校里找一个对象。经她这么一提醒,我有点上心了。

也许是缘分吧,2个女生中我看中了姜楫。当时她瘦瘦高高的,人很老实,在班级里话不多,更不会主动跟男同学搭话。因为我是班长,知道她家里有电话,有一天我就往她家里打了个电话,约她晚上7点钟到复兴公园。她家住在泰康路,离复兴公园比较近。她没有拒绝,如约而至。后来过了一段时间我又约她到复兴公园去了一次。两次约会,我们也就随便聊聊,不存在发展感情之类,就好像有点心照不宣的感觉。那时大概是1965年吧,我们之间的关系是懵懵懂懂的。

大学生属于成人,谈恋爱也无可指责,学校方面对此既不鼓励,也不禁止。那时大家都很克制,因为毕竟在学习阶段,以读书为主是大家的共识。后来搞"四清"运动,学校党委副书记张华在动员报告会上说,同学们如果正在谈恋爱的,现在应该将恋爱关系冻结起来,把主要精力投入"四清"运动中去。所以我们两人的恋爱关系也就此冻结起来。"四清"运动时我们一起去了上海工具厂,姜楫在车间"四清"工作组,我在管理科室"四清"工作组,除了工作上有些接触,来往不多。"四清"运动结束后,同学们又回到学校上课,就这样一直到毕业分配。

那时毕业分配要看家庭出身。我的家庭出身虽然父亲职业有点问题,但总体还算过得去,社会关系也很清楚,再加上支部大会通过了我的预备党员资格,所以开始时我被分到三机部。但我弟弟的一个波折,影响到我的分配,原先分配到三机部的方案被取消,改为暂时待分配。姜楫同样因为家庭问题,也处在待分配中。

我当时是我们系待分配学生的召集人,不久系里又有留在上海的名额,但我希望和姜楫分在一个地方,所以放弃了留在上海的机会,没有提出申请。这时有个叫李鸿生的同学来找我,说他老母亲生病,家里非常困难,希望给予照顾。帮助困难同学义不容辞,我叫他直接找系里去谈。后来经校方同意,留上海名额就给了李鸿生,他幸运地留在了上海。

当时学校有个不成文的规定,男女同学如果确定了恋爱关系,可以照顾分配到一起。那时我和姜楫的恋爱关系已经公开了,正好福建晋江6607部队农场有两个名额,于是学校就征求我们两人的意见。我们想想福建属于南方,生活习惯接近上海,总归比北方要好。就这样,二十刚出头、从未出过远门的我和姜楫踏上了去福建晋江的人生旅程。

可以这么说,整个分配过程是为了爱情,其实当时我们的想法很简单,并没有把外地看得那么可怕,认为两个人在一起也蛮好。再说姜楫胆子很小,确实需要一个男人为她挡风遮雨。

晋江的军垦农场属于部队,我们的班长是解放军战士。他对我们的要求很严格,每天早晨必须排队出操,还要参加各种各样的政治学习。去稻田里劳动是很辛苦的,稻田里的水冰凉冰凉的,我的双脚被冻得又红又肿。

虽然我和姜楫在一个农场,但不在一个连队。她在一个副业连,连里安排她放牛,相对来说比较轻松。从我这个连队到她那边要走20分钟,所以我们很少碰头,我只是在休息天去看看她。在那个"左"的年代,我们很收敛,怕谈恋爱会带来不好的影响。

当时讲好我们去农场劳动锻炼一年,一年后由福建省再来分配单位。就这样我们100多个大学生被分配到了三明化工厂。三明化工厂是福建省最大的化工厂,有化肥分厂、电石分厂等。姜楫当时分在机修分厂。我由于出身问题,被分到了电石分厂,再次接受艰苦的劳动锻炼。电石是电焊工用的乙炔发生器内的化工材料,乙炔气与氧气混合点燃后产生高温火焰,可切割钢板和进行气焊等。由于社会对电石的需求量大,电石分厂的经济效益好,所以生产任务很忙。生产电石车间的温度很高,电石出炉时被烧得通红通红的,然后再进行冷却。那时我在车间里操作等于每天在烤高温,还要三班倒。那一段时期,工作非常劳累,可谓备尝艰辛。在电石分厂锻炼了两年,我被调到资料室管理图纸,后来我又被调去机修分厂当技术员。

　　从 1965 年的初次约会,到 1972 年牵手,我和姜楫经过漫长的爱情长跑,有情人终成眷属。1972 年春节,我们趁着回沪探亲之际,举办了一个简单朴素的婚礼,就在家中摆了两桌,出席人员仅家庭成员和部分近亲,算是完成了一件人生大事。

柴庆澄、姜楫夫妇在美国大峡谷留影

柴庆澄、姜楫夫妇在阿拉斯加公主号游轮上留影

　　说来我俩与交大有缘,我们家可以说是交大世家。我和姜楫的近亲中有 7 个交大毕业生,加上我们俩共有 9 人交大毕业。我的叔叔柴常佩,他 1946 年毕业于交大土木工程系,后来去美国留学,1955 年毅然回国,参与了新中国北京十大建筑的建设工作,是一位具有爱国情怀的老知识分子;姜瑜,姜楫的叔叔,唐山交大土木系毕业,毕业后一直在泰国工作;温立群,我大姐的儿子,1989 年毕业于上海交大电机系;庄鸣喆,姜楫六姐的女婿,1992 年毕业于上海交大机械工程系;王宜平,姜楫大姐的外孙,2014 年毕业于上海交大材料科学与工程学院;王嘉和,姜楫三姐的孙子,2018 年毕业于上海交大电子信息与电气工程学院。另外,姜楫二姐儿媳妇的妈妈潘艳霞是西安交大 1967 届力学系毕业生。

2017 年 4 月 8 日,1967 届机械系校友 121 周年校庆返校合影(前排左一为姜楫,左九为蔡美峰院士,左十二为柴庆澄;第二排右三为杨国勋)

调回上海,航天培训显身手

　　"文化大革命"结束后拨乱反正,职工的求学愿望非常迫切,于是推动了全国成人教育的大发展,各个地方都在办职工大学。三明化工厂作为一家国营大型企业，职工教育也一下子兴旺起来。于是厂里点名要我到厂工大去搞教学，教机械原理、机械制图、理论力学等课程，并任专业教学组组长。

这时我得到一个信息，上海航天局要引进100个名额的各方面专业人才，于是我就把简历投了过去。他们很快回复，表示愿意接受。但三明厂不肯放人，还找了一些理由搪塞。好在上海航天局下属的新江机器厂坚决要我，因为他们厂既有电大，又有技校，迫切需要师资教育人才。后经多次交涉，再加上姜楫考进了上海交大研究生，三明厂最终同意放人。而当上海市委组织部发函到福建省委组织部时，又被福建省委组织部压下了，说是福建省也需要这方面的人才，不能放。

走投无路之际，三明厂一位离休老干部十分同情我的遭遇，出面帮我到省委组织部去协调，最后省委组织部把调令发到厂里。就这样，我的调动之事被拖了整整一年后才得以解决。

中央广播电视大学（简称电大）当时很火，在全国各地都设立了分校。那时新江机器厂的电大在上海市是比较出名的，上海电大的校长和书记都到新江厂电大考察过，《电大报》也专门报道过新江厂电大的教学情况。那时我负责新江厂电大工作并教理论力学，同时还在松江电大兼课。当时电大的考试题目由中央电大出题，实施统考，很严格的。结果我教的新江班考了第一名，松江班考了第二名，轰动一时。另外，我带教的电大班学生，有的后来做了上海航天局所属单位厂长、厂党委书记，有的做了公司总经理、副总经理等，为航天系统培养了不少优秀人才。

1985年11月，上海航天职工大学成立，要调我去。但新江厂厂长不肯放人，说我们厂里也需要，于是就安排我去厂技校当校长。大约过了一年，航天职大仍然催着我去他们那里，于是我再去找厂长谈调动之事。这次厂长却很爽气，挥挥手说，你走吧。

到了航天职大，我先担任教务处副处长（后任副校长）。校长杨见山跟我说，我现在的主要任务就是开拓短训班，搞培训。短训班是一种结合企业实际、很务实的培训方式，受到各个厂所的欢迎。于是我就开始琢磨怎样搞短训班。因为短训主要是给在岗人员"充电"的,很多课程我们职大老师上不了。于是我首先想到要充分利用交大的师资资源,请他们来帮助授课。那时我住在交大新村,对交大师资情况比较熟悉,我爱人姜楫当时是交大工程力学系副主任,联系也比较方便。罗祖道、江可宗、戚飞虎教授等都来航天职大讲过课,所以交大老师对航天培训也做出了很大贡献。

2006 年,柴庆澄回母校参加上海交大 110 周年校庆,在徐汇校区校门前留影

其间,我就短训科目进行调研,走访了航天局大多数单位,把各个专业调查了一遍。掌握情况后,有针对性地设置了机械设计、电子技术、工艺管理等八九门专业课程,每一个专业有将近 10 门课,每星期上 1~2 次课,组成一个系列后开班,然后发布信息,动员大家报名。因为我们航天局有很多单位是搞机械设计和电子专业的,还有制造领域的工艺课也贴近企业实际,所以报名者很踊跃。

又如我们开办的本科加研究生水平的课程,内容比较实用,再加上授课的大多为交大资深教师,所以这个班开办后,学员都反映收获很大。如 539

厂的学员有 20 多人住在嘉定，他们早晨天不亮就乘车赶来听课。因为培训内容符合受训人的需要，所以广受欢迎。据统计，我们的短训班搞了三年，共开了 55 期，听课的学员达到 4 088 人。

另外，我们还搞了个中层干部岗位培训班，从 1989 年到 1993 年共办了44 个班，培训 1 432 人次。因为我们的培训结合航天型号实际，很多总师也积极参与。当时我们有一个导弹是引进项目，时任上海航天局副局长靖叔平说，搞引进必须提高外语口语水平，于是我们又搞了个英语口语班，请了一位复旦大学外语系毕业的老教授来讲课。老先生的外语很好，授课水平非常高，受到学员们的热烈欢迎。

我们的系列化短训班在整个航天系统也是比较出名的，当时航空航天部教育司副司长张秀峰带队来我们航天职大调研考察，并在航空航天部召开的"航天继续工程教育经验交流大会"上表扬了上海航天职大的做法。他说："专家、教授一致认为上海航天职大的课程系列化是科技干部系统学习新理论、新技术的好形式，对于提高科技队伍理论水平、增强技术能力、完善知识结构都是十分必要的。他们就电子技术、机械设计、机械制造工艺和经营管理四个专业设置了 7～10 个专题，每个专题规定 30～60 学时及进行考试的做法，并作为科技人员聘任、晋升的主要依据之一，也值得推荐。"后来，部里还给了我一个关于继续工程教育的课题，我不仅自己写了好几篇总结性文章，而且还组织上海航天局教育系统的同志撰写了一系列专题文章，汇编成册后圆满结题。

上海航天的教育培训工作具有一定特色，走在了整个航天系统的前列。航空航天部教育司司长李志黎多次在有关会议上对上海航天职大具有特色的做法给予充分肯定。因此，我们的培训工作无论是在航空航天部，还是在国防科工委系统都获得好评，学校被评为航空航天部教育先进单位。据说，我写的总结性文章是得奖最多的。

回首往事，我时常想，做任何一件事情，首先要热爱，其次是全身心地投入。不驰于空想，不骛于虚声，脚踏实地，一以贯之。要有一种要么不做，要做就做最好的劲头。正因为我对教育工作全力以赴，一心一意扑在上面，所以才能做出成绩，并得到上级的高度肯定。

上海航天职大也出了些人才，如现任中央委员、商务部党组书记、部长王文涛曾任航天职大副校长。

肩负重任，撸起袖子干实事

1996年7月，上海航天局任命我为情报所（807所）所长。巧的是所党委书记王德鸿也是交大毕业的。我们还有许多相同之处，如两人都分配到福建，我在福建三明化工厂，他在福建汕尾船厂。一家单位党政一把手都是交大毕业生，这不仅在航天局，即使在整个航天系统也是绝无仅有的。

情报所摊子多，综合性强，主要为航天科研提供技术基础服务，主要业务有档案管理、情报翻译、信息化管理、标准化管理、专利管理、声像拍摄制作，以及《航天国防科技报告》《上海航天》《航天技术交流》报刊编辑等。

我到情报所上任碰到的第一件大事就是搬迁。原先情报所在虹口区保定路上，一幢老旧的楼里有3家单位，还有一个对外经营的招待所，既拥挤不堪，也不利于保密，更没有发展余地。于是局里对情报所进行调整，决定把它搬迁到位于桂林路的航天大院里，并将一幢4层楼和一个实习工厂划给情报所。我很快就组织人员设计装修，搞了半年多完成。整修后的整个办公区域都是透亮的大玻璃窗，铺了地砖、墙砖，显得漂亮大气。内部办公环境经装修后也显得整洁舒适。因此，搬迁后的情报所比起保定路老楼，形象和档次均大幅提升。

搬迁第一仗打得很漂亮，做到当年决策，当年施工，当年实现搬迁，速度之快，令人惊叹。时任上海航天局局长赞扬说："搬迁一个工程项目也没有你们这样快速，何况你们情报所是一个单位整体搬迁。"考虑到大多数职工上下班路途遥远，于是所里就买了一部班车，专门接送职工上下班，大大方便了职工。大家高兴地说："现在上下班比原来保定路那边还要快，四点半下班，5点钟就可以到菜场去买菜了。"

通过搬迁，不仅使整个所貌大有改变，而且职工的情绪顺畅，为情报所的发展打下了坚实基础。

随着航天事业的大发展，情报所整合以后叫上海航天技术基础研究所，2008年迁入航天新区后，发展更是如虎添翼。

航天要发展，技术基础标准很重要。标准就是技术法规，你必须按照它去做。首先，我们着手抓院标，搞通用标准和强制性标准，强制性标准必须无条件执行。重点型号在各型号"两总"系统（即型号行政指挥系统和型号设计师系统）领导下，开展了型号标准化工作。后来我们又搞了"三大规范"，即设计规范、试验规范、工艺规范。有了"三大规范"，型号研制、型号试验、型号制造等程序都要按照规范文件去做。出了问题，及时归零，然后把归零过程中的做法作为规范写进去。这样，技术基础的重要性凸显出来，以

柴庆澄在807所办公室留影（摄于2002年）

后就不会犯同样的错误。由于我在国防科技工业"三大规范"编制与实施试点中做出了成绩,受到国防科工委的表彰,被评为国防系统"三大规范"工作先进个人。

当时我还兼任上海航天局情报标准档案处处长、中国航天科技集团公司"神舟"飞船标准化领导小组成员,经常带队去各厂所检查标准执行情况,保证了标准的贯彻执行,确保了型号研制的顺利进行。

其次抓情报。情报很重要。当年搞神舟飞船,研制工作刚起步时,许多人根本不知道飞船是什么样子的,对于载人航天的概念也很模糊。于是,情报先行的重要性便发挥出来,我们从俄罗斯(苏联)的资料里翻译出很多专业材料,提供给科研人员,为他们雪中送炭。上海航天局805所研制的对接机构,是飞船和空间站交会对接的关键部件,技术要求和研制难度都相当大,当时国内这方面的资料几乎是一片空白。而就国际航天领域来说,俄罗斯的对接机构技术最为成熟。俄罗斯当时对这一技术也是保密的,技术引进的路子走不通,航天人决心自力更生掌握这一核心技术。于是,我们想尽一切办法收集资料,帮了805所的大忙。后来历时16年,上海航天终于搞出了对接机构,并应用于飞船与天宫以及后来的空间站交会对接,每一次都成功。目前,我们的对接机构研制技术比俄罗斯还要先进。因此,无论是飞船还是对接机构,我们情报所对载人航天工程的贡献是很大的。807所曾荣获中国载人航天第三次飞行试验贡献奖。

柴庆澄捐赠给母校上海交大的两枚航天纪念章

　　再次就是抓档案。在我任上,负责国家级档案考评工作,一年半内组织和促成了上海航天局16家科研事业单位的档案达标,档案达标工作推动上海航天局档案管理上了一个新台阶。有关档案的重要性,我可以举个例子。上海航天局下属的新江机器厂,当时效益不好,他们想利用地下水开发矿泉水产业,据说那里的水质很好。于是他们就拿着材料去有关部门报批。报批时人家问:"你凭什么说这里的水质好?"他们一时拿不出证据。后来就派人到我们情报所档案室来查,发现以前确实有一个关于那里的水质检测报告,符合矿泉水标准。他们如获至宝,赶紧把这个报告拿过去,人家马上就批了。要不然厂里自己去取水,再去化验,出检测报告,整个过程既烦琐,也未必能搞定。这就是档案资料所发挥的重要作用。

　　我兼任情报标准档案处处长时,在局里的大力支持下,经过上下共同努力,上海航天局档案馆建立起来了,为达到科技事业单位"国家一级"档案管理标准做出了贡献。因此,我被国家档案局评为先进个人。

1997年11月,柴庆澄(右二)在部档案工作会议上向中国航天工业总公司副总经理王礼恒(左一)汇报情况

最后是组建信息网络。当电子网络兴起后,出现了局域网。我们航天人对新兴事物比较敏感,航天部及时组织了一个卫星网络,通过卫星联网,实施资源共享。我们情报所积极争取,建立了中国工程技术上海信息网,促进了信息网络工作的开展。上海市经济和信息化委员会(简称"经信委")军工处得知这个情况后,由他们牵头,利用我们的卫星资源和信息网络优势,将主网放在航天局情报所,覆盖上海地区的军工单位,使得军工信息得到共享。在网络开通仪式上,来了许多上级和同行领导,非常热闹。

信息网络的作用非常大。比如我们的风云气象卫星在轨运行期间,以前卫星老总要通过电话跟西安测控站联系,询问卫星运转情况和有关参数,有时却叫不应。如今与卫星联网后,每天只要通过屏幕,各项数据一目了然,因而受到局有关业务部门和老总的欢迎。

还有声像工作,完成了各型号资料采集及专题片制作,完成了上海航天局每次大型活动录像资料积累及专题片的制作。《航天国防科技报告》《上海航天》《航天技术交流》等刊物的正常出版和发行,发挥了媒体的传播作用,扩大了情报所的影响。

在所的管理上,我加强行为规范建设,修订和完善了 90 项规章制度,编成《规章制度汇编》和《岗位规范》,并在全所进行宣贯。

此外,改革人事制度,强化管理机制,初步建立起上岗、下岗、试岗的动态管理和竞争机制。考核分配方面进行了两次较大的改革,职工收入逐年上升,大大调动了职工的积极性。针对房价上涨,所里采用购房货币补贴等形式,改善了三分之一职工的住房条件。

退休以后,我感觉身体健康,精力比较充沛,于是返聘上海市宇航学会,任学会顾问,利用自己掌握的航天知识及航天资源,在那里发挥余热。上海市宇航学会是上海航天的一个对外窗口,主要以宣传航天辉煌成就、弘扬航天精神、传播航天科技知识、举办航天学术交流活动、举办航展、开展航天科普活动为主,特别是加强对青少年的航天精神教育。作为专业学会,该学会在上海市有一定的影响力。

柴庆澄与母校采访人员合影(前排左起：柴庆澄、游本凤；后排左起：孙萍、崔延平)

多年来，在宇航学会的积极推动下，目前在上海发展了 40 多个航天特色学校，并且成立了航天特色学校校际联盟协会。于是我们就利用航天特色学校这一平台，经常到学校去开展航天科普讲座，以及火箭和航天飞行器模型制作比赛、太空育种等活动，在结合航天精神进行培根铸魂教育的同时，培养青少年热爱航天、制作航天模型的兴趣。有一次，我

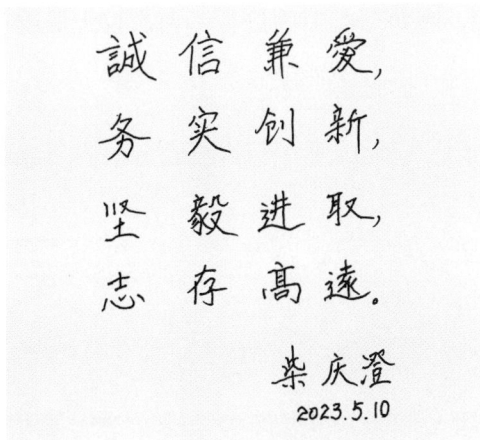

誠信兼愛，
务实创新，
坚毅进取，
志存高远。

柴庆澄
2023.5.10

柴庆澄为母校题词

带领一队青少年去宁波参加火箭模型比赛,获得好几个第一名,大家都很开心。学会还组织上海航天特色学校的学生与中国香港、新加坡等地青少年一起开展联谊活动,通过互学互动,增进了彼此的友谊。我在宇航学会的那几年,做了些有意义的事情,既发挥了余热,又充实了晚年生活,不失为人生一大乐事。

吴海中

吴海中，1954年3月生于上海，祖籍江苏江阴。研究员。1971年中学毕业后，分配至上海机电二局（上海航天局前身）下属新卫机器厂。1974年由单位推荐进入上海交通大学，就读于热加工系铸造工艺及设备专业，担任班长兼党支部书记。1977年毕业后回新卫机器厂，先后担任工段技术员、厂技术质量组组长、研究室党支部书记、副厂长、党委副书记兼纪委书记、厂工会主席。其间，新卫厂改制为809所，担任所党委书记。1998年调上海航天局工会，当选为局工会主席（正局级），并先后兼任上海航天工业总公司党委书记、民品企业董事长、局机关党委书记、局安全总监等。参加全国总工会第十三次至十六次代表大会，获全国五一劳动奖章、全国优秀工会工作者、上海市优秀工会工作者、国防工会依靠职工办企业优秀领导干部、上海市读书活动25周年优秀个人、中国航天科技集团公司"共青团之友"等荣誉称号。曾任市总工会委员和中国国防邮电工会常委。

在访谈中，吴海中对自己在交大三年的读书经历记忆犹新，心存感恩。他说："是交大培养了我，使我在专业知识上有很大提高，同时让我担任了班长和党支部书记，给了我一个从事思想政治工作的舞台，让我施展才华，并得到很好的锻炼。后来回到航天，我几乎一直从事党务和工会工作，而从事工会工作的时间最长，仅在局工会主席任上就干了整整16年，尽心尽力做好航天的群众工作，并做出了一定成绩，得到上级领导和广大群众的认可。可以说，我的出彩人生，与交大的培养密不可分。"

口述：吴海中

采访：游本凤、孙萍

时间：2024 年 2 月 20 日

地点：上海交通大学闵行校区文博楼

记录：游本凤

整理：游本凤、孙萍

交大为我搭建思政舞台

我 1954 年出生于上海，小学和中学都是在上海就读的。1971 年，我中学毕业后分配到上海机电二局下属上海新卫机器厂。新卫厂早先是上海新民机器厂的一个铸造车间，代号 203 车间。后来新民厂整厂搬迁到贵州遵义大三线，因为该车间承担的有色金属和黑色金属铸造业务是为全局服务的，所以该车间不能搬迁，故被保留了下来。

我进单位时，该车间已经变成独立的新卫厂。新卫厂地处中山公园附近，在机电二局属于小单位，只有 200 多人。进厂后我做的是铸造学徒工。1969 年，毛泽东同志提出共青团要重新成为全国青年的领导核心。从 1970 年开始，各地各单位陆续开展了整团建团工作。我进单位后由于工作努力，积极要求上进，成为新卫厂恢复团组织后第一批入团的团员。之后不久我便担任了厂团支部书记。那时新卫厂青年人也就 100 来人,团支部书记是不脱产的,我一边工作,一边搞团工作。1973 年 12 月,我加入了中国共产党。1974 年 9 月,我被单位推荐到上海交通大学热加工系铸造工艺及设备专业学习。进入大学深造,这对我来说是人生的一个重要转折点。

说起来我进交大与家庭有点关系,我父亲在上海解放前就来到上海工作,是普通工人出身的干部,文化程度不高,总希望自己的孩子将来能够读大学,多学点文化知识,为建设祖国出力。他有时到徐家汇路过交大,望着那大红大紫的校门,一直心生羡慕。所以得知我要到交大读书的消息后,非常高兴,全力支持。那时有个规定,工作不满 5 年的,不能带薪读书,而我的工龄未满 5 年,但父母表示给予我经济上资助,当然学校也发生活费。我到交大报到时,单位里敲锣打鼓把我送进交大校门,想想还是非常自豪的。

交大是 1973 年开始招收工农兵大学生的,我是第二届学员。像这样不通过高考、由单位推荐的招生方式,也是那个特殊年代的产物。我们这个班级是个大班,有 44 名同学,来自全国各地,有武汉的、云南的、重庆的、江苏的、安徽的、上海的,有部队当兵的,也有工厂的,还有上海和外地务农的知识青年。因为交大那时归六机部管,所以六机部下属单位推荐来交大的学员比较多。当时我们班级里有八九个同学是党员,还有相当一部分同学是共青团员,说明班级同学整体上是比较优秀的。

在交大读书期间,虽然仍处于“文化大革命”时期,但同学们还是非常努力的。教我们的老师也很认真,因为他们知道我们这批学生在“文化大革命”中没读过什么书,基础很差,所以他们在教学中既要做到因材施教,又要考虑因人施教。他们总是不厌其烦,循循善诱,一遍遍地讲解分析,直到我们弄懂为止。

那时我们的班主任是张增泰,他后来当了校实验室管理处处长,后来又当了交大工会主席;指导员是陈鑫木,他后来担任交大出版社党总支书记;数学老师叫王素芳。专业老师是吴学明等一批老教师,教外语的是杨老师。

我们的课程也是很多的,学的专业是铸造工艺,但涉及铸造设备和机械等知识,还有金相分析、材料力学、化学等课程。当时,教我们金相分析的老师是徐祖耀,后来被评为院士。

由于"文化大革命"的原因,原来的教学体制被打乱了,许多教材不能用,因此我们上课的教材大多是老师自己编写的。那时,同学们结合自己在单位里的实践,也参与了一些专业教材的编写工作,与老师一起商量探讨。大部分专业教材都是这样编写出来的。

我那时既是班长,又兼任班级里的党支部书记,有时候要参加一些会议,因此经常脱课。碰到这一情况,老师总是课后留下来帮我补课,同学之间也经常把上课笔记借给我。

那时提倡开门办学,就是鼓励同学们走向社会,与广大工农群众打成一片。而交大的教学方式历来比较注重实践,因此学生在学期间到工厂或农村参加实习,已成为交大的良好传统。因为我是从新卫厂出来的,对这个单位很熟,工段长就是我的师傅,所以单位对我们前来实习一路"开绿灯"。于是由老师带队,组织班级里的一部分同学带着课题到新卫厂去实习。实习时间约一个月。因为新卫厂的铸造产业有一定特色,与我们学习的专业相吻合。该厂生产的铸件有的是为航天产品配套的,有的是用在航天装备上,既有铝合金的,也有铸铁的,还有镁合金的,品种繁多,这样能够让同学们的实习内容更加丰富多样。在实习过程中,大家一边参与劳动实践,一边与工人师傅一起分析研究生产过程中出现的一些质量问题,并利用理论和书本知识来解决实际问题,提高了生产效率和产品质量,受到了工厂的欢迎。后来大家都认为到工厂去实习这一形式非常好,通过深入生产一线,老师和同学都见识了生产操作的全过程,学到了许多书本上没有的东西,而工厂也因师生们的实习从中得益,取得了"双赢"的效果。

读大学的三年中,每年暑假的两个月,我基本上都回到单位里去工作。因为我跟单位里师傅们的感情比较深厚,既帮助厂里工作,又用学到的知识与实践相结合。而且我回单位完全是义务劳动,没有一分钱工资。我认为,我是被新卫厂推荐上大学的,我的根就在新卫厂,我始终没有脱离过这个单位。

　　那时班级里同学之间的关系也很融洽,是一个团结友爱的集体。"不让一个同学掉队"是当时我们提出的口号。针对班级里同学文化程度参差不齐的现状,我们成立若干个小组,采取互帮互学的方式,让后进的同学能够赶上来。作为班级党支部书记,我首先想到的是,同学们都来自五湖四海,必须把大家凝聚起来,拧成一股绳;要针对不同的对象,用差异化的方法做好思想工作,以及从政治和生活等各方面关心每一个同学。那时我们班级里有八九个同学打了入党报告,都想在读书期间解决入党问题,希望毕业后回归社会能有一个更好的发展空间。这样的心情完全可以理解,但因为打入党报告的同学比较多,入党有一定的比例限制,不可能都入党,而且入党的要求还是很严格的。为此,我必须做好思想工作,经常与这些同学开展谈心活动,希望打报告的同学要做好两手准备。能够入党,自然是好事情,说明你在校的表现得到了党组织和同学们的认可,符合入党条件;没能入党,并不等于你表现不好,必须正确对待,保持一颗平常心。由于我把思想工作做到了同学们的心坎上,同学们没有产生什么情绪。又如有些同学身体不好,我要去关心他们,精神上给予安慰,生活上给予适当照顾。而每年寒假期间,总有一部分外地同学不回家探亲,大年三十,我就到学校与留校同学吃顿年夜饭,陪他们过上一个温馨的除夕。有一年我还请留在上海的同学到我家一起过春节,给远离家乡的学子以关爱和温暖。

　　与我同班的同学陈华新毕业后留校,后来做了上海交大档案馆馆长。2007年上海交大筹建钱学森图书馆时,需要搜集一些钱老的资料,于是我给他介绍了航天老专家施金苗,为建设钱馆提供一些帮助。

　　回过头来想一想,三年读书期间,是上海交大给我搭建了一个施展才华的舞台,让我得到很好的锻炼。这也是我最早从事党务工作和群众工作的具体实践,它为我今后做好党委书记和工会主席打下了良好的基础。

吴海中与母校采访人员合影（左起：张爱娣、张凯、吴海中、游本凤、孙萍）

在岗位转换中得到历练

那时国家对工农兵学员的分配原则是，从哪里来，回到哪里去。因为我来自航天系统，毕业后回原单位也顺理成章。当时中国航天正处于大发展时期，又是高科技单位，因而保送高校的名额比一般单位要多一些。当然航天系统也希望学员们学成之后回归原单位，为航天事业的发展贡献智慧和力量。

1977年，我毕业后回到新卫厂，在车间技术组从事工艺工作，一年后我就被选为厂党支部委员，提拔为厂里的技术质量组组长。没几年，新卫厂因环境污染等原因而转型，从铸造产业转变为研制电子设备的单位，而铸造部分搬迁到松江的新江机器厂。那时我已经担任了中层干部，单位领导希望我留下来，于是我就留在了转型后的新卫厂，先后担任研究室党支部书记、厂工会副主席、副厂长、党委副书记兼纪委书记、厂工会主席。1995年，新卫厂改制为809所，我担任所党委书记。

我在809所做党委书记期间，当选为长宁区人大代表。既然是人民代表，就必须为人民办事，不能徒有虚名。我在做人大代表时，一方面我要跟社区的选民经常接触，及时地把自身单位和区里开会的一些情况跟大家沟通，回答选民们提出的问题，尽自己的能力帮助解决或反馈有关问题。同时也利用人大代表的身份，在帮助单位留住人才方面做了一些工作。如通过我与区里的沟通，争取到长宁区给 809 所好几个上海户口的名额。要知道，那个时候要弄个上海户口是很难的，这为企业稳定人才队伍起到了一定作用。

我们单位附近有个建筑垃圾站，因长期疏于管理，灰尘满天，污染环境，不仅当地居民意见很大，而且严重影响到我们单位的工作。因为 809 所搞的是上天产品，对元器件洁净度要求很高。过去虽然向区有关部门多次反映，但因为种种原因，一直没有得到解决。自从我当了人大代表以后，就这一问题跟区里有关部门及领导多次沟通，并请他们到垃圾站现场察看，同时邀请他们参观我们 809 所的车间和产品。通过一系列的工作，长宁区领导感到，航天是高科技单位，产品涉及国防装备和国家安全，区里应该为航天做点实事。经过区里的一番努力，很快就把这个垃圾站迁走了。对此当地老百姓奔走相告，一致认为是人大代表做了一件大好事，从而成为美谈。另外，我还在单位职工子女入学、入幼、入托等方面，充分利用区里的资源和政策，通过沟通协商，尽量帮助解决，赢得了民心。当然，我们也帮助区里做了些实事，如将我们单位的"三产"公司挂靠在区里，以增加长宁区的税收。支持往

吴海中在办公室留影

往是互相的，"双赢"才是最好的结局。我所做的这些工作，也算从为民办实事、为政府排忧两方面，履行了人大代表的职责，做出了一些贡献。

我认为做党委书记不能高高在上，除了要关注所的党建工作和科研生产任务外，也不能摆架子，要放下身段，与职工打成一片。因此我在所里做党委书记期间，除了到外面开会，可以说每天我是所里最晚一个离开单位的。白天忙于公务事情多，晚上下班后，有了充分的时间，我喜欢跟职工沟通交流。只要我有空，谁来找我谈话都可以，谈学习，谈工作，谈困难，谈人与人之间的关系，甚至家长里短都行。这样职工就把我当知心人，不受拘束，敞开心扉谈。而通过这样的谈话，我可以掌握各方面的信息，以利于针对不同情况、不同对象，更好地开展工作。我们航天单位因为型号任务繁忙，相当一部分职工晚上或星期天仍在加班，这时我就深入车间或研究室，看望那些加班的职工，有时送上一份点心、一杯饮料，一下子就拉近了我与职工之间的距离，职工们也愿意把各方面的情况反映给我。而每年的高温季节，我必定深入一线看望职工，送上的不仅仅是一份清凉慰问品，更是企业党政班子及工会组织对职工的一片关爱。另外，每逢休息日或节假日，我还经常进行家访，在加深与职工及其家属情感沟通的同时，可以从另一个侧面了解到职工家庭的实际情况及他们的困难，这样能帮助我更好地做好思想工作。

正是在同志们的支持下，再加上我自身的努力，我在任809所党委书记期间，被评为上海航天局"十佳"优秀干部和中国国防系统优秀党委书记。

十六年践行"放心、满意"诺言

1998年初，由于党组织对我的培养和信任，我从809所党委书记任上被抽调到上海航天局担任局工会主席。这是一个市管干部的工作岗位，我一下子从所级领导跃升为局级领导。同时，我还兼任了上海航天工业总公司党委书记，以后又兼任局机关党委书记、局安全总监等，但主要还是以局工会主席所分管的工作为主，并在这一任上干了整整 16 年，参加过全国总工会第十三次至十六次代表大会，荣获全国五一劳动奖章、两次被评为全国优秀工会工作者。担任这么长时间的局工会主席，这在上海航天局历史上从未有过。在我任职期间，局工会贯彻全国总工会和市总工会各项要求，结合企业中心任务，有力地推进了科研生产任务的完成及各项工作的开展，不断开创工会工作新局面。

吴海中出席全国总工会第十五次代表大会

我认为，既然党组织选择我当工会主席，我就要竭尽全力把这项工作干好，做到让党组织放心，让职工群众满意。站在局工会这一层面，要有政治意识和大局意识，既要考虑企业的利益，善于把党的要求和职工的愿望相统一，但也要考虑到工会是代表职工的组织，要维护职工的正当权益，为职工办实事，让职工得实惠。而如何把两者的关系结合得更好，考验的是我们的工作能力和工作水平。而重要的是，工会必须紧紧依靠工人阶级，尊重职工的主人翁地位，充分发挥工会这一群众组织的作用，调动好广大职工的积极性，发挥好他们的聪明才智，为完成繁重的航天科研生产任务而共同奋斗。

我们上海航天是个综合性很强的系统，所承担的国家任务有卫星、火箭、导弹、飞船、空间站以及各类太空飞行器,如月球车、火星探测器等的研发生产,是中国航天科技集团公司三大总体院之一,在整个航天领域具有举足轻重的地位。另外,我们还把军品技术引用到民用产业上来,开发了不少民用产品,如太阳能产业、新能源电池、燃气输送管理站、汽配产品等,为推动国民经济的发展也做出了重要贡献。要完成这么多的型号和民品任务,除了党组织的正确领导、行政的科学管理,还需要发挥工会组织的桥梁作用,要通过工会这一群众性组织把党政的意图贯彻到职工当中,同时也要积极地反映广大职工的呼声,做到上情下达、下情上传,形成一个良性的循环,营造同心同德的和谐氛围。

我在局工会主席任上,上海航天的班组工程建设取得了显著成绩,在全国工会系统享有很高的知名度。上海航天局共有 2 万多干部职工、1 000 多个班组。如何抓好班组工程,作为工会的带头人,我在这方面下了不少功夫。上海航天的班组工程起步于 2000 年。那一年,上海航天有些军品型号研制工作非常不顺,影响了进度和信誉,局面十分被动。经过调查,发现人为因素占了较高的比例。因此,质量问题具体反映在产品上或管理上,但根子和源头在班组。为此,上海航天局党政领导深刻认识到,万丈高楼平地起,企业基础在班组,一定要紧紧抓住班组这一质量管理的基础。那年,上海航天局决定在所有军品单位开展质量信得过班组达标活动,并在上海市委党校大礼堂召开以班组长为主体的千人大会,进行动员和部署。于是,班组工程轰轰烈烈地开展起来,党政工齐抓共管,媒体舆论配合进行大张旗鼓的宣传,使得这一活动深入人心、家喻户晓。在这期间,我们还抓了班组长的培训,制定了规范和评选标准,汇编了班组创建知识 100 问等,尤其强调注重全过程、全员争创。

实践证明,班组管理抓与不抓确实大不一样,广大组员的争创热情和积极性充分调动了起来,大家为型号产品质量上台阶、为班组管理上水平、为型号飞行试验成功而争先创优,使得质量意识、质量管理、严慎细实的作风均得到增强。

　　三年的质量信得过班组达标活动效果和成绩十分明显，各型号产品几乎发发成功，没有一次失利。那些不顺利的型号产品也找到了困扰原因，采取了有力措施，靶试验证获得成功。

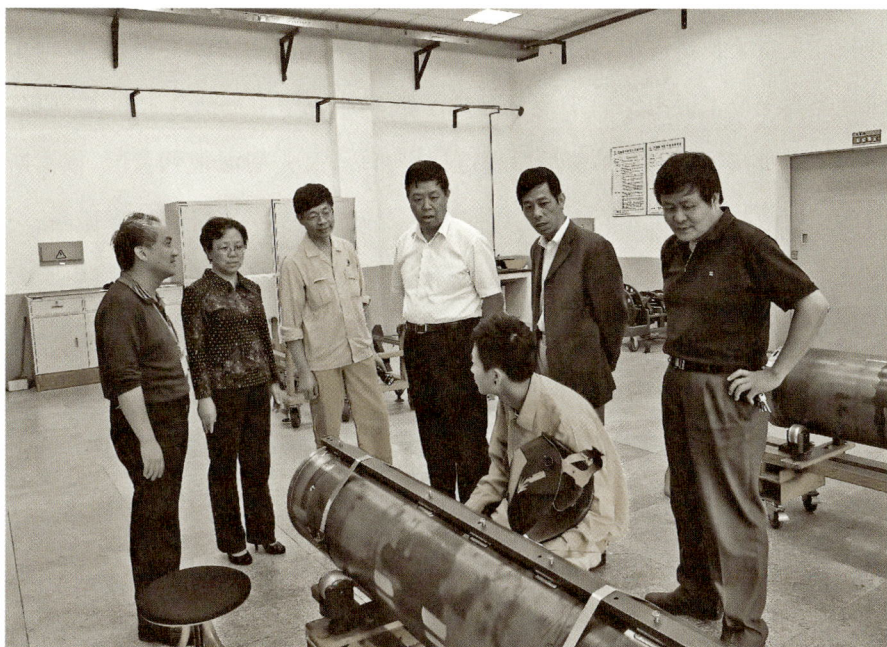

吴海中(左四)看望劳动技能竞赛中的选手

　　其间，我们把班组工程扩大到民品单位，在全局军民两条线上全面推进班组工程建设。我们还提出了班组的"十好"争创标准和班组长的"八好"标准。为强化这两个标准的宣贯，我们花了近两年时间，办了十多期培训班，对全局1 400多位班组长全部集中轮训了一遍，通过考核，发给培训合格证书，要求班组长做到持证上岗。在年底通过检查考核后，又通过严格的评审产生金、银、铜牌班组。在树立典型方面，我们命名了唐建平班组，并将该班组确立为全局的标杆班组，用榜样的力量进一步推动班组工程建设。

　　提到唐建平，作为航天局的模范班组长，确实名不虚传。唐建平1979年顶替父亲从常熟农村走进新江机器厂(800所)，当时的文化程度只有小学毕业。但他并没有自卑，而是暗下决心，一定要好好学技术，不给父亲丢脸。于是，他干一行、爱一行、专一行。白天他跟着师傅学习铣床加工技术，苦练基本功，晚上进入文化补习班学习，积极参加所里的技术培训班，还自费订阅《机械工人》《机械工业自动化》等杂志。天道酬勤。经过三年多努力，他在技能上有了长足进步，在所里举办的几次技术比武中连年夺冠，并取得了机械类高级技工证书。后来他又参加了数控加工中心高级工技能培训班，取得了高级技师证书。单位里发现这棵好苗后，又先后派他到英国、俄罗斯等国学习数控加工技术，使他在数控加工领域如鱼得水，技能日臻提高，不仅能加工一些高难度、高精度零件，而且还完成多项攻关课题，使得生产效率提高好几倍，成为这方面的行家里手。他还急企业所急，利用自己的高超技术，修复了一台美国进口的卧式加工中心，不仅为企业节约了数千元美金，更重要的是赢得了完成任务的时间。另外，他还先后在国家重要刊物上发表了十多篇技术论文，申请了多项国家知识产权专利，并获得全国技术能手、中国高技能人才楷模等荣誉称号。

对这样一位具有良好素质的技能复合型人才、特级技师，我们不仅重点培养他个人，更在培养以他命名的班组上下功夫。唐建平果然不负众望，带领班组不断创造佳绩。后来，我们派人到他们班组蹲点进行调研，写出总结报告，然后把这个班组的管理经验在全局推广，并请唐建平上台发言，介绍班组管理经验。经过多年培养，唐建平班组终于脱颖而出，成为上海航天局班组工程建设的典型。

2004 年 7 月 28 日，胡锦涛总书记视察上海航天时，唐建平得到胡总书记的接见。胡总书记亲切地对他说："搞航天尖端产品，不仅需要一流的设计人员，而且需要一流的技术工人。"总书记的话是对高技能人才的充分肯定，让他感到极大的鼓舞和鞭策。

更让人钦佩的是，唐建平虽然获得了许多荣誉，声名远扬，但他非常低调，从不炫耀自己。他的一句口头禅就是："作为工人，就应该好好干活！"

唐建平班组在创建中不断成长，取得了可喜成绩，并获得上海市劳模集体、全国学习型标兵班组等荣誉称号和全国五一劳动奖状。而我作为局工会主席，经常深入该班组，或参加他们的工作会议，或与班组成员促膝谈心，对他们取得的成绩给予鼓励，并且提出戒骄戒躁、永不满足、自我加压、不断创新的要求。另外，我还连续11年的大年初一，受局党政领导委托，与他们所领导和局工会同志专程到他家乡常熟，向他的家属汇报唐建平所取得的成绩及其对航天的贡献，让家属也有满满的荣誉感和幸福感，为家庭成员中有这么一个全国劳模而感到骄傲。

在成功培育唐建平班组的基础上，我们又创建了科技类班组的典型——811所的汤卫平班组。汤卫平博士有着长达20年的海外留学、工作经历。他在国外的事业发展很顺利，工资待遇也十分优厚。但他深知梁园虽好，终非久留之地，于是毅然回到祖国，用自己的知识和才华报效祖国、奉献航天。

汤卫平长期致力于新能源储能领域的研究和开发。进入811所后，他带领团队紧紧围绕锂离子电池在空间和新能源领域的应用开拓，突破多项关键技术，在多个领域达到国内先进水平。汤卫平班组有博士18人、硕士20人，35岁以下人员占大多数，该团队已经成为国内锂离子电池领域的一流团队。作为班组长，汤卫平注重班组核心文化体系建设，结合技术创新和业务特点，打造特色"锂"文化，将先进的理念内化于心，带领团队先后荣获第三届上海市职工科技创新优秀团队、上海市五一劳动奖状等多项集体荣誉；他本人荣获第四届上海市职工科技创新标兵、上海市劳动模范等荣誉称号。中国航天科技集团公司将该班组树立为集团公司"金牌班组"和"六好班组"。

当然，班组工程也不能一成不变。在三年班组质量达标的基础上，我们又开展了和谐班组创建活动，与当时党中央提出的构建和谐社会同步。接下来我们又开展了精细化管理班组创建活动，围绕集团公司提出的"三高"要求，进一步提升班组的管理水平、质量意识，强化团队素质和作风建设。

　　总之，上海航天局的班组建设历时 20 年，持之以恒，久久为功。上海市总工会授予上海航天为上海市班组建设示范基地，这也是一个了不起的成绩。上海航天的班组建设工程，无论在上海还是在集团公司，甚至在全国总工会，都是一块响当当的品牌。

　　另外，在厂务公开、民主管理方面，过去职代会只是在每个独立核算单位召开，而在局层面却没有。当然上级也没有这方面的硬性要求。2005 年，我们搞了一个在局层面建立职代会的提案，得到局党委和行政部门的大力支持。就这样，局职代会每年定于 7 月中旬召开，由局长做报告，同时按照"两会"形式，报告人必须站着做报告，向在座的各单位党政领导和工会主席及职工代表汇报全局的各方面工作。由于上海航天的型号发射多集中在下半年，局长也利用职代会做报告的机会，结合任务进行动员和部署。以后，局职代会作为一项制度被固定下来。记得时任局长在局职代会上提出要在 5 年内让职工的工资翻一番，此举让与会者群情激奋。既然局长提出这个目标，各单位就要想方设法兑现，不能开"空头支票"。于是我就盯着基层工会主席，要为兑现局长的承诺多做工作，取信于民。确实，由于水涨船高，社会的物价水准也在不断上升，无疑增大了广大职工的生活压力。作为工会组织，要竭力维护职工的正当权益，理直气壮地为职工谋福利。我们还通过签订集体合同、集体协商协议机制来解决这些问题。最后通过大家的共同努力，终于实现了这一目标。还有职工代表提案制、巡视制、评估制、述职制等一系列制度，也是在我的任上把它一一固化下来。正因为这些较好的做法产生了良好效果，使上海航天局获得了全国和上海市厂务公开民主管理先进单位，并有 8 家企业获得"上海市职工最满意企业"的殊荣。

　　在任十六年，总感到工会工作千头万绪，几乎每样工作都涉及职工群众，只有把广大职工群众发动起来，把他们的积极性充分调动起来，才能搞好工会工作。如我们大力推进读书活动，提出"三化、三抓"立体推进工作法，建立了持续至今的上海航天职工读书节，为涌现全国各级工人先锋号、学习型班组和团队做出了积极贡献。我们大力推进以合理化建议、"五小"

吴海中(左)走访上海航天局下属民品企业上海飞奥燃气设备有限公司

活动为基本形式的职工技术创新活动,使得上海航天局获得上海市职工技术创新基地、创新团队、创新标兵等一系列荣誉,形成了一批创新典型。

我们还开展了技术比武、技术革新、小改小革合理化建议、QC"芳草杯"等活动,促进了产品质量的提高和科研生产任务的完成。工会作为群众性组织,为了让大家身心愉悦,构建和谐航天,我们还举行大型运动会、大型歌咏会,广大职工踊跃参与,场面十分热闹。为了稳定年轻人,鼓励他们立足航天、建功航天,我们还举行"天赐良缘"集体婚礼活动,局领导出席,并担任证婚人,上海电视台等各大媒体都派出记者进行宣传报道,扩大了航天的影响,营造了良好的舆论氛围。

总而言之,既然上级领导信任我,让我担任了局工会主席,我就必须全力以赴做好这份工作,不辜负领导的期望,也不让广大职工群众失望。我的工作格言是"让党放心,让职工满意",要以坚定的政治立场、高度的政治责任,善于把党的要求和职工的愿望有机结合起来,同时要做到作风踏实,深入基层,注重实际,不断创新,让工会成为一个有凝聚力和号召力、得到广大职工充分信赖的群众组织。当然我的能力有限,有些工作未必到位,但十六年来我做到了问心无愧,对得起党组织对我的培养,对得起各级工会组织对我工作的大力支持,也对得起广大职工群众对我的期盼和信任。我常说,如果叫我重新选择,我一定会选择工会工作。因为我对工会工作的感情笃厚,我已深深地爱上了这份工作。

吴海中(左三)参加上海航天局职工统筹体检工作季度协调会

在40多年的工作中,我曾多次进试验基地参加航天型号发射工作,从早期的试验队员到后期担任试验队临时党委书记,有很深的感触,也永远难忘与试验队员们一起奋斗的日子。尤其是作为神舟三号试验队临时党委书记,我带领政工组开展党建在一线的活动,组织临时党支部过组织生活,谈试验任务的重要性,激发大家保障成功的信心,立志为试验任务奋斗拼搏,当先锋,当模范,并关心试验队中的入党积极分子,为他们建档案,定期与他们谈心,为他们写鉴定意见,为形成一支骨干力量而努力工作。同时还与试验队行政领导一起,组织试验队质量小组等开展质量达标班组创建活动,积累了一定的经验,为后续制定试验队班组建设管理标准提供符合实际的样板。另外,我还在试验队员中开展读书活动,鼓励队员们利用工作之余学习有关航天前辈的先进事迹并组织开展座谈讨论,既为企业文化扩展到试验队创造了示范,助力推动试验队员航天核心价值观的树立,提高了他们的职业道德水平,又活跃了试验队员们的业余生活,使他们始终保持高昂的情绪,保证发射试验任务的顺利进行。

我于 2014 年办理了退休手续。退休后,被上海航天局聘用了五年,继续帮助上海航天局干一些实事。2019 年,我 65 岁,正式回归家庭。但我感到我的身体状况还可以,仍然可以发挥点余热。根据中央有关文件精神,上海市总工会要求劳模关心下一代,让他们健康成长。于是我参与了劳模协会的一些工作,组织开展航天劳模导师团进学校宣讲活动,加强对青年学生的教育。劳模们奔赴有关学校讲述航天人如何发扬航天精神,攻坚克难,取得一个个航天型号发射成功的精彩故事,受到了学生们的热烈欢迎。如我们请全国劳模唐建平给职业学校的学子讲了一课。唐建平以他成长的经历现身说法,说明普通工人只要不自卑、不泄气,通过自身努力,奋发励志,也能够成才,在各行各业大显身手。而现在国家政策逐步向技术工人倾斜,做技术工人并不低贱,事在人为,三百六十行,行行出状元。

另外,我还兼任上海市工匠评审专家组成员、上海职工互助保障专家组成员、上海产业工人队伍建设调研课题组顾问、长宁区党建联谊会常务理事等一些社会职务,并很乐意参与这类社会活动。我觉得,退休后在身体可行的情况下,做点适合自己的事情,既充实,也很有意义。总之,是党组织培养了我,我就应该为航天、为社会发展做出应有的贡献。

吴海中与母校采访人员在上海交大校史博物馆前留影(左起:游本凤、吴海中、张爱娣、孙萍)

张建浩

　　张建浩，1954年3月生于上海，祖籍江苏江阴。航天工艺专家，研究员。1971年中学毕业后，分配至上海机电二局（上海航天局前身）下属上海新新机器厂，从事焊接工作。1974年由单位推荐进入上海交通大学，就读于热加工系焊接工艺及设备专业，在读期间担任系学生会委员。1977年毕业后，先后在新新机器厂、新力机器厂技术科当焊接工艺员。1984年调入上海航天局技术处，从事技术管理工作。1993年赴俄罗斯萨马拉航空大学飞行器结构与制造专业学习，1994年底回国。历任上海航天局质量技术处副处长、局副总工艺师，被中国航天科技集团公司聘为第三届工艺专家组成员。2008年任上海航天局总工艺师兼质量技术保障部副部长，主管全院工艺工作。2009年调任上海航天局803所副所长（正所级）。2014年退休。1986年获航天工业部科技成果奖二等奖，1985年、1989年两次荣立上海航天局三等功，1998年被评为院部先进工作者，1998年、1999年两次获上海航天奖，2006年获中国航天基金奖。

　　在访谈中，张建浩感到自己在交大的三年求学经历受益匪浅。他认为，学和不学大不一样，是一个质的飞跃，使得专业和理论双双得到提高。交大的培养成为他人生的一个转折点，使他从一个普通的焊接工人转变为技术人员，并成长为担任一定职务的领导干部，从而在工艺领域为航天事业的发展做出了贡献。

航天情怀 星辰大海

口述：张建浩

采访：游本凤、孙萍

时间：2024 年 4 月 2 日

地点：上海交通大学闵行校区文博楼

记录：游本凤

整理：游本凤、孙萍

庆幸做出人生的正确选择

我 1954 年 3 月出生于上海，我的祖籍江苏江阴。我父亲在新中国成立前是地下党员，后属于 17 级干部。父亲平时工作很忙，经常不在家。而我母亲是纺织厂"三班倒"挡车工，照顾不了我。所以我一出生就被送到老家江阴乡下，由爷爷、奶奶带大。到了上幼儿园的年龄，我才回到上海。我小学在广东路一所民办小学就读，中学在上海延东中学就读，三年初中毕业即分配工作。

1971 年，我中学毕业后就直接分到了上海机电二局下属的新新机器厂。我之所以能分到新新厂，与我的家庭有关系。因为新新厂是个制造航天产品的保密单位，而那个年代强调家庭出身，我父亲既是党员干部，又是上海市知识青年慰问团成员，我属于根红苗正的后代，分到新新厂也就不足为奇。那年和我一起分到新新厂的共有 60 多人,家庭出身都是比较过硬的。

进厂后,我被安排到 30 号车间。该车间是新新厂的核心部门,是做导弹发动机的。我先从焊接学徒工做起,经过三年焊接学徒实践以及师傅的悉心指导,我学到了不少东西,比如电焊、气焊、切割、点焊、钎焊和氩弧焊等。等到我快要满师时,也许我的表现比较好,厂里决定推荐我到上海交通大学读书,那时叫工农兵大学生。当时社会上的读书氛围不怎么浓厚,"文化大革命"中的"读书无用论"仍在作祟,所以我对是否要去上海交大读书很犹豫。但师傅极力鼓励我去读书,认为年轻人要把眼光放远点,多学点知识以后肯定会有用。师傅的鼓励对我是一个很大的触动,让我下定决心去上海交大读书。后来想想,我选择去上海交大是非常正确的,读书改变了我的人生。

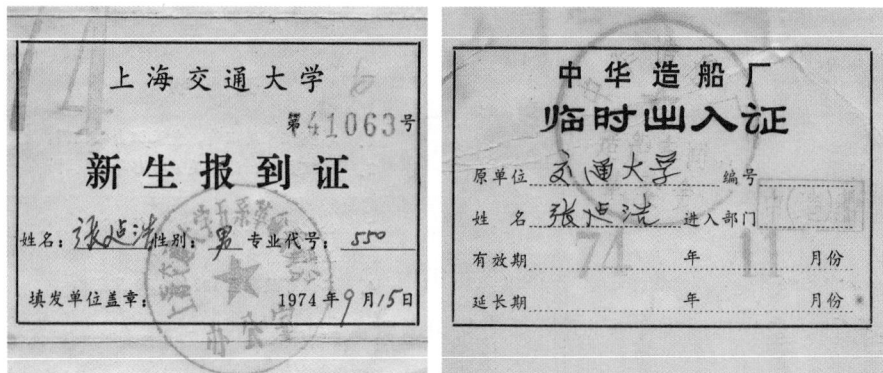

张建浩捐赠给母校的上海交通大学新生报到证、中华造船厂实习出入证

我在上海交大读的是热加工系焊接工艺及设备专业,该系还有锻造、热处理、压力加工等专业。由于读书前我做过焊接工作,应该说专业十分对口,好比如鱼得水。例如,在读期间我们到工厂去实习,电焊之类本来就是我所熟悉的工作,一上手就能干,这让班级里的许多同学非常羡慕。有些同学在学专业之前根本不知道焊接是个什么东西,更不要说握焊枪操作了。在这些同学面前,我的优势十分明显。

1974年，热加工系焊接工艺及设备专业（550专业）学生在中华造船厂实习留影（后排右一为张建浩）

　　总的来说，当时我学专业课觉得很轻松，但学基础课比较累。因为我们这一届工农兵大学生经历了"文化大革命"的特殊年代，在校读书少，基础比较差，很多基础知识必须一下子补上，学习任务很繁重。

　　进入上海交大后，我们住在徐汇校区第一宿舍，6个人1个房间。第一宿舍位于学校中心部位，无论去上课或去图书馆，还是去食堂，都很方便。我们班级有20多个人，上基础课时在新上院。当时基础课还是比较多的，有高等数学、化学、外语和机械制图等。记得当时教我们英语课的老师叫高尔安，是一位很风趣的老师，他有一套独特的教学方法，能够把枯燥的英语教得很活，引起了同学们的兴趣，同时也记住了英语单词。但高等数学还是蛮难的，同学们在中学里一般数学都没学好，更何谈高等数学。但为了不给单位和自己丢脸，那时大家都很努力。

　　专业课老师有徐祖耀（后来被评为院士），他给我们讲的是金属学课程。他的教学风格是启发式的，循循善诱。比如他讲金相学，对于金属加热过程中的曲线变化，加热到怎样的温度，金相会出现什么样的变化，他从金相图变化的角度去讲,采用由浅入深引导式的教学方法,这对我们这批基础较差的工农兵学员来说容易记住。因此,我对徐祖耀老师上的课印象很深。

当时教我们专业的还有姜焕中老师、何德孚老师等,班主任是姚舜。这些老师为了教好我们,也很努力。如姜焕中老师是调干生,即从工厂里调过来的。他必须自己充足"电",才能给我们上课。何德孚老师的专业能力很强。姚舜是前两届留校的交大毕业生,当我们的班主任也是尽心尽责。

应该说,这些专业课的学习对我的帮助很大,我理论知识的提升也很快。例如焊接时熔池的温度要达到 2 000 多度,就像一个小铸造炉,熔池里的液体随着熔池的不断移动冷却形成鱼鳞斑焊缝。熔态金属有哪些变化?焊缝中的鱼鳞斑纹是怎样形成的? 而好的鱼鳞斑纹焊缝是连成一体的,中间没有任何气泡或夹渣。专业课上老师将金属在整个焊接过程中的变化原理讲得很清楚。如果不到大学里学习,就不可能掌握这些知识。

上海交通大学热加工系 1977 届 55041 班毕业留念(第二排左五为张建浩)

在上海交大期间,不仅有基础课教学和专业课教学,我们还要到工厂里去实习。对于学员们来说,这也是一个很好的学习过程。如学校组织我们到中华造船厂去实习,到化工行业的新建机器厂去实习。因为我在新新厂是搞发动机焊接的,焊接的产品都是高温合金,如不锈钢、耐高温合金等,都属于特种材料。通过这两家厂的实习,知道船厂里的焊接材料是碳素钢,化工行业的材料是铝合金,我学到了焊接行业里的各种学问,对今后的工作具有借鉴作用。另外,我们还要学习焊接设备的原理和电路,因为工厂里的焊接设备坏了需要修理,这方面的技术也需要掌握。教我们设备电路的,就是何德孚老师。他对各种焊接设备的电路都很熟,对设备的原理和维修都非常精通。他带领我们到工厂去实习,先要做一遍示范给我们看,然后再让我们上手操作。对不会操作的同学,他手把手地教,对动作不规范的同学进行指导和纠正。何老师的授课及实践教学也让我学到了不少东西。

总之,对我来说,在上海交大三年,学和不学大不一样,是一个质的飞跃,专业和理论双双得到提高。所以,上海交大的学习是我人生的转折点。

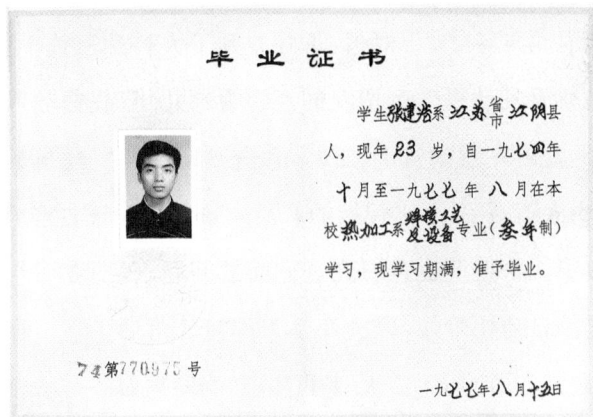

张建浩的上海交大毕业证书

但"文化大革命"结束后,社会上认为工农兵大学生没像样地读过书,学历不过硬,于是教育部发文要求工农兵大学生重新"回炉"。1981年2月至1982年4月,上海航天局设了几个点,把所有工农兵大学生集中起来,实施全脱产补课。由于毕业后又工作了几年,书本早就扔了,再加上不像在校住读时精力那么集中,那时晚上回到家,家中房子小,复习功课的环境也很差,因此补课一年,我感到压力很大,也很痛苦。就这样,我把大学里的基础课又学了一遍,等于又上了一次大学。经过一番努力,终于获得结业证书。这是后话。

注重与高校的密切合作

1977年我从上海交大毕业。根据工农兵大学生哪里来回到哪里去的分配原则,毕业后我回到了新新厂。回新新厂后一个最大的变化是,我的身份不再是车间焊接工人,而变成了技术干部。我回厂后被分配到技术科,从事技术工作。

那时强调技术人员要与工人打成一片,所以我经常到车间里去协调一些工作,有时还去车间参加劳动。那时新新厂已经生产火箭大发动机了,为风暴一号运载火箭配套。1977年9月的一天,有一次我到焊接小组去,焊接师傅正在焊接涡轮泵转子,巧得很,正好看到了大科学家钱学森,他是来新新厂车间实地察看发动机生产情况的。因为那几年,我们的风暴火箭老是出现故障,问题就出在发动机上。钱学森看到新新厂发动机的焊接还采用手工方式,认为太落后了,手工焊接的产品质量难以保证。当时国外早就采用自动化焊接了。新新厂也意识到这方面的问题,我毕业后组长交给我的一项任务就是搞自动化焊接,以改变手工焊接的落后工艺。那天我在车间里,正是在协调这方面的事项。后来我知道,当时风暴一号火箭还承担了我们国家地地导弹再入飞行试验任务,该项目就是由钱学森抓总指挥的,这也是他要来新新厂视察的主要原因。那天只见钱学森穿着军装(时任国防科委副主任),轻车简从,没有前呼后拥,旁边只有一个秘书陪同。之前我并不知道他是钱学森,等他走了以后,旁边的人告诉我,你真有眼福呀,刚才来的大人物是钱学森。所以我对这一场景印象很深。

回新新厂一年后,1978年7月,根据工作需要,我又被调到上海新力机器厂技术科担任焊接工艺员。为什么要调我到新力厂? 因为新力厂前身是第六机床厂,是一家民用机床生产单位,后来因研制生产导弹发动机的需要,划归上海机电二局,主要为红旗四号和红旗六十一号导弹配套。刚划归航天系统时,固体发动机对该厂来说几乎是一片空白,他们缺乏这方面的专业人才,所以必须抽调大量的专业人员,充实和加强该厂的技术力量。

到了新力厂,我帮他们筹建一个焊接生产车间,即四车间。一切都是白手起家。新力厂生产的固体发动机,其材料用的是超高强度钢,与液体发动机材料不一样。超高强度钢里面的含碳量比较高,因为这种发动机的壳体里面要装固体燃料,其材料必须承受一定的压力,因此焊接环境、焊接方法和我过去在新新厂搞的液体发动机又不一样。当时我负责发动机壳体的焊接工艺编制,壳体的材料很薄,只有1点几毫米厚,一不小心就烧穿。因为它是高强度钢,焊接时还要进行预热,既要焊透又不能有气孔和裂缝,这样才能符合焊接标准。所以工装设计、预热装置和环境控制等工作都要搞好。在搞红旗六十一号发动机封头焊接时,封头的搭接焊缝熔深设计要求必须控制在15%,背面不能焊透。而这一要求手工焊接很难控制。针对这一难题,我们设计了焊接传动设备和工装,并请上海交大的何德孚老师与我们协同攻关。在何德孚老师的帮助下,我们搞了一个焊缝熔深的自适应控制设备,即在焊缝的背面安装一个传感器,根据焊缝的亮度来控制操作的电流,使得整条焊缝的熔深控制达到一致。通过几年的攻关和实践,证明这一技术攻关项目是成功的,所以我对何德孚老师帮助我们航天开展技术攻关深表感谢。该项目后来获得了航天工业部科技成果奖二等奖,我作为课题主要研究者,排名第二。

在上海交大读书对我帮助最大的是,碰到难题首先想到寻求高校老师的帮助和合作。这在过去当工人时,不可能产生这样的想法。又如在搞红旗四号发动机壳体生产时,我们与哈工大焊接专业的钟国柱老师合作,在他的帮助下,我们一起开展超高强度钢焊接的研究,并突破一些难题。总之,在企业与高校的横向合作中,我们充分利用高校的师资力量,帮助企业解决了诸多工艺技术方面的难题,这也是产学研的组成部分。

后来,红旗四号因为各方面的原因被迫下马,而红旗六十一号最后成功定型,并投入批量生产。应该说,我们当时的技术攻关为该型号的设计定型做出了一定贡献。

在管理岗位上显身手

1984年,我调到上海航天局(又名上海航天技术研究院,简称"八院")技术处工作,也就是从那时起,我真正走上了技术管理岗位。在局里工作时,印象最深的就是抓长征四号运载火箭贮箱的焊接质量。长四是一个新型火箭,对上海航天来说,是一个来之不易的大型号。而那时火箭生产单位的焊接质量却上不去,因为那时都是手工焊,质量难以控制。局长来到我们技术处,希望技术处的同志到生产单位去蹲点,一起帮助解决焊接质量问题。新江厂是生产火箭贮箱的单位,大量的焊接工作都在该厂。于是技术处就派我去新江厂。

新江厂地处松江郊区,交通很不方便。我去那里先要坐长途汽车到松江城里,接着再坐一部郊区公交车,单程就要半天时间。为解决焊接质量问题,我在那里待了一个多月。火箭的铝合金贮箱直径有3米多,体积很大,全部是手工焊,老师傅们轮流焊,一天也焊不了多少,因此焊接师傅也很辛苦。在操作现场,我发现铝合金贮箱氩弧焊往往在焊缝收弧和补焊的地方出现重复加热,也就是过烧现象,从而留下一个质量隐患点。因为贮箱加工完成后,按照设计的质量检验要求,必须实施1.3倍压力试验,而有焊缝质量隐患点的贮箱,一经打压,往往还不到1倍的压力,就会产生低压爆破,其爆破点就在焊缝收弧或补焊的过烧点。

我是代表局里去协调解决这一技术问题的,因此在分析会上,我利用从上海交大学来的知识,认为从铝合金焊接材料氩弧焊焊接的角度来说,一定要控制好焊接过程中的氩气保护,不能产生气孔和夹渣,控制好热输入量,保持热输入的一致性和稳定性。而要达到这两点,只有搞自动化焊接,才能提高焊接质量,并彻底解决这个问题。因为手工焊人为因素太多,质量不易控制。新江厂领导也意识到自动焊接的重要性,下决心搞自动化焊接。为此,该厂联系了上海交大焊接专业的齐志扬老师,他是教焊接设备的,对焊接自动化有很深的造诣。于是新江厂在齐志扬老师的指导下,开始搞自动焊接设备,逐步取得一些成果。但当时搞新项目要自筹资金,企业经费也不多,只能小打小闹。不过,那时我们的火箭产量有限,两三年才做一发,不像现在家大业大,所有焊接过程及焊缝检测和生产过程都基本实现了自动化生产,一年要生产四五十发火箭的贮箱。

由于我是焊接工人出身,又在上海交大学过焊接专业,在理论和实践上都有较为扎实的基础,因此我经常与该厂的设计师、工人师傅一起探讨焊接工艺。当时我跟他们提出,由于贮箱筒段很长,因此在多筒段拼接时焊缝一定要交叉,不能形成一条直线的焊缝,一条线的焊缝容易出问题。我的这个观点后来被设计师所采纳。还有就是焊前的预先处理工作,因为铝合金和空气接触以后表面有一层氧化皮,氧化皮很硬,如果不处理掉,焊接时就会产生气孔,导致超标。因此必须加强焊前的处理工作,这一环节至关重要。检验时,对每一段焊缝都要拍 X 光片,然后通过读片查看焊缝中有没有气孔,是不是超标。如果超标了,就必须把它挖掉重新补焊。但补焊又容易出现过烧现象,所以最好一次成功,因为补焊过的产品难以通过压力试验关。

为了开展新工艺研究,推动技术革新,我还要在各个场合宣传新项目,有时候还得苦口婆心地做说服工作,目的就是为了多争取些经费,推动技术革新的开展。那时我们向部里去争取经费也是很难的。从大环境来说,那些年部里经费也不多,尤其是工艺属于基础技术,往往不太被重视,确实需要去游说,去打动人家,才能争取到经费。比如通过我们的努力,红旗六十一号的工艺项目就争取到了几万块钱,从而推动了技术革新的开展。

张建浩与母校采访人员合影（左起：孙萍、张建浩、游本凤）

难忘俄罗斯的学习时光

1992年，对中国航天来说具有划时代意义，因为我国的载人航天工程（代号"921工程"）上马。正因为载人航天工程的启动，我赶上了历史机遇，得到了一个到俄罗斯去培训的机会，时间为一年半。确实，人生能有这一机遇不容易，俄罗斯的这段学习经历给我留下了深刻记忆。

当时中国航天工业总公司要求每个院派2人，年龄在35岁以下。而我已经39岁，院里也只派了我1个人去，说明院里对工艺工作的重视，也是对我的培养。

去俄罗斯前，必须集中培训，首先是学习俄语。1992年12月，我到哈工大去培训了一个月，接着又到天津市职工现代企业管理学院去培训了半年，两次培训都是学俄语，突破语言关。原定共14人去俄罗斯，但真正成行只有11人。11人中我的年纪最大。

出发的日子记得很清楚，1993年8月18日。我们从北京坐上前往莫斯科的国际列车，在路上走了七八天。我们先到伊尔库茨克换火车，换车后到萨马拉。萨马拉在莫斯科的南面,距离莫斯科有 1 000 多公里。萨马拉是一座著名的航空航天城,专门生产各类飞机和火箭。

在总公司和俄罗斯方面的安排下,我们进了萨马拉航空大学学习,11 个人分成两个小班,由专门的老师带领我们学习俄语。与俄罗斯老师一对接,才发现我们在国内学的俄语根本不行,什么都听不懂,因为语言环境不一样。例如我们宿舍的管理员是一个俄罗斯大妈,但我们在国内学的那点俄语,与她根本无法交流。我 39 岁的年纪还要重新去学一门外语,其中的艰辛无法言说。但语言关必须通过,如果过不了这一关,后面什么也别想学。

张建浩的俄罗斯萨马拉航空大学学生证

我们去的 11 个人,各个专业都不一样,有的人是搞设计的,有的人是搞电气的,有的人是搞铸造的,而我是搞工艺的。所以语言关基本通过后,我们这些人就分别插到学校不同的班级里去,正式进入专业课的学习。其实,我们学的那点俄语基础还是很差的,老师上课也没有什么教材,完全要靠自己记录。但有时候对老师讲的内容一知半解或听不懂,就很吃力。而班级里前后左右都是俄罗斯学生,问也没法问,只能晚上回到宿舍里慢慢消化理解。

俄罗斯学校的考试也和我们国家完全不一样。考试前在教室里,先到老师那里去抽一张条子,上面写着考试题,然后让你去做 15 分钟的准备。接着由 3 位老师来考你,只有 3 位老师的答辩都通过了,你才能算过关。

总的来说,我在俄罗斯还是学到了不少东西,尤其是俄罗斯飞行器结构与制造专业,在当时国际上还是比较先进的。虽然我们多数看的是航空产品,但对于我所从事的工艺来说,航空工艺与航天工艺有许多地方是相通的,其生产的手段都差不多。另外,我还到他们学校的各专业实验室去实习,看到了俄罗斯的发动机和相关的制造技术,收获不小。所以对我来说,这次出国学习既开了眼界,又在专业知识领域有了拓展。

张建浩的俄罗斯萨马拉航空大学毕业证书

那时我们住在宿舍里,每人一个小房间,里面一张床、一个橱。出发时规定每个人只能携带两件行李,却要在那里生活一年半,而每月的生活补贴只有100美元,所有的生活用品,包括锅碗瓢盆等都必须在那里购买,一日三餐要自己来解决。

我们住的宿舍与学校之间有一段路,平时坐有轨电车去,但凭我们的学生证可以享受车费的优惠。我感到每天坐车也是与俄罗斯人打交道的机会,通过这样的社交场合及语言沟通,可以尽快提高自己的俄语水平。另外通过平时的买菜、买副食品和日用品等,尽量与俄罗斯人多交流。当时我们学的最多的俄语是物价的交流,因为询问价格以及讨价还价时俄语使用最多。

碰巧的是,上海海鸥饭店的一帮人与我们住在一起。原来海鸥饭店想要在萨马拉航空大学开一家餐馆。但不知什么原因,直到我们一年半后离开萨马拉,他们的餐馆依然没有开出来。因为大家都是上海人,用上海话拉家常,共同语言多一些。逢年过节,他们还与我们几个人一起聚餐,大家都很开心,格外亲切。和我们住在一起的还有哈工大派出的留学生,以及泰国的留学生。

萨马拉与上海相距遥远,跟家里联系很不方便。一开始是通过写信的方式,一封信路上单程就是半个月,往往为了等一封家信让人发愁。后来发现打电话很方便,我就到当地一个电话局打国际长途。虽然长途电话比写信方便多了,但费用很贵,打一个国际长途电话要 1 000 多卢布。但打了几次电话后,也掌握了其中的窍门,原来俄罗斯国际电话的计费方式是拨通电话后这边不说话是不计费的,而对方先说话也是不计费的。于是每次电话接通后,我就叫我夫人多说一点,她说完了我再按计时器说话,这样可节省不少电话费。

有趣的是,我们还做了一回俄罗斯"倒爷"。因为出国前就听说俄罗斯人对中国的轻工业产品很青睐,于是出国前我们几个人都特意买了几件皮夹克。然后利用休息天,拿到萨马拉自由市场去出售。交易时,你只需手拿皮夹克静静地站在那里,不用高声吆喝,不一会就能成交。一件皮夹克能赚不少,当时我们的生活费不多,也算贴补一下。

带我们班的老师是一位年轻的俄罗斯姑娘,叫塔季扬娜。她不仅对我们这些海外学子很关心,还热情地邀请我们到她家里做客。回国后,有一次我给她写了封 e-mail,她也给我回了信。

中国留学生在俄罗斯班主任塔季扬娜老师(前排左三)家做客留影(后排左一为张建浩)

在萨马拉学习期间，航天工业总公司外事局的一位处长和上海航天局的外事处处长曾专程来看望我们，给我们以鼓励和安慰。

上海航天局外事处处长汪钺（前排右二）看望中国留学生（第二排左五为张建浩）

学习期间，我们还到莫斯科、圣彼得堡、伏尔加格勒、阿斯特拉汗等城市去游玩，领略俄罗斯美丽的风景和深厚的文化。暑假期间，我们几个人一起乘游轮畅游伏尔加河。虽然人生的经历很多，但在俄罗斯萨马拉的学习时光，一直成为我十分珍贵的美好回忆。

推动航天工艺迈上新台阶

由于长期从事航天工艺工作，深知其中的难点和不易。尤其是担任上海航天局副总工艺师和总工艺师期间，我负责全院工艺工作，在抓好工艺管理、工艺规划、技术改造、预先研究，以及工艺队伍建设、人员培训等方面做了大量工作，努力推动航天工艺迈上新的台阶。

1998 年 12 月—1999 年 2 月，张建浩（右一）带队赴乌克兰巴顿焊接研究所进行技术考察，图为在考察团翻译戴祖明（右二）的乌克兰同学家做客

　　由低端制造业向高端制造业迈进，既是一个国家综合国力的体现，也是航天产业升级转型的发展方向。高端制造业是工业化发展的高级阶段，是具有高技术含量和高附加值的产业。高端制造业作为一张"大国名片"，需要新技术、新装备、新工艺发挥重要作用。例如，上海航天成功地将搅拌摩擦焊应用于新型运载火箭贮箱，其焊接工艺达到国内领先、国际一流水平，为高端制造提供了强有力支撑。

　　搅拌摩擦焊以及变极性等离子弧焊技术是铝合金焊接技术的一次重大创新，也是航天制造技术的一次巨大飞跃。上海航天火箭总装厂的科技人员历时数年，通过顽强攻关，终于掌握了搅拌摩擦焊技术。2007 年 4 月 9 日，国内第一条运载贮箱箱底瓜瓣纵缝在火箭总装厂用搅拌摩擦焊焊接成功。焊缝无损检测表明：内部无任何缺陷，焊缝表面成形均匀、一致。瓜瓣纵缝搅拌摩擦焊接成功具有重大意义，标志着上海航天在推进剂贮箱先进焊接技术方面已达到了国际先进水平。

　　2007 年 6 月 29 日，上海航天特种焊接中心正式在火箭总装厂揭牌成立。接着,该中心又被国防科工委认定为"国防科工委特种焊接技术研究应用中心"和"国防科技认定企业技术中心",这充分体现上海航天以企业为主体构建产学研相结合的一次重大创新实践,是持续提升上海航天核心制造技术能力的体现。其后,上海航天又相继成立了精密铸造技术中心、复合材料技术中心、电子装联技术中心,以及热处理、表面处理加工技术中心,这些中心的成立大大增强了上海航天的制造综合能力。雄厚的技术力量和先进的设备为上海航天在制造领域的全面提升打下了坚实基础。

目前上海航天特种焊接技术中心拥有亚洲第一台大尺寸、大厚度铝合金面板搅拌摩擦焊、国内第一台推进剂贮箱纵缝立式搅拌摩擦焊和第一台贮箱箱底搅拌摩擦焊等一批焊接领域的先进设备。2015 年,火箭总装厂完成新一代运载火箭 Φ3350 贮箱全搅拌摩擦焊研制,顺利通过整箱液压、气密试验,各项数据均满足设计指标。装配全搅拌摩擦焊贮箱的运载火箭于2016 年 11 月首飞成功,标志着上海航天成为当今世界上少数几个掌握贮箱全搅拌摩擦焊技术的国家。

2009 年 7 月,因工作需要,我调往 803 所任副所长。由于长期在院机关工作,担心到基层不适应,我还没等到调令,就提前去 803 所进行实地调研。其间,我几乎走遍了所里的每个角落,通过深入调研,我认识到基层单位一线生产很不容易,如某型号生产线批产任务很忙,但一些生产手段还比较落后,装配检测全靠老师傅的工作经验来判断,靠加班加点的拼搏精神来确保产量,某些环节还缺少保障设备等,这些调研为我今后在所里更好地开展工作打下了基础。

如上海航天某新型号要上马,在条件改造时我就组织 803 所的设计师、工艺师和生产一线的技术工人,针对该型号研制生产和检测试验的薄弱环节进行分析研究,对每个环节提出了必须配备的研制设备和试验装置作为保障条件,并编制了项目建议书上报。通过各级审查和评审,最后通过国家科工局组织的专家评审,批复对 803 所该型号投资建设 8 600 万元,为 803所的型号研制提供了资金保证。而把住质量关,是我一直牢记的工作原则。

记得该投资中有一台真空试验设备,通过招投标由航天510所制造。在产品验收过程中,我们发现该所的设备箱体由于通过外协厂加工焊接,出现了质量问题,如果不及时制止,对今后设备的正常运行及抽真空将带来隐患。本着对企业高度负责的态度,我及时与生产单位联系,并请集团公司出面协调,最终该所拉回箱体重新制造。后来在设备交付前,我又专门去510所进行预验收,确保了该真空试验设备的质量及顺利交付。

刚到803所不久,正好碰到为配合上海市环保局和上海航天局的专业调整,把803所的表面处理和热处理专业调整到149厂,所里要我负责该项工作。这次调整牵涉100多人的岗位变动。刚开始许多职工有顾虑,担心待遇问题及上班路程等,不愿去149厂。为了推动这项工作,必须做这部分人员的思想工作。我通过局和所有关部门的协调,并亲自与被调动人员交流沟通,为维护职工的切身利益和相关待遇做了一些工作,使这些职工高高兴兴地到149厂上班,确保了专业调整的顺利进行。

我到803所时,又适逢该所即将搬迁到闵行航天城,所里将新区建设的工作交给我负责。而搞基本建设对我来说又是一门新学问,必须边学边干。我首先组织各部门对规划进行分析,吃透内容。对各部门需要的房子面积和设备放置进行工艺设计,并对新区建设的"三通一平"各种手续进行申报,其中大量的工作复杂而烦琐,为了争取时间,许多事情必须亲力亲为。

纸上得来终觉浅,绝知此事要躬行。如开展招投标工作时,我就先学习招投标的相关文件和要求,以及涉及土建等方面的知识。新区建设的招投标项目很多,有土建总包、施工监理、成本控制监理、桩基分包、消防、强弱电、空调、电梯、幕墙、洁净度厂房和相关建设等,许多工作我在学中干,干中学。我还充分发挥新区建设办的作用,使新区建设的招投标手续符合相关要求,经得起检验。在成本控制上充分发挥专业人员作用,进行成本控制比较;在建设质量和进度上采取了开周、月例会制度,加强协调。通过大家的共同努力,终于在我退休时圆满完成了新区的所有建设,建设成本控制在预算之内。

在新区建设这一全新领域驰骋数年,尽心尽责,廉洁自律,秉公办事,也算我为上海航天的大发展做了最后的贡献。

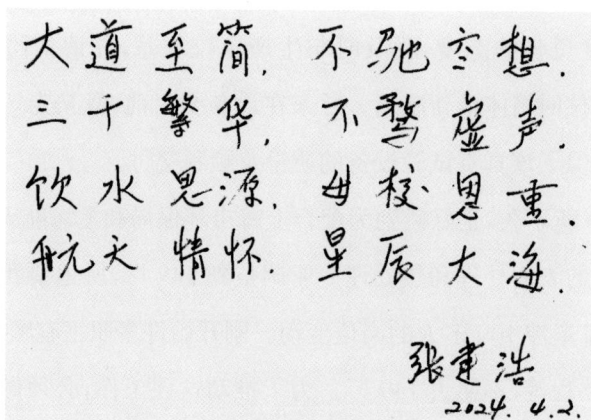

大道至简, 不驰空想.
三千繁华, 不骛虚声.
饮水思源, 母校恩重.
航天情怀, 星辰大海.

张建浩
2024.4.2.

张建浩为母校题词

后 记

在大学文化传承与学术发展的宏大脉络中,名师校友的口述采集与整理出版有着无可替代的重要意义。名师校友们讲述的许党报国、为党育才、为国奉献的故事,不仅是最鲜活、最具感染力的党史校史素材,更是一部部充满温度、饱含深情的奋斗史诗。鉴于此,我校历来高度重视名师校友口述采集工作,将其列为上海交通大学校史文化工程、百年党史编撰工程的基础编研项目,自 2012 年起先后编辑出版《思源·往事》《思源·起航》《思源·北美》《思源·激流》《思源·初心》系列口述专辑,得到了广大师生校友与社会人士的一致好评。

交通大学作为我国航空高等教育的起源地之一,航空工程学科的建立有着非常特殊的时代背景和历史意义,其后虽历经学科调整、院系复建等关键发展阶段,但学校始终积极服务国家重大战略需求,为助力航空航天前沿探索培养输送了大批专业人才。2011 年,党史校史研究室(档案馆合署)将航空航天领域知名校友列为专题访谈对象,由欧七斤带队,漆姚敏、胡端、朱恺、孙琦、朱积川等组成口述采访组,赴西安集中采访了 10 位校友。时隔 12 年,2023 年档案文博管理中心(原档案馆、党史校史研究室)再启空天领域校友采集项目,张凯、欧七斤、孙萍、游本凤、叶璐、崔延平、何菲以及上海交大航空航天学院葛阳、余音、呆光伟,湖南工业大学罗咸辉等组队,先后在北京、南京、上海、株洲等地采访校友 18 位,同时对空天校友口述访谈资料进行整理汇编,正式列为上海交通大学校史研究口述系列第六辑及党史工程口述系列第二辑。

本书定名为《思源·空天》,共收录 28 位航空航天领域交大知名校友的口述回忆,其中林绍煌、朱梅芳校友夫妇的口述合为1篇,总计27篇。全书以受访校友在交大求学或工作的时间先后排序,以第一人称为叙述口吻,在如实详细的实录文稿基础上,依照国史党史,结合学校校史资料和馆藏档案,经严格考订整理成口述文稿。内容侧重校友们入读交大经历、事业拼搏、社会贡献,以及对祖国空天事业的情怀和对母校的寄语,很多属于首次披露的第一手资料。且每篇口述稿配有插图,力求做到文风生动活泼,可读性强。

本书的采编出版得到了学校党政领导的精心指导和校友们的大力支持。校党委书记杨振斌担任本书主编,校长丁奎岭为本书作序。分管校领导、党委常委、副校长管海兵,档案文博管理中心主任张凯对口述采集工作提出了具体要求。受访校友及其家属热情接待母校采访团队,满怀激情地讲述那些鲜为人知的动人故事,还热心捐赠历史文献、老照片等资料。文稿反馈阶段,校友们逐字逐句地认真审读,提出了许多宝贵的修改意见,充分彰显了他们严谨细致的工作作风以及对母校校史工作的热忱支持。

档案文博管理中心校史研究室(党史研究室)承担全书的编撰工作,孙萍负责体例编排,游本凤、葛阳、罗咸辉等承担文稿编写,欧七斤、孙萍、漆姚敏、胡端等进行文字审校和配图,校史研究室(党史研究室)全体老师参加集体审稿。上海航天技术研究院戚南强研究员、华东师范大学汤涛研究员对书稿进行了细致的审读,提出了极具针对性、建设性的修改意见。教育技术中心退休老师王访华承担部分摄影摄像工作,档案文博管理中心档案保管利用室提供了档案照片,党委宣传部、出版社也对本书的出版鼎力支持,责任编辑为全书的编辑出版付出了辛勤劳动。

由于编者能力所限,书中难免会有疏漏和错误之处,恳请广大读者批评指正。

编　者
2025 年 3 月